Tomaž Mesarič, Arlene Peukert,
Răzvan Roșu, András Wekler (Hgg.)

Methodenvielfalt in der Geschichtswissenschaft

Tomaž Mesarič, Arlene Peukert,
Răzvan Roşu, András Wekler (Hgg.)

METHODENVIELFALT IN DER GESCHICHTSWISSENSCHAFT

Tagungsband zur 8. Internationalen Doktorandentagung
des Doktoratskollegs für Mitteleuropäische Geschichte
an der Andrássy Universität Budapest

nap new academic press

Mit Unterstützung von:

ANDRÁSSY UNIVERSITÄT BUDAPEST

Bundesministerium
Bildung, Wissenschaft
und Forschung

Bibliografische Information der Deutschen Nationalbibliothek
Die Deutsche Nationalbibliothek verzeichnet diese Publikation in der Deutschen Nationalbibliographie; detaillierte bibliographische Daten sind im Internet über http://dnb.dnb.de abrufbar.

www.newacademicpress.at

ISBN 978-3-7003-2236-8
Redaktion: Tomaž Mesarič, Arlene Peukert, Răzvan Roșu, András Wekler
Umschlaggestaltung, Satz: Zsuzsa Urbán

Umschlagsfoto: Wikipedia, "Compass in a wooden frame"

Inhaltsverzeichnis

Vorwort

Methoden – Zugänge – Präsentationen.

Wissenschaftliches Arbeiten in der Geschichtswissenschaft mit dem Schwerpunkt Ostmitteleuropa (18. bis 20. Jahrhundert)

> „Es ist nicht zu leugnen, dass auf geschichtswissenschaftlichem Gebiet seit etwa zwei Jahrzehnten eine Gärung der Ansichten herrscht, die bis in die untersten Tiefen der Auffassung und Methode reicht. Selbst der Begriff der Geschichte an sich ist strittig geworden."[1]

Diese Einschätzung, welche, retrospektiv betrachtet, bereits das Ende eines traditionsreichen Wissenschaftszweiges in seiner althergebrachten Form an die Wände von Universitäten und Gelehrtenstuben malten, ist auf den deutschen Historiker Karl Gotthard Lamprecht zurückzuführen. Auf ihn und seinen Kreis geht unter anderem die Idee zurück, den bis ins 19. Jhd. in der Geschichtsschreibung praktizierten Heldenliedgesang auf die großen Köpfe und Herrscher einer Epoche endlich zum Verstummen zu bringen und stattdessen Wirtschaft, Gesellschaft, Lebensweisen sowie die Künste stärker in die wissenschaftlichen Untersuchungen miteinzubeziehen. Die sich damals in Fachkreisen entfaltende Diskussion sollte als "Methodenstreit der Geschichtswissenschaft" in die Historie eingehen und die Debatte artete dabei schlussendlich auch so weit aus, dass es zum Ausschluss Lamprechts aus seiner Zunft kam. Den von ihm angesprochenen *Gärungsprozess* in der Historiographie konnte dies indes nicht aufhalten.

Seine Worte sind – wenn auch weniger heftig diskutiert – noch durchaus aktuell und über die Frage, welche Art von Geschichtsschreibung den Anforderungen des Zeitgeistes in Gesellschaft und Wissenschaften am besten gerecht werden könnte, wird in den Fachkreisen auch heute noch in regelmäßiger Wiederkehr beraten. So erfasste ab der Mitte des 20. Jahrhunderts eine Welle von Paradigmenwechseln die Geisteswissenschaften – zu nennen wären hier als Beispiele etwa der *linguistic turn*, *cultural turn*, *visual turn* oder jüngst der *ethical turn*, *digital turn*, *posthumanist turn*, *religious turn* ... und so fort –

1 Lamprecht, Karl: Was ist Kulturgeschichte? Beitrag zu einer empirischen Historik, in: Deutsche Zeitschrift für Geschichtswissenschaft 1 (1896), S.75–150, hier S.75.

wobei damit auch in der Historiographie eine Neuausrichtung von Forschung und Lehre angestoßen wurde. Dabei ist all diesen Kehrtwenden nicht nur die Abrechnung mit alten und althergebrachten Ansichten und Arbeitsweisen gemein, sondern ebenso das Suchen nach neuen Quellengattungen, Theorien und Methoden jenseits der eigenen Disziplingrenzen.

Wollen also angehende Wissenschaftler heute eine Arbeit verfassen, so können sie bereits aus einem riesigen Fundus an unterschiedlichen Methoden wählen. Das Angebot ist groß: Oral History, historische Bildanalyse, Mediengeschichte, quantifizierende Methoden, historische Komparatistik, historische Periodisierung, Narrativitätstheorien, Fallstudien, Stichproben – um nur einige wenige zu nennen – erweitern das Spektrum der zur Verfügung stehenden methodischen Arbeitsweisen der klassischen Geschichtswissenschaft enorm. Und tatsächlich kann jene Frage nach der gewählten Herangehensweise heutzutage bereits mindestens ebenso gewichtig und vordergründig sein, wie die Frage nach dem eigentlichen individuellen Forschungsthema selbst. Wie sich also zurechtfinden zwischen all den interdisziplinären Ansätzen und Theorien, welche die Geschichtsschreibung mit all ihren Unterdisziplinen von der Alltags- bis zur Wirtschaftsgeschichte bereichern? Welche Methode auswählen, um die, eigens für das spezielle Projekt ausgehobenen und oftmals komplexen, Quellen zum Sprechen zu bringen?

Mit dem Thema der 8. Doktorandentagung an der Andrássy Universität Budapest **„Methoden – Zugänge – Präsentationen"** wollten die Veranstalter dazu anregen, mutig auf den breiten Horizont der historiographischen Forschungslandschaft zuzuschreiten und sich zum Vorteil der eigenen Forschung, sowie den der anderen, mit den Teilnehmern auszutauschen.

Das daraus resultierende theoretische und methodische Gemengelage bot im Plenum die Basis für einen lebendigen und spannenden Diskurs. Den Rahmen dieses Austauschs bildete, mit all seinen zahlreichen unterschiedlichen Kulturen, Sprachen und Religionen, welche in einem komplex verwobenen Verbund von Politik, Wirtschaftsräumen, Staaten und Nationen existier(t)en, die Region, welche heute gemeinhin als Mittel-, Zentral- oder Ostmitteleuropa bezeichnet wird.

Wie die wechselvolle Geschichte dieses Raumes durch die unterschiedlichen methodischen und theoretischen Brenngläser von angehenden Historikern in ihren Dissertationsprojekten wahrgenommen, reflektiert und (neu-) bewertet wurde, kann nun auch zwischen zwei Buchdeckel gebunden von einer interessierten Leserschaft nachvollzogen werden.

Danksagung

Die Herausgeber des Tagungsbandes möchten sich an dieser Stelle herzlichst bei all jenen bedanken, ohne deren Förderung, Unterstützung, Rat und Tat weder die Doktorandentagung an der Andrássy Universität Budapest noch die Veröffentlichung der Tagungsbeiträge im Rahmen dieses Sammelbandes möglich gewesen wären. Unser Dank gilt an erster Stelle den hoch geschätzten Herrn Professoren Dr. Dieter Anton Binder und Dr. Georg Kastner, die in ihrer Position als Leiter des Doktoratskolleg für Mitteleuropäische Geschichte und als Mentoren uns in allen Belangen rund um die Organisation der Tagung zur Seite standen. Ebenso möchten wir unseren Dank an den Herrn Ministerialrat Dr. Christoph Ramoser vom Bundesministerium für Bildung, Wissenschaft und Forschung sowie an Frau Mag. Ágnes Schnaider von der Aktion Österreich Ungarn richten; bei allfälligen administrativen Belangen fungierte Frau Mag. Schnaider stets als erste Ansprechpartnerin. Gedankt sei auch allen Wissenschaftlern, die die Doktorandentagung durch ihre qualifizierten Fachbeiträge bereicherten und die auch unter den schwierigen Bedingungen der Corona-Pandemie ihre wissenschaftliche Arbeit fortsetzten und so wesentlich zum Entstehen dieser Publikation beitrugen. Wir bedanken uns ferner bei den Gutachtern für ihre wertvollen Anregungen zu den einzelnen Aufsätzen.

Zuletzt möchten wir uns bei all den Kollegen aus der Doktorschule der Andrássy Universität Budapest bedanken, deren Wissen, Talent und Freundschaft uns in den zurückliegenden Jahren eine große Inspiration war und ist.

Die Herausgeber

Vorwort

Seit der Gründung des Doktoratskollegs für Mitteleuropäische Geschichte an der Andrássy-Universität Budapest ist es zu einer Tradition geworden, dass jeder Jahrgang eine wissenschaftliche Tagung selbstständig organisiert, zu der primär andere Dissertantinnen und Dissertanten mit korrelierenden Arbeitsthemen eingeladen werden. Ziel dieser Tagungen ist es, nicht nur die eigenen aktuellen Ergebnisse zu präsentieren und zur Diskussion zu stellen, sondern sich mit den anderen jungen Kolleginnen und Kollegen zu vernetzen. Während sich die bisherigen Tagungen immer einen Schwerpunkt gegeben haben, der sich an den jeweils aktuellen Dissertationsthemen des jeweiligen Jahrgangs orientiert hat, wie „Menschen und ihre Biographien" oder „Brüche – Kontinuitäten – Konstruktionen", wagten sich Tomaž Mesarič, Arlene Peukert, Răzvan Roșu und András Wekler, die auch als Herausgeberin bzw. Herausgeber dieses Bandes fungieren, erstmals an ein theoretisches Thema heran: Ihre Tagung versuchte die „Methodenvielfalt in der Geschichtswissenschaft" näher zu beleuchten.

Die letzten Jahre und Jahrzehnte haben, wie in praktisch allen anderen Disziplinen auch, in der Geschichtswissenschaft für revolutionäre Veränderungen gesorgt. War es bis zum Ende des 20. Jahrhunderts nicht so einfach möglich, und wenn dann nur unter erheblichem finanziellen Aufwand, weltweit verstreute Aktenbestände zu erschließen, so bieten elektronische, weltweit via Internet abrufbare Register und Kataloge, Datenbanken, gescannte Akten und die gerade während der Pandemie ungeheuer intensivierte Möglichkeit von Online-Bildkommunikation eine Reihe neuer, bislang kaum vorstellbarer Möglichkeiten. Die Historikerin oder der Historiker in den 20er Jahren des 21. Jahrhunderts beschäftigt sich nicht mehr ausschließlich mit Akten, Tagebüchern, Fachliteratur und Zeitungen, sie oder er muss mit Statistiken, Datenbanken, zahlreichen Computerprogrammen und Apps umgehen können, die Vertreterinnen und Vertreter der älteren Generation meist nur staunend zurücklassen. Um bei den Mitgliedern des Doktoratskollegs zu bleiben: Sie werten historische und aktuelle Landkarten aus, betreiben Netzwerkanalysen, interpretieren Börsenkurse oder führen lebensgeschichtliche Interviews, die digital aufgezeichnet und anschließend digital entsprechend archiviert und weiterverarbeitet werden. In weiterer Folge ergeben sich noch zahlreiche andere Möglichkeiten, die vielen jungen Kolleginnen und Kollegen auch nicht immer bewusst sind. Dies erfordert daher nicht nur von jungen Forscherinnen und Forschern völlig neue Herangehensweisen und eben

Methoden. Diese zu erfassen, ihre Vor- und Nachteile zu diskutieren war eine der Hauptaufgaben der hier dokumentierten Tagung.

Die Wissenschaft ist wesentlich schnelllebiger geworden. Ergebnisse werden rascher veröffentlicht und daher auch rascher aufgegriffen und weiterverwertet. Der Trend geht zu kürzeren, dafür vorab bereits mehrfach geprüften und diskutierten Beiträgen. Dieser Entwicklung weg von der klassischen Monographie hin zu kurzen Studien im Idealfall einem Peer-Review-Verfahren unterzogen, mag zwar nicht jeder für klug halten, ist aber eine nicht wegzuleugnende Tatsache. Wie auch schon bei den vergangenen Bänden war es der Herausgeberin bzw. den Herausgebern ein Anliegen, auch für diese Publikation diesen hohen Qualitätsstandard eines Double-Blind-Peer-Review-Verfahrens zu erfüllen, was seitens der wissenschaftlichen Leitung ausdrücklich begrüßt wird. Das Einsetzen der Pandemie hat die Herausgabe des Buches zwar leider etwas verzögert, dennoch gelang es dem Team, einen ansprechenden und in sich geschlossenen Band vorzulegen.

Geschichte schreiben nach der kulturwissenschaftlichen Wende. Positionen und Methoden

Heidemarie Uhl

Die Selbstverständlichkeit, mit der wir heute den Begriff Kulturwissenschaften verwenden, lässt wenig davon ahnen, dass die kulturwissenschaftlich Wende (der Cultural Turn) und die Begriffsbestimmung von Kultur, die diesem Paradigmenwechsel zugrunde liegt, Ergebnis einer grundlegenden Theoriedebatte ist, die in den 1990er Jahren geführt wurde. Am Ende des 20. Jahrhunderts war Kultur ein Kampfbegriff, der auf ein neues Verständnis von Geschichtswissenschaft abzielte. Wer heute Geschichte schreibt, tut das vor dem Hintergrund dieses neuen Selbstverständnisses, ungeachtet ob man sich dabei explizit auf kulturwissenschaftliche Theorien und Methoden bezieht oder nicht, denn die mit dem Begriff Kultur verbundenen Vorstellungen haben sich auf breiter Ebene durchgesetzt. Die heutige Historiker:innen-Generation wurde mit den Schlüsselbegriffen und -konzepten des Cultural Turn wissenschaftlich und gesellschaftlich sozialisiert. Zentrale Begriffe der Kulturwissenschaften wie Gedächtnis und Identität – die ebenfalls erst in den 1990er Jahren Karriere gemacht haben – prägen weit über das Feld der Wissenschaft hinaus den öffentlichen Diskurs. Um die kulturwissenschaftlichen Zugänge präziser zu beschreiben, soll im Folgenden nachgezeichnet werden, wie der ebenso vage wie wirkungsmächtige Begriff Kultur vor drei Jahrzehnten zum Ausgangspunkt eines neuen Selbstverständnisses der Geisteswissenschaften und insbesondere der Geschichtswissenschaften wurde. Was war das Neue, das sich mit dem Leitbegriff Kultur verband und gegen welches Verständnis von Geschichte bzw. Geschichtswissenschaft wendete er sich? Was sind die zentralen Positionen einer kulturwissenschaftlich orientierten Geschichtswissenschaft?

Kultur – das neue Zauberwort

In den Kontroversen Mitte der 1990er Jahre wird der umfassende Anspruch und das revolutionäre Potential der kulturwissenschaftlichen Wende erkennbar. Das neue Zauberwort Kultur[1] erschien auf der Bühne der wissenschaftlichen Debatte, hatte durchschlagende Resonanz und begann die Geisteswissenschaften nachhaltig in seinen Bann zu schlagen.[2] Bald ging es in der Theoriedebatte nicht mehr um die Forderung nach verstärkter Berücksichtigung von Kultur in der Geschichtsforschung (mit unterschiedlichen Positionen, was unter Kultur eigentlich zu verstehen sei) und die Kritik am dominanten Verständnis von Geschichte als Historischer Sozialwissenschaft (das sich in den 1970er Jahren etabliert hatte), sondern um einen grundlegenden Cultural Turn.[3]

Die Frage „Was ist Kultur" bzw. welcher Kulturbegriff dieser Forderung zugrunde liegen sollte, wurde zu Beginn der Debatte intensiv diskutiert. Der Literaturwissenschaftler Terry Eagleton bezeichnete in seinem gleichnamigen Buch das Wort „Kultur" als „wohl eines der komplexesten unserer Sprache".[4] Kritiker:innen wiesen auf die Vagheit des Begriffs hin und sprachen von „postmoderner Beliebigkeit".[5] Das Interesse an definitorischen Grenzziehungen ließ aber bald nach oder erschien sogar kontraproduktiv, so die Historikerin Ute Daniel, denn eine „klare Definition von Kultur oder Kulturgeschichte" hätte eine Trennung „zwischen dem, was Gegenstand von Kultur(geschichte) ist und was nicht" impliziert. Es gebe jedoch keinen Gegenstand, der nicht kulturgeschichtlich analysierbar wäre.[6]

---

1 Wolfgang Müller-Funk: Kultur, Kultur. Anmerkungen zu einem Zauberwort, in: Merkur 55 (2001) 8, S. 717–723.

2 Erste Anstöße zur Debatte gingen aus von: Ute Daniel: „Kultur" und „Gesellschaft". Überlegungen zum Gegenstandsbereich der Sozialgeschichte, in: Geschichte und Gesellschaft 19 (1993), S. 69–99. Daniels programmatisches Plädoyer für eine kulturwissenschaftliche Neuorientierung in den Sozialwissenschaften markierte den Beginn einer anhaltenden Debatte in „Geschichte und Gesellschaft", dem Leitorgan der historischen Sozialwissenschaft. Zur Theoriedebatte in den Geschichtswissenschaften vgl. v.a.: Christoph Conrad/Martina Kessel (Hrsg.): Geschichte schreiben in der Postmoderne. Beiträge zur aktuellen Diskussion, Stuttgart 1994; Thomas Mergel/Thomas Welskopp (Hrsg.): Geschichte zwischen Kultur und Gesellschaft. Beiträge zur Theoriedebatte, München 1997; Hans-Ulrich Wehler: Die Herausforderung der Kulturgeschichte, München 1998; Christoph Conrad/Martina Kessel (Hrsg.): Kultur & Geschichte. Neue Einblicke in eine alte Beziehung, Stuttgart 1998.

3 Doris Bachmann-Medick: Cultural Turns. Neuorientierungen in den Kulturwissenschaften, Reinbek bei Hamburg 2006.

4 Terry Eagleton: Was ist Kultur? Eine Einführung, München 2001.

5 Hans-Ulrich Wehler: Ein Kursbuch der Beliebigkeit. Eine neue Kulturgeschichte lässt viele Blumen blühen – aber die schönsten leider nicht, in: Die Zeit (26.7.2001), Nr. 31. Wehler reagierte in seiner kritischen Rezension auf Ute Daniel: Kompendium Kulturgeschichte. Theorien, Praxis, Schlüsselwörter, Frankfurt am Main 2001.

6 Daniel: Kompendium Kulturgeschichte, S. 8f.

Kultur statt Gesellschaft? Die Debatte um die kulturwissenschaftliche Wende

Der universale Geltungsanspruch, der sich mit der Forderung einer kulturwissenschaftlich gewendeten Geschichtswissenschaft verband, richtete sich v. a. gegen die Gesellschaftsgeschichte. Insofern erfolgte der Siegeszug der Kulturwissenschaften in einer spezifischen Generationenkonstellation: Mit dem „Fahnenwort“ Kultur kritisierte v. a. eine jüngere Historiker:innengeneration das seit den 1970er Jahren bestimmende Paradigma der Sozial- und Gesellschaftsgeschichte, die ihrerseits gegen die Vorherrschaft der traditionellen Politik- und Ideengeschichte angetreten war. Vertreter der Historischen Sozialwissenschaft versuchten hingegen das Primat des Sozialen zu verteidigen. Der Historiker Hans-Ulrich Wehler, Verfasser des 5-bändigen Standardwerks „Deutsche Gesellschaftsgeschichte“, gestand den kulturwissenschaftlichen Ansätzen zwar das Verdienst zu, den Blick für die Defizite der Sozialgeschichte zu schärfen („vor allem die Vernachlässigung des individuellen Lebensschicksals, der individuellen Lebenswelt, ihrer Perzeption und Verarbeitung“), warnten aber vor der Gefahr, dass „hinter dem Nebel an bunten Lebensstilen, exotischen Milieus, kulturalistischen Individualisierungsexzessen [...] die zäh erstrittene Einsicht in die Härte der sozialen Ungleichheit entschwindet“ und dass „der folgenschwere Kampf um materielle und ideelle Interessen, um individuelle und kollektive Macht [...] mithin um Herrschaft, zu sehr zurücktritt.“ Ute Daniel, eine der wichtigsten Stimmen in der Debatte, postulierte hingegen, „dass Wahrnehmungen und Sinnstiftungsmuster, Selbstdeutungen und Weltbilder der historischen Subjekte mindestens so wichtige ‚Tatsachen‘ der Geschichte darstellen wie beispielsweise ihre sozioökonomische Lage oder ihre Zugehörigkeit zu ‚objektiv feststellbaren‘ Ständen, Schichten oder Klassen.“[7] Es gehe darum, „Welt- und Gesellschaftsdeutungen in ihrer Relevanz für soziales Handeln und Verhalten, für gesellschaftliche Kontinuitäten und Diskontinuitäten genauso ernst zu nehmen wie sozioökonomische (...) Strukturen.“[8]

Die Verfechter einer Geschichtswissenschaft als Historische Sozialwissenschaft standen bekanntlich auf verlorenem Posten – Kultur und die damit verbundenen Zauberworte wie Identität und Gedächtnis bestimmten das Erkenntnisinteresse einer neuen Historiker:innen-Generation. Die Histori-

7 Ute Daniel: Clio unter Kulturschock. Zu aktuellen Debatten in der Geschichtswissenschaft, in: Geschichte in Wissenschaft und Unterricht 48 (1997), S. 195–219.

8 Ute Daniel: „Kultur“ und „Gesellschaft“. Überlegungen zum Gegenstandsbereich der Sozialgeschichte, in: Geschichte und Gesellschaft 19 (1993) 1, S. 69–99, S. 93.

ker:innen Sebastian Conrad und Martina Kessel, von denen 1994 der Band „Geschichte schreiben in der Postmoderne“ erschien, bemerkten bereits damals kühl, dass kulturwissenschaftliche Themen „deutlich die Oberhand gewonnen [haben] gegenüber den noch vor zwei Jahrzehnten ‚heißen‘ Themen wie soziale Bewegungen, Klassenbildung, Familienstrukturen oder Lebensstandard“.[9]

Welcher Kulturbegriff liegt der kulturwissenschaftlichen Wende zugrunde?

Die Definition von Kultur, die nun die Geistes- und Sozialwissenschaften in den Bann zu ziehen begann, bezog sich auf zwei verschränkte Begriffsebenen: 1) auf Kultur als Produktion von Bedeutung und 2) auf die Konstruktion der sozialen Wirklichkeit durch eben diese Bedeutungszuschreibungen. Für ersteres formulierte der Ethnologe Clifford Geertz eine vielzitierte Definition: Kultur als „ein selbstgesponnenes Bedeutungsgewebe“, in dem „menschliches Verhalten als symbolisches Handeln“ zu sehen ist. Dementsprechend ist die Analyse von Kultur „das Herausarbeiten von Bedeutungsstrukturen (…) und das Bestimmen ihrer gesellschaftlichen Grundlage und Tragweite.“[10] Diese „Bedeutung“ ist an keinen konkreten Themenbereich geknüpft. Die Rekonstruktion von vielschichtigen Bedeutungszusammenhängen in ihren jeweiligen Kontexten kann sich auf jeden Gegenstandsbereich richten – auf ein Augenzwinkern (wie in Geertz’ beispielhafter Verdeutlichung der „dichten Beschreibung“)[11] ebenso wie auf die Kathedrale von Chartres[12] oder auf die Dress-Codes urbaner Jugendkulturen. So unterschiedlich die Untersuchungsgegenstände sein mögen – Grundlage der Analyse ist Forschungsinteresse an der Art und Weise, wie Menschen bzw. Kollektive ihrer Welt Sinn und Bedeutung verleihen. Ethnologie und Anthropologie wurden nun zu Leitwissenschaften für ein neues Verständnis menschlichen Handelns. Der Historiker Ulrich Raulff postulierte einen „Übergang von der Fakten- zur Bedeutungsgeschichte“, der auf der „entscheidenden Transformation im Bild des Menschen“ basiert: „Immer noch ist der Mensch und das historische Subjekt, von dem sie ausgeht, der *homo faber*. Doch nicht länger produziert dieser in erster Linie Sachen, Dinge oder Waren. Der Mensch der neuen Zivilisationsgeschichte pro-

9 Conrad/Kessel: Geschichte schreiben in der Postmoderne, S. 12.

10 Clifford Geertz: Dichte Beschreibung. Bemerkungen zu einer deutenden Theorie von Kultur, in: Ders.: Dichte Beschreibung. Beiträge zum Verstehen kultureller Systeme, Frankfurt am Main 1987, S. 7–43.

11 Ebd., S. 10–12.

12 Clifford Geertz: Kulturbegriff und Menschenbild, in: Rebekka Habermas/Nils Minkmar (Hrsg.): Das Schwein des Häuptlings. Sechs Aufsätze zur Historischen Anthropologie, Berlin 1992, S. 78.

duziert in erster Linie Bedeutungen."[13] Ins Blickfeld rücken die „Ebene der Wahrnehmungen (...) und Sinnstiftungen sowie ihren symbolischen Ausdruck in Texten, Bildern, Gegenständen, Ritualen, Gesten usw."[14]

Der Paradigmenwechsel in der Geschichtswissenschaft und ihre Entwicklung hin zur Historischen Kulturwissenschaft beruht auf der Verschränkung der Kategorie „Bedeutung" mit einer veränderten Auffassung von Geschichte bzw. dem Gegenstand der Geschichtsforschung. Die bislang selbstverständliche Vorstellung von der Existenz einer Geschichte (im Singular), die es zu erforschen gilt, und der Beschreibung dessen, was „eigentlich gewesen" ist, wurde nun grundsätzlich in Frage gestellt. Die Vergangenheit selbst ist nicht zugänglich, die „historische Wirklichkeit" (so die neue Definition von Vergangenheit) kann nur bruchstückhaft durch die überlieferten sprachlichen Quellen rekonstruiert werden. „Il n'y a pas de hors-texte" (Es gibt nichts außerhalb des Textes des Textes),[15] das vielzitierte Diktum des französischen Philosophen Jacques Derrida (1930 – 2004) bringt den radikalen Perspektivenwechsel auf den Punkt.

Der Linguistic Turn wurde zum entscheidenden Angelpunkt der kulturwissenschaftlichen Wende. Die „Überzeugung, dass Sprache kein transparentes Medium ist (das eine von ihr unabhängig existierende, darunterliegende Realität beschreibt), sondern ein Instrument zur *Konstruktion* von Realität", dass also „alle Erkenntnis des Realen in (sprachlichen) Aussagen formuliert ist",[16] beschreibt das konstruktivistische Credo des kulturwissenschaftlichen Erkenntnisinteresses. Es ist davon auszugehen, dass „alle soziale Realität [...] erst einmal kulturell gebildet (und diskursiv konstruiert) wird".[17] Die Theorie von der „gesellschaftlichen Konstruktion der Wirklichkeit" war von Peter L. Berger und Thomas Luckmann[18] entwickelt worden, ihr bereits 1966 erschienenes Buch ist „eines der meistzitierten soziologischen Bücher" und ein Schlüsselwerk der Kulturwissenschaften.[19]

---

13 Ulrich Raulff: Von der Kulturgeschichte zur Geschichtskultur. Eine wissenschaftsgeschichtliche Skizze, in: Klaus P. Hansen (Hrsg.): Kulturbegriff und Methode. Der stille Paradigmenwechsel in den Geisteswissenschaften, Tübingen 1993, S. 133–148, S. 140.

14 Reinhard Sieder: Sozialgeschichte auf dem Weg zu einer historischen Kulturwissenschaft, in: Geschichte und Gesellschaft 20 (1994), S. 445–468, S. 449.

15 Jacques Derrida: Grammatologie, Frankfurt am Main [5]1994 (Erstausgabe 1967), S. 274.

16 Chris Lorenz: Postmoderne Herausforderungen an die Gesellschaftsgeschichte?, in: Geschichte und Gesellschaft 24 (1998), S. 617–632, S. 618f.

17 Lynn Hunt: Geschichte jenseits von Gesellschaftstheorie, in: Conrad/Kessel: Geschichte schreiben in der Postmoderne, S. 109.

18 Peter L. Berger/Thomas Luckmann: Die gesellschaftliche Konstruktion der Wirklichkeit. Eine Theorie der Wissensoziologie, Frankfurt am Main 1969 [Original: The Social Construction of Reality: A Treatise in the Sociology of Knowledge 1966].

19 Dariuš Zifonun: Peter L. Berger/Thomas Luckmann, The Social Construction of Reality, in: Claus Leggewie u. a. (Hrsg.), Schlüsselwerke der Kulturwissenschaften, Bielefeld 2012, S. 39–41; vgl. Ian Hacking: Was heißt „soziale Konstruktion"? Zur Konjunktur einer Kampfvokabel in den Wissenschaften, Frankfurt am Main 1999.

Die Literaturwissenschaftlerin Doris Bachmann-Medick bezeichnet ihn als grundlegenden „Mega-Turn" und Ausgangspunkt des Paradigmenwechsels in den Geisteswissenschaften: Der Linguistic Turn „geht [...] davon aus, dass kein Zugang zu einer ‚authentischen' Wirklichkeit möglich ist. Mit Sprache werde keine von ihr unabhängige, darunterliegende Wirklichkeit beschrieben. Statt eines Instruments zur Beschreibung von Wirklichkeit sei Sprache vielmehr ein Instrument zur Konstitution von Wirklichkeit: Alle Erkenntnis des Realen ist in sprachlichen Aussagen formuliert, es gibt keine Realität, die nicht von Sprache durchzogen und die nicht schon sprachlich geprägt wäre. Dieser ‚Filter' der Sprachlichkeit [...] bedeutet etwa für die Geschichtsschreibung, dass auch sie nur Zugang zu einer textuell, sprachlich vermittelten Welt hat. Sie hat keinen Einblick in die ‚wirklichen' Erfahrungen der Menschen, sondern nur in das, was historische Quellen über sie kundgeben."[20] Damit wurde der Vorstellung einer „unvermittelt wahrnehmbaren Wirklichkeit" die Grundlage entzogen; Historiker:innen wurden sich „zunehmend bewusst, [...] daß durch ihre Quellen bestenfalls frühere Konstruktionen von Wirklichkeit nachvollziehbar oder zu enthüllen sind, aber die Sache selbst nicht abbildbar ist."[21] Dass Geschichtsschreibung keinen transparenten Blick auf vergangene Wirklichkeiten eröffnet, sondern selbst wiederum historische Erzählungen produziert, hat das Selbstverständnis der Geschichtswissenschaften nachhaltig verändert. Gesellschaftskritische Geschichtsforschung bedeute nun die Frage zu stellen, wie und von welchen Gruppen in welcher historischen Konstellation jene Diskurse und Narrative entwickelt und durchgesetzt wurden, von denen die kollektiven Vorstellungen einer Gesellschaft über ihre Gegenwart und Vergangenheit – also ihre Identität und ihr Gedächtnis – geprägt werden. Das Interesse richtet sich nun auf die Bedeutungsproduktion einer Gesellschaft, auf Deutungskonkurrenzen, -hierarchien und -hegemonien. Vorgeblich alte Traditionen wurden als „Erfindungen" moderner Gesellschaften demaskiert,[22] zuvor als selbstverständlich gesetzte Kategorien wie Nation,[23] Ethnizität, sogar Körper und Geschlecht als Ergebnis der jeweiligen „Konstruktion von Wirklichkeit" gesehen. Gesellschaftskritisch ausgerichtete Kulturwissenschaften analysieren das soziale Machtgefüge, in denen kollektive Vorstellungen – das „Identitäts-Wissen" einer Gesellschaft

20 Bachmann-Medick, Cultural Turns, S. 35; vgl. Georg G. Iggers: Zur „Linguistischen Wende" im Geschichtsdenken und in der Geschichtsschreibung, in: Geschichte und Gesellschaft 21 (1995), S. 557–570;

21 Conrad/Kessel: Geschichte schreiben in der Postmoderne, S. 16.

22 Vgl. Eric Hobsbawm/Terence Ranger: The Invention of Tradition, Cambridge 1983.

23 Vgl. Benedict Anderson: Die Erfindung der Nation. Zur Karriere eines folgenreichen Konzepts. Frankfurt am Main/New York 1988 [Original: Imagined Communities. Reflections on the Origin and Spread of Nationalism, 1983].

über sich selbst – ausverhandelt und durchgesetzt werden. Wie entsteht die hegemoniale Vorstellung über „unsere" Gegenwart und Vergangenheit, mit welchen diskursiven und symbolischen Strategien erringen bestimmte Gruppen die „Macht der Weltauslegung",[24] wie können dominante Sinnstiftungen dauerhaft aufrechterhalten werden, wann und warum verlieren sie an Deutungsmacht.

Resümee: Geschichte schreiben nach der kulturwissenschaftlichen Wende

Der Sammelband *Geschichte schreiben in der Postmoderne*[25] diskutierte 1994 als eine der ersten Publikationen die Frage nach dem Selbstverständnis der Geschichtswissenschaft nach dem Cultural Turn. Das programmatische Vorwort ließ keinen Zweifel daran, dass es nicht um eine innovative Erweiterung bestehender Ansätze, sondern um einen Paradigmenwechsel ging, der bisherigen Grundlagen der Historiografie den Boden unter den Füßen wegzog. Dabei ging es nicht um die Ausrufung einer neuen verbindlichen Großtheorie oder Methode. Das Feld der Kulturwissenschaften (durchgängig als Pluralbegriff verwendet)[26] definierte sich hingegen durch eine Vielfalt der methodisch-theoretischen Ansätze. Den theoretischen Kampfvokabeln der Historischen Sozialwissenschaft (etwa „Struktur", „Prozess", qualitative versus quantitative Methoden etc.) wurde ein pluralistisches „anything goes" gegenübergesetzt. Es ging nicht um Abgrenzung, sondern um das Überschreiten disziplinärer Grenzen unter dem Vorzeichen von Inter- und Transdisziplinarität. Die Fragestellung und das Erkenntnisinteresse bestimmen die methodischen Zugänge – mit Begriffen wie „Bricolage" und „Werkzeugkasten" wurde diese Praxis des Methodenmix beschrieben. [27]

Die Grundannahmen der konstruktivistischen Wende bestimmen heute das Selbstverständnis. Geschichte zu schreiben bedeutet vor allem den Abschied von der Geschichtsschreibung, wie sie sich seit dem 19. Jahrhundert etabliert hatte. Die Aufgabe des Historikers, der Historikerin liege „bloß darin,

24 Roger Chartier: Die unvollendete Vergangenheit. Geschichte und die Macht der Weltauslegung, Frankfurt am Main 1992.

25 Conrad/Kessel: Geschichte schreiben in der Postmoderne, S. 12.

26 Auf die Ausdifferenzierung von Kulturwissenschaften und Cultural Studies (siehe Marchart2008) kann hier nicht näher eingegangen werden; vgl. dazu Oliver Marchart: .Cultural Studies, 2.,aktualisierte Aufl., München 2018.

27 Vgl. Peter Jelavich: Methode? Welche Methode? Bekenntnisse eines gescheiterten Strukturalisten, in: Conrad/Kessel: Kultur & Geschichte, S. 141–159.

zu zeigen wie es eigentlich gewesen ist“[28] – dieser berühmte Satz von Leopold Ranke, einem der Begründer der wissenschaftlichen Geschichtsschreibung, hat Generationen geprägt. Die Vorstellung, Geschichtsforschung eröffne durch ihre Methoden der Quellenorientierung und -kritik den Zugang zur ‚wahren‘ Vergangenheit wurde nun radikal in Frage gestellt. Der/die Historiker:in steht nun nicht mehr auf festem Boden einer vorgeblich neutralen, objektiven Darstellung von Vergangenem, seine/ihre Rolle ist die eines teilnehmenden Beobachters, der aus dem gegebenen Erfahrungs- und Erwartungshorizont nicht heraustreten kann. Geschichte schreiben lässt sich nach der kulturwissenschaftlichen Wende nur noch im Modus der Selbstreflexion, d. h. im Bewusstsein der eigenen Standortgebundenheit.

28 Zur Überlieferung und Wirkungsgeschichte vgl. Mario Wimmer: „Wie es eigentlich gewesen“, in: Markus Krajewski/Antonia von Schöning/Mario Wimmer (Hrsg.): Enzyklopädie der Genauigkeit, Konstanz 2021, S. 514–531.

Soziale Ungleichheit und die materiellen Lagen ostdeutscher Arbeitnehmerhaushalte zwischen 1980 und 2000. Ein Werkstattbericht

Christopher Banditt

Abstract

Im Beitrag stellt der Autor zunächst das Forschungsinteresse seines Promotionsprojekts vor, das sich sozialer Ungleichheit und den materiellen Lagen von ostdeutschen Arbeitnehmerhaushalten zwischen 1980 und 2000 widmet. Im Weiteren folgt eine Erörterung der Tauglichkeit potentieller Quellen, um die Forschungsfragen zu bearbeiten. Ausgehend von der Feststellung, dass zeitgenössisch erhobene sozialstatistische Mikrodaten am geeignetsten sind, die materiellen Lagen von Haushalten in historischer Perspektive auszuleuchten, wird der methodische Ansatz entwickelt. Ein wesentliches Augenmerk liegt hierbei auf dem Umgang mit den quantitativen Daten und deren quellenkritischer Einordnung. Die Arbeit mit quantitativem Quellenmaterial wird exemplifiziert anhand der Rekonstruktion von Einkommensrelationen in der Gruppe der ostdeutschen Arbeitnehmer im letzten DDR-Jahrzehnt und in der ersten Nachwendedekade. Dabei lassen sich mithilfe statistischer Methoden quantitative Befunde generieren, die ihrerseits in den historischen Rahmen des Untersuchungszeitraums eingeordnet werden müssen. Somit wird schließlich deutlich, dass neben den Umbrüchen von 1989/90 auch Kontinuitäten über die Epochenzäsur existierten.

Schlagwörter

soziale Ungleichheit, materielle Lage, Einkommen, Arbeitnehmer, Haushalte, DDR, Sozialismus, Ostdeutschland, deutsche Vereinigung, Transformation, quantitative Quellen, Mikrodaten, Haushaltsbefragungen, (amtliche) Statistik

Ungleichheit zwischen den Menschen ist nicht allein ein „großes Thema unserer Zeit“[1]. Die Auseinandersetzung mit sozialer Ungleichheit kann bis in die Antike zurückverfolgt werden, als sich etwa bereits Platon dem Gegensatz zwischen Arm und Reich und dessen Einhegung widmete.[2] An Relevanz haben Verteilungsfragen bis in die Gegenwart nicht eingebüßt. Es wird sogar die gesamte Geschichte der Menschheit als im Wesentlichen „eine Geschichte der Ungleichheit“[3] beschrieben. Eine Beschäftigung mit Ungleichheit in historischer Perspektive ist demzufolge unerlässlich. Zur engeren Begriffsbestimmung sei zunächst Stefan Hradils Definition herangezogen:

> „‚Soziale Ungleichheit‘ liegt dann vor, wenn Menschen aufgrund ihrer Stellung in sozialen Beziehungsgefügen von den ‚wertvollen Gütern‘ einer Gesellschaft regelmäßig mehr als andere erhalten.“[4]

„Wertvolle Güter“ können – je nach Gesellschaft – beispielsweise Prestige, Bildung, Einkommen oder Gesundheits- wie auch Kulturversorgung sein. Als Kerndimension sozialer Ungleichheit gilt in modernen Gesellschaften gemeinhin die materielle Ausstattung, über die Menschen verfügen.[5] In diesem Sinne geht es dem Autor dieses Beitrags in seinem Dissertationsprojekt um das Mehr und Weniger an materiellen Ressourcen in ostdeutschen Arbeitnehmerhaushalten von 1980 bis 2000. Unter der materiellen Ausstattung werden das Haushaltsnettoeinkommen, das akkumulierte Vermögen und die damit einhergehenden Konsummöglichkeiten der Haushalte verstanden. Das weitere Forschungsinteresse, die entsprechenden Leitfragen sowie das zu nutzende Quellenmaterial und die methodischen Zugänge der Promotionsarbeit werden im Folgenden in Form eines Werkstattberichts vorgestellt. Insbesondere die beiden letzten Punkte sollen primär anhand der Rekonstruktion des Einkommens der Haushalte exemplifiziert werden.

1 Hans Günter Hockerts: Einführung, in: Ders./Winfried Süß (Hrsg.): Soziale Ungleichheit im Sozialstaat. Die Bundesrepublik Deutschland und Großbritannien im Vergleich, München 2010, S. 9–18, hier S. 9.

2 Vgl. Platon: Nomoi (Gesetze). Buch IV–VII; Übersetzung u. Kommentar v. Klaus Schöpsdau, Göttingen 2003 [zuerst 4. Jh. v. Chr.], S. 49f. [744d–745b].

3 Per Molander: Die Anatomie der Ungleichheit. Woher sie kommt und wie wir sie beherrschen können, Frankfurt am Main 2017, S. 12.

4 Stefan Hradil: Soziale Ungleichheit in Deutschland, Wiesbaden [8]2005, S. 30 (mit Hervorhebung im Original).

5 Vgl. exemplarisch Heinz-Herbert Noll/Bernhard Christoph: Akzeptanz und Legitimität sozialer Ungleichheit – Zum Wandel von Einstellungen in West- und Ostdeutschland, in: Rüdiger Schmitt-Beck/Martina Wasmer/Achim Koch (Hrsg.): Sozialer und politischer Wandel in Deutschland. Analysen mit ALLBUS-Daten aus zwei Jahrzehnten, Wiesbaden 2004, S. 97–125, hier S. 103 oder Hans-Ulrich Wehler: Die neue Umverteilung. Soziale Ungleichheit in Deutschland, München 2013, S. 67.

Forschungsinteresse

Wie die eben zitierte Definition von sozialer Ungleichheit nahelegt, sind es die jeweiligen sozialen Positionen, nach denen die „wertvollen Güter" vertikal verteilt werden. Ungleichheit ist mithin sozial konstruiert, sprich menschengemacht. Ob es Ausdifferenzierungen hinsichtlich bestimmter Güter gibt und wie stark diese ausfallen, wird vornehmlich von den gesellschaftlichen Strukturen bedingt. Je nach Verfasstheit einer Gesellschaft können beispielsweise das (Aus-)Bildungsniveau und/oder der Grad an politischer Loyalität oder andere beziehungsweise weitere Merkmale der Menschen einen Einfluss auf die Verteilung von Einkommen haben. Es gibt Studien, die zeigen, dass in westlichen Gesellschaften als schön wahrgenommene Menschen erfolgreicher am Arbeitsmarkt sind und mehr Gehalt generieren[6] – wenngleich das nicht losgelöst von anderen Determinanten wie der individuellen Qualifikation geschieht. Hieran wird der Effekt, den bestimmte kulturelle Zuschreibungen entfalten (können), sichtbar.

Vor diesem Hintergrund ist die historische Eruierung von Verteilungsverhältnissen in staatssozialistischen Systemen besonders interessant, galt es doch dort, die sozialen Unterschiede weitgehend einzuebnen. Karl Marx, der ideologische Säulenheilige des ehemaligen „Ostblocks", hatte schließlich prophezeit, „daß mit der Abschaffung der Klassenunterschiede von selbst alle aus ihnen entspringende soziale und politische Ungleichheit verschwindet"[7]. Zwar sollte dies unumschränkt erst für den verwirklichten Kommunismus als Endstufe der gesellschaftlichen Entwicklung gelten, aber auch in der Vorstufe, dem Sozialismus, verfolgte mit der SED die Staatspartei der DDR die „Minderung sozialer Unterschiede"[8]. Nivellierung wurde als offizielles Staatsziel ausgegeben. Welche materiellen Ungleichheiten es realiter in der Spätphase der DDR gab, wird im Promotionsprojekt mit Blick auf die 1980er-Jahre untersucht. Zwar gibt es bereits Studien zu Armut und auch erste Annäherungen an das Thema Reichtum in der DDR,[9] dennoch

6 Bspw. Daniel S. Hamermesh: Beauty Pays. Why Attractive People are More Successful, Princeton 2011.

7 Karl Marx: Kritik des Gothaer Programms [zuerst 1875], in: Ders./Friedrich Engels: Werke, Bd. 19; hrsg. v. Institut für Marxismus-Leninismus beim ZK der SED, Berlin (Ost) 1962, S. 11–32, hier S. 26.

8 Programm der Sozialistischen Einheitspartei Deutschlands. IX. Parteitag der SED, Berlin, 18. bis 22. Mai 1976, Berlin (Ost) 1976, S. 23.

9 Vgl. Günter Manz: Armut in der „DDR"-Bevölkerung: Lebensstandard und Konsumtionsniveau vor und nach der Wende, Augsburg 1992; Christoph Lorke: Von Anstand und Liederlichkeit. Armut und ihre Wahrnehmung in der DDR (1961–1989), in: Zeithistorische Forschungen 10 (2013) 2, S. 199–218 sowie Jens Gieseke: Gab es Reichtum in der DDR? Zu Strukturen, Selbstdarstellungen und kollektiven Wahrnehmungen im Staatssozialismus, in: Eva Maria Gajek/Anne Kurr/Lu Seegers (Hrsg.): Reichtum in Deutschland. Akteure, Räume und Lebenswelten im 20. Jahrhundert, Göttingen 2019, S. 329–347.

sind sozialistische „Einkommens- und Vermögensverteilungen noch immer rekonstruktionsbedürftig“[10].

Wenngleich der nach dem Zweiten Weltkrieg entstandene östliche deutsche Staat geografisch weiter in Mitteleuropa verortet wurde, war dieser während des Kalten Krieges ideologisch und geopolitisch dem „Ostblock“ zugehörig. Für die Zeit der Blockeinteilung konstatierte Karl Schlögel rückblickend: „Ost-Berlin liegt von nun an in Osteuropa“[11]. Doch welchen Einfluss hatte es auf die materiellen Lagen und Ungleichheitsausprägungen, als das Gebiet Ostdeutschlands 1989/90 weltanschaulich vom Osten in den Westen „wanderte“? Diese Frage soll beantwortet werden, indem das letzte DDR-Jahrzehnt zusammen mit der ersten „Nachwendedekade“ in einer integrativen Perspektive betrachtet wird. Damit wird zugleich dem in der deutschen Geschichtswissenschaft zuletzt öfter formulierten Postulat entsprochen, „das Epochenjahr 1989/90 weniger als Ende oder Anfang zu sehen, sondern seinerseits in laufende Entwicklungen einzuordnen“[12]. Auf diese Weise lassen sich neben den Brüchen auch mögliche über die Epochenzäsur hinweg bestehende Kontinuitäten identifizieren. Inwieweit waren bestimmte materielle Disparitäten im Ostdeutschland der 1990er-Jahre bereits durch die sozialökonomische Ordnung im Spätsozialismus historisch vorgrundiert?

Datenquellen

Eine Vielzahl der Erkenntnisse über die Verteilung von Einkommen und Vermögen stützt sich auf sogenannte prozessproduzierte Daten, die quasi als Nebenprodukt eines Verwaltungsaktes – wie Verfahren zur steuerlichen Veranlagung – entstehen. Die Quellenbasis für entsprechende Untersuchungen bilden überwiegend Daten aus Einkommenssteuererklärungen sowie aus dem Aufkommen von Vermögens- oder Erbschaftssteuern.[13] Solche Studien liefern freilich wichtige Erkenntnisse zu Disparitäten innerhalb bestimmter Gruppen von Steuerzahlern. Jedoch lassen sie oftmals den Haushaltskontext und mithin die Kumulation der Vermögen und Einkommen der Angehörigen eines Haushalts unberücksichtigt. Es macht natürlich einen Unterschied, ob

10 Jens Gieseke: Soziale Ungleichheit im Staatssozialismus. Eine Skizze, in: Zeithistorische Forschungen 10 (2013) 2, S. 171–198, hier S. 173.

11 Karl Schlögel: Grenzland Europa [zuerst 1993], in: Ders.: Die Mitte liegt ostwärts. Europa im Übergang, Wien 2002, S. 186–194, hier S. 188.

12 Thomas Großbölting/Christoph Lorke: Vereinigungsgesellschaft. Deutschland seit 1990, in: Dies. (Hrsg.), Deutschland seit 1990. Wege in die Vereinigungsgesellschaft, Stuttgart 2017, S. 9–30, hier S. 24.

13 Anstatt vieler: Thomas Piketty: Das Kapital im 21. Jahrhundert, München 2014.

beispielsweise ein Arbeitnehmer mit seinem Einkommen allein sich selbst oder darüber hinaus noch Kinder zu versorgen hat. Allein auf Steuerdaten basierende Arbeiten vernachlässigen überdies staatliche Transferzahlungen, wie Wohn- oder Kindergeld, und deren möglicherweise nivellierende Wirkung. Neben den Arbeitseinkommen und Sozialtransfers gehören zum Haushaltseinkommen noch das Einkommen aus Vermögen, etwa in Form von Zinsen und Dividenden, und weitere Einkünfte, wie Trinkgelder oder Einnahmen aus Vermietungen und Verpachtungen.

Wer wissen möchte, über wie viel Einkommen oder über welche Ausstattung Haushalte tatsächlich verfügen, muss sie befragen. Erschöpfend lassen sich die materiellen Ressourcen eines Haushalts nur erheben, wenn diejenigen Personen, die miteinander leben und wirtschaften, gleichsam als soziale Einheit betrachtet und befragt werden. Sollen Angaben hierzu für einen bereits vergangenen Zeitraum ermittelt werden, mögen zunächst Methoden der Oral History als naheliegend erscheinen. Allerdings lassen sich mit gegenwärtig durchgeführten Interviews lediglich eher aktuelle Erinnerungslagen und retrospektive Perzeptionen abfragen. Konkrete Angaben über möglicherweise mehr als 30 Jahre zurückliegende monatliche Gesamteinkünfte eines Haushalts, dessen Zusammensetzung sich in der Zwischenzeit zudem mehrfach verändert haben mag, sind auf diesem Wege nicht zu erwarten. Doch auch wenn in den Haushalten noch exakt geführte Haushaltsbücher beziehungsweise Einnahmen-Ausgaben-Dokumentationen vorhanden wären, um Erinnerungslücken zu kompensieren, ließe sich ohne einen unmäßigen – und letztlich unrealistischen – Interviewaufwand kein wirklich aussagekräftiges Sample erstellen.

Als geeignete Quelle, um die Entwicklung der sozioökonomischen Lagen von Haushalten historisch zu erfassen, bieten sich folglich zeitgenössisch durchgeführte sozialstatistische Haushaltsbefragungen an.[14] Diese haben für gewöhnlich keinen zeitlichen Abstand zu den jeweiligen untersuchten Sujets und als quantitative Befragungen generieren sie meistenteils wesentlich höhere Fallzahlen, als dies qualitative Verfahren können. Für solche Erhebungen gibt es generell zwei Hauptproduzenten. Erstens sind es sozialwissenschaftliche Forschungsinstitutionen (denen auch die privaten Umfrageinstitute zugeordnet sein sollen), die Haushalte wie Personen nach ihren Lebensumständen befragen. Für die 1980er-Jahre, die erste Hälfte des Untersuchungszeitraums,

14 Das Postulat, solche Mikrodaten stärker für zeitgeschichtliche Forschungen zu nutzen, bei: Lutz Raphael/Gert G. Wagner: Das Potential von Mikrodaten sozial- und wirtschaftswissenschaftlicher Erhebungen und amtlicher Statistiken für die zeithistorische Forschung, in: Schmollers Jahrbuch 135 (2015) 3, S. 335–342.

kann auf das Datenmaterial der DDR-Soziologie zurückgegriffen werden.[15] Allerdings war diese Disziplin in der DDR mit vielfachen Restriktionen belegt worden, die aus der Befürchtung resultieren, dass unvoreingenommene sozialwissenschaftliche Ergebnisse den offiziellen Verlautbarungen über die sozialistische Gesellschaft widersprechen könnten.[16] So durften faktisch keine bevölkerungsrepräsentativen Surveys durchgeführt werden und Erhebungen zu politisch heiklen Themen, wie eben soziale Ungleichheit, wurden ebenfalls verwehrt.[17] Trotzdem ist es DDR-Sozialwissenschaftlern mitunter gelungen, „getarnte" Forschungsfragen in ihren Fragebögen unterzubringen.[18] Somit lassen sich die überlieferten Datensätze der DDR-Soziologie durchaus zur Untersuchung bestimmter sozial- und wirtschaftshistorischer Fragestellungen nutzen – immer jedoch eingedenk der Bedingtheiten ihrer Aussagekraft.

Für die Bearbeitung der 1990er-Jahre stehen die vielfältigen Erhebungsprogramme der bundesdeutschen Forschungsinstitute zur Verfügung. Obschon auch hier die Spezifika der jeweiligen Surveys bei der Auswertung berücksichtigt werden müssen, unterlagen sie hinsichtlich Konzeption und Methodik wesentlich weniger Einschränkungen als die unter der SED-Diktatur durchgeführten Befragungen. Hervorzuheben ist in diesem Zusammenhang das bereits als „wichtigste deutsche Umfrage"[19] apostrophierte Sozio-oekonomische Panel (SOEP), welches als Wiederholungsbefragung derselben Haushalte und Personen insbesondere für Zeitverlaufsanalysen geeignet ist.[20]

Einen zweiten bedeutsamen Produzenten von Haushaltsbefragungen stellt die amtliche Statistik dar. Deren primäre und in der Regel gesetzlich geregelte Zielstellung ist die statistische Informationsbereitstellung für Politik und Öffentlichkeit – die je nach politischem System in ihrem Grad unterschiedlich gewichtet ist –, wofür sie unter anderem Haushalts- und Personenbefragungen realisiert. In amtlichen Erhebungen ist gemeinhin

15 Vgl. Michael Wettengel: Sozialwissenschaftliche Daten aus der DDR – ein Katalog archivierter Studien, in: Historische Sozialforschung 20 (1995) 4, S. 127–134.

16 Vgl. dazu Christiane Reinecke: Fragen an die sozialistische Lebensweise. Empirische Sozialforschung und soziales Wissen in der SED-Fürsorgediktatur, in: Archiv für Sozialgeschichte 50 (2010), S. 311–334.

17 Vgl. Thomas Mergel: Soziale Ungleichheit als Problem der DDR-Soziologie, in: Ders./Christiane Reinecke (Hrsg.): Das Soziale ordnen. Sozialwissenschaften und gesellschaftliche Ungleichheit im 20. Jahrhundert, Frankfurt am Main 2012, S. 307–336, hier S. 309 u. 317.

18 Vgl. Evelyn Brislinger/Brigitte Hausstein/Eberhard Riedel: Sozialwissenschaftliche Daten aus der DDR und den neuen Bundesländern – 1968 bis 1996, in: GESIS (Hrsg.): Materialien zur Erforschung der DDR-Gesellschaft. Quellen. Daten. Instrumente, Opladen 1998, S. 95–147, hier S. 103.

19 Hartmut Kaelble: Mehr Reichtum, mehr Armut. Soziale Ungleichheit in Europa vom 20. Jahrhundert bis zur Gegenwart, Frankfurt am Main 2017, S. 151.

20 Vgl. Gert G. Wagner: Die Längsschnittstudie Sozio-oekonomisches Panel (SOEP) – Die Jahre von der Wende zur Jahrtausendwende, in: Vierteljahrshefte zur Wirtschaftsforschung 77 (2008) 3, S. 43–62; mit dem Fingerzeig, die SOEP-Daten auch für zeithistorische Analysen zu nutzen (S. 59).

die Bandbreite der erfragten Themen und Variablen geringer; es werden mehrheitlich „harte Items", wie die Erwerbssituation und die materiellen Ressourcen von Personen und Haushalten, aufgenommen. Kulturelle sowie milieubezogene Hintergründe oder Einstellungsmuster und Perzeptionen werden dagegen stärker von den jeweiligen Teildisziplinen der Sozialforschung abgefragt. Dafür wartet die amtliche Statistik zumeist mit erheblich größeren Fallzahlen und einer höheren Repräsentativität auf.[21] In der DDR führte zum Beispiel die Staatliche Zentralverwaltung für Statistik (SZS) eine Einkommensstichprobe innerhalb von rund 30.000 Arbeiter- und Angestelltenhaushalten durch. Die amtliche Zentralverwaltung war eine der wenigen Institutionen, die bevölkerungsweite Befragungen durchführen durfte.[22] Eine Erhebung zu Einkommen und materiellen Ressourcen, die die komplette DDR-Gesellschaft zur Grundgesamtheit hatte, gab es dennoch nicht. Die Zielpopulation der SZS-Einkommensstichprobe bildeten, wie gesagt, die Arbeiter- und Angestelltenhaushalte. In dem Umstand, dass also aus der DDR-Zeit kein entsprechendes Datenmaterial für die gesamte Bevölkerung Ostdeutschlands vorhanden ist, liegt auch ein Grund für die Bescheidung des Promotionsprojektes auf Arbeitnehmerhaushalte. Nichtsdestotrotz und abseits der durch die Quellensituation bedingten Implikationen bild(et)en Arbeitnehmerhaushalte generell die gesellschaftlich größte Gruppe – 1981 stellten sie zwei Drittel aller DDR-Haushalte[23] –, sodass sich an ihr sozioökonomische Entwicklungen sehr gut ablesen lassen.

Für die zweite Hälfte des Untersuchungszeitraums, die 1990er-Jahre, werden als wichtige Quelle Daten aus Haushaltsbefragungen der amtlichen Statistik der Bundesrepublik Deutschland herangezogen. Nach der Wiedervereinigung wurde 1991 erstmals der von der bundesdeutschen amtlichen Statistik verantwortete Mikrozensus auf die neuen Bundesländer ausgeweitet.[24] Die Fallzahlen in den für wissenschaftliche Zwecke bereitgestellten *Scientific Use Files* betragen für die 1990er-Jahre reichlich 40.000 ostdeut-

21 Eine knappe und zugespitzte Diskussion des nicht unproblematischen Begriffs der Repräsentativität findet sich bei Christian Alt/Walter Bien: Gewichtung, ein sinnvolles Verfahren in den Sozialwissenschaften? Fragen, Probleme und Schlußfolgerungen, in: Siegfried Gabler/Jürgen H. P. Hoffmeyer-Zlotnik/Dagmar Krebs (Hrsg.): Gewichtung in der Umfragepraxis, Opladen 1994, S. 124–140, hier S. 125–128.

22 Gleichwohl war auch für die SZS der sogenannte X-Bereich mit Angehörigen der Partei- und Staatsorgane sowie der Volksarmee und weiterer „arkaner Institutionen" nicht zugänglich; zum X-Bereich vgl. Wolfgang Fritz: Historie der amtlichen Statistiken der Erwerbstätigkeit in Deutschland. Ein fragmentarischer Abriß: Darstellung, Quellen, Daten, Definitionen, Chronik (Historical Social Research Supplement, Nr. 13), Köln 2001, S. 58f.

23 Vgl. Staatliche Zentralverwaltung für Statistik: Angaben zu den Wohnverhältnissen sozialdemografischer Gruppen. Detaillierte Ergebnisse der Volks-, Berufs-, Wohnraum- und Gebäudezählung 31.12.1981 [Berlin (Ost) 1982], S. 5.

24 Vgl. Hans-Joachim Heidenreich: Einführung des Mikrozensus in den neuen Bundesländern: Probleme und Erfahrungen, in: Paul Lüttinger/Heike Wirth (Hrsg.): Amtliche Daten der DDR und der neuen Bundesländer: Informationsquelle für die Sozialwissenschaften. Tagungsdokumentation, Mannheim 1993, S. 11–26.

sche Haushalte. Davon können über 20.000 als Arbeitnehmerhaushalte in die Untersuchung einbezogen werden.

Methodik

Im Dissertationsprojekt kommt den Datenquellen eine bedeutsame Rolle zu. Zur Beantwortung der Forschungsfragen sind nämlich zunächst empirisch-quantitative Relationen der materiellen Ausstattung in den ostdeutschen Arbeitnehmerhaushalten und der damit einhergehenden Disparitäten zu eruieren. Das so generierte „Datengerüst" ist im Weiteren zu historisieren, das heißt in den Rahmen der politischen, wirtschaftlichen und sozialen Entwicklungen des Untersuchungszeitraums einzubetten. Für die historiographische Narration ist es unerlässlich, dass die rein statistischen Befunde und Zusammenhänge historisch erklärt werden. Aus diesem Grund rekurriert das Projekt zugleich auf klassische, nicht-quantitative Quellen. Unter anderem werden auch Protokolle und Berichte der DDR-Staatsführung einbezogen. Im Folgenden jedoch wird die Arbeit mit den Datensätzen im Vordergrund stehen. Anhand der Variable Haushaltseinkommen in den beiden Erhebungsprogrammen Einkommensstichprobe und Mikrozensus soll verdeutlicht werden, wie statistisches Material mit unterschiedlicher Provenienz im Projekt genutzt wird.

Quellenkritik

Auch an Datenquellen sind die konventionellen quellenkritischen Fragen zu richten, wer, was, wann, wie und warum erhoben hat, um historische Statistiken als „Produkte ihrer Zeit"[25] zu begreifen. Folglich müssen noch vor den quantitativen Ergebnissen die Verfahren und Methodiken der Erhebungen selbst historisiert werden. Damit werden nicht nur deren Entstehungsbedingungen, sondern gleichfalls Charakteristika sowie Aussagekraft und also deren Eignung zur Bearbeitung der Forschungsfragen beleuchtet.[26] Gerade unter Diktaturbedingungen zustande gekommene Daten stehen bisweilen unter

---

25 J. Adam Tooze: Die Vermessung der Welt. Ansätze zu einer Kulturgeschichte der Wirtschaftsstatistik, in: Hartmut Berghoff/Jakob Vogel (Hrsg.): Wirtschaftsgeschichte als Kulturgeschichte. Dimensionen eines Perspektivenwechsels, Frankfurt am Main 2004, S. 325–351, hier S. 342.

26 Zur historischen Sekundäranalyse sozialwissenschaftlicher Daten siehe Jenny Pleinen/Lutz Raphael: Zeithistoriker in den Archiven der Sozialwissenschaften. Erkenntnispotenziale und Relevanzgewinne für die Disziplin, in: Vierteljahrshefte für Zeitgeschichte 62 (2014) 2, S. 173–195.

Manipulations- oder Zensurverdacht, was zu Vorbehalten hinsichtlich ihrer Verwendbarkeit führt. Eine eingehende Quellenkritik ist demnach angezeigt.

Die DDR-Einkommensstichprobe in Arbeiter- und Angestelltenhaushalten wurde seit 1959 in zwei- bis dreijährigem Abstand regelmäßig von der Staatlichen Zentralverwaltung für Statistik durchgeführt. Vornehmlicher Zweck war die Gewinnung von Informationen über die materiellen Lebensverhältnisse der Arbeitnehmerhaushalte.[27] Die Erkenntnisse wurden indes nur in sehr eingeschränkter und aggregierter Form öffentlich publiziert, sodass kaum Rückschlüsse auf mögliche Einkommensungleichheiten möglich waren.[28] Ausführlichere Berichte über die Ergebnisse aus der Einkommensstichprobe wurden allerdings intern als „vertrauliche Dienstsache" angefertigt und auch der Staats- und Parteiführung der DDR zur Verfügung gestellt.[29] Im Rahmen der Einkommensstichprobe wurden Arbeitnehmer in den Betrieben unter anderem zu den Nettogeldeinnahmen aller Mitglieder ihres Haushalts befragt. Dabei wurden detailliert die Bestandteile des Haushaltseinkommens, wie Arbeitseinkommen, betriebliche Prämien, Kindergeld oder Stipendien, in ihrer Höhe erfasst.[30] Dass die Mitarbeiter der Zentralverwaltung für Statistik Manipulationen an dem Datenmaterial vornahmen, kann im Prinzip ausgeschlossen werden. Während die amtlichen Statistiker ohne Ergebnisbeeinflussung arbeiteten, wurde statistische Zensur in der DDR vielmehr über die eingeschränkte Veröffentlichungspraxis geübt.[31] Bereits zeitgenössisch ist die Veröffentlichungspolitik und insbesondere die Wirtschaftsberichterstattung der DDR, auch im Vergleich mit den anderen „Ostblock"-Staaten, als besonders restriktiv beschrieben worden.[32]

Im jährlichen Mikrozensus, der in der Bundesrepublik Deutschland ebenfalls die Funktion erfüllt(e), Informationen über die sozioökonomische Lage der Haushalte für Politik, Öffentlichkeit und Wissenschaft zusammen-

---

27 Ausführlicher zur Erhebung: Statistisches Amt der DDR: Übersicht über die regelmäßigen repräsentativen Bevölkerungsbefragungen des Statistischen Amtes der DDR, Berlin (Ost) 1990, S. 14–18 u. Anlagen 6–9 und Peter Krause/Johannes Schwarze: Die Einkommensstichprobe in Arbeiter- und Angestelltenhaushalten der DDR vom August 1988 – Erhebungskonzeption und Datenbankzugriff (DIW-Diskussionspapier, Nr. 11), Berlin (West) 1990.

28 Zum Beispiel Staatliche Zentralverwaltung für Statistik: Statistisches Jahrbuch der Deutschen Demokratischen Republik 1984, Berlin (Ost) 1984, S. 278–280.

29 Exemplarisch: Staatliche Zentralverwaltung für Statistik: Einkommensstichprobe 1983 in Arbeiter- und Angestelltenhaushalten. Ausgewählte Ergebnisse, Januar 1984, BArch DE2/20365.

30 Siehe beispielhaft den Fragebogen der Einkommensstichprobe von 1988 in: Krause/Schwarze: Einkommensstichprobe, Anhang 1.

31 Vgl. Burghard Ciesla: Hinter den Zahlen. Zur Wirtschaftsstatistik und Wirtschaftsberichterstattung in der DDR, in: Alf Lüdtke/Peter Becker (Hrsg.): Akten. Eingaben. Schaufenster. Die DDR und ihre Texte. Erkundungen zu Herrschaft und Alltag, Berlin 1997, S. 39–55 und Fritz: Historie der amtlichen Statistiken, S. 57.

32 Vgl. Werner Voß: Ein neues Konzept zur Erfassung des Lebensstandards – das Beispiel DDR, in: Dieter Voigt (Hrsg.): Die Gesellschaft der DDR. Untersuchungen zu ausgewählten Bereichen, Berlin (West) 1984, S. 167–183, hier S. 169f.

zutragen, fand (und findet noch immer) die Einkommensabfrage weniger ausführlich statt. In den Interviews wurde lediglich eine generelle Frage zum gesamten Nettoeinkommen des Haushalts gestellt, also ohne die gesonderte Aufnahme der einzelnen Einkommensarten. Nichtsdestotrotz war in den Leitfäden für die Interviewer als Hilfestellung genau abgelegt, welches die wichtigsten Einkommensquellen sind.[33] Während in der DDR-Einkommensstichprobe die exakten Einkommenswerte aufgenommen wurden, musste im Mikrozensus die Einkommenshöhe in einem Von-bis-Bereich angegeben werden.[34] Diese klassierte Abfrage sollte den gesetzlich zur Auskunft verpflichteten Respondenten die Einkommensmitteilung erleichtern.[35]

Operationalisierung

Zu wissenschaftlichen Zwecken können die Mikrozensen als faktisch anonymisierte 70-Prozent-Substichproben bei den Forschungsdatenzentren der amtlichen Statistik Deutschlands beantragt werden. Die Daten werden in digitaler Form zur Verfügung gestellt, sodass sie sich mit gängiger Statistik-Software (SPSS, STATA etc.) bearbeiten lassen. Dies erleichtert nicht zuletzt das Filtern und Umformen der Datensätze, um sie mit den DDR-Daten verknüpfen zu können. Zum Beispiel wurde in der DDR-Einkommensstichprobe ein Haushalt als Arbeitnehmerhaushalt klassifiziert, wenn dessen Angehöriger mit dem höchsten individuellen Einkommen Arbeiter oder Angestellter war. Diese Systematik muss mit den Mikrozensus-Daten, in denen der Haushaltsvorstand vom Haushalt selbst bestimmt wurde und nicht zwangsläufig der Haupteinkommensbezieher war, nachgebildet werden. Zudem werden Haushalte, in denen der Haupteinkommensbezieher ein arbeitsloser Arbeiter beziehungsweise Angestellter war, als *potentielle* Arbeitnehmerhaushalte in die Untersuchung mit einbezogen. Sonst ließen sich die Auswirkungen der in den 1990er-Jahren auftretenden und zuvor in Ostdeutschland gänzlich unbekannten Massenarbeitslosigkeit auf die Entwicklung von Ungleichheiten

33 Vgl. exemplarisch den Fragebogen und Interviewleitfaden des Mikrozensus von 1998: Stichprobenerhebung über die Bevölkerung und den Arbeitsmarkt. Mikrozensus 1998 und Arbeitskräftestichprobe der Europäischen Union 1998. Erhebungsbogen 1 + E, online unter: https://www.forschungsdatenzentrum.de/sites/default/files/mz_1998_eu.zip (29. September 2019).

34 Dazu, dass bei der Angabe spitzer Einkommenswerte die Probanden oftmals aufrunden, was den methodischen Unterschied zur klassierten Abfrage etwas abmildert, vgl. Jens U. Hanisch: Rounded Responses to Income Questions, in: Allgemeines Statistisches Archiv 89 (2005) 1, S. 39–48.

35 Vgl. Winfried Gruber: Messung von Armut und Reichtum – Das Datenangebot der amtlichen Statistik, in: Statistisches Bundesamt (Hrsg.): Einkommen und Vermögen in Deutschland – Messung und Analyse. Beiträge zum wissenschaftlichen Kolloquium am 13./14. November 1997 in Wiesbaden, Stuttgart 1998, S. 63–78, hier S. 75.

kaum angemessen darstellen. Solche Transformationen sind notwendig, damit zwischen den 1990er-Datensätzen und den starreren 1980er-Daten größtmögliche Passgerechtigkeit hergestellt und dem „Erfordernis der Kongruenz“[36] der verwendeten Datengrundlagen entsprochen wird.

Mit Ausnahme der Erhebung von 1988 ist das Datenmaterial aus den Einkommensstichproben nicht mehr in maschinenlesbarer Form erhalten. Im deutschen Bundesarchiv sind einzig Angaben in analoger Form, sprich als papiergedruckte interne Auswertungsberichte des Zählbüros der Zentralverwaltung für Statistik überliefert. Um diese schließlich nutzen und breiter auswerten zu können, sind die relevanten Teile der Zahlenkonvolute in digitales Format zu überführen – was schlechterdings nichts anderes bedeutet, als dass sie in zeitaufwändiger Weise manuell abgetippt werden müssen. Hier erfährt der „Nachsommer“-Lehrsatz „Das Sammeln geht der Wissenschaft immer voraus“ des österreichisch-habsburgischen Autors Adalbert Stifter eine sehr moderne Bedeutung und Bestätigung.[37]

Da die Urdaten aus den Einkommensstichproben nicht mehr vorhanden sind, lassen sich lediglich die aggregierten Auswertungen noch digital „einsammeln“. So ist das Einkommen pro Kopf, das eine wichtige Rechnungsgröße darstellt, um Haushalte mit unterschiedlicher Personenzahl vergleichen zu können[38], in den archivierten Zählberichten nur klassiert abgebildet. Beispielsweise befand sich demnach 1980 mit 22 Prozent der Hauptteil der Arbeitnehmerhaushalte in der 400–500-Mark-Klasse, während 2 Prozent ein monatliches Pro-Kopf-Einkommen von 1.100 Mark und mehr zur Verfügung hatten (siehe Abbildung 1).

Damit ergibt sich der für die Datenauswertung nicht ganz unproblematische Umstand, dass wie beim Mikrozensus die Einkommen in der Einkommensstichprobe gruppiert vorliegen. Im Gegensatz zu exakten (Einkommens-)Werten erschweren klassierte Daten per se weitere Berechnungen. Indessen kann unter der Annahme, dass innerhalb der Klassen die Einkommenswerte gleichverteilt sind, der jeweilige Klassenmittewert als zulässiger Repräsentant und Operator herangezogen werden. Dies wurde für den

36 Jan Goebel/Carsten Schröder: Einkommensverteilung und gesamtwirtschaftliche Entwicklung in Deutschland – eine Replik, in: Wirtschaftsdienst 95 (2015) 12, S. 861–863, hier S. 862.

37 Adalbert Stifter: Der Nachsommer, München 1978 [zuerst 1857], S. 110.

38 Hauptsächlich aufgrund der Schwierigkeit, eine für beide Systeme stimmige Äquivalenzskala zu entwerfen, wird von einer über die Personenanzahl hinausgehenden Äquivalenzgewichtung des Einkommens im Projekt abgesehen; vgl. dazu auch Bernhard Schimpl-Neimanns/Heike Wirth: Bestandsaufnahme und Nutzungsmöglichkeiten amtlicher Mikrodaten der DDR für Sekundäranalysen zur Bildungs- und Einkommensungleichheit (ZUMA-Arbeitsbericht, 94/06), Mannheim 1994, S. 45f.

Mikrozensus bereits als gerechtfertigtes Verfahren nachgewiesen.[39] Somit wird die reale Verteilung näherungsweise bestimmbar, sodass Ungleichheitsanalysen gut durchführbar sind.

Abbildung 1: Verteilung des monatlichen Pro-Kopf-Einkommens in Arbeitnehmerhaushalten 1980 (in Prozent und Mark)

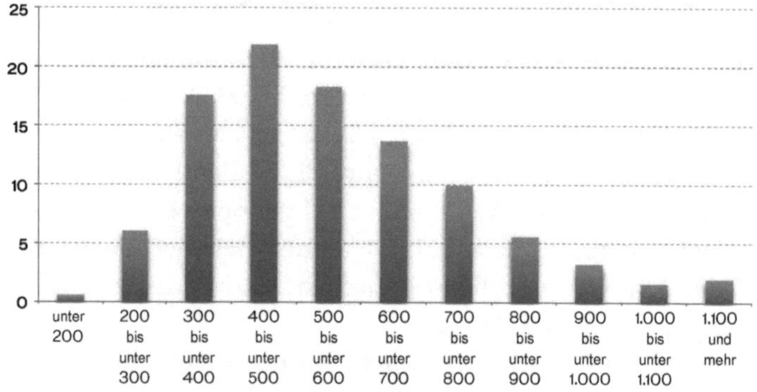

Eigene Darstellung nach: Einkommensstichprobe (Fallzahl: 31.860 Arbeitnehmerhaushalte)

Zur Beschreibung von Einkommensungleichheiten können dann die Anteile, die das „ärmste" und das „reichste" Zehntel am gesamten Einkommen besaßen, ausgewiesen werden. Zwar werden in der empirischen Ungleichheitsforschung eine Vielzahl weiterer sowie *elaboriertere* Kennziffern verwendet, von denen der sogenannte Gini-Koeffizient sicherlich am weitesten verbreitet ist.[40] Und diese bleiben auch in der Promotionsarbeit nicht außen vor. Zugleich jedoch scheint es im geisteswissenschaftlichen Bereich angebracht zu sein, dass für ein Publikum, das mit mathematisierten Ausdrucksformen zumeist weniger vertraut ist, ebenfalls allgemein verständlichere Maße und Darstellungen Anwendung finden.

39 Vgl. Johannes Stauder/Wolfgang Hüning: Die Messung von Äquivalenzeinkommen und Armutsquoten auf der Basis des Mikrozensus, in: Statistische Analysen und Studien Nordrhein-Westfalen, Bd. 13, 2004, S. 9–31. Für die Randklassen wurde – im Einklang mit Wolfgang Kohn: Statistik. Datenanalyse und Wahrscheinlichkeitsrechnung, Berlin 2005, S. 21 – der entsprechende Klassenstellvertreter anhand von Plausibilitätsüberlegungen festgelegt. Für eine harmonische Dezilverteilung wurde zudem auf ein Verfahren der simulierten Gleichverteilung in den Einkommensgruppen zurückgegriffen, das auch von der amtlichen Statistik zur Berechnung von Armutsquoten mit dem Mikrozensus genutzt wird; zur konkreten Anwendung siehe Mara Boehle: Armutsmessung mit dem Mikrozensus. Methodische Aspekte und Umsetzung für Querschnitts- und Trendanalysen (GESIS Papers 2015-16), Mannheim 2015.

40 Eine bündige Erörterung, warum gerade der Gini-Koeffizient so „populär" ist, bietet: Frank A. Cowell: Measurement of Inequality, in: Anthony B. Atkinson/Francois Bourguignon (Hrsg.): Handbook of Income Distribution; Vol. 1, Amsterdam 2000, S. 87–166, hier S. 112 u. insb. S. 150.

Tabelle 1: Untere und obere Dezilanteile am gesamten monatlichen Pro-Kopf-Haushaltseinkommen (in Prozent)

	1980	1983	1985	1988	1991	1993	1995	1998	2000
1. Dezil	4,9	4,9	4,9	5,1	4,0	3,8	3,8	3,8	3,8
10. Dezil	18,0	18,0	18,5	18,1	19,9	20,5	20,3	20,9	21,0

Eigene Berechnung nach: Einkommensstichprobe, Mikrozensus (Fallzahlen: 22.667–33.477 Arbeitnehmerhaushalte)

Es zeigt sich, dass zu Beginn des Untersuchungszeitraums das untere Zehntel über 4,9 Prozent und das obere Zehntel über 18,0 Prozent des insgesamt von den ostdeutschen Arbeitnehmerhaushalten erhaltenen Einkommens pro Monat und Kopf verfügte. Im Jahr 2000 lag die entsprechende Relation bei 3,8 Prozent zu 21,0 Prozent (siehe Tabelle 1). Insbesondere zwischen den Erhebungszeitpunkten 1988 und 1991, also mit dem Systemumbruch, kam es zu einem Anstieg der Ungleichheit, als die unteren zehn Prozent der Arbeitnehmerhaushalte anteilsmäßig verloren und die oberen zehn Prozent ihren Anteil am Gesamteinkommen vergrößern konnten. Neben solchen Brüchen in dem sozioökonomischen Gefüge der ostdeutschen Arbeitnehmerhaushalte lassen sich gleichwohl auch gewisse Kontinuitäten ausmachen.

Tabelle 2: Verfügbares monatliches Einkommen von ostdeutschen erwerbstätigen Arbeitnehmern nach Qualifikation in Relation zum Gesamtdurchschnitt (= 100)

1988		1991	
un-/angelernt	80,1	73,3	**kein Abschluss**
Facharbeiter	92,8	92,3	**Lehr-/ Anlernausbildg.**
Meister	116,2	109,8	**Meister**
Fachschule	107,3	110,8	**Fachschule**
Hochschule	132,1	135,1	**(Fach-)Hochschule**

Eigene Berechnung nach: Einkommensstichprobe, Mikrozensus (Fallzahlen: 51.065 u. 43.219 Arbeitnehmer)

In der späten DDR herrschte eine individuelle Einkommensverteilung vor, die zu einem Gutteil vom Qualifikationsniveau der Arbeiter und Angestellten bestimmt war. Am unteren Ende der Einkommensskala rangierten die un- und angelernten Arbeitnehmer, die im Jahr 1988 über 80,1 Prozent des durchschnittlichen Monatseinkommens verfügten. Die Facharbeiter lagen zwar über dieser Gruppe, aber mit 92,8 Prozent unter dem Gesamtdurchschnitt. Ein überdurchschnittliches Einkommen generierten sowohl die Meister (116,2 Prozent) als auch die Absolventen einer DDR-Fachschule (107,3 Prozent). Oben in der Einkommenshierarchie befanden sich die Inhaber eines Hochschulabschlusses, die 132,1 Prozent des durchschnittlich verfügbaren Einkommens erhielten (siehe Tabelle 1).

Auch wenn sich diese Ausbildungskategorien der Einkommensstichprobe nicht eins zu eins mit dem Mikrozensus reproduzieren lassen, ergibt sich für die Zeit unmittelbar nach der Einführung der Marktwirtschaft in Ostdeutschland und der Wiedervereinigung ein ganz ähnliches Bild. Ungelernte ohne beruflichen Abschluss waren 1991 mit einem Niveau von 73,3 Prozent die einkommensmäßig am geringsten ausgestattete Gruppe. Arbeitnehmer mit einer Lehr- beziehungsweise Anlernausbildung lagen bei 92,3 Prozent des gesamtdurchschnittlich verfügbaren Einkommens. Meister (109,8 Prozent) und Fachschulabsolventen (110,8 Prozent) hatten die Plätze getauscht und sich zugleich angenähert, während diejenigen Arbeitnehmer mit Hoch- und Fachhochschulabschluss über 135,1 Prozent verfügten und somit abermals am oberen Ende der Einkommensleiter lagen.

Interpretation

Obschon im vorliegenden Beitrag die „Datenarbeit" im Vordergrund stehen sollte, kann eine kurze Interpretation der Zahlen freilich nicht ausbleiben. Wie ersichtlich wurde, herrschten neben den Umbrüchen auch Kontinuitäten über die Epochenzäsur von 1989/90, indem etwa davor und danach Einkommen gemeinhin nach dem individuellen Ausbildungsniveau verteilt wurde. Offensichtlich kamen bereits im späten Sozialismus Anreiz- und Verteilungssysteme zur Anwendung, die dann in der Marktwirtschaft ihre Fortsetzung erfuhren. Hieran wird deutlich, dass es – wie eingangs betont – die sozialen Strukturen sind, die Ungleichheit konstruieren und perpetuieren, und dass dieselben Ungleichheitsdeterminanten in unterschiedlichen Systemen eine ähnliche Wirkmächtigkeit entfalten können.

Ferner ist an dieser Stelle darauf zu hinzuweisen, wie wichtig es für eine Interpretation der empirischen Ergebnisse gleichsam ist, das Zustandekommen des Datenmaterials zu historisieren und damit einhergehende immanente Einschränkungen auszuleuchten. So mag mit den Daten für die 1980er-Jahre die Einkommensungleichheit leicht unterschätzt werden, da, wie geschildert, der X-Bereich nicht Teil dieser Erhebungen war.[41] Insofern ist die Zunahme der Einkommensdisparität in geringem Maße sicherlich auch auf den Wechsel der Datengrundlage zurückzuführen (siehe Tabelle 1).

Vornehmlich jedoch zeichneten dafür die größere Differenzierung bei den Arbeitseinkommen mit Einführung der Marktwirtschaft und die Zunahme von Arbeitslosigkeit in Ostdeutschland verantwortlich. Damit sei hier zumindest andeutungsweise der oben formulierten Aufgabenstellung entsprochen, das Datengerüst innerhalb der gesellschaftlichen, politischen und wirtschaftlichen Rahmenentwicklungen zu verorten und zu analysieren.

Schlussbemerkungen

Als Quellenmaterial sind zeitgenössisch durchgeführte sozialstatistische Haushaltsbefragungen geeignet, die sozioökonomischen Entwicklungen von Gesellschaften beziehungsweise sozialer Großgruppen zu rekonstruieren. Dafür bilden auch in der staatssozialistischen Diktatur der ehemaligen DDR vorgenommene Erhebungen eine taugliche Grundlage. Die historische Re-Analyse sozialwissenschaftlichen Datenmaterials erfordert, dass dieses und darauf basierende Deutungen der Sozial- und Wirtschaftswissenschaften nicht einfach arglos übernommen werden.[42] Vielmehr sind die Datenquellen quellenkritisch zu prüfen, was mitunter entsprechende Kenntnisse der empirischen Sozialforschung voraussetzt – wie schließlich die Auswertung jedweder historischen Quelle die entsprechenden analytischen Fähigkeiten erfordert. Daneben ist die Anwendung von Methoden der empirischen Sozialforschung und Statistik notwendig, um das Datenmaterial zu nutzen und zu verarbeiten. Operationalisierung und Kategorisierung sollten dabei immer nachvollziehbar und insbesondere reproduzierbar sein, wenngleich das den methodischen Anhang im Manuskript anschwellen lässt.

Um bei der Untersuchung von sozialem Wandel nicht an historischen Zäsuren stehen bleiben und „Stunde-Null-Narrative" wiedererzählen zu müssen, kann die Verknüpfung von Datengrundlagen aus verschiedenen Systemen erforderlich werden. Manche Unschärfe zwischen quantitativen Quellen mit unterschiedlicher Provenienz muss dabei im Sinne eines historiogra-

41 Schätzungen zufolge haben Arbeiter und Angestellte im X-Bereich durchschnittlich etwa 6 Prozent mehr Nettoarbeitseinkommen erhalten als die in der Einkommensstichprobe erfassten Arbeitnehmer; vgl. Bernhard Schimpl-Neimanns/Heike Wirth: Amtliche Mikrodaten der DDR als Datenquelle für die Sozialstrukturforschung, in: GESIS: Materialien, S. 149–163, hier S. 155.

42 Vgl. dazu auch Rüdiger Graf/Kim Christian Priemel: Zeitgeschichte in der Welt der Sozialwissenschaften. Legitimität und Originalität einer Disziplin, in: Vierteljahrshefte für Zeitgeschichte 59 (2011) 4, S. 479–508.

phischen Pragmatismus durchaus in Kauf genommen werden. So ist bei der Konstruktion längerer Datenreihen in letzter Konsequenz eine wirklich hundertprozentig vollständige Vergleichbarkeit kaum herzustellen.[43] Wichtig ist dennoch, dass die Datenquellen keine allzu großen und vor allem strukturellen Unterschiede aufweisen; es hätte wenig Sinn, Mikrodaten aus Surveys mit prozessproduzierten Steuerdaten verkoppeln zu wollen.

Eigens hinsichtlich Haushalts- und Personenbefragungen ist es notwendig, sich zu vergegenwärtigen, dass einer solchen Datenbasis durchaus eine Subjektivität zugrunde liegen kann, die auch klassisch-textlichen Quellen oftmals immanent ist. Zum Beispiel ist die Selbsteinschätzung beim Einkommen in entsprechenden Erhebungen in der Regel ein nur „ungefähres Unterfangen". Die wenigsten Menschen könn(t)en ad hoc ihr aktuelles Gesamteinkommen absolut genau beziffern. Insofern sind Einkommensangaben und darauf basierende rechnerische Zahlenrelationen zumeist eher als Größenordnung denn mit der mathematischen Exaktheit, die sie vorzugeben scheinen, zu interpretieren. Überhaupt mag es für Geisteswissenschaftler zunächst etwas irritierend anmuten, wenn solche komplexen Phänomene wie soziale Ungleichheit in knappen Kennziffern verdichtet werden. Jedoch haben solche Maßzahlen den Vorteil, dass mit ihnen Entwicklungen im längeren Zeitverlauf abgebildet werden können. Dies macht selbstverständlich nicht die Einordnung der Datenreihen in den historischen Kontext entbehrlich.

Dem vorgestellten Ansatz liegt ein Forschungsinteresse zugrunde, das nach Bestimmungsfaktoren von sozialer Ungleichheit in zwei unterschiedlichen Gesellschaftssystemen sowie nach Brüchen und Kontinuitäten beim historischen Übergang zwischen diesen Systemen fragt. Die Methodik lehnt sich dabei an explorative Vorgehensweisen an. Doch auch wenn kein Abarbeiten an einer soziologischen Großtheorie erfolgt, wird sich durchaus aus dem theoretischen Baukasten der Wirtschafts- und Sozialgeschichte beziehungsweise der Wirtschafts- und Sozialwissenschaften bedient. Exemplarisch wurde dies hier mit der Überprüfung der Humankapitaltheorie, wonach das Qualifikationsniveau einen Einfluss auf das Einkommen hat, ausgeführt. Gerade bei der Arbeit mit quantitativen Quellen helfen die theoretischen Angebote der eigenen und der benachbarten Disziplinen, das Material zu ordnen und die Auswertung und Analyse zu strukturieren.

---

43 Vgl. Anthony B. Atkinson: Ungleichheit. Was wir dagegen tun können, Stuttgart 2016, S. 66.

Literaturverzeichnis

Alt, Christian/Bien, Walter: Gewichtung, ein sinnvolles Verfahren in den Sozialwissenschaften? Fragen, Probleme und Schlußfolgerungen, in: Siegfried Gabler/Jürgen H. P. Hoffmeyer-Zlotnik/Dagmar Krebs (Hrsg.): Gewichtung in der Umfragepraxis, Opladen 1994, S. 124–140.

Atkinson, Anthony B.: Ungleichheit. Was wir dagegen tun können, Stuttgart 2016.

Boehle, Mara: Armutsmessung mit dem Mikrozensus. Methodische Aspekte und Umsetzung für Querschnitts- und Trendanalysen (GESIS Papers 2015–16), Mannheim 2015.

Brislinger, Evelyn/Hausstein, Brigitte/Riedel, Eberhard: Sozialwissenschaftliche Daten aus der DDR und den neuen Bundesländern – 1968 bis 1996, in: GESIS (Hrsg.): Materialien zur Erforschung der DDR-Gesellschaft. Quellen. Daten. Instrumente, Opladen 1998, S. 95–147.

Ciesla, Burghard: Hinter den Zahlen. Zur Wirtschaftsstatistik und Wirtschaftsberichterstattung in der DDR, in: Alf Lüdtke/Peter Becker (Hrsg.): Akten. Eingaben. Schaufenster. Die DDR und ihre Texte. Erkundungen zu Herrschaft und Alltag, Berlin 1997, S. 39–55.

Cowell, Frank A.: Measurement of Inequality, in: Anthony B. Atkinson/Francois Bourguignon (Hrsg.): Handbook of Income Distribution; Vol. 1, Amsterdam 2000, S. 87–166.

Fritz, Wolfgang: Historie der amtlichen Statistiken der Erwerbstätigkeit in Deutschland. Ein fragmentarischer Abriß: Darstellung, Quellen, Daten, Definitionen, Chronik (Historical Social Research Supplement, Nr. 13), Köln 2001, S. 58f.

Gieseke, Jens: Soziale Ungleichheit im Staatssozialismus. Eine Skizze, in: Zeithistorische Forschungen 10 (2013) 2, S. 171–198.

Gieseke, Jens: Gab es Reichtum in der DDR? Zu Strukturen, Selbstdarstellungen und kollektiven Wahrnehmungen im Staatssozialismus, in: Eva Maria Gajek/Anne Kurr/Lu Seegers (Hrsg.): Reichtum in Deutschland. Akteure, Räume und Lebenswelten im 20. Jahrhundert, Göttingen 2019, S. 329–347.

Goebel, Jan/Schröder, Carsten: Einkommensverteilung und gesamtwirtschaftliche Entwicklung in Deutschland – eine Replik, in: Wirtschaftsdienst 95 (2015) 12, S. 861–863.

Graf, Rüdiger/Priemel, Kim Christian: Zeitgeschichte in der Welt der Sozialwissenschaften. Legitimität und Originalität einer Disziplin, in: Vierteljahrshefte für Zeitgeschichte 59 (2011) 4, S. 479–508.

Großbölting, Thomas/Lorke, Christoph: Vereinigungsgesellschaft. Deutschland seit 1990, in: Dies. (Hrsg.), Deutschland seit 1990. Wege in die Vereinigungsgesellschaft, Stuttgart 2017, S. 9–30.

Gruber, Winfried: Messung von Armut und Reichtum – Das Datenangebot der amtlichen Statistik, in: Statistisches Bundesamt (Hg.): Einkommen und Vermögen in Deutschland – Messung und Analyse. Beiträge zum wissenschaftlichen Kolloquium am 13./14. November 1997 in Wiesbaden, Stuttgart 1998, S. 63–78.

Hamermesh, Daniel S.: Beauty Pays. Why Attractive People are More Successful, Princeton 2011.

Hanisch, Jens U.: Rounded Responses to Income Questions, in: Allgemeines Statistisches Archiv 89 (2005) 1, S. 39–48.

Heidenreich, Hans-Joachim: Einführung des Mikrozensus in den neuen Bundesländern: Probleme und Erfahrungen, in: Paul Lüttinger/Heike Wirth (Hrsg.): Amtliche Daten der DDR und der neuen Bundesländer: Informationsquelle für die Sozialwissenschaften. Tagungsdokumentation, Mannheim 1993, S. 11–26.

Hockerts, Hans Günter: Einführung, in: Ders./Winfried Süß (Hrsg.): Soziale Ungleichheit im Sozialstaat. Die Bundesrepublik Deutschland und Großbritannien im Vergleich, München 2010, S. 9–18.

Hradil, Stefan: Soziale Ungleichheit in Deutschland, Wiesbaden [8]2005.

Kaelble, Hartmut: Mehr Reichtum, mehr Armut. Soziale Ungleichheit in Europa vom 20. Jahrhundert bis zur Gegenwart, Frankfurt am Main 2017.

Kohn, Wolfgang: Statistik. Datenanalyse und Wahrscheinlichkeitsrechnung, Berlin 2005.

Krause, Peter/Schwarze, Johannes: Die Einkommensstichprobe in Arbeiter- und Angestelltenhaushalten der DDR vom August 1988 – Erhebungskonzeption und Datenbankzugriff (DIW-Diskussionspapier, Nr. 11), Berlin (West) 1990.

Lorke, Christoph: Von Anstand und Liederlichkeit. Armut und ihre Wahrnehmung in der DDR (1961–1989), in: Zeithistorische Forschungen 10 (2013) 2, S. 199–218.

Manz, Günter: Armut in der „DDR“-Bevölkerung: Lebensstandard und Konsumtionsniveau vor und nach der Wende, Augsburg 1992.

Marx, Karl: Kritik des Gothaer Programms [zuerst 1875], in: Ders./Friedrich Engels: Werke, Bd. 19; hrsg. v. Institut für Marxismus-Leninismus beim ZK der SED, Berlin (Ost) 1962, S. 11–32.

Mergel, Thomas: Soziale Ungleichheit als Problem der DDR-Soziologie, in: Ders./Christiane Reinecke (Hrsg.): Das Soziale ordnen. Sozialwissenschaften und gesellschaftliche Ungleichheit im 20. Jahrhundert, Frankfurt am Main 2012, S. 307–336.

Molander, Per: Die Anatomie der Ungleichheit. Woher sie kommt und wie wir sie beherrschen können, Frankfurt am Main 2017.

Noll, Heinz-Herbert/Christoph, Bernhard: Akzeptanz und Legitimität sozialer Ungleichheit – Zum Wandel von Einstellungen in West- und Ostdeutschland, in: Rüdiger Schmitt-Beck/Martina Wasmer/Achim Koch (Hrsg.): Sozialer und politischer Wandel in Deutschland. Analysen mit ALLBUS-Daten aus zwei Jahrzehnten, Wiesbaden 2004, S. 97–125.

Piketty, Thomas: Das Kapital im 21. Jahrhundert, München 2014.

Platon: Nomoi (Gesetze). Buch IV–VII; Übersetzung u. Kommentar v. Klaus Schöpsdau, Göttingen 2003 [zuerst 4. Jh. v. Chr.].

Pleinen, Jenny/Raphael, Lutz: Zeithistoriker in den Archiven der Sozialwissenschaften. Erkenntnispotenziale und Relevanzgewinne für die Disziplin, in: Vierteljahrshefte für Zeitgeschichte 62 (2014) 2, S. 173–195.

Programm der Sozialistischen Einheitspartei Deutschlands. IX. Parteitag der SED, Berlin, 18. bis 22. Mai 1976, Berlin (Ost) 1976.

Raphael, Lutz/Wagner, Gert G.: Das Potential von Mikrodaten sozial- und wirtschaftswissenschaftlicher Erhebungen und amtlicher Statistiken für die zeithistorische Forschung, in: Schmollers Jahrbuch 135 (2015) 3, S. 335–342.

Reinecke, Christiane: Fragen an die sozialistische Lebensweise. Empirische Sozialforschung und soziales Wissen in der SED-Fürsorgediktatur, in: Archiv für Sozialgeschichte 50 (2010), S. 311–334.

Schimpl-Neimanns, Bernhard/Wirth, Heike: Bestandsaufnahme und Nutzungsmöglichkeiten amtlicher Mikrodaten der DDR für Sekundäranalysen zur Bildungs- und Einkommensungleichheit (ZUMA-Arbeitsbericht, 94/06), Mannheim 1994.

Schimpl-Neimanns, Bernhard/Wirth, Heike: Amtliche Mikrodaten der DDR als Datenquelle für die Sozialstrukturforschung, in: GESIS (Hrsg.): Materialien zur Erforschung der DDR-Gesellschaft. Quellen. Daten. Instrumente, Opladen 1998, S. 149–163.

Schlögel, Karl: Grenzland Europa [zuerst 1993], in: Ders.: Die Mitte liegt ostwärts. Europa im Übergang, Wien 2002, S. 186–194.

Staatliche Zentralverwaltung für Statistik: Angaben zu den Wohnverhältnissen sozialdemografischer Gruppen. Detaillierte Ergebnisse der Volks-, Berufs-, Wohnraum- und Gebäudezählung 31.12.1981 [Berlin (Ost) 1982].

Staatliche Zentralverwaltung für Statistik: Einkommensstichprobe 1983 in Arbeiter- und Angestelltenhaushalten. Ausgewählte Ergebnisse, Januar 1984, BArch DE2/20365.

Staatliche Zentralverwaltung für Statistik: Statistisches Jahrbuch der Deutschen Demokratischen Republik 1984, Berlin (Ost) 1984.

Statistisches Amt der DDR: Übersicht über die regelmäßigen repräsentativen Bevölkerungsbefragungen des Statistischen Amtes der DDR, Berlin (Ost) 1990.

Stauder, Johannes/Hüning, Wolfgang: Die Messung von Äquivalenzeinkommen und Armutsquoten auf der Basis des Mikrozensus, in: Statistische Analysen und Studien Nordrhein-Westfalen, Bd. 13, 2004, S. 9–31.

Stichprobenerhebung über die Bevölkerung und den Arbeitsmarkt. Mikrozensus 1998 und Arbeitskräftestichprobe der Europäischen Union 1998. Erhebungsbogen 1 + E, online unter: https://www.forschungsdatenzentrum.de/sites/default/files/mz_1998_eu.zip (29. September 2019).

Stifter, Adalbert: Der Nachsommer, München 1978 [zuerst 1857].

Tooze, J. Adam: Die Vermessung der Welt. Ansätze zu einer Kulturgeschichte der Wirtschaftsstatistik, in: Hartmut Berghoff/Jakob Vogel (Hrsg.): Wirtschaftsgeschichte als Kulturgeschichte. Dimensionen eines Perspektivenwechsels, Frankfurt am Main 2004, S. 325–351.

Voß, Werner: Ein neues Konzept zur Erfassung des Lebensstandards – das Beispiel DDR, in: Dieter Voigt (Hrsg.): Die Gesellschaft der DDR. Untersuchungen zu ausgewählten Bereichen, Berlin (West) 1984, S. 167–183.

Wagner, Gert G.: Die Längsschnittstudie Sozio-oekonomisches Panel (SOEP) – Die Jahre von der Wende zur Jahrtausendwende, in: Vierteljahrshefte zur Wirtschaftsforschung 77 (2008) 3, S. 43–62.

Wehler, Hans-Ulrich: Die neue Umverteilung. Soziale Ungleichheit in Deutschland, München 2013.

Wettengel, Michael: Sozialwissenschaftliche Daten aus der DDR – ein Katalog archivierter Studien, in: Historische Sozialforschung 20 (1995) 4, S. 127–134.

Der Adel auf dem Schreibtisch des Kaisers

Kulturen des Entscheidens am Beispiel des Politikfelds „Adel und Auszeichnungen" in der späten Habsburgermonarchie*

Marion Dotter

Abstract

Der vorliegende Beitrag beschäftigt sich mit den „Kulturen des Entscheidens" in der späten Habsburgermonarchie anhand der durch Kaiser Franz Josef I. (1848–1916) erteilten Nobilitierungen. Dabei sollen die vier Perspektiven, die den Prozess des Entscheidens als historisches Phänomen nachvollziehbar machen – Praktiken, Ressourcen, Darstellungsweisen und Narrative – anhand eines konkreten Beispiels, der Grafenstandserhebung des österreichischen Generalkonsuls Giuseppe Pizzamano, nachvollzogen werden. Sein Fall verweist auf die Vielfalt an Akteuren, Verwaltungsvorgängen und Argumenten, die im Laufe eines Nobilitierungsverfahrens an der Entscheidung Anteil nahmen bzw. in den Prozess eingespeist wurden, um den kaiserlichen Entschluss zu legitimieren und öffentlich zu rechtfertigen. Die Geschichte Pizzamanos beschreibt jedoch nicht nur offizielle Wege zur Erlangung der imperialen Gnade, sondern auch informelle Praktiken der Einflussnahme auf den Staatsapparat durch die Bittsteller. Schließlich wird auch auf die Konsequenzen und den Wert der Entscheidung für den Staat und die symbolische Politik eingegangen.

SCHLAGWÖRTER

Nobilitierungen, Verwaltungsgeschichte, Entscheidungsprozesse, Habsburgermonarchie im 19. Jahrhundert

Einleitung

> ‚Adel' sei nicht, wie meist gesagt werde [...], *etwas der Person oder einer Familie, einem Stande Inhärierendes*, sondern *die Auszeichnung, welche die höchste Zentralgewalt im Staate [...], mit der Summe gewisser ausgezeichneter Eigenschaften oder mit moralischen und physischen Gütern des*

einzelnen Menschen nach ihrer eigenen Natur verbindet, im politischen Sinne also die Relation der eigentümlichen Interessen der Staatsgewalt zu den bleibenden moralischen oder physischen Gütern einzelner Menschen. Der Mensch könne mit bestimmten Eigenschaften adelig sein, *wenn die höchste Autorität diese Eigenschaften als für ihre eigenen Interessen förderlich auszeichnet. Es ist also das der Adel, was adelig macht.*[1]

Mit diesen Worten beschrieb der preußische Jurist, Politiker und Redakteur Hermann Wagener im späten 19. Jahrhundert den Adel und stellte in seiner Definition eine klare Relation zwischen der sozialen Gruppe und dem sie determinierenden Staatsgebilde her.

Er trägt damit einer Tendenz dieser Epoche Rechnung, die auch in der Habsburgermonarchie durch den Aufbau einer zentralisierten Administration zu einer Bürokratisierung der Adelszugehörigkeit geführt hatte.[2] Eben diese Definitions- und Normierungsversuche des Adels aus behördlicher Perspektive, die anhand einzelner Entscheidungsprozesse identifiziert und nachverfolgt werden können, werden im Mittelpunkt des vorliegenden Beitrags stehen. Er konzentriert sich schwerpunktmäßig auf die Behandlung von Nobilitierungen und Adelsangelegenheiten in der franzisko-josephinischen Kabinettskanzlei, einer Behörde im engsten Umfeld des Kaisers, die dem Herrscher die sogenannten Vorträge der Ministerien zur finalen Entscheidung vorlegte. Die Nobilitierungsvorträge der Kabinettskanzlei, die zwischen verschiedenen staatlichen Behörden ausgehandelt wurden und dem Kaiser für seine Letztentscheidung zwischen der „Adeligkeit" und „Nicht-Adeligkeit" der Antragsteller dienten, diskutieren die Adelswürdigkeit einzelner Untertanen, geben aber auch Einblicke in allgemeine Überlegungen zum Adelsstand von staatlicher Seite. Der Artikel betrachtet den staatlichen Entscheidungsprozess anhand eines konkreten Einzelbeispiels, jenes des österreichischen Konsuls in Jerusalem, Giuseppe Pizzamano, in den späten 1850er Jahren. Dabei soll analysiert werden, welche Akteure auf Basis welcher Argumentationsschemata die Entscheidungen über die Nobilitierung einer Person getroffen haben, be-

* Dieser Text entstand im Rahmen des DFG-finanzierten Forschungsprojekts „The Emperor`s Desk". Ich danke der DFG für die finanzielle Unterstützung meiner Dissertation und vor allem meiner Betreuerin Jana Osterkamp für ihr großes und beständiges Interesse an meiner Arbeit. Teile dieses Textes sind meiner Dissertation entnommen: Marion Dotter: Adelspolitik in der späten Habsburgermonarchie. Kulturen des Entscheidens in der Nobilitierungspraxis während der Regierungszeit Kaiser Franz Joseph I. (1848–1916), Dissertation, München: Ludwigs-Maximilians-Universität, 2021.

1 Werner Conze: Adel, in: Otto Brunner/Werner Conze/Reinhart Koselleck (Hrsg.): Geschichtliche Grundbegriffe. Historisches Lexikon zur politisch-sozialen Sprache in Deutschland, Bd. 1: A–D, Stuttgart 1979, S. 1–48, hier: S. 44. [Hervorhebungen im Original]

2 Kai Drewes: Jüdischer Adel. Nobilitierungen von Juden im Europa des 19. Jahrhunderts, Frankfurt 2013, S. 23.

ziehungsweise wie die Nobilitierungsgründe von verschiedenen staatlichen und nicht-staatlichen Akteuren in unterschiedlichen Situationen immer wieder neu verhandelt und angepasst wurden.

Die Bürokratisierung einer Gesellschaft und eines Landes wird häufig im Zusammenhang mit der Ausübung und Durchsetzung von Herrschaft gedacht.[3] Nur wenn die Entscheidungen des Kaisers akzeptiert werden und allgemeine Anerkennung finden, kann er seinen Machtanspruch durchsetzen. Allerdings ist mit dem Entscheiden immer auch ein Risiko verbunden[4], es wird als „Belastung"[5] und „Zumutung"[6] verstanden, da grundsätzlich nur das „entschieden werden kann, was eigentlich unentscheidbar ist", wie es Niklas Luhmann formulierte.[7] Kontingenz, also die Wahl zwischen mehreren Alternativen, ist daher zwar die Voraussetzung jeder Entscheidung, macht sie aber auch zu einem strittigen und unsicheren Gegenstand, der in vielen Fällen vermieden wird[8] – nicht so jedoch auf dem Schreibtisch des Kaisers: Das Entscheiden gehörte dort zur täglichen Routine und gilt auch ganz generell als integraler Bestandteil politischen Handelns, „vor allem dann, wenn ein Konsens zwischen den Beteiligten nicht vorausgesetzt werden kann."[9] Um diesen Konsens zu ermöglichen, ihn gewissen Parteien also aufzuzwingen, ohne deren Protest zu erzeugen und damit das Entscheiden selbst erträglich zu machen, wird es in Verfahren integriert.[10] Mit Bezug auf die Habsburgische Nobilitierungspolitik wurde das Entscheiden dabei zu einem Aushandlungs- und Informationsbeschaffungsprozess zwischen lokalen und zentralen Institutionen, der den Akteuren klare Rollen zuwies und Legitimität sowohl nach innen als auch nach außen vergab. Wer selbst Teil des Verfahrens war, konnte dessen Ausgang kaum in Frage stellen, wobei – anders als bei streng formalisierten Riten – das Endergebnis während der Entscheidungsphase

3 Tatjana Tönsmeyer: Adelige Moderne. Großgrundbesitz und ländliche Gesellschaft in England und Böhmen. 1848–1918 (Industrielle Welt, 83), Wien 2012, S. 16.

4 Barbara Stollberg-Rilinger: Praktiken des Entscheidens. Zur Einführung, in: Arndt Brendecke (Hrsg.): Praktiken der Frühen Neuzeit. Akteure – Handlungen – Artefakte, Köln 2015, S. 630–634, hier: S. 631.

5 André Krischer: Das Problem des Entscheidens in systematischer und historischer Perspektive, in: Andrè Krischer/Barbara Stollberg-Rilinger (Hrsg.): Herstellung und Darstellung von Entscheidungen. Verfahren, Verwalten und Verhandeln in der Vormoderne (Zeitschrift für Historische Forschung, Beiheft 44), Berlin 2010, S. 35–64, hier: S. 35.

6 Philip Hoffmann-Rehnitz/André Krischer/Matthias Pohlig: Entscheiden als Problem der Geschichtswissenschaft, in: Zeitschrift für Historische Forschung 45/2 (2018), S. 217–281, hier: S. 228.

7 Niklas Luhmann: Das Recht der Gesellschaft, Frankfurt am Main 1993, S. 308.

8 Barbara Stollberg-Rilinger: Cultures of decision-making (Annual lecture/German Historical Institute 2015), London 2016, S. 8.

9 Burkhard Eberlein/Edgar Grande: Entscheidungsfindung und Konfliktlösung, in: Nils Bandelow/Klaus Schubert (Hrsg.): Lehrbuch der Politikfeldanalyse, München/Oldenbourg 2014, S. 151–177, hier: S. 151.

10 Barbara Stollberg-Rilinger: Einleitung, in: Barbara Stollberg-Rilinger/Andrè Krischer (Hrsg.): Herstellung und Darstellung von Entscheidungen. Verfahren, Verwalten und Verhandeln in der Vormoderne (Zeitschrift für Historische Forschung, Beiheft 44), Berlin 2010, S. 9–31, hier: S. 10–12.

unbekannt und ungewiss sein musste. Nur die schrittweise Konstruktion des Verfahrens durch die Erarbeitung eines noch unbestimmten Resultats motivierte die Beteiligten, das Verfahren mitzugestalten und die Entscheidung dann auch mitzutragen. Die Akteure wurden zu einem Teil des Verfahrens und inkorporierten dabei gleichsam das dahinterstehende staatliche System. Das Verfahren diente dementsprechend nicht so sehr der Wahrheits- und Gerechtigkeitsfindung, sondern eher als Machtfaktor, der die Entscheidung als einzig gangbare Lösung darstellte, indem er den Weg zu ihr (scheinbar) rationalisierte.[11] Nichtsdestotrotz kam es keineswegs nur zu dieser, von oben auferlegten, „sozialen Disziplinierung der Untertanen" und Beamten, also einer verordneten Gleichschaltung ihres Verhaltens auf Basis der Verfahrensnormen, sondern zu deren selbstbestimmter Übernahme und Auslegung in eigenen und fluiden Praktiken – was die grundlegenden Verfahrenslogiken aber weiter festigte: Nur durch eine individuelle und situationsadäquate Aneignung der Herrschaftsmaximen erscheinen diese auch legitim[12] – aus Gehorsam wird Loyalität.[13]

Um jedoch zu einer Entscheidung gelangen zu können, muss ein gesellschaftlicher Gegenstand zunächst als Entscheidungsproblem wahrgenommen und konstruiert werden.[14] Dass diese Probleme nicht von vornherein vorhanden sind, sondern bewusst geschaffen werden müssen, zeigt das Thema dieses Aufsatzes besonders deutlich: Die Relevanz der Frage, ob bestimmte Personen adelig sind und daher einen Adelsrang verdienen, ist historisch sowohl zeitlich als auch räumlich stark begrenzt, wie auch die Herausbildung des dazugehörenden Entscheidungsverfahrens und die Gründe, die für die Lösung des Problems herangezogen wurden, großen Veränderungen unterlagen.[15]

Die Beziehung zwischen Adel und Staat auf Basis der Nobilitierungen ist in der deutschsprachigen Forschungsliteratur zwar bereits mehrfach angeklungen, für die späte Habsburgermonarchie allerdings erst in einzelnen

11 Krischer: Problem, S. 38, 40–43.

12 Tönsmeyer: Adelige Moderne, S. 17f.

13 Zum Begriff der Loyalität siehe u.a.: Jana Osterkamp/Martin Schulze Wessel (Hrsg.): Exploring loyalty (Veröffentlichungen des Collegium Carolinum, 136), Göttingen 2017.

14 Hoffmann-Rehnitz/Krischer/Pohlig: Entscheiden, S. 228f.

15 Siehe für die Entwicklung der Nobilitierungspolitik in der Habsburgermonarchie Jan Županič: Adelspolitik als Machtfaktor im Kaisertum Österreich. Eine Skizze der grundlegenden Probleme und Forschungslage, in: Jana Osterkamp (Hrsg.): Kooperatives Imperium. Politische Zusammenarbeit in der späten Habsburgermonarchie. Vorträge der gemeinsamen Tagung des Collegium Carolinum und des Masarykův ústav a Archiv AV ČR in Bad Wiessee vom 10.–13. November 2016 (Bad Wiesseer Tagungen des Collegium Carolinum, 39), Göttingen 2018, S. 117–140.

Detailstudien (z.B. von Rudolf Kučera[16] und Jan Županič[17]) konkret und konsequent umgesetzt worden. Es fällt dabei ein eindeutiger Schwerpunkt des jüdischen[18] und böhmisch-mährischen[19] Adels auf, in der jeweiligen Landessprache wurden jedoch beispielsweise auch Studien zum galizischen[20], dalmatinischen[21] und lombardo-venetianischen Adel[22] vorgelegt. Eine umfangreiche Untersuchung der gesamtstaatlichen Nobilitierungspolitik der Donaumonarchie während der fast 70-jährigen Regentschaft Franz Josephs I. mit Fokus auf die administrativen Entscheidungsvorgänge fehlt allerdings.[23]

Diesen weitgefassten Blick auf die Habsburgischen Nobilitierungen und Adelsstandserhöhungen ermöglichen die Bestände der Kabinettskanzlei: Unter dem sich wandelnden Sammelbegriff „Adel, Indigenate, Incolate, Wappen" (bis 1884), „Adel und Wappen" (bis 1894) und „Adel, Wappen, etc." werden neben den (Re-)Nobilitierungen und Standeserhöhungen auch eine ganze Reihe weiterer Ansuchen subsummiert: Sie umfassen Fragen des Adelsrechts, der Vergabe von Stiftsplätzen, der Übertragung des Titels an Verwandte und Bekannte bei fehlender Nachkommenschaft, die Veränderung oder Führung eines Wappens durch eine Gemeinde oder einen Verein und die Nachsicht der Taxe, die eigens beantragt werden konnte. Auch all jene Anträge, die vom Kaiser abweislich entschieden wurden, sind in der Kabinettskanzlei vorhanden.

16 Rudolf Kučera: Staat, Adel und Elitenwandel. Die Adelsverleihung in Schlesien und Böhmen 1806–1871 im Vergleich (Kritische Studien zur Geschichtswissenschaft, 205), Göttingen 2012.

17 Jan Županič: Ennoblement Policies of the Habsburg Rulers in Bohemian-Austrian Lands and Cisleithania in the Long 19th Century, in: Jiří Brňovják/Jan Županič (Hrsg.): Changes of the noble society. Aristocracy and new nobility in the Habsburg Monarchy and Central Europe from the 16th to the 20th century. A collection of studies from Sections P69 and P80 of the 11th Congress of Czech Historians (14th-15th September 2017, Olomouc, Czech Republic), Ostrava/Prague 2018, S. 69–93.

18 Drewes: Jüdischer Adel; William McCagg: Austria´s Jewish Nobels. 1740–1918, in: Leo Baeck Institute Yearbook 24 (1989), S. 163–183; Jan Županič: Die Entstehung des jüdischen Adels in der Habsburgermonarchie. In: ASCHKENAS – Zeitschrift für Geschichte und Kultur der Juden 17 (2007), S. 473–497, hier: H. 2.

19 Jan Županič: Die tschechischen Eliten und Standeserhebungen in der Donaumonarchie, in: Prague papers on the history of international relations (2003), S. 155–175.

20 Slawomir Gorzyński: Nobilitacje w Galicji w latach. 1772–1918, Warszawa 1997.

21 Miroslav Granić/Denis Martinović: Plemstvo Kraljevine Dalmacije. 1814–1918, Zadar 2018.

22 Marco Meriggi: Amministrazione e classi sociali nel lombardo-veneto (1814–1848), Bologna 1983; Marco Meriggi: Der Adelsliberalismus in der Lombardei und in Venetien (1815–1860), in: Dieter Langewiesche (Hrsg.): Liberalismus im 19. Jahrhundert Deutschland im europäischen Vergleich, Göttingen 2011, S. 367–377.

23 Siehe weiterführend u.a.: Reinhard Binder-Krieglstein: Österreichisches Adelsrecht 1868–1918/19. Von der Ausgestaltung des Adelsrechts der cisleithanischen Reichshälfte bis zum Adelsaufhebungsgesetz der Republik unter besonderer Berücksichtigung des adeligen Namensrechts, Frankfurt am Main/Wien 2000; William Godsey: Quarterings and Kinship. The Social Composition of the Habsburg Aristocracy in the Dualist Era, in: The Journal of Modern History 71/1 (March 1999), S. 56–104; Alfred Fessen: Der österreichische Wirtschaftsadel von 1909–1918, Dissertation, Wien: Universität Wien, 1974; Johann Baptist Witting: Statistik der Standeserhöhungen während der Regierung Sr. Majestät des Kaisers Franz Josef I., Wien 1898; Hanns Jäger Sunstenau, Statistik der Nobilitierungen in Österreich 1701–1918, in: Adelsfamilien der Österreichisch-Ungarischen Monarchie (Österreichisches Familienarchiv, 1), Neustadt an der Aisch 1963, S. 3–16.

Giuseppe Pizzamano und das Konsulat in Jerusalem

Nachdem es 1841 zur Gründung eines neuen österreichischen Generalkonsulats in Beirut gekommen war, bat der dort amtierende Generalkonsul Eduard von Adelburg schon ein Jahr später um die Errichtung einer Habsburgischen Vertretung in Jerusalem, die der dort ansässigen österreichisch-ungarischen Gemeinde sowie den Pilgern ins Heilige Land Schutz und Hilfe bieten sollte.[24] Nach mehreren erfolglosen Interventionen Adelburgs für seine Idee in Wien, die vor allem aus finanziellen Erwägungen stets abgelehnt wurde, konnte er sich 1846 doch durchsetzen, sodass 1847 der bis dahin als Konzipist des Küstenländischen Guberniums tätige Giuseppe (Josef) Pizzamano sein Amt antrat. Für ihn sprachen seine guten Deutschkenntnisse sowie seine bisherige Laufbahn im „Consulardepartement der allgemeinen Hofkammer", die er seit längerer Zeit „zur Zufriedenheit" versehen haben soll.

Nach seiner Ankunft in Jerusalem, das er aufgrund der Revolutionswirren in der Monarchie erst 1849 erreichte, entfaltete der „erfahrene Diplomat" eine weitreichende, sowohl den kaiserlichen Untertanen als auch den Juden der Region dienende Amtstätigkeit: In wenigen Jahren etablierte er die Donaumonarchie mit vehementem persönlichem Einsatz als Schutzmacht für die in die Stadt und ihr Umland eingewanderten jüdischen Bevölkerungsgruppen. Er unterstützte sie vor der osmanischen Regierung bei der Errichtung neuer Synagogen, ermöglichte den Bau von „Armen- und Pilgerwohnungen" durch den Eisenstädter Rabbiner Israel Hildesheimer und half Vertretern des Hauses Rothschild sowie der Israelitischen Kultusgemeinde in Wien bei der Gründung karitativer Einrichtungen und Schulen in Jerusalem. Gleichzeitig bemühte er sich um die Stärkung des Habsburgischen Einflusses in der Provinz sowohl in politischer wie auch in ökonomischer Hinsicht. Nicht zuletzt die prekäre finanzielle Lage, in der sich das Konsulat lange Zeit befand, sowie die Konkurrenz zu anderen Staatsrepräsentanten erschwerten diese Arbeit jedoch.

In einem besonders angespannten Verhältnis stand Pizzamano darüber hinaus zu seinem direkten Vorgesetzten, dem Generalkonsul und Nachfolger Adelburgs in Beirut, Rudolf von Gödel-Lannoy, der ihn für seine Bemühungen um die jüdischen Siedler mehrmals rügte. Pizzamano erkannte daher die Notwendigkeit, sich aus Gödels Einflussbereich zu entziehen und

24 Für das Folgende siehe Mordekhai Eli'av: Österreich und das Heilige Land. Ausgewählte Konsulatsdokumente aus Jerusalem. 1849–1917, Wien 2000, S. 42–63; Mordekhai Eli'av: Das österreichische Konsulat in Jerusalem und die jüdische Bevölkerung, in: Anna Drabek/Mordekhai Eli'av/Gerald Stourzh (Hrsg.): Prag, Czernowitz, Jerusalem. Der österreichische Staat und die Juden vom Zeitalter des Absolutismus bis zum Ende der Monarchie, Eisenstadt 1984, S. 31–72, hier: S. 38–54.

erreichte 1857 die Erhebung des Jerusalemer Standortes in den Rang eines Generalkonsulates, was ihm weitgehende Freiheiten bei seinen Aktivitäten versprach. Seine größte Leistung bildete wohl die Initiierung eines prächtigen Hospizbaues für alle kaiserlichen Pilger, der zum prestigeträchtigen Symbol der Donaumonarchie im Heiligen Land werden sollte. Die Einweihung des Gebäudes im Jahr 1863 erlebte der geschätzte Generalkonsul jedoch nicht mehr: Der Vater einer siebenjährigen Tochter starb am 22. Juli 1860 an einem Herzleiden.

Modi des Entscheidens: Zwischen Formalität und Informalität

In der historiografischen Entscheidungstheorie werden grundsätzlich vier Möglichkeiten genannt, aus deren Perspektive man das Entscheidungsverfahren beschreiben und analysieren kann. Diese stellen auch die Leitlinie der nun folgenden Ausführungen dar: Zunächst werden die Modi oder Praktiken des Entscheidens in den Blick genommen, also all jene formalisierten Vorgänge und Regeln, die das Problem in Einzelteile zerlegen und seine Komplexität verringern.[25] Dadurch entstehen institutionalisierte und verstetigte Verfahren, die den Akteuren Sicherheit und Legitimität verleihen und nicht nur an Sprechakte, sondern auch an Gegenstände und Örtlichkeiten gebunden sein können.[26] Gleichzeitig erfordern klare Regeln aber immer auch Möglichkeiten und Wege, diese zu umgehen und den Raum für informelle Praktiken zu eröffnen.[27]

Auch im Falle der späthabsburgischen Nobilitierungspraxis gingen formelle wie informelle „Modi des Entscheidens“ stets Hand in Hand und beeinflussten dabei den Ausgang des gesamten Prozesses. Im Grunde entwickelte sich ein Nobilitierungsverfahren als Reaktion auf ein Majestätsgesuch, wie es beispielsweise Josef Pizzamano am 29. Juli 1857 erstmals einreichte. Der „Alleruntertänigst Unterfertigte“, wie er sich selbst nannte, bat den Kaiser darin, ihm die „allerhöchste Gnade zu Teil werden zu lassen“ und ihn „in den Grafenstand der österreichischen Monarchie allergnädigst erheben zu wollen.“[28] Majestätsgesuche wie dieses wurden von der Kabinettskanzlei gesichtet und an die betreffenden staatlichen Behörden weitergeleitet, für

25 Stollberg-Rilinger: Praktiken, S. 633.

26 Ulrich Pfister: Einleitung, in: Ulrich Pfister (Hrsg.): Kulturen des Entscheidens. Narrative – Praktiken – Ressourcen (Kulturen des Entscheidens, 1), Göttingen 2019, S. 11–34, hier: S. 23.

27 Stollberg-Rilinger: Praktiken, S. 633.

28 AT-OeStA/AVA Adel Hofadelsakten, Giuseppe Pizzamano, pag. 18–20.

die Adelsangelegenheiten des Kaiserreichs zeichnete sich grundsätzlich das Innenministerium verantwortlich. Dort wurden, auf Basis des vorhandenen Antrages, weitreichende Erhebungen über den Bittsteller eingeleitet; es wurden die in dem Gesuch gemachten Angaben überprüft und ein umfassendes Bild über den Einreichenden kreiert. Im Falle des Pizzamano befragte man mit der „Luogotenenza veneta", der venezianischen Statthalterei, zuerst die Heimatregion des Antragstellers nach dessen Familienkonstellationen und -geschichte, um nähere Auskunft über den Adel seiner Vorfahren sowie seine eigene gesellschaftliche Stellung zu erlangen. Schon am 31. August 1857, also kaum einen Monat nach der Ankunft des Schreibens Pizzamanos in der Kabinettskanzlei, übermittelte ein venezianischer Beamter die Einschätzungen der Statthalterei in italienischer Sprache nach Mailand, wo im „Auftrag Seiner k.k. Hoheit des durchlauchtigsten Herrn Erzherzogs General Gouverneurs"[29] der Text noch einmal gelesen und bestätigt werden musste. Danach gelangte das Schreiben nach Wien.

Während aus Sicht der italienischen Provinz die Erhebung Pizzamanos eindeutig befürwortet wurde,[30] gelangte das Außenministerium, das als sein Arbeitgeber ebenfalls einvernommen werden musste, zu einem gegenteiligen Urteil. Obgleich das Schreiben, das am 29. September 1857 „in Abwesenheit d[es] A[ußenministers]" vom Unterstaatssekretär unterzeichnet wurde, „dem Innenministerium anheimstellt, in der Sache die weitere Verhandlung zu pflegen",[31] sah sich die Adelsbehörde wiederum offensichtlich nicht in der Lage, über die ablehnende Haltung des Außenministeriums vollkommen hinwegzusehen: Es unterstützte zwar den Antrag und schlug sich damit auf die Seite der Statthalterei Venedigs, präsentierte aber auch die Vorbehalte gegen den Bittsteller eingehend und überließ es schließlich dem Kaiser, nach eigenem Ermessen zu urteilen.[32] Nachdem der Vortrag am 14. Oktober ausgefertigt wurde, erreichte er zwei Tage später Ischl, wurde dort noch einmal von einem Mitarbeiter der Kabinettskanzlei kopiert und schließlich am 19. Oktober, mit einem Bündel anderer Akten, dem Kaiser zur „allerhöchsten Entschließung" vorgelegt.[33] Dieser entschied sich am 22. „dem Gesuch keine Folge zu geben", vertraute also der Empfehlung des Außenministeriums.[34]

29 Gemeint ist der Bruder Kaiser Franz Josephs, Erzherzog Maximilian, der das Königreich Lombardo-Venetien verwaltete.

30 AT-OeStA/AVA Adel Hofadelsakten, Giuseppe Pizzamano, pag. 23–24.

31 Ebd., pag. 25–26.

32 Giuseppe Pizzamano, AT-OeStA/HHStA KA KK Vorträge 21-1857, MCZl. 4061.

33 AT-OeStA/HHStA KA Kabinettskanzlei Protokolle 19, M.C. Protokoll 1857/Band 2: Zahl 2497-5009, Zahl 4061.

34 Giuseppe Pizzamano, AT-OeStA/HHStA KA KK Vorträge 21-1857, MCZl. 4061.

Grundsätzlich war ein derartiges Vorgehen des Innenministeriums keineswegs die Norm: Zu Konflikten und Unstimmigkeiten zwischen den Behörden, die in den Vorträgen an das Staatsoberhaupt offen ausgetragen wurden, kam es eher selten. In der überwältigenden Mehrzahl der Fälle einigten sich die einvernommenen Institutionen und Akteure mit dem Innenministerium schon im Vorhinein auf einen angemessenen Resolutionsentwurf, der dem Kaiser eine Leitlinie seines Handelns vorgab, ihm also zu einer Befürwortung oder Abweisung des Gesuches riet. Selbstverständlich stand es dem Monarchen dennoch jederzeit frei, den Vorschlag des Ministeriums zu umgehen und seine Entscheidung unabhängig davon zu fällen. De facto folgte er in Adelsfragen aber zu über 90 % diesen Empfehlungen. Eine freie Entscheidung des Kaisers war damit zwar jedenfalls gegeben, sein persönlicher Wille trat allerdings nur in den seltenen Fällen, in denen beide Resolutionsmöglichkeiten vom Innenministerium gleichwertig gegenübergestellt wurden, eindeutig hervor.[35]

Nichtsdestotrotz konnte mit diesem Fallbeispiel der gängige offizielle Weg eines Nobilitierungsgesuchs durch den habsburgischen Behördenapparat nahezu lückenlos nachgezeichnet werden. In weniger als drei Monaten von der Antragstellung bis zur kaiserlichen Ablehnung war der Staat zu einer Entscheidung über die „Adeligkeit" des österreichischen Konsuls gelangt. Das dabei praktizierte Verfahren wiederholte sich im Laufe eines Jahres mitunter in hundertfacher Weise und verpflichtete die agierenden Akteure auf seine Spielregeln. Die Entscheidung an sich, die vom Kaiser getroffen wurde, war für den Behördenapparat nur von sekundärer Bedeutung: Wesentlich war vielmehr die Ein- und Unterordnung der beteiligten Staatsglieder in das Herrschaftssystem. Deutlich wird jedoch, dass nicht nur der Kaiser und das Innenministerium als zentrale Adelsbehörde des Reiches Einfluss auf die Entscheidung nehmen konnten, sondern diese auch zu einem gewichtigen Teil von regionaler Seite getragen wurde.

Für den Antragsteller selbst sollte die Eingliederung in das Verfahren den Entschluss erträglich machen und die Bereitschaft zum Widerspruch minimieren. Im vorliegenden Fall ließ sich Pizzamano jedoch nicht von seiner Bitte um Nobilitierung abbringen – wohl aber änderte er seine, zur Erreichung des Ziels gewählte Taktik: Da ihm der behördliche Weg nach der Ablehnung von 1857 wenig erfolgsversprechend erschien, nutzte er nun jene gesellschaftlichen Beziehungen, die er im Rahmen seiner diplomatischen Tätigkeit aufgebaut hatte, und verfolgte seine Pläne mit informellen Mitteln: Im Rahmen einer Reise Erzherzog Maximilians ins Heilige Land und nach Palästina im

35 Dotter: Adelspolitik, S. 228f.

Sommer 1855 hatte auch der Konsul von Jerusalem mit diesem Bekanntschaft geschlossen und dem kaiserlichen Familienmitglied einen Eindruck von seiner Verdienstlichkeit gegeben.[36] Noch vier Jahre später konnte er sich scheinbar auf diese Begegnung berufen, als er im Mai 1859 seine Bitte um die Anerkennung des Grafenstandes nicht mehr direkt vor dem Kaiser, sondern in einem Schreiben an den Erzherzog erneuerte.

Maximilian unterstützte diesen Vorstoß und richtete daraufhin selbstständig einen Vortrag an seinen Bruder Franz Joseph, durch den wiederum ein offizieller Verwaltungs- und Entscheidungsvorgang – nun aber unter gänzlich geänderten Vorzeichen – in Gang gesetzt wurde.[37] Der Monarch war nämlich berechtigt, mittels des sogenannten „Allerhöchsten Handschreibens" seine Minister direkt zur Bearbeitung eines für ihn persönlich wichtigen Gesuchs aufzufordern, um dessen Bedeutung und Stellenwert zu betonen. Diese bewusste Intervention und daraus resultierende Beeinflussung des Verwaltungsablaufs durch den Kaiser war zwar außergewöhnlich selten, bei Gesuchen von Personen aus dem unmittelbaren Umfeld des Staatsoberhaupts aber nahezu unumgänglich, um ihre Bitten aus der Masse der Anträge herauszuheben, ohne sie automatisch dem geregelten Entscheidungsprozess zu entziehen.[38] Gleichzeitig stellte also auch die Unterstützung eines kaiserlichen Angehörigen theoretisch keinen Automatismus für die Gewähr des Antrags dar – offiziell sollte damit lediglich eine priorisierte und beschleunigte Abhandlung verbunden sein: Um die Wirkmacht und Glaubwürdigkeit des Verfahrens nicht zu gefährden, mussten dessen Logiken und Strukturen demnach in jeder Situation aufrecht bleiben.[39]

Aufgrund der bereits geleisteten Vorarbeiten von 1857 beschränkte sich das Innenministerium nun vor allem darauf, einen Ausgleich mit dem Außenministerium zu erzielen, dessen Kritik die Erhebung des Konsuls zuvor verhindert hatte. Trotz des mehrfachen Hinweises auf die Zustimmung und Unterstützung von Seiten Erzherzog Maximilians blieb das Auswärtige Amt auch weiterhin bei seiner strikten Ablehnung und bestätigte seine früheren Einschätzungen. Im Unterschied zu dem Vortrag von 1857 erwähnte das Innenministerium diesen Aspekt in seinem neuen Pizzamano gewidmeten Vortrag jedoch nur kurz und schloss mit einem eindeutigen

36 Laibacher Zeitung (23. Oktober 1855), Nr. 245/1835, S. 1061.

37 AT-OeStA/AVA Adel Hofadelsakten, Giuseppe Pizzamano, pag. 29.

38 Jan Županič: Neuer Adel in der Donaumonarchie. In: David Schriffl/Niklas Perzi (Hrsg.): Schlaglichter auf die Geschichte der böhmischen Länder vom 16. bis 20. Jahrhundert. Ausgewählte Ergebnisse zu den Österreichisch-Tschechischen Historikertagen 2006 und 2008 (Schriftenreihe der Waldviertel-Akademie 6), Wien 2011, S. 131–144, hier: S. 139.

39 Ebd., pag. 41; AT-OeStA/HHStA KA Kabinettskanzlei Protokolle 22, K.K. Protokoll 1859/Band 1: Zahl 1973.

Resolutionsentwurf für den Bittsteller, der vom Kaiser nun auch angenommen wurde.[40]

Im Vergleich zu Pizzamanos erstem Versuch traten 1859 zwei neue Akteure auf den Plan: Neben dem Erzherzog, der direkten Einfluss auf seinen Bruder und die staatlichen Behörden geltend machen konnte, erscheint auch der Antragsteller selbst durch sein verändertes Vorgehen weitaus aktiver. Indem er die erste Entscheidung nicht anerkannte und seinen Wunsch auf alternativen Wegen durchzusetzen versuchte, entwickelte er sich vom stillen Entscheidungsobjekt zum handelnden Subjekt des Prozesses. Das Innenministerium, das bereits 1857 von der Förderungswürdigkeit Pizzamanos überzeugt gewesen war, hatte aus dem negativen Entschluss wiederum gelernt und nutzte die vom Antragsteller geschaffene Situation für eine veränderte Darstellung und Präsentation des Sachverhaltes vor dem Kaiser – man spricht von Politikevaluation.[41]

Ressourcen des Entscheidens: Die Frage nach dem „Warum?"

Während im vorausgegangenen Kapitel unter anderem gezeigt wurde, welche Möglichkeiten und Wege die Behörden nutzten, um Wissen über die Antragsteller zu sammeln und in der Adelsbehörde des Innenministeriums zu vereinigen, stehen im Mittelpunkt der nun folgenden Ausführungen der Nutzen und die Bedeutung dieses zusammengetragenen Wissens für die Entscheidung. Die Informationen werden dabei als Entscheidungsressource verstanden und gelten

> als Mittel, die Entscheiden sowohl ermöglichen als auch bei seinem Vollzug zum Einsatz gelangen. [...] Generell dienen sie dazu, Handlungsalternativen zu erzeugen, zu bewerten und eine Option zu selegieren[42]

sowie die Entscheidung zu legitimieren.[43]

40 AT-OeStA/HHStA KA KK Vorträge 12-1859, KZl. 2743.

41 Ulrich Pfister: Entscheiden wird selbstreferenziell und reflexiv. Die Entstehung und Entwicklung von Politikfeldern, spätes 17. bis 19. Jahrhundert [unpublizierter Vortrag], Wien im November 2018, S. 5.

42 Pfister: Einleitung, S. 25.

43 Matthias Pohlig: Informationsgewinnung und Entscheidung. Entscheidungspraktiken und Entscheidungskultur der englischen Regierung um 1700, in: Arndt Brendecke (Hrsg.): Praktiken der Frühen Neuzeit. Akteure – Handlungen – Artefakte, Köln 2015, S. 667–677, hier: S. 669.

Zu den wichtigsten Informationen, die über einen Antragsteller gesammelt werden konnten, gehörten grundsätzlich zunächst Hinweise über dessen Verdienstlichkeit. Für Staatsbedienstete, zu denen auch Pizzamano zählte, konnte es jedoch ausreichend sein, eine möglichst lange Dienstzeit vorzuweisen. Nicht nur die Anzahl von Jahren, die man der Monarchie gewidmet, auch der persönliche Werdegang und Aufstieg, den man dabei erlebt hatte, konnte in den Vorträgen an den Kaiser als wesentliches Nobilitierungsargument eingesetzt werden. In diesem Sinne beschreibt das Innenministerium schon 1857 auf Basis der von der venezianischen Polizeidirektion getroffenen Aussagen die Vielfalt an Posten und Aufgaben, die Pizzamano bislang ausgefüllt hatte:

> Bittsteller war Guardia nobile im l[ombardisch] v[enezianischen] Königreiche, hat bei der Krönung S. Majestät das Kaisers Ferdinand im J. 1837, Dienste geleistet, diente bereits früher in politischer Linie, war Honorärgubernialkonzipist in Triest, später in gleicher Eigenschaft bei der allg. Hofkammer zugetheilt und bekleidet seit 1852 den Posten eines Konsuls in Jerusalem.[44]

Dieses Zitat verortet den Antragsteller sowohl in einer amtlichen wie auch in einer hochadeligen Sphäre, indem es seine Funktionen im Habsburgischen Behördenapparat mit seinen aristokratischen und sozialen Rollen gleichsetzte. Ein verdienstliches Wirken erzielte er daher nicht nur für den modernen Zentralstaat, sondern auch für die Monarchie und das Kaiserhaus. Diese „Doppelidentität", die Pizzamano lebte, war gerade bei der Vergabe höherer Adelsränge wie dem Grafenstand von immanenter Bedeutung, da sich ein Antragsteller ohne bereits bestehender Verwurzelung in der adeligen Welt keine Hoffnung auf Erhebung machen konnte – die Entscheidung über die Adeligkeit einer Person hatte dementsprechend nicht die Aufgabe „Fakten zu schaffen", den Nobilitierten also durch die Auszeichnung in die aristokratische Gesellschaft einzuführen, sondern war vielmehr eine Folge bereits real existierender Gegebenheiten, die sich nun auch durch einen nach außen zu tragenden Titel niederschlagen sollte.[45] Anhand einer Bemerkung Pizzamanos aus seinem Gesuch von 1857 wird dies besonders deutlich:

> Der in Venedig existierende Gebrauch der patrizischen Familien im gesellschaftlichen Leben den Titel ‚Graf' zu ertheilen, machte, daß auch

---

44 Giuseppe Pizzamano, AT-OeStA/HHStA KA KK Vorträge 21-1857, MCZl. 4061. Seit 1849 war er bereits Vizekonsul in Jerusalem, siehe oben.

45 Dotter: Adelspolitik, Kapitel 3.

> dem allerunterthänigsten Bittsteller derselbe nicht allein in Venedig, sondern auch auswärts gegeben wurde.“[46]

Er wurde also bereits vielfach fälschlicherweise als Graf angesprochen, eine offizielle Erhebung in den Grafenstand würde die allgemeine Meinung von seiner gräflichen Haltung lediglich offiziell festschreiben. Zudem, so bemerkte auch das Innenministerium, hatte sich diese Haltung keineswegs erst seit Kurzem in ihm manifestiert, sondern war eng mit seiner Familie, die schon zur Zeit der Republik Venedig hohes Ansehen genossen hatte und darüber hinaus im „goldenen Buch“ des untergegangenen Kleinstaates aufschien, verbunden. Als Paradebeispiel des politisch wie gesellschaftlich hochstehenden, venezianischen Patriziers und habsburgischen Untertanen wird in dem Vortrag von 1857 Pizzamanos Vater geschildert:

> Die Familie des Bittstellers befand sich am Schlufße des großen Rathes der Republik Venedig, in diesem Rathe und sein Vater, Giuseppe Pizzamano war der letzte Repräsentant der Republik, in der Eigenschaft als Podestà von Belluno. Nach dem Falle der Republik, trat Gius. Pizzamano /:Vater:/ in österr. Dienste über und wurde im J. 1825 als 1. Präturs-Adjunkt in Chioggia in den Ruhestand versetzt.[47]

Diese Beschreibung verweist nicht nur auf die Stellung der Familie in der Markusrepublik, sondern auch auf eine intensive Loyalitätsbeziehung zwischen dem Antragsteller und der Monarchie, die sich bereits bei seinem Vater vorbereitet hatte, da dieser ohne Umschweife in den Dienst der Habsburgischen Machthaber übergetreten und als ihr Repräsentant in den neu gewonnenen Provinzen eingeschritten war. Der Sohn setzte das dabei geschlossene Loyalitätsverhältnis ungebrochen fort, indem er sich Kaiser Ferdinand bei seiner Krönung zum lombardo-venezianischen König als Kämmerer zur Verfügung stellte – gerade die Bereitschaft zur Erfüllung dieser an den Kämmerertitel gebundenen Pflichten und Aufgaben wurde von staatlicher Seite als besonderer Treuebeweis anerkannt. Dementsprechend wird „das moralische und politische Verhalten des Bittstellers völlig tadellos“ empfunden und Loyalität als zentrale Grundlage dem Entscheidungsprozess hinzugefügt.[48]

46 AT-OeStA/AVA Adel Hofadelsakten, Giuseppe Pizzamano, pag. 18v, 19r.

47 Giuseppe Pizzamano, AT-OeStA/HHStA KA KK Vorträge 21-1857, MCZl. 4061.

48 Ebd. Zum Konzept der Loyalität siehe etwa: Martin Schulze Wessel: Loyalität als geschichtlicher Grundbegriff und Forschungskonzept. Zur Einleitung, in: Martin Schulze Wessel (Hrsg.): Loyalitäten in der Tschechoslowakischen Republik. 1918–1938. Politische, nationale und kulturelle Zugehörigkeiten, München 2007, S. 1–22.

Neben diesen auf die Person des Antragstellers zugeschnittenen Gründen für die Nobilitierung machte die Adelsbehörde jedoch auch davon weitgehend unabhängige Überlegungen zu einem wesentlichen Ausgangspunkt ihres Entscheidens. Allein der Zeitpunkt der Einreichung konnte Auswirkungen auf deren Ausgang haben: Vor allem die kaiserlichen Reisen waren eine Möglichkeit, von den Untertanen Loyalität einzufordern und den Monarchen als gnädigen Herrscher zu präsentieren. Als Franz Joseph 1857 in Lombardo-Venetien weilte, war er dementsprechend gezwungen, den Bewohnern des Königreichs zahlreiche Konzessionen zu offerieren, zu denen unter anderem die Behandlung von Adelsangelegenheiten gehörte.[49] Das Ministerium wies auch nach der Rückkehr des Monarchen immer wieder darauf hin, dass die Bestätigung eines Ansuchens aus dem lombardo-venezianischen Raum gerade unmittelbar nach der allerhöchsten Anwesenheit in dieser Region zu befürworten sei, um die Erinnerung an dieses Ereignis nicht sofort wieder verblassen zu lassen.[50] Dieses Argument, das das Innenministerium in seinen Vorträgen in den betreffenden Monaten regelmäßig wiederholte, wurde schließlich auch von den Antragstellern selbst aufgegriffen und von Pizzamano bereits in seinem Gesuch genutzt:

> Der allerunterthänigst Gefertigte, Mitglied einer der ältesten Patrizierfamilien Venedigs, in lebendiger und frischer Erinnerung der großen Gnaden, welche Eu. Majestät während Allerhöchst ihrer letzten Anwesenheit im lombardisch-venetianischen Königreiche mehreren venezianischen Patrizierfamilien ertheilten, indem dieselben in den Grafenstand der österreichischen Monarchie erhoben wurden, bittet: Eure apostolische Majestät auch ihm dieselbe Allerhöchste Gnade zu Theil werden zu lassen.[51]

Obgleich die kaiserliche Gnade in vielen Adelsgesuchen nahezu formelhaft angerufen wurde, oblag die Entscheidung nicht allein dieser Ressource: Auch der Kaiser konnte geltende Gesetze und Normen nicht per se aushebeln,

49 Siehe dazu weiterführend Georg Berger Waldenegg: Monarchische Politik und höfische Etikette. Der lombardo-venezianische Adel und die Reise Kaiser Franz Josephs I. nach Lombardo-Venetien im Winter 1856/57, in: Quellen und Forschungen aus italienischen Archiven und Bibliotheken 81 (2001), S. 439–503; Daniel Unowsky: The Pomp and Politics of Patriotism. Imperial Celebrations in Habsburg Austria. 1848–1916, Dissertation: Columbia University 2000.

50 Siehe etwa Gebrüder Martinengo della Palle, AT-OeStA/HHStA KA KK Vorträge 8-1857, MCZl. 1525.

51 AT-OeStA/AVA Adel Hofadelsakten, Giuseppe Pizzamano, pag. 18r.

das Adelsrecht war in jedem Fall zu beachten und zu respektieren.[52] Schon im 18. Jahrhundert setzte eine Homogenisierung der Bürokratie ein, die sich sinnbildlich auch anhand der Nobilitierungspraxis ablesen lässt und zu einer Vereinheitlichung der in den Kronländern existierenden, unterschiedlichen Adelssysteme führte. Eine besonders komplexe Situation fand man in den neu erworbenen Provinzen Galizien und Lombardo-Venetien vor, wo die Analogie zum österreichischen Adel von Fall zu Fall geprüft werden musste. Zu diesem Zweck richtete man sowohl in Mailand als auch in Venedig eine Adelskommission ein, die die Aufgabe hatte, den alten italienischen Adel mit dem Habsburgischen System zu vereinen und dadurch einerseits Ordnung und Klarheit, andererseits aber auch Zugehörigkeit, Einheit und Verbundenheit zu schaffen. Diese Institutionen existierten jedoch nur wenige Jahre und verpflichteten all jene Adelige, die ihren Titel in der Habsburgermonarchie bestätigt sehen wollten, in dieser Zeit dafür Sorge zu tragen.[53] Nichtsdestotrotz beschäftigten die Übertragungen venezianischer oder lombardischer Adelstitel das Innenministerium auch noch in der zweiten Hälfte des 19. Jahrhunderts, wie beispielsweise der Fall Pizzamanos beweist: Die gesetzlichen Vorgaben wurden als Basis des Entscheidens in den einzelnen Antrag eingebettet:

> Die Venediger Statthalterei hebt hervor, daß die Familie Pizzamano allerdings zu jenen alten venezianischen Patrizierfamilien gehört, denen es nach den Ah. Direktiven v. J. 1815 gestattet war, um die taxfreie Verleihung eines Titels und auch jenes eines Conte einzuschreiten.[54]

Obgleich die diesbezügliche Frist schon seit Jahrzehnten verstrichen war, sollte die Regelung für Pizzamano Geltung haben, da er 1815 noch zu jung war, um die benötigte Bestätigung einzuholen. Jede Verordnung konnte dementsprechend, mit der passenden Entschuldigung und Erklärung, umgangen werden. In diesem Fall hatten demnach auch grundsätzlich gegen den Bittsteller sprechende Normen als Grundlage der Entscheidung durchaus Berechtigung.

Während die venezianischen Lokalbehörden und in deren Folge auch das Innenministerium äußerst positiv urteilte und die Verdienstlichkeit, Loyalität

52 Marion Dotter: Gnade, Anspruch oder Kalkül? Die Habsburgische Nobilitierungspraxis als ein Politikfeld des Kaisers, in: Clemens Ableidinger/Peter Becker/Marion Dotter/Andreas Enderlin-Mahr/Jana Osterkamp/ Nadja Weck (Hrsg.): Im Büro des Kaisers. Neue Perspektiven der historischen Politikfeldanalyse für das 19. Jahrhundert (in Druck).

53 Anton Pace (Hrsg.): Ernst Mayrhofer's Handbuch für den politischen Verwaltungsdienst in den im Reichsrathe vertretenen Königreichen und Ländern mit besonderer Berücksichtigung der diesen Ländern gemeinsamen Gesetze und Verordnungen. Bd. 5, Wien 1901, S. 124. Siehe weiterführend Marion Lühe: Der venezianische Adel nach dem Untergang der Republik (1797–1830), Köln 2000.

54 Giuseppe Pizzamano, AT-OeStA/HHStA KA KK Vorträge 21-1857, MCZl. 4061.

und Adeligkeit des Antragstellers hervorhob, gelang es dem Außenministerium jedes dieser Argumente geschickt zu dekonstruieren: Zunächst wurde Pizzamano die für den Beamten so wichtige Verdienstlichkeit im beruflichen Bereich abgesprochen, was umso schwerer wog, als diese Einschätzung vom höchstrangigen Vorgesetzten des Konsuls stammte:

> [S]o sei seine bisher stets befriedigend gewesene Consulardienstleistung, durch seine bisherigen Vorrückungen belohnt worden.[55]

Die als „befriedigend" apostrophierten Aktivitäten Pizzamanos in Jerusalem stehen in klarem Kontrast zu der in anderen Vorträgen als „vorzüglich", „ersprießlich" oder „tadellos" benannten Dienstleistung auszeichnungswürdigerer Beamter.[56] Sein Wirken für die österreichische Gemeinde sowie die deutschsprachige jüdische Minderheit im Heiligen Land, das auch internationale Anerkennung fand und eine diplomatische Dimension erreichte, wurde in der Dienstbeschreibung dagegen vollkommen ausgespart.[57] In diesem Fall wurde also nicht die offiziell bekannte Information über die Verdienste des Antragstellers, sondern ihr bewusstes Verschweigen und somit die Leerstelle im Vortrag zur Ausgangslage, die die Ablehnung rechtfertigen sollte.

Gleichzeitig wird in der zitierten Passage ein weiteres, regelmäßig genutztes Argument gegen eine Befürwortung herangezogen: Der Antragsteller hat sich zwar bis zu einem gewissen Grad ausgezeichnet, wurde dafür jedoch bereits ausreichend mit Gehaltsvorrückungen honoriert und sollte nun noch den Titel eines Generalkonsuls erhalten, was jede weitere Dekorierung, beispielsweise mit dem Grafentitel, überflüssig machte. Auch wird bemerkt, dass

> die Stellung, welche die adelige Familie Pizzamano in den Zeiten der Republik Venedig einnahm, bereits durch die A. h. Anerkennung ihres Adels von Seite Weiland S. Majestät des Kaisers Franz I., die öffentliche Anerkennung gefunden habe.[58]

Die Monarchie hatte sich sowohl dem Geschlecht der Pizzamanos als auch dem Beamten Pizzamano wiederholt gnädig erwiesen, eine neuerliche Anerkennung von Adel und Verdiensten sei daher nicht notwendig,

55 Ebd.

56 Siehe etwa: Thomas Pauker, AT-OeStA/HHStA KA KK Vorträge 8-1859, K.Zl. 1514; sowie weiterführend: Kučera: Staat, S. 166, 168.

57 Siehe oben.

58 Giuseppe Pizzamano, AT-OeStA/HHStA KA KK Vorträge 21-1857, MCZl. 4061.

zumal es ja eben auch gesetzliche Anordnungen gab, die hier als eindeutige Richtschnur gelten müssten: Der Bittsteller befand sich 1815, als die Verordnung zur Bestätigung venezianischer Adelstitel durch das Kaiserreich in Kraft trat, „keineswegs mehr im Kindesalter“, wie das Gutachten der Statthalterei vermittelte, und hätte sich daher durchaus für diesen Vorgang bewerben können. Eine Begründung für die Umgehung der herrschenden Bestimmungen und für eine Nachsicht mit der Situation Pizzamanos liege also nicht vor und dürfe daher auch nicht für die zu treffende Entscheidung ausschlaggebend werden.

Schließlich konnte das Außenministerium auch dem adeligen Auftreten und Nimbus des Antragstellers nur wenig abgewinnen:

> Was endlich die Angabe Pizzamano`s betrifft, daß ihm von verschiedenen Seiten der Grafentitel beigelegt werde, ist das Ministerium des Äußern der Ansicht, daß er einen derartigen Irrthum ungenau berichteter Personen, doch wohl füglich nicht als Grund zur wirklichen Erlangung des ihm fälschlich beigelegten Adelsgrades, geltend machen könne.[59]

Ein und derselbe Sachverhalt, nämlich die versehentliche Betitelung des Konsuls als „Graf“ in der Öffentlichkeit wird in dem Vortrag sowohl zur Grundlage einer positiven wie auch negativen Entscheidung gewandelt.

Nichtsdestotrotz griff Pizzamano diesen Aspekt auch zwei Jahre später wieder auf, als er noch einmal die „anormale Stellung“ untermauerte, in der er sich auf Grund der kaiserlichen Entschließung von 1857 befunden habe:

> [I]ndem ihm ungeachtet seiner wiederholten Gegenvorstellungen sowol [sic!] in seinem Vaterlande, als auch im Auslande, von Behörden und Privaten, allgemein der seiner Familie früher zugekommene Grafentitel gegeben werde, und daß er dieser einmal fest gewurzelten Hebung nicht ohne Kompromittierung seiner Wirksamkeit in jenen Gegenden, wo er als k. k. Generalkonsul diene, entgegentreten könne.[60]

Dies konnte nicht zuletzt nachteilige Auswirkungen auf seine Arbeit haben, da er sich bei Verhandlungen mit gesellschaftlich höhergestellten Personen stets in einer inferioren und unsicheren Position gefühlt habe. Dessen ungeachtet blieb das Außenamt bei seiner ablehnenden Haltung, konnte sich gegen

---

59 Ebd.

60 AT-OeStA/AVA Adel Hofadelsakten, Giuseppe Pizzamano, pag. 35r, 37v.

die Argumente des Innenministers nun aber nicht mehr durchsetzen. Dieser bezog sich mit seiner Begründung auf den folgenden Sachverhalt:

> Mir schiene es nicht angemessen, dem Bittsteller eine, vielen anderen Familien unter ganz gleichen Verhältnissen zugewendete, allerhöchste Gnade zu versagen, damit es nicht den Anschein gewinne, als sei er durch den Umstand, daß er Beamter ist, deterioris causa, als wenn er bloß ein Privatmann geblieben wäre.[61]

Neben dem Verweis auf Präzedenzfälle, die immer wieder zur Rechtfertigung aktueller Entscheidungen herangezogen wurden,[62] wird hier auch noch einmal auf Pizzamanos Zwitterstellung zwischen adeliger und staatlicher Sphäre eingegangen: Dass er sich trotz seiner herausgehobenen sozialen Position in seiner Heimat dem Dienst an der Monarchie verschrieben hatte und sie nach außen repräsentierte, solle ihm doch nicht zum Nachteil gereichen – eine abweisliche Entscheidung würde daher ein falsches Signal in der Öffentlichkeit generieren.

Darstellung und Narrative des Entscheidens: Die Entscheidung als politisches Instrument

Jede Entscheidung im Bereich der Adelspolitik veränderte die Realität und stellte dementsprechend einen performativen Akt dar, der eine tatsächliche Zäsur im Leben des Antragstellers bedeutete, da sie dessen zukünftige Position in der Gesellschaft bestimmen, dadurch aber auch eine ewige Anhänglichkeit der Nobilitierten an das Kaiserhaus gewährleisten sollte. Die Adeligkeit der Personen wurde dabei vor allem sprachlich inszeniert sowie von außen reflektiert und kommentiert.[63] Die öffentliche Präsentation der Entscheidung war demnach für die Erhaltung und Bestätigung des gesamten Systems von eminenter Bedeutung und band die Nobilitierungspraxis an die Außenwelt, von der sie bereits für die Entwicklung ihrer Problemstellungen wesentliche Impulse erhalten hatte. Während jedoch eine Ablehnung und damit eine Verweigerung der kaiserlichen Gnade nur dem Antragsteller selbst sowie den an dem Verfahren mitwirkenden Behörden gemeldet wurde,[64] sollte eine

61 Ebd.
62 Dotter: Adelspolitik, S. 236f; Dotter: Gnade.
63 Stollberg-Rilinger: Praktiken, S. 633.
64 AT-OeStA/AVA Adel Hofadelsakten, Giuseppe Pizzamano, pag. 10.

Befürwortung größere Breitenwirkung erreichen: Schon das Adelsdiplom, das mit den Unterschriften des Kaisers und des Innenministers versehen wurde, stellte einen dramaturgischen Höhepunkt am Ende des Entscheidungsprozesses dar. Es bestätigte die Eintragung Pizzamanos in das Ministerialadelsverzeichnis und sein Wappenschild als „der Kunst und dem Stande" angemessen. Zudem bezog der Kaiser selbst zu dem Nobilitierten Stellung:

> Wir Franz Joseph der Erste betrachten es stets als eines Unserer angenehmsten Regentenvorrechte, wahres Verdienst durch öffentliche Merkmale Unserer Anerkennung auszuzeichnen und Andere dadurch zur Verdienstlichkeit um das allgemeine Beste anzueifern. Mit Vergnügen haben Wir demnach vernommen, daß Unser lieber getreuer Generalkonsul in Jerusalem Josef Nobile Pizzamano um die Erhebung in den österr. Grafenstand des öst. Kaiserstaates eingeschritten ist. [...] So haben Wir Uns aus kaiserlicher und königlicher Machtvollkommenheit bewogen gefunden, ihn Josef Nobile Pizzamano sammt seiner eheligen Nachkommenschaft beiderlei Geschlechtes für alle künftigen Zeiten in den Grafenstand Unseres Kaiserreiches zu erheben.[65]

Diese formelhaften Zeilen dienten mehr als alles andere der Selbstdarstellung des Kaisers. Er zeigte sich darin einerseits mit seiner gesamten Machtfülle, die es ihm allein erlaubte, das Leben des Antragstellers und seiner gesamten Nachkommenschaft entscheidend zu verändern, andererseits aber auch als bescheidener und gnädiger Herrscher, der sich von den Leistungen seiner Beamten beglückt fühlte und die Möglichkeit, sie auszuzeichnen, als Privileg empfand. Die Formulierung „Unser lieber getreuer Generalkonsul" weist dem Monarchen darüber hinaus eine vertrauliche, geradezu väterliche Position seinem Untertan gegenüber zu. Alle anderen Akteure, die ebenfalls intensiv an dem Entscheidungsprozess beteiligt waren, hatten in diesem Augenblick dagegen keine Stimme. Ohne sie wäre die Entscheidung zwar nicht zu Stande gekommen, die – von Gott gegebene – Fähigkeit, der Entscheidung Gültigkeit zu verleihen, lag allerdings einzig beim Kaiser.[66]

Gleichzeitig wird hier noch einmal die zweite bedeutende Funktion der Nobilitierungen akzentuiert: Sie sollten nicht nur den Einzelnen in ein besonderes Loyalitätsverhältnis zum Kaiser setzen und ihn für seine Verdienste belohnen, sondern des Weiteren anderen zum Ansporn und zum Leitbild die-

65 Ebd., pag. 60.

66 Dotter: Adelspolitik, S. 212f.

nen: Aus einer ganzen Reihe von Aussagen in den Adelsakten wird deutlich, dass die Behörden von der Wirkung des Auszeichnungssystems auf die Gesellschaft überzeugt waren, weshalb es nicht unwichtig erschien, diese auch von jeder neuen Honorierung zu informieren. Zeitungen des gesamten Reiches, von überregionalen Organen wie „Der Presse“[67] bis hin zur „Temesvarer“[68] und „Klagenfurter Zeitung“[69] berichteten daher Ende Februar beziehungsweise Anfang März 1860 von der Erhebung Pizzamanos und gaben der Entscheidung damit einen vom Individuum losgelösten Wert.

Die ausgezeichnete Person war dabei sowohl Vor- als auch Sinnbild der Monarchie, die unaufhörlich für das „allgemein Beste“ zu wirken bereit war. Der Einzelne bildete eine kleine Säule, die das große Ganze zu stützen vermochte. Besonders drastisch schilderte diesen Zusammenhang die „Ost-Deutsche Zeitung“ in einem Nachruf auf den wenige Monate nach seiner Standeserhebung verstorbenen Konsul:

> Wir erhalten heute die Nachricht von dem raschen Hinscheiden des k. k. österreichischen General-Konsuls in Jerusalem, Joseph Grafen v. Pizzamano, am 22. Juli, nach noch nicht zurückgelegtem 53. Lebensjahre. Sein Tod in dem jetzigen verhängnisvollen Augenblicke ist doppelt schmerzlich und zu beklagen. [...] Sein ruhig und klar blickender Verstand wußte die schwierigsten Verwicklungen zu lösen und schroffe Widersprüche zu versöhnen. Ein venetianischer Patrizier, dessen Familienname im goldenen Buche der Republik verzeichnet ist, wurde er im verflossenen Jahre von Sr. Majestät dem Kaiser von Oesterreich in den Grafenstand erhoben, kurz vorher seiner Verdienste wegen zum Generalkonsul ernannt. Er war der Erste, welcher seit Leopold dem Glorreichen die weiß-rothe österreichische Flagge in Palästina wieder flattern machte. [...] Die Macht, die er so treu und glänzend vertrat, verliert in ihm einen der würdigsten Männer, und zwar doppelt schwer in diesem schweren Augenblicke![70]

Pizzamano vertrat eine Macht, die ihn zu dem erhoben hatte, was er war, die durch seinen Tod aber auch – gerade in Zeiten des Krieges und der Unsicherheit – geschwächt wurde. Ein stetiges Geben und Nehmen verband also den treuen Untertanen mit seiner Monarchie – und die Entscheidungen der Adelspolitik nahmen an diesem komplexen Zusammenspiel regen Anteil.

---

67 Die Presse. Abendblatt (28. Februar 1860), 13. Jahrgang, Nr. 59, S. 2.
68 Temesvarer Zeitung (1. März 1860), 9. Jahrgang, Nr. 50, S. 1.
69 Klagenfurter Zeitung (2. März 1860), Nr. 51, S. 1.
70 Ost-Deutsche Post (14. August 1860), 12. Jahrgang, Nr. 225, S. 1f.

Resümee

Der hier geschilderte Fall des Jerusalemer Konsuls Giuseppe Pizzamano reiht sich in vielerlei Hinsicht idealtypisch in die große Zahl an Vorträgen zu Nobilitierungen und Adelssachen auf dem Schreibtisch des Kaisers ein, tritt in mehreren Aspekten aber auch in einzigartiger Weise aus diesen hervor. Zunächst präsentiert er die unterschiedlichen Akteure, die aus allen Bereichen der Habsburgischen Verwaltung für die Entscheidungsfindung herangezogen wurden. Ihre Ressourcen beruhten auf der Fähigkeit, Wissen über den Antragsteller zu generieren, dieses aber auch nach eigenem Gutdünken und eigener Überzeugung aufzubereiten, um es in den Entscheidungsprozess als meinungsbildendes Faktum einzubinden. Immer wieder kam es dabei zu Spannungen zwischen den Behörden, die ihre individuelle Vorstellung von „Adeligkeit" umzusetzen suchten, ein offener Konflikt zwischen zwei Ministerien, der noch dazu bis zum Schreibtisch des Kaisers selbst drang, war aber ungewöhnlich und erforderte den Kaiser als richtenden Letztentscheider. Dieser war an der Entscheidungsfindung zwar kaum beteiligt, ratifizierte sie aber und konnte der Öffentlichkeit dadurch als gnädige und objektive Instanz präsentiert werden. Nach innen hin war das Verfahren jedoch ein langwieriger und ausgereifter Prozess, der sowohl auf formellen wie auch auf informellen Säulen gründete, ohne gänzlich den Weg der Bürokratie zu verlassen: So konnten beispielsweise weder der Kaiser noch sein Bruder das Verfahren vollkommen aushebeln. Die Entscheidung musste stets als von verschiedenen Seiten gestützt und legitimiert erscheinen, um Akteursrollen im Verfahren festlegen zu können, die deren Bedeutung für den Fortgang des Prozesses betonten, sie gleichzeitig aber doch dem Kaiser unterordneten.

Die Entscheidung wurde keineswegs zufällig oder willkürlich getroffen, sondern sie bezog die persönlichen Biografien sowie die Stärken und Schwächen der Antragsteller in ihre Überlegungen mit ein, abstrahierte diese aber beispielsweise in Kategorien von Adeligkeit und Loyalität. Durch einen performativen Akt wurden in den Vorträgen vor allem jene Leistungen für adelig erklärt, die den Antragsteller mit dem Staat verbanden und ihn als wertvollen Teil der Gesellschaft, oder mehr noch als Sinnbild der Monarchie präsentierten. Nichtsdestotrotz stehen Entscheidungen in Politikfeldern nie allein, sondern werden ständig in einen größeren gesellschaftlichen Diskurs zu dem Thema eingespeist und dabei weitergedacht beziehungsweise neu verhandelt. Von Seiten der Beamten bedeutete das, Kalkül zu zeigen und die Notwendigkeit sowie Wahrhaftigkeit der getroffenen Entscheidung zu konstruieren.

Literaturverzeichnis

Monografien

Binder-Krieglstein, Reinhard: Österreichisches Adelsrecht 1868–1918/19. Von der Ausgestaltung des Adelsrechts der cisleithanischen Reichshälfte bis zum Adelsaufhebungsgesetz der Republik unter besonderer Berücksichtigung des adeligen Namensrechts, Frankfurt am Main/Wien 2000.

Dotter, Marion: Adelspolitik in der späten Habsburgermonarchie. Kulturen des Entscheidens in der Nobilitierungspraxis während der Regierungszeit Kaiser Franz Joseph I. (1848–1916), Dissertation, München: Ludwigs-Maximilians-Universität 2021.

Drewes, Kai: Jüdischer Adel. Nobilitierungen von Juden im Europa des 19. Jahrhunderts, Frankfurt 2013.

Eli'av, Mordekhai: Österreich und das Heilige Land. Ausgewählte Konsulatsdokumente aus Jerusalem. 1849–1917, Wien 2000.

Fessen, Alfred: Der österreichische Wirtschaftsadel von 1909–1918, Dissertation, Wien: Universität Wien, 1974.

Gorzyński, Slawomir: Nobilitacje w Galicji w latach. 1772–1918, Warszawa 1997.

Granić, Miroslav/Martinović, Denis: Plemstvo Kraljevine Dalmacije. 1814–1918, Zadar 2018.

Kučera, Rudolf: Staat, Adel und Elitenwandel. Die Adelsverleihung in Schlesien und Böhmen 1806–1871 im Vergleich (Kritische Studien zur Geschichtswissenschaft, 205), Göttingen 2012.

Lühe, Marion: Der venezianische Adel nach dem Untergang der Republik (1797–1830), Köln 2000.

Luhmann, Niklas: Das Recht der Gesellschaft, Frankfurt am Main 1993.

Meriggi, Marco: Amministrazione e classi sociali nel lombardo-veneto (1814–1848), Bologna 1983.

Osterkamp, Jana/Schulze Wessel, Martin (Hrsg.): Exploring loyalty (Veröffentlichungen des Collegium Carolinum, 136), Göttingen 2017.

Pace, Anton (Hrsg.): Ernst Mayrhofer's Handbuch für den politischen Verwaltungsdienst in den im Reichsrathe vertretenen Königreichen und Ländern mit besonderer Berücksichtigung der diesen Ländern gemeinsamen Gesetze und Verordnungen. Bd. 5, Wien 1901.

Stollberg-Rilinger, Barbara: Cultures of decision-making (Annual lecture/German Historical Institute 2015), London 2016.

Tönsmeyer, Tatjana: Adelige Moderne. Großgrundbesitz und ländliche Gesellschaft in England und Böhmen. 1848–1918 (Industrielle Welt, 83), Wien 2012.

Witting, Johann Baptist: Statistik der Standeserhöhungen während der Regierung Sr. Majestät des Kaisers Franz Josef I., Wien 1898.

Artikel in Zeitschriften und Sammelbänden

Berger Waldenegg, Georg: Monarchische Politik und höfische Etikette. Der lombardo-venezianische Adel und die Reise Kaiser Franz Josephs I. nach Lombardo-Venetien im Winter 1856/57, in: Quellen und Forschungen aus italienischen Archiven und Bibliotheken 81 (2001), S. 439–503.

Conze, Werner: Adel, in: Otto Brunner/Werner Conze/Reinhart Koselleck (Hrsg.): Geschichtliche Grundbegriffe. Historisches Lexikon zur politisch-sozialen Sprache in Deutschland, Bd. 1: A–D, Stuttgart 1979, S. 1–48.

Dotter, Marion: Gnade, Anspruch oder Kalkül? Die Habsburgische Nobilitierungspraxis als ein Politikfeld des Kaisers, in: Clemens Ableidinger/Peter Becker/Marion Dotter/Andreas Enderlin-Mahr/Jana Osterkamp/Nadja Weck (Hrsg.): Im Büro des Kaisers. Neue Perspektiven der historischen Politikfeldanalyse für das 19. Jahrhundert (in Druck).

Eberlein, Burkhard/Grande, Edgar: Entscheidungsfindung und Konfliktlösung, in: Klaus Schubert/Nils Bandelow (Hrsg.): Lehrbuch der Politikfeldanalyse, München/Oldenbourg 2014, S. 151–177.

Eli'av, Mordekhai: Das österreichische Konsulat in Jerusalem und die jüdische Bevölkerung, in: Anna Drabek/Mordekhai Eli'av/Gerald Stourzh (Hrsg.): Prag, Czernowitz, Jerusalem. Der österreichische Staat und die Juden vom Zeitalter des Absolutismus bis zum Ende der Monarchie, Eisenstadt 1984, S. 31–72.

Godsey, William: Quarterings and Kinship. The Social Composition of the Habsburg Aristocracy in the Dualist Era, in: The Journal of Modern History 71/1 (March 1999), S. 56–104.

Hoffmann-Rehnitz, Philip/Krischer, André/Pohlig, Matthias: Entscheiden als Problem der Geschichtswissenschaft, in: Zeitschrift für Historische Forschung 45/2 (2018), S. 217–281.

Jäger Sunstenau, Hanns: Statistik der Nobilitierungen in Österreich 1701–1918, in: Adelsfamilien der Österreichisch-Ungarischen Monarchie (Österreichisches Familienarchiv, 1), Neustadt an der Aisch 1963, S. 3–16.

Krischer, André: Das Problem des Entscheidens in systematischer und historischer Perspektive, in: Andrè Krischer/Barbara Stollberg-Rilinger (Hrsg.): Herstellung und Darstellung von Entscheidungen. Verfahren, Verwalten und Verhandeln in der Vormoderne (Zeitschrift für Historische Forschung, Beiheft 44), Berlin 2010, S. 35–64.

Meriggi, Marco: Der Adelsliberalismus in der Lombardei und in Venetien (1815–1860), in: Dieter Langewiesche (Hrsg.): Liberalismus im 19. Jahrhundert. Deutschland im europäischen Vergleich, Göttingen 2011, S. 367–377.

McCagg, William: Austria´s Jewish Nobels. 1740–1918, in: Leo Baeck Institute Year-book 24 (1989), S. 163–183.

Pfister, Ulrich: Entscheiden wird selbstreferenziell und reflexiv. Die Entstehung und Entwicklung von Politikfeldern, spätes 17. bis 19. Jahrhundert [unpublizierter Vortrag], Wien im November 2018.

Pfister, Ulrich: Einleitung, in: Ulrich Pfister (Hrsg.): Kulturen des Entscheidens. Narrative – Praktiken – Ressourcen (Kulturen des Entscheidens, 1), Göttingen 2019, S. 11–34.

Pohlig, Matthias: Informationsgewinnung und Entscheidung. Entscheidungspraktiken und Entscheidungskultur der englischen Regierung um 1700, in: Arndt Brendecke (Hrsg.): Praktiken der Frühen Neuzeit. Akteure – Handlungen – Artefakte (Köln 2015), S. 667–677.

Schulze Wessel, Martin: Loyalität als geschichtlicher Grundbegriff und Forschungskonzept. Zur Einleitung, in: Martin Schulze Wessel (Hrsg.): Loyalitäten in der Tschechoslowakischen Republik. 1918–1938. Politische, nationale und kulturelle Zugehörigkeiten, München 2007, S. 1–22.

Stollberg-Rilinger, Barbara: Einleitung, in: Andrè Krischer/Barbara Stollberg-Rilinger (Hrsg.): Herstellung und Darstellung von Entscheidungen. Verfahren, Verwalten und Verhandeln in der Vormoderne (Zeitschrift für Historische Forschung, Beiheft 44), Berlin 2010, S. 9–31.

Stollberg-Rilinger, Barbara: Praktiken des Entscheidens. Zur Einführung, in: Arndt Brendecke (Hrsg.): Praktiken der Frühen Neuzeit. Akteure – Handlungen – Artefakte, Köln 2015, S. 630–634.

Unowsky, Daniel: The Pomp and Politics of Patriotism. Imperial Celebrations in Habsburg Austria. 1848–1916, Dissertation: Columbia University 2000.

Županič, Jan: Die tschechischen Eliten und Standeserhebungen in der Donaumonarchie, in: Prague papers on the history of international relations (2003), S. 155–175.

Županič, Jan: Die Entstehung des jüdischen Adels in der Habsburgermonarchie, in: ASCHKENAS – Zeitschrift für Geschichte und Kultur der Juden 17 (2007), S. 473–497.

Županič, Jan: Neuer Adel in der Donaumonarchie. In: David Schriffl/Niklas Perzi (Hrsg.): Schlaglichter auf die Geschichte der böhmischen Länder vom 16. bis 20. Jahrhundert. Ausgewählte Ergebnisse zu den Österreichisch-Tschechischen Historikertagen 2006 und 2008 (Schriftenreihe der Waldviertel-Akademie 6), Wien 2011, S. 131–144.

Županič, Jan: Adelspolitik als Machtfaktor im Kaisertum Österreich. Eine Skizze der grundlegenden Probleme und Forschungslage, in: Jana Osterkamp (Hrsg.): Kooperatives Imperium. Politische Zusammenarbeit in der späten Habsburgermonarchie. Vorträge der gemeinsamen Tagung des Collegium Carolinum und des Masarykův ústav a Archiv AV ČR in Bad Wiessee vom 10.–13. November 2016 (Bad Wiesseer Tagungen des Collegium Carolinum, 39), Göttingen 2018, S. 117–140.

Županič, Jan: Ennoblement Policies of the Habsburg Rulers in Bohemian-Austrian Lands and Cisleithania in the Long 19th Century, in: Jiří Brňovják/Jan Županič (Hrsg.): Changes of the noble society. Aristocracy and new nobility in the Habsburg Monarchy and Central Europe from the 16th to the 20th century. A collection of studies from Sections P69 and P80 of the 11th Congress of Czech Historians (14th–15th September 2017, Olomouc, Czech Republic), Ostrava/Prague 2018, S. 69–93.

Die Geschichte des Ordens des hl. Basilius in Máriapócs nach 1950: eine ethnologische Annäherung[1]

Katalin Földvári

Abstract

Während der kommunistischen Machtübernahme nach dem Zweiten Weltkrieg wurde die Aufhebung der Orden zum Hauptelement des Kampfes gegen die Kirche. Dem Angriff der kommunistischen Staatsmacht waren die Ordenshäuser des Ordens des hl. Basilius in Máriapócs auch zum Opfer gefallen: Im Dezember 1950 wurden die Klöster der Basilianer und Basilianerinnen aufgelöst, die ohne Kloster gebliebenen Ordensmitglieder versuchten zwischen 1950–1989 im zivilen Leben zurechtzukommen.

Im Mittelpunkt meiner Untersuchung stehen die Strategien, mit deren Hilfe die Basilianer und Basilianerinnen den Zeitraum 1950–1990 überleben und ihre Berufung bewahren konnten. Zur Erforschung dieses Themas verwende ich Methoden der Volkskunde, wie zum Beispiel Interviews, Quellen- und Bildanalyse oder die Datenerhebung aus dem Internet. In meinem Aufsatz präsentiere ich, was für riesige Vorteile diese multimethodische Untersuchung hat: Aufgrund der verschiedenen Methoden der Datenerhebung kann dieser Teil der Geschichte von verschiedenen Seiten betrachtet werden.

SCHLAGWÖRTER

Kommunismus, Klosterauflösung, Basilianer, Basilianerinnen, Máriapócs, religiöse Volkskunde, qualitative Forschung, Interviews, Biographie, Analyse, archivalische Quellen, Fotos

---

1 Der Aufsatz entstand im Rahmen des Forschungsprojektes der Forschungsgruppe „Lendület" der Akademie der Wissenschaften Ungarns an der Griechisch-katholischen Theologischen Hochschule St. Athanasius.

Einleitung

Die Orden waren in Ungarn Helfer der katholischen Kirche, da die Kirche durch diese Gemeinschaften in der Lehre und in der Krankenpflege präsent sein konnte. Während der kommunistischen Machtübernahme nach dem Zweiten Weltkrieg wurde in diesem Land die Auflösung der Orden zum Hauptelement im Kampf gegen die Kirche. Das Regime versprach sich davon, den gesellschaftlichen Einfluss der Kirche zu schwächen.[2] Da die Ordensmitglieder meistens in kirchlichen Schulen arbeiteten, begann der Prozess mit der Säkularisation dieser Schulen. Danach folgten die Krankenhäuser, die Krankenpflege und die Armenfürsorge: All diese Einrichtungen wurden verstaatlicht. Das Motto bei diesem Prozess war: Im kommunistischen Staat braucht die Gesellschaft keine Ordensmitglieder.[3]

Die Absicht der Regierungen in Ungarn von 1945 bis 1948 war die Trennung von Staat und Kirche und dieses Ziel wurde zum Kampf gegen die „klerikale Reaktion". 1945 wurden die kirchlichen Grundstücke aufgeteilt, 1946 die kirchlichen Organisationen aufgelöst und zwei Jahre später die kirchlichen Schulen säkularisiert. Die Kirche wurde als „ideologischer Feind" der kommunistischen Macht bezeichnet.[4]

Am 7. September 1950 wurde die Gesetzesverordnung des Präsidialrats erlassen, die den Orden die Funktionsgenehmigung entzog. Nur vier Lehrorden – die Benediktiner, die Piaristen, die Franziskaner und die Armen Schulschwestern – durften weiterhin arbeiten, waren dabei jedoch sehr eingeschränkt.[5]

Die kommunistische Macht hat bemerkt, dass sie mit einer Verordnung ganze Ordensgemeinschaften vernichten konnte:[6] Wenn der Staat die Tätigkeiten der Orden übernahm, so brauchte die Gesellschaft die Ordensmitglieder nicht mehr. Die Ordenshäuser wurden in Beschlag genommen und ihre Bewohner wurden ohne neuen Wohnort ausquartiert.[7] Des Weiteren wurde es ihnen verboten, Ordenskleidung zu tragen, einander Briefe zu

2 Révay Edit: Újrainduló szerzetesrendek, Budapest – Csíkszereda 2003, S. 9.

3 Földvári Katalin: Fraternität und Macht. Die Geschichte des Ordens des hl. Basilius in Máriapócs 1950–1989, in: Jürgen Bärsch /Hermann-Josef Scheidgen (Hrsg.): Historia est magistra vitae: Gesammelte wissenschaftliche Beitrage und „Trümmer". Festgabe zum 70. Geburtstag von Reimund Haas, Köln 2019, S. 170–193; Révay: Újrainduló, S. 9.

4 Révay: Újrainduló, S. 9.

5 Siehe: Gergely Jenő: Az 1950-es egyezmény és a szerzetesrendek felszámolása Magyarországon, Budapest 1990.

6 [Anon.] Ötven éve oszlatták fel a szerzetesrendeket. Új Ember (2000), online unter: https://archiv.katolikus.hu/ujember/Archivum/000917/0401.html (20.11.2019).

7 1950 gab es in Ungarn 23 Männerorden mit 2582 Mönchen und 40 Frauenorden mit 8956 Nonnen. All diese Ordensmitglieder haben in insgesamt 636 Ordenshäusern gelebt.

schreiben, einander zu treffen oder in einem neuen gemeinsamen Wohnsitz zusammenzuleben.[8]

Dem Angriff der kommunistischen Staatsmacht fielen auch das Kloster der Basilianer und das Ordenshaus der Basilianerinnen in Máriapócs (Ostungarn)[9] zum Opfer.[10] Nach der Auflösung ihrer Ordenshäuser versuchten die Ordensmitglieder, sich im zivilen Leben zurechtzufinden. Die Mönche bekamen einfache Arbeiten zugeteilt, die für Männer üblich waren, oder konnten in einer Pfarrei neben dem Pfarrer arbeiten. Die Lage der Nonnen war hingegen schwieriger. Sie mussten versuchen, sich den sozialistischen Frauen anzupassen, ohne dabei dem sozialistischen Frauenbild, das ihrem eigenen widersprach, zu entsprechen.[11] Nach der Säkularisierung der kirchlichen Schulen und der Entziehung der Funktionsgenehmigung der Orden wurden die Nonnen aus ihren bisherigen Arbeitsmöglichkeiten, in denen sie vorher wichtige Rollen eingenommen hatten (Kindererziehung, Lehre, Krankenpflege, Sozialfürsorge usw.), hinausgedrängt.[12] Sie wurden zu Personen, die von der Gesellschaft gleichzeitig geduldet und verachtet wurden, sie standen gewissermaßen an der Peripherie der Gesellschaft.[13]

Dieser Beitrag präsentiert die Forschungsmethoden zu einem Projekt, das diese Phase (1950–1989) in der Geschichte der Basilianer und Basilianerinnen untersucht.

8 Hetényi Varga Károly: Szerzetesek a horogkereszt és a vörös csillag árnyékában I. Üldözött baziliták, bencések, ciszterciek, domonkosok, ferencesek és irgalmas rendiek szenvedéstörténete. Budapest 2000, S. 10–11.

9 Máriapócs ist die berühmteste und am meisten besuchte Weihestätte Ungarns, das beliebteste geistige Zentrum für die griechische Katholizität des Karpatenbeckens, Nationalheiligtum Ungarns (2003) und Mitglied des „Europäischen Marianetzes" (2005). Die Wallfahrtskirche ist durch das Bildnis der Muttergottes berühmt geworden, das dreimal (1696, 1715, 1905) tränte. Mehr darüber: István Ivancsó/Karl Imfeld/Jutta Betz: Das Gnadenbild von Máriapócs, Wien 1997; Hubert Zeinar: Wallfahrtsort Wien. Die Wiener Wallfahrtskirchen, Wien 2003, S. 253–264.

10 Über die Klosterauflösung in Máriapócs: „Közös örökségünk" Németh Péter interjúja. Szabolcs-Szatmári Szemle 90/4. XXV. Jahrg. 4. Nyíregyháza 1990., S. 407–428; Dudás Bertalan: Emlékeim a kommunista diktatúra 1950. június 10-én Máriapócsra deportált szerzeteseiről, in: Görögkatolikus Szemle Kalendáriuma, 2007, S. 104–106; Földvári Katalin: Baziliták a diktatúrában: Túlélési stratégiák 1950–1989 között, in: Kührner Éva (Hrsg.): Bessenyei Almanach: A Bessenyei Társaság Évkönyve, Nyíregyháza 2018, S. 23–40; Földvári: Fraternität und Macht, S. 170–193.

11 Bögre Zsuzsanna – Szabó Csaba: Törésvonalak. Apácasorsok a kommunizmusban, Budapest 2010, S. 23.

12 Bögre/Szabó Csaba: Törésvonalak, S. 23–24.

13 Bögre/Szabó Csaba: Törésvonalak, S. 28–29.

Der Orden des hl. Basilius in Máriapócs

Die Basilianer[14]

Der Orden des hl. Basilius besteht aus einem männlichen und einem weiblichen Zweig. Beide spielten eine wichtige Rolle für das Bestehen des Wallfahrtsortes von Máriapócs.[15]

Die ersten Basilianermönche kamen gegen 1750 aus dem Kloster von Munkács-Csernekhegy nach Máriapócs und nahmen ab dieser Zeit aktiv an der Betreuung der Weihestätte teil: Sie versorgten die Pilger, nahmen Beichten ab und predigten. Sie waren daneben auch „Einsatzmänner" in der Diözese: Wenn ein Priester nicht imstande war, seine Aufgaben zu erfüllen, kam ein Basilianer in die Parochie, um ihn zu ersetzen.[16] Die Mönche führten auch Lehrtätigkeiten aus. Seit den 1770er Jahren betreute der Orden verschiedene Schultypen in Máriapócs: Die Mönche führten ein Gymnasium und eine Grundschule, welche die Jugendlichen der naheliegenden Siedlungen besuchten. Ab dem Ende des 18. Jahrhunderts fand auch theologischer und philosophischer Unterricht im Kloster statt.[17] 1841 wurde das Lehrerseminar eröffnet, aus dem zahlreiche Kirchensänger hervorgingen. Ab dem Anfang des 20. Jahrhunderts hatten die in Máriapócs lebenden Basilianer apostolische Tätigkeiten: Die Mönche hielten Exerzitien und leiteten Missionen.[18] 1912 gründete der Orden in Ungvár ein Pensionat mit hundert Seminaristen, wofür das Ordenshaus von Máriapócs die Kosten trug.

Vor dem Ersten Weltkrieg hatte der Orden des hl. Basilius in Ungarn mehrere Klöster,[19] nach dem Friedensvertrag von Trianon (1921) blieb nur das Ordenshaus von Máriapócs in diesem Land übrig.

---

14 In der Ostkirche gibt es nicht verschiedene Orden wie im Westen. Das ostkirchliche Mönchtum ist die Fortsetzung des von Basilius dem Großen organisierten Mönchswesens, deswegen teilten sich die Mönche in der Ostkirche nicht in getrennten Gruppen. Die Bezeichnung „Basilianer" stammt aus der Westkirche und dient dem Zweck, den Nachfolger von Basilius einen Platz zwischen den westkirchlichen Ordensgemeinschaften zu geben. Der Begriff „Basilianer", wie wir ihn heute verwenden, bezieht sich auf die Mönche mit griechischem Ritus, die in Rom seit der Union von 1596 Ordo Sancti Basili Magnii genannt werden. (Dudás Bertalan/Legeza László/Szacsvay Péter: Baziliták, Budapest 1993, S. 3.)

15 Der männliche und weibliche Zweig des Ordens wird durch einen weltlichen Zweig, den sogenannten Dritten Orden, vervollständigt, dessen Untersuchung nicht zu diesem Thema gehört.

16 Dudás Bertalan: A baziliták szerepe a Hajdúdorogi Egyházmegye történetében, in: Timkó Imre (Hrsg.): A Hajdúdorogi Bizánci Katolikus Egyházmegye Jubileumi Emlékkönyve 1912–1987. Nyíregyháza 1987, S. 106–110.

17 Udvari István: Adatok a máriapócsi iskolákról, in: Udvari István (Hrsg.): Ruszinok a XVIII. században: történelmi és művelődéstörténeti tanulmányok. Heft 9. Nyíregyháza 1994, S. 134–135.

18 Die Basilianer führten in den Jahren 1925–50 in Ungarn und außerhalb der Grenze 362 Volksmissionen Zusätzlich wurden in demselben Zeitraum von dem Orden auch 302 Exerzitien gehalten. (Dudás/Legeza/Szacsvay: Baziliták, S. 20.)

19 Diese waren in Ungvár, Munkács-Csernekhegy (das war das Zentrum des Ordens), Kisberezna, Misztice, Husztbaranya, Bikszád, Majszin, Füzesmikola und in Máriapócs. (Dudás/Legeza/Szacsvay: Baziliták, S. 22–24.)

Die Basilianer hatten jedoch später Gemeinschaften in mehreren Orten Ungarns: Sie gründeten ein Ordenshaus 1933 in Hajdúdorog und ein weiteres im Jahre 1946 in Makó.[20] 1948 zogen die Mönche aus Makó nach Kispest.[21] 1944–1950 wurde das Noviziat in Máriapócs und in Hajdúdorog eröffnet. In Hajdúdorog und in Kispest beschäftigten sich die Ordensmitglieder mit pastoralen Aufgaben und Lehrtätigkeiten.

Die Basilianerinnen

Die ersten Basilianerinnen kamen Anfang des 20. Jahrhundertes aus Ungvár (Ukraine) nach Pócs.[22] Während ihre Klostergemeinschaften in anderen Ländern (z. B. in Kanada, Brasilien, in den USA, in Kroatien) bestehen blieben, gerieten ihre Gemeinden nach dem Friedensvertrag von Trianon außerhalb der ungarischen Landesgrenzen. So gab es in Ungarn nach 1921 keine griechisch-katholischen Frauenorden mehr.[23]

Die ersten vier Nonnen kamen 1935 durch die Bitte des damaligen Bischofs Miklós Dudás nach Máriapócs.[24] Die Schwestern bewohnten anfangs ein kleines Haus hinter dem Kindergarten und in diesem Gebäude begann im Jahr 1937 die Erziehung und der Unterricht der Jugendlichen im neu gegründeten Noviziat, wo fünf Novizinnen lebten.[25] Das Ordenshaus wurde für die Schwestern 1940 errichtet (sie nahmen das Kloster im Jahr 1941 in Besitz), all das hinderte sie aber nicht am Gebet oder an der Arbeit. Die vier

20 In Hajdúdorog hielten Pater Miklós Dudás und Pater Teofán Szkiba eine Mission, die so erfolgreich war, dass die Gläubigen die Mönche darum baten, auch in ihrer Stadt ein Ordenshaus zu gründen. Bis zur Klosteraufhebung wurden die Jungen hier erzogen. 1950 studierten 52 Präparanden hier. Seit 1949 war das Noviziat des Ordens mit 37 Novizen in Hajdúdorog. (Dudás/Legeza/Szacsvay: Baziliták, S. 23–24; Török István Izsák: Máriapócs és a baziliták a 20. században, in: Ivancsó István (Hrsg.): „Téged jöttünk köszönteni" Máriapócs, 2005. november 21–22. A máriapócsi kegykép harmadik könnyezésének centenáriuma alkalmából rendezett nemzetközi konferencia anyaga, Nyíregyháza 2005, S. 198–199.)

21 In Kispest kaufte der Orden das Haus eines Richters, um es für Ordenszwecke umzuformen. Drei Mönche lebten hier, die in Budapest an der Universität studieren konnten, um später Lehrer zu werden. Vor der Aufhebung waren 17 Novizen in diesem Ordenshaus, die den Nachwuchs als Lehrer gesichert hätten. (Dudás/Legeza/Szacsvay: Baziliták, S. 24.)

22 Das war eigentlich eine Rücksiedlung nach Ungarn, weil sich unter dem hl. Stephan mehrere Frauenklöster mit byzantinischem Ritus in diesem Land befanden (z.B.: in Dunapentele und in Veszprémvölgy), welche aber von den Tataren vernichtet wurden. (Dudás/Legeza/Szacsvay: Baziliták, S. 14–17.)

23 Dudás Miklós: Bazilisszák, in: Keleti Egyház, V. Jahrg. 2–3. 1938. S. 64–73.; Keresztes Sarolta Bazilia: Bizánci szerzetesség Magyarországon, különös tekintettel a bizánci rítusú szerzetesnővérekre, a kezdetektől napjainkig, Veszprém 2007, S. 5–6; Stephen J. Skinta: The Shrine of Our Weeping Mother of Máriapócs and the Mission of the Basilian Fathers of Máriapocs, New York 1973, S. 91–95.

24 Schon am 6. Mai 1916 bat der Bischof von Munkács die Basilianer, für eine Unterkunft für elternlose Kinder zu sorgen. Die Basilianermönche planten daraufhin ein Nonnenkloster zu gründen, sodass die Nonnen Waisenkinder versorgen konnten. Doch die Umstände des Ersten Weltkriegs vehinderten dieses Unternehmen. (Török: Máriapócs, S. 197.) Später anerkannte Bischof Dudás anlässlich einer Mission, dass das Kloster bei der Erziehung von jungen Mädchen die Basilianerinnen brauchte.

25 Vatamány Márta és Szemerszki Terézia interjúja Ágota nővérrel, in: Bazilita harmadrendi Értesítő, 1995. Dezember, S. 1; Dudás/Legeza/Szacsvay: Baziliták, S. 31.

Nonnen erschufen innerhalb einiger Jahre eine blühende Gemeinde.[26] Die erste Einkleidung fand am 6. Juni 1938 in Máriapócs statt, als zwei Nonnen, Makrina und Bernadett, in den Orden eintraten. Mit den drei Wochen später das Gelöbnis ablegenden Nonnen Bazilia und Emilia lebten fortan neun Basilianerinnen im Ordenshaus von Máriapócs.[27]

Die Basilianerinnen nähten Messgewänder und ab 1939 unterrichteten drei von ihnen in der Grundschule von Máriapócs. Die Nonnen veranstalteten Koch- und Nähkurse und hielten auch Exerzitien.[28]

Während des Zweiten Weltkrieges leiteten die Klosterfrauen ein Waisenhaus in Máriapócs und im Jahre 1945 eröffneten sie eine Bildungsanstalt für Mädchen in Hajdúdorog und ein Waisenhaus in Sátoraljaújhely.[29]

Die ersten Forschungen über die aufgelösten Klöster und den Neustart der Orden in Ungarn

Am 30. August 1989 erschien die Rechtsverordnung Nummer 1989/17, die den Orden in Ungarn wieder den Betrieb ermöglichte. Danach gab es in den Jahren 1989–1990 88 katholische Orden mit 3.858 Mönchen und Nonnen, die das gemeinsame Leben organisieren konnten. Das verursachte eine besondere Situation, da die Gesellschaft den Ordensmitgliedern mit ambivalenten Gefühlen gegenüberstand.[30] Jetzt konnten die Ordensleute wieder offen zeigen, dass sie einem Orden angehörten, und somit trat eine neue Gruppe in der Gesellschaft auf, die einerseits die Menschen um Hilfe und Förderungen bat, andererseits aber der Bevölkerung auch ihre Dienste anbot.[31]

Nach 1989 führte Edit Révay erste Forschungen über die Situation der Ordensgemeinschaften in Ungarn durch. In ihrem Buch *Neustartende Orden in einer erneuerten Gesellschaft* untersuchte sie mithilfe von Fragebögen und Interviews die Meinung der Ordensmitglieder zu der Periode der Illegalität

26 Über die Regel der Basilianerinnen: Keresztes Sarolta Bazilia OSBM: Szerzetességünkről, Máriapócs, 1996.

27 GE: Az első gör. kath. apácaavatás, in: Keleti Egyház V. Jahrg. 7–8. 1938 Sept–Okt. S. 211.

28 Für die Aufnahme ins Kloster war eine wichtige Voraussetzung (neben der Berufung), dass die Bittstellerin eine Qualifikation für den Lehrberuf oder die frühkindliche Erziehung hatte oder einen anderen ähnlichen Bildungsstand bieten konnte. Wenn dies nicht der Fall war, aber die Bittstellerin andere Kenntnisse, die für die Erziehung der Mädchen entsprechend waren (wie z. B. Stickerei, Näharbeit) vorzuweisen hatte oder bereit war, diese zu erlernen, so konnte sie auch so die Aufnahme gewinnen. ([Anon.]: Felvétel a bazilissza nővérekhez, in: Görögkatolikus Élet, Jänner 1937, S. 10–11.)

29 Karczub Magdolna: Szent Bazil rendi nővérek, in: Görögkatolikus Tudósító, 1990. 1. Jahrg. 4, S. 4; Gergely Jenő: A szerzetesrendek feloszlatása Magyarországon, Budapest 1990, S. 365.

30 Révay: Újrainduló 2003, S. 9.

31 Ebd.

und zu der nachfolgenden Erneuerung der Orden.[32] Sie versuchte aus soziologischer Sicht folgende Fragen zu beantworten:

- Welche gesellschaftlichen Geschehen begünstigten die Erneuerung der Orden?
- Wie konnten diese Gemeinschaften im Hinblick auf das falsche Bild,
- das die kommunistische Macht von ihnen vermittelt hatte, neue Mitglieder rekrutieren?
- Wie stand die Gesellschaft den Orden gegenüber?
- Welche neue Aufgaben nahmen diese Gemeinschaften nach dem Neuanfang wahr?

Die Umstände der Auflösung hatten dem Zweck gedient, dass die Ordensgemeinschaften sich nicht weiter und stärker entwickeln konnten. Révay stellte fest, dass die Ordensgemeinschaften darauf auf unterschiedliche Weise reagierten:

a) Einige Orden konnten dagegen nicht aufbegehren. Nach der Auflösung konnten die Mitglieder nicht untereinander den Kontakt halten, weil solche Handlungen Vergeltungsmaßnahmen nach sich zogen.
b) Es gab Orden, aus denen die jungen Novizen ins Ausland flüchteten.
c) Die vier Orden, die in Ungarn blieben und legal funktionieren durften, standen unter strenger staatlicher Kontrolle.
d) Die Ordensleute, die nach 1950 in der Illegalität lebten, erhielten durch die Rückgabe der Freiheitsrechte an die Kirche die Möglichkeit, in Ungarn wieder legal leben zu dürfen. Die Camouflage wurde zum charakteristischen Verhalten dieser Gruppen: Diese Mönche und Nonnen arbeiteten in staatlichen Arbeitsstellen, zogen sich privat aber stark vom sozialen Leben zurück.[33]

---

32 Vor den Forschungen von Edit Révay gab es meistens theologische, kulturhistorische und ordensgeschichtliche Annäherungen und es mangelte an Begriffen, die das Mönchtum für die Sozialwissenschaften greifbar machen können. Vgl. Edit Révay: Az újrainduló szerzetesrendekről, in: Vigília Jahrg. 62. Heft 9. 1997, S. 674.

33 Die Basilianer von Máriapócs könnten den Punkten „b" und „d" zugeordnet werden, während die Basilianerinnen in der Gruppe „d" gruppiert werden. (Bemerkung der Autorin)

In der am Ende des Buches befindlichen Beilage fügte sie eine Liste der in Ungarn existierenden Orden sowie eine Auflistung mit den Namen der an der Untersuchung teilgenommenen Gemeinschaften an.[34] Révay gab zu ihrer Arbeit auch die Fragebögen und die Leitfäden zu den Interviews bei.[35]

Die nächste Arbeit, die für die derzeitige Untersuchung aus methodologischer Sicht wichtig ist, ist das Buch *Bruchlinien. Schicksale von Schwestern im Kommunismus* von Zsuzsanna Bögre und Csaba Szabó aus dem Jahr 2010.[36] Der erste Teil des Bandes weist die Schritte und die angewandten Methoden ihrer Untersuchung aus, während der zweite die transkribierten Interviewtexte enthält.

Bögre und Szabó befragten die Mitglieder verschiedener Frauenorden danach, wie sie den langen Zeitraum von 1950 bis 1989 überstehen und ihre Berufung bewahren konnten. Sie teilten die Nonnen in zwei Gruppen ein: die sog. *„bejahrten Alten"*, die vor 1950 ein Gelöbnis abgelegt hatten, und die sog. *„jungen Alten"*, die nach 1950 zu Nonnen geworden waren. Die Autoren stellten fest, dass unter den Nonnen, die zu den nach 1950 verfolgten Ordensgemeinschaften gehörten, verschiedene Verhaltensformen zu finden waren: Sie hatten entweder die Möglichkeit, mit den zivilen Behörden zu kooperieren und über die anderen Ordensmitglieder Meldungen zu machen, oder sie konnten gegen die kommunistische Macht aufbegehren und mussten sich folglich mit ziviler Arbeit zurechtfinden.[37] Die Forscher arbeiteten mit zwei Interviewtypen: Sie führten teils *themenorientierte*, teils *Oral history*-Interviews[38] durch. Bei ersteren steht die Lebensgeschichte der befragten Personen im Mittelpunkt, bei letzteren sind die Ereignisse zur Zeit der Klosterauflösung und danach zentral.[39]

Während diese Forschungen sich mit dem Problem der Aufbewahrung von Berufungen nach der Klosterauflösung beschäftigen, geht das Buch von Franciska Berkecz von 1995 der Frage nach der Herausbildung von Berufungen nach.[40] Die Autorin interviewte Nonnen, die verschiedenen Orden angehörten, deren Alter zwischen 24 und 75 Jahren lag und die sich aufgrund unterschiedlicher Lebensumstände dazu entschlossen, in eine Ordensgemein-

34 Der Orden des hl. Basilius (weder die Basilianer noch die Basilianerinnen) befindet sich nicht in dieser Liste. (Bemerkung der Autorin)

35 Mehr darüber unter dem Punkt 4.2.

36 Bögre Zsuzsanna/Szabó Csaba: Törésvonalak. Apácasorsok a kommunizmusban. Budapest 2010.

37 Bögre/Szabó: Apácasorsok, S. 23–40.

38 Zsuzsanna Bögre und Csaba Szabó haben die von ihnen gemachten Interviewtypen mit diesen Begriffen definiert. Bögre/Szabó: Apácasorsok, S. 70.

39 Bögre/Szabó: Apácasorsok, S. 45–86.

40 Berkecz Franciska SSS: A bölcsesség kezdete. Szerzetesi életutak elemzése mélyinterjúk segítségével. Budapest 1995.

schaft einzutreten. Berkecz lotete diese Lebensgeschichten durch Tiefeninterviews aus und analysierte diese nach der Lebensverlauf- und Lebensthema-Theorie von János Csirszka.[41]

Obwohl die oben vorgeführten Erforschungen die Lebensgeschichten von Ordensmitgliedern aus soziologischer und psychologischer Sicht analysieren, konnte ich sie bei meiner ethnologischen Untersuchung verwenden und in meine Methoden einbauen.

Volkskundliche Methoden zu einem kirchengeschichtlichen Thema

Die Themen- und Methodenwahl

Nach der Durchsicht der Veröffentlichungen über die Geschichte des Ordens des hl. Basilius, kann man feststellen, dass in den entsprechenden Büchern und Aufsätzen nie der Zeitraum von 1950 bis 1989 behandelt wurde. Außerdem wurden im Laufe der Zeit verschiedene Berichte, Erinnerungen, Tagebücher und Interviews von Mönchen und Nonnen aus verschiedenen Ordensgemeinschaften publiziert,[42] nie jedoch die Basilianer und Basilianerinnen, die in Máriapócs lebten, befragt wurden. Im Buch von Károly Hetényi Varga wurde allein die Geschichte der Mönche zusammengefasst, die zwischen 1938 und 1988 im Gefängnis saßen.[43]

Der Orden des hl. Basilius hatte im Laufe der Jahrhunderte nicht nur großen Einfluss auf die Entwicklung der Weihestätte von Máriapócs, sondern auch auf das religiöse Leben der Griechisch-Katholiken in Ungarn. In der Geschichte der Basilianer und Basilianerinnen von Pócs gibt es mehrere zur Zeit noch kaum erforschte Zeiträume (neben der kommunistischen Zeit ist z. B. auch die Zwischenkriegszeit noch unerforscht) und die geplante Arbeit soll diese „Lücken" füllen.

41 Bei dieser Untersuchung wurden fünf Phasen unterschieden: 1. Die erste Merkmale der Berufung, 2. Die Latenzperiode: die Reifung der Berufung, 3. Die Entscheidung neben der Berufung, 4. Selbstentfaltung und Krisen, 5. Die Erneuerung in der mönchischen Berufung vgl. Csirszka János: Az emberi személyiség pszichológiai vázlata, Budapest 1993.

42 Z. B.: Tímár Ágnes: Hivatás és küldetés, Budapest 2011; Szociális Missziótársulat nővérei: Ostromnapló, Budapest 2014; Kahler Frigyes: A nagy tűzvörös sárkány torkában, Budapest 2009; Papp Tamás (Hrsg.): Őrizték a tüzet, Budapest 2010; Tímár Ágnes: Mónika naplója, Budapest 1990; Rózsásné Kubányi Andrea: Szerzetesek életútja a szétszóratástól napjainkig, Budapest 2014.

43 Hetényi Varga: Szerzetesek, S. 21–51.; Ein späteres Buch mit ausführlicheren Beschreibungen über einige dieser Ordensleute: Bendász Dániel/Bendász István (Hrsg.): Helytállás és tanúságtétel. A Munkácsi Görög Katolikus Egyházmegye hitvalló és meghurcolt papjai Budapest 2014. Die Autoren vermitteln die Geschichte einer Basilianerin namens Mária Teofilia Manajló auch (S. 480–485).

Zur Zeit der Klosteraufhebung bestand der Orden aus 14 Priestern, 19 Seminaristen und sechs Patres, die auf drei Ordenshäuser aufgeteilt lebten: in Máriapócs, in Kispest und in Hajdúdorog. Zwei Priester gingen in den Ruhestand, zehn Personen blieben im Bereich der Diözese, zwei weitere waren außerhalb der Diözese. Die alten Basilianer wurden nach Bodrogkeresztúr und nach Tihany gebracht und verstarben dort. Ein Teil der Mönche bekam eine pastorale Arbeit zugewiesen, der andere Teil versuchte sich an einer zivilen Arbeit. Die sieben Novizen ließ der damalige Bischof zunächst im 1950 gegründeten Seminar studieren, aber die kommunistischen Machthaber verboten es ihnen. Es gelang nur dreien von ihnen, in die USA zu flüchten, um dort Priester zu werden. Sie kauften eine Farm in Matawan in New Jersey und gründeten dort eine neue Gemeinde.[44]

Die Gemeinschaft der Basilianerinnen bestand aus 24 Schwestern mit ewigem Gelübde und vier Novizinnen.[45] Einige von ihnen bekamen im Priesterseminar verschiedene Aufgaben zugeteilt: Sie arbeiteten in einem Büro oder kochten für die Seminaristen.[46] Andere Nonnen wiederum arbeiteten als Kantorinnen oder Kirchendienerinnen in verschiedenen Kirchengemeinden, sie nähten liturgische Kleidungen, waren als „Handwerkerinnen" tätig. Einige der Basilianerinnen fanden eine Anstellung in Unternehmen.

Ich untersuche die Lebensgeschichte der Ordensmitglieder in mehreren Gruppen und spreche die folgenden Themenkreise an:

1. *die Geschichte der Basilianer* – die Priester und die Patres, die Novizen, die in Ungarn blieben sowie die Novizen, die in die USA flüchteten
2. *die Geschichte der Basilianerinnen*[47]
3. *die Erinnerungen solcher Personen, die als griechisch-katholische Priester oder als Seminaristen die Auflösung der Klöster des Ordens des hl. Basilius in Máriapócs erlebten*
4. *die Erinnerungen der Mitglieder der Glaubensgemeinde von Máriapócs*

44 Véghseő Dániel: Szubjektív visszaemlékezés, in: Ivancsó István (Hrsg.): „Egy szájjal és egy szívvel" A Szent Atanáz Görögkatolikus Hittudományi Főiskola Jubileumi Emlékkönyve (1950–2000), Nyíregyháza 2000, S. 71.

45 Vatamány/Szemerszki: Interjú, S. 1.

46 Véghseő: Szubjektív, S. 76.

47 Wenn eine/r von ihnen bereits verstorben ist, interviewe ich ihre/seine Verwandten, denen sie/er von diesem Zeitraum erzählt hat.

Hubert Knoblauch bezeichnet die qualitative Religionsforschung als Religionsethnographie, die aus einer Mischung verschiedener Methoden besteht. Die Ethnographie verwendet neben Beobachtungen auch Fragebögen, Dokumente, audiovisuelle Aufzeichnungen, Photographien, Kunstwerke und Briefe. Ethnographie ist ein umfassendes qualitatives Forschungsunternehmen, das die einzelnen Methoden nicht isoliert darstellt, sondern sie mit anderen Methoden kombiniert.[48]

Knoblauch stellte eine Anleitung zur qualitativen empirischen Forschung zusammen, die einen breiten Überblick über diese Untersuchungen bietet:

„Wenn ich dafür den Begriff der Religionsforschung verwende, dann möchte ich darauf hinweisen, dass es sich hier sowohl um religionswissenschaftliche wie um religionssoziologische Untersuchungen handeln kann. Im Grunde zählen dazu alle im weiteren Sinne sozialwissenschaftlichen Methoden, die sich zur Erforschung der Religion eignen. Dazu werden auch die Untersuchungen aus dem volkskundlichen Bereich und der europäischen Ethnologie gezählt. [...] Sofern die Ethnologie die hiesigen Gesellschaften und ihre religiösen Phänomene erforscht, zählen auch die in dieser Disziplin durchgeführten Arbeiten selbstverständlich zur Religionsforschung ‚in unserer eigenen Gesellschaft'."[49]

Der Kern der Ethnographie liegt in der Erhebung von Daten, zu denen Berichte über die eigenen subjektiven Erfahrungen ebenso zählen wie Daten, die in der Interaktion mit anderen im Feld gewonnen werden. Die Forscher erlangen die Informationen dadurch, dass sie mit den Untersuchten in einer Interaktion stehen, was das zentrale Merkmal der Ethnographie ist.[50]

Obwohl im Zentrum der Ethnographie die teilnehmende Beobachtung steht, kann man sie als multimethodisch bezeichnen, weil sie sehr oft unterschiedliche Erhebungsmethoden einsetzt, was ihr einen riesigen Vorteil sichert: Aufgrund der verschiedenen Methoden der Datenerhebung kann ein Gegenstand aus verschiedenen Blickwinkeln betrachtet werden.[51] Bei einer ethnologischen Forschung werden verschiedene Arten von Daten gesammelt, wie Feldprotokolle, Notizen, Selbstanalysen, Tonbandaufnahmen, Interviews, Dokumente, Abbildungen usw., und dieser Prozess setzt sich mit ihrer Lagerung und Wiederaufbereitung durch unterschiedliche Aktivitäten des

48 Hubert Knoblauch: Grundlagen der qualitativen Religionsforschung. Bemerkungen zur Ethnographie der Religion in der eigenen Gesellschaft, in: Theologische Literaturzeitung 131. Jahrg. Heft 9(2006), S. 972.

49 Hubert Knoblauch: Qualitative Religionsforschung. Religionsethnographie in der eigenen Gesellschaft. Paderborn 2003, S. 9.

50 Knoblauch: Religionsforschung, S. 56.

51 Der Nachteil dieser Methodenwahl besteht darin, dass sie die Vergleichbarkeit von Aussagen (z. B. wenn man Interviews und Beobachtungen vergleichen muss) stark beeinträchtigt. Ebd.

Beobachtens und Schreibens, des Fragens und Transkribierens, des Suchens und Sammelns fort.[52]

Die Wahl eines bestimmten Erfahrungsverfahrens hat gewichtige Folgen dafür, was man als Gegenstand der Untersuchung ansehen darf. Die Ethnographie kann unterschiedliche Fokusse aufweisen: Mit der Wahl bestimmter Datensorten, Analysemethoden und Fragestellungen entscheidet man sich dafür, wie breit oder mikroskopisch der Gegenstand behandelt wird.[53]

Meine Forschung, in deren Rahmen ich einen Teil der Geschichte des Ordens des hl. Basilius untersuche, basiert größtenteils auf den Daten, die ich durch die Interviews bekomme. Ich ergänze diese mit weiteren Daten und Informationen, die ich mithilfe anderer Methoden sammele.

Die Interviews

Die interviewartigen Gespräche mit den Ordensmitgliedern sind Teil jener teilnehmenden Beobachtung, die als Methode in der Ethnologie Anwendung findet. In der Sozialforschung gibt es mehrere Interviewformen, die nach dem Medium sortiert die folgenden sind: Telefoninterviews, schriftliche Fragebögen (in Interviewform) und mündlich geführte Interviews. Wenn wir die innere Form berücksichtigen, können wir zwischen strukturierten Interviews (mit fest formulierten Fragen), Leitfadeninterviews (sie geben eine Reihe von Themen vor, die im Laufe des Gesprächs behandelt werden sollten) und unstrukturierten Interviews (wie eine alltägliche Gesprächsführung) unterscheiden.[54]

Für die Ethnographie wurde ein besonderer Interviewtyp entwickelt, dessen Zweck es ist, den Sinn von Handlungen und Ereignissen zu verstehen. Deswegen kann er in der Religionsethnographie von besonderem Nutzen sein. Das *ethnographische Interview* kann so charakterisiert werden wie eine freundliche Unterhaltung, in die man immer neue Elemente einführt, um den Interviewten zu veranlassen, die Inhalte um neue Informationen zu erweitern, neue Daten mitzuteilen.[55] Technisch betrachtet handelt es sich hier um ein halbstandardisiertes Interview, in dem Fragen dreier Strukturierungsgrade

52 Knoblauch: Religionsforschung, S. 60.

53 Knoblauch: Religionsforschung, S. 60–68.

54 Brigitta Schmidt-Lauber: Das qualitative Interview oder: Die Kunst des Reden-Lassens, in: Silke Göttsch-Albrecht Lehmann (Hrsg.): Methoden der Volkskunde. Positionen, Quellen, Arbeitsweisen der Europäischen Ethnologie, Berlin 2007, S. 169–188.

55 Vgl. James P. Spradley: The Ethnographic Interview, Fort Worth 1979. Online unter: http://faculty.washington.edu/stevehar/Spradley.pdf (12.9.2019).

gestellt werden: 1. Fragen, die von vornherein festgelegt werden, 2. Fragen mit offenem Ausgang, 3. nicht festgelegte Fragen, die spontan gestellt werden.[56]

Diesem Typ gegenüber verfolgt das *narrative Interview* eine ganz andere Ordnung, bei dem es um die zeitliche Abfolge von Ereignissen geht. Es wurde entwickelt, um die Bedeutung von Geschichten zu erfassen. Die Narration eröffnet einen guten Zugang zum Sinn der Erfahrung für die betreffende Person, was für die Religion und für die Ethnographie eine große Rolle spielt. Hier wird vor allem mit persönlichen Dokumenten gearbeitet. Bei religiösen Erfahrungen handelt es sich um subjektive Vorkommnisse, die als Geschichte erzählt werden. Dieser Interviewtyp zielt speziell auf die Rekonstruktion der subjektiven Perspektive zu einem Thema ab und ist dafür geeignet, problematische, umstrittene oder tabuisierte Themen zu behandeln. Es hilft dabei, die historische Entwicklung von Kontexten und ihre subjektive Ausprägung zu erforschen. Für die Erforschung von Religion ist das *biographische Interview* neben dem narrativen Typ von ganz zentralem Interesse. In ethnographischen Arbeiten mit einer gewissen historischen Ausrichtung können auch Interviews geführt werden, in denen Biographien erzählt werden.[57]

Wie bereits erwähnt basiert meine Untersuchung hauptsächlich auf Interviews. Als ich mit dieser Forschung begonnen habe, lebten noch zwei Mönche (Pater Bazil Rakaczky und Pater József Erdei) im Kloster von Pócs, die die Zeit der Klosterauflösung miterlebt hatten.[58] Nach 1956 flüchteten die beiden in die USA, gründeten eine neue Gemeinde in New Jersey und kehrten in den Jahren 2010 und 2018 nach Ungarn zurück. Es gibt ebenso zwei Nonnen (Schwester Ágota Imre und Schwester Bazília Keresztes), die nach 1950 ohne Ordenshaus im zivilen Leben zurechtkommen mussten.[59] Sie legten ihr ewiges Gelübde zur Zeit der Illegalität des Ordens ab.

Zur Vorbereitung auf die Interviews waren mir die schon früher publizierten persönlichen Erinnerungen und Interviews der Nonnen und anderer Ordensmitglieder eine große Hilfe, da ich mir so ein erstes Bild von ihrer Geschichte machen konnte.[60] Im ersten Teil der Untersuchung beschäftigte ich mich mit der Geschichte der Basilianer und interviewte die zwei Mönche: Mit Pater Rakaczky konnte ich wegen seiner Krankheit nur ein einzelnes Inter-

56 Knoblauch: Religionsforschung, S. 115–122.

57 Knoblauch: Religionsforschung, S. 115–134.

58 Der Orden besteht heutzutage insgesamt aus drei Personen, von denen zwei Basilianer im Kloster von Máriapócs leben. Pater Bazil Rakaczky ist 2019 verstorben, er war 88 Jahre alt.

59 Die dritte Basilianerin, Márta Morvai ist 2018 verstorben, sie war 96 Jahre alt.

60 Diese wurden in der Zeitung des dritten Ordens Bazilita Harmadrendi Értesítő veröffentlicht und in den griechisch-katholischen Zeitungen Görögkatolikus Szemlélet und Görögkatolikus Szemle, z. B. das Interview von Márta Vatamány und Terézia Szemerszki mit Schwester Ágota oder das Interview von András Király mit Schwester Márta.

view führen, mit Pater Erdei konnte ich aber mehrmals sprechen. Ich zeichnete die Interviews mit dem Diktafon auf und transkribierte sie später.

Meine Interviews gehörten teils dem narrativen, teils dem biographischen Typ an. Mit Blick auf die oben beschriebenen Forschungen von Edit Révay, Zsuzsanna Bögre, Csaba Szabó und Franciska Berkecz stellte ich meine Fragen zusammen. Ihre Untersuchungen dienten mir als Ausgangspunkt und Richtlinie für meine eigene Forschung. Am Ende ihrer Arbeit fügte Révay einen Fragebogen für die Befragung von Mitglieder und NovizInnen von Männer- und Frauenorden und drei Leitfäden bei: einen für die Mitglieder der nicht aufgelösten Orden und zwei andere für die Vorsteher von Orden, deren Funktionsgenehmigung 1950 entzogen worden war und die nach 1989 neu starten konnten, sowie einen für die Vorsteher solcher Gemeinschaften, die nach 1989 in Ungarn gegründet wurden. Für den Leitfaden, der in meiner Forschung zum Einsatz kommt, habe ich mich an Révays erstem Fragebogen orientiert, wobei ich die Fragen nach Themenkreisen in sieben Gruppen aufgeteilt hatte:

I. Informationen über die befragte Person
II. Die Zeit vor der Klosterauflösung
III. Die Jahrzehnte nach der Klosterauflösung
IV. Der Neustart der Orden
V. Die Rekrutierung, der Nachwuchs
VI. Der Empfang in der Gesellschaft
VII. Die organisatorische Strukturierung[61]

(Während Révays Befragung auf die Umstände in den Ordensgemeinschaften abzielte, erforschte Franciska Berkecz die Persönlichkeit von Ordensmitgliedern und zeigte, wie ihre Berufungen entwickelt wurden.)

Der Aufbau meines Leitfadens orientiert sich dabei an meinen Untersuchungen und deckt folgende Themen ab:

I. Die Familie der Befragten
II. Die Berufung – wie lernte er den Orden des hl. Basilius kennen? Warum wollte er in die Gemeinschaft eintreten? usw.
III. Das Leben als Basilianer im Kloster
IV. Das Jahr 1950 – die Klosterauflösung und ihre Vorgeschichte
V. Das Leben ohne Klostergemeinschaft

61 Révay: Újrainduló, S. 124–126.

VI. Die Rückkehr ins Ordenshaus
VII. Die Jahre nach 1989[62]

Zsuzsanna Bögre und Csaba Szabó befragten mehrere Nonnen danach, wie sie den langen Zeitraum zwischen 1950 und 1989 überstehen und ihre Berufung bewahren konnten. Die Interviews sind hierbei in zwei Typen eingeteilt: Die themenorientierten Interviews stellen die Lebensgeschichte der Befragten in den Mittelpunkt, während beim Oral History-Interview die Ereignisse zur Zeit der Klosterauflösung und die Jahre danach im Fokus stehen. Beim ersten Interviewtyp baten die Forscher die Nonnen darum, ihre Lebensgeschichte von ihrer Kindheit an zu erzählen und ließen sie im Folgenden einfach reden. Nur wenn etwas nicht klar war, wurde nachgefragt. Beim anderen Interviewtyp sprachen die Ordensmitglieder darüber, was während und nach der Klosterauflösung passierte. Ich habe diese Methode ebenfalls verwendet: Obwohl ich eine Reihe von Fragen stellte, informierte ich zu Beginn der Interviews die Mönche, worüber ich sprechen wollte. Wenn sie während des Gesprächs auf für mich relevante Punkte nicht eingingen, stellte ich die Frage erneut.

Im Fall der Priester und Seminaristen und der Einwohner von Máriapócs wählte ich die Personen, die ich interviewen wollte, nach dem Schneeballprinzip aus. Ich bat die befragten Personen, mir weitere für meine Forschung relevante Kontaktpersonen zu nennen. Mit ihnen führte ich strukturierte Interviews durch, die diesem Aufbau folgten:

I. Das Leben der Befragten – Familie, Religiosität
II. Das Kennenlernen des Ordens des hl. Basilius
III. Die Rolle der Basilianer und Basilianerinnen in der Siedlung
IV. Máriapócs im Jahr 1950
V. Die Ereignisse der Klosterauflösung – wie haben die Einwohner diese Ereignisse erlebt?
VI. Umgang mit den klosterlosen Ordensmitgliedern
VII. Das Gebäude des ehemaligen Ordenshauses als Krankenhaus
VIII. Die Rückkehr der Mönche und Nonnen

Diese Informationen ergänze ich mit jenen Daten, die ich durch die Analyse von archivalischen Dokumenten und Fotos gewinne.

62 Diesen Leitfaden nutze ich beim Befragen der Basilianer und der Basilianerinnen auch.

Umgang mit den archivalischen Quellen

Historische Quellen werden in der ethnologischen Forschung vielfältig genutzt. Neben den archivalischen Texten gehören dazu die Sachkultur, bildliche Darstellungen, verschiedene gedruckte Quellen wie Zeitschriften, Reisebeschreibungen, literarische Texte usw. Die archivalische Forschung der Ethnologie nutzt v. a. zwei Zugangsweisen: Eine qualitative, die texthermeneutisch arbeitet, und eine quantitative, die auf statistische Verfahrensweisen zurückgreift. Diese Arbeitsweisen sind nicht hermetisch gegeneinander abgegrenzt, sondern können sich je nach Forschungsansatz, Fragestellung und Quellenlage ergänzen.[63]

Der Basilianerorden führt ein kleines Archiv im Kloster von Máriapócs, wo noch heute dank Pater Bertalan Dudás, der zur Zeit der Illegalität der Prior des Ordens war, viele Quellen aufbewahrt werden.[64] Hier gibt es mehrere Quellentypen wie Dokumente über den Bau und die Geschichte der Kirche von Máriapócs und über die Fabrik und die Wirtschaft der Basilianer. Hier befinden sich auch die Nachlässe verschiedener Basilianermönche, wie von Pater Bertalan Dudás, Dénes Regős oder Atanáz Maxim. Die Dokumente wurden von Bertalan Dudás nach Themen gruppiert, mit kurzen Inhaltsbeschreibungen versehen und die lateinischen Texte übersetzt. Er sammelte dazu Veröffentlichungen, in denen es um das Gnadenbild und die Weihestätte von Máriapócs geht.[65]

Mit Blick auf meine Forschung ist das Material aus dem Kloster von Matawan von großer Bedeutung. Nachdem die letzten Mönche – Pater Bazil Rakaczky (1931–2019) und József Erdei (1928–dato) – aus den USA nach Máriapócs zurückkehrten, wurden auch die Einrichtungen des Klosters, die Bücher, Dokumente, Gegenstände, Fotos usw. des Ordens mit Schiffen nach Ungarn zurückgebracht. Die Dokumente und Fotos wurden im Klosterarchiv

63 Silke Göttsch: Archivalische Quellen und die Möglichkeiten ihrer Auswertung, in: Silke Göttsch-Albrecht Lehmann (Hrsg.): Methoden der Volkskunde. Positionen, Quellen, Arbeitsweisen der Europäischen Ethnologie, Berlin 2007, 19–20.

64 Die archivalische Quellen aus dem Kloster wurden von Pater Dudás sichergestellt: Er packte sie in mehrere Koffer und verbarg diese in einem Schrank einer größeren Wohnung. Da die Schriften hier wegen der Mäuse nicht in Sicherheit waren, brachte er die Dokumente nach Nyíregyháza, um einen Teil in einer Kiste im Büro seines Bruders zu lassen. Der andere Teil der Schriften geriet in das bischöfliche Archiv von Nyíregyháza. Später mussten aber Pater Dudás und Pater Pál Bacsóka in einer Nacht die Mehrheit der Dokumente verbrennen, weil die kirchenfeindliche Propaganda diese Dokumente missbräuchlich angewendet hätte.

65 Er hielt den Kontakt mit den ForscherInnen und gab ihnen Hilfe, schrieb aber auch selbst Aufsätze und Bücher über die Geschichte des Gnadenbildes von Máriapócs und der Basilianer. Siehe: Dudás Bertalan: A Szent Bazil rend máriapócsi monostorának levéltára, in: Magyar Egyháztörténeti Vázlatok, 1992, S. 263–267; Dudás Bertalan: A baziliták szerepe a Hajdúdorogi Egyházmegye történetében, in: Timkó Imre (Hrsg.): A Hajdúdorogi Bizánci Katolikus Egyházmegye jubileumi emlékkönyve 1912–1987. Nyíregyháza 1987, S. 103–115; Dudás Bertalan: I. Lipót császár 1701. január 9-én kelt megbízó levele: Egy eredeti okmány a Nagy Szent Bazil Rend levéltárában, in: Ivancsó István (Hrsg.): Máriapócs 1696-Nyíregyháza 1996. Történelmi konferencia a Máriapócsi Istenszülő-ikon első könnyezésének 300. évfordulójára, Nyíregyháza 1996, S. 79–85.

abgelegt, die Bücher gelangten in die Klosterbiliothek und die Gegenstände wurden im Museum ausgestellt.[66]

Die Erforschung der Nachlässe kann ebenfalls sehr fruchtbar sein, da diese neben den Predigten der Basilianer ihre Briefwechsel und die persönlichen Aufzeichnungen und Tagebücher enthalten. Zur Geschichte des Klosters von Máriapócs (bis zum Jahr 1950) können die Tagebücher des Klosters weitere Informationen liefern.

Bei der Bearbeitung dieser Quellen muss man sich vor Augen führen, dass sie Vertextungen sozialer Ereignisse und kultureller Praktiken sind, was erforderlich macht, sie mit der entsprechenden Quellenkritik zu behandeln. Es ist von entscheidender Bedeutung, sich den Zusammenhang, in dem diese Dokumente stehen, zu vergegenwärtigen: Aus welchem Anlass ist die Quelle/das Dokument entstanden? Wer kommt darin in welcher Position zu Wort? Wessen Perspektive setzt sich in der Darstellung durch und was wird pointiert? Diese Distanzierung ist wichtig, weil sie verhindert, dass die Intention des Schreibers in die eigene Interpretation übernommen wird.

Erst eine quellenkritische Einordnung, die die Untersuchung begleitet, ermöglicht eine angemessene Analyse.[67] Die aus schriftlichen Quellen erhaltenen Daten können zusätzlich durch eine Analyse von Fotos ergänzt werden.

Fotos in der Ethnologie

Fotos können für den Ethnologen originäres Ziel seiner Forschung sein oder können auch 'nur' Mittel zum Zweck sein.[68] Man sollte darauf achten, dass eine Fotografie in ihrem bildnerischen Gehalt nicht weniger Qualitäten als eine Zeichnung oder ein Gemälde besitzt. Auch darf die Qualität eines Fotos als Quelle nicht bei dem Wert eines schriftlichen Textes angesiedelt werden.[69]

Innerhalb der ethnologischen Fotorezeption gibt es drei Zugangsvarianten: eine dokumentarische, eine illustrative und eine ethnographische. Eine künstlerische Zugangsform ist in diesem Kontext nicht von Bedeutung.

1. In der *dokumentarischen Variante* gilt die Fotografie als Medium, mit dem sich Menschen und Objekte gleichermaßen realgetreu abbilden lassen.

---

66 Das Museum wurde im Jahre 1993 von Bertalan Dudás gegründet, die Sammlung befindet sich seit 2010 im Kloster. Vgl. Földvári Katalin: A Nagy Szent Bazil Rend Máriapócsi Gyűjteménye, Nyíregyháza 2009.

67 Göttsch: Quellen, S. 24–26.

68 Walter Hartinger: Volkskundlicher Umgang mit Bildquellen, in: Silke Göttsch/Albrecht Lehmann (Hrsg.): Methoden der Volkskunde. Positionen, Quellen, Arbeitsweisen der Europäischen Ethnologie, Berlin 2007, S. 81.

69 Ulrich Hägele: Visual Folklore, in: Silke Göttsch/Albrecht Lehmann (Hrsg.): Methoden der Volkskunde. Positionen, Quellen, Arbeitsweisen der Europäischen Ethnologie, Berlin 2007, S. 327.

Die Fotodokumentation trägt zumeist einen bewahrenden Anspruch, der mit einer Inventarisierung und Archivierung einhergeht. Charakteristisch hierbei ist, dass nicht das Foto im Fokus des Interesses steht, sondern die darauf abgebildeten Personen, die Architektur oder die Gegenstände.

2. Bei der *illustrativen Zugangsform* steht dagegen nicht ein bewahrendes Moment im Vordergrund. Die Fotografien werden als visuelle Zeugnisse stattdessen zumeist mit entsprechenden Texten und Objekten in Zusammenhang gebracht.

3. Der *ethnographische Zugang* konzentriert sich auf das Foto als forschungsleitende Quelle. Dabei sind die quellenkritische Arbeitsweise und die inhaltliche Kontextualisierung entscheidend, die auf historischer, fotogeschichtlicher, privater oder ikonologischer Ebene erfolgen kann. Im Gegensatz zu den anderen Zugängen geht dieser von ethnographischen Themen aus, aber biographische, soziale und gesellschaftliche Fragestellungen sind ebenfalls forschungsrelevant.[70]

Zu meinem Thema kann ich Fotografien aus verschiedenen Quellen sammeln. Im Archiv des Ordens in Máriapócs befindet sich eine Fotosammlung, deren Untersuchung bei der Erforschung der Geschichte des Ordens hilfreich sein kann. Es gibt hier ein Album, das Fotos der wichtigsten Ereignisse und Personen des Ordenshauses von Pócs enthält. Seit der Heimkehr der letzten Basilianer aus den USA wurden ihre Fotosammlungen ebenfalls in das Ordens-Archiv überführt. Der Orden hat im Ordenshaus ein eigenes Museum, das neben der Geschichte der Weihestätte und der Ikone auch historische Fotografien der Mönche präsentiert.

Neben den Fotos im Archiv kann man auch in alten Zeitungen (wie z. B. der Zeitung des Dritten Ordens oder den Zeitungen *Görögkatolikus Szemlélet* und *Szemle*) Fotografien, die Ordensmitglieder abbilden, finden. Mit Hilfe der Fotoanalyse können aus diesen Zeitungsillustrationen wichtige Daten über Personen oder Ereignisse gewonnen werden. Ein schönes Beispiel dafür sind die Fotografien der Basilianerinnen, die im Jahre 1990 nach der Klosterauflösung zum ersten Mal seit langer Zeit ins Ordenshaus zurückkehrten und dann die Ordenstracht anlegten. Dank dieser Bilder wissen wir genau, wer diese Nonnen waren. Später kann man durch Interviews und das Auswerten von schriftlichen Berichten zusätzliche Informationen zu diesen Personen gewinnen. Ich verwende die Fotos also als Quellen.

70 Hägele: Visual Folklore, S. 317–342.

Ethnologisches Forschen im Internet

Zur Geschichte der Basilianer und Basilianerinnen kann man auch mithilfe einer Internet-Recherche Daten sammeln. Die Untersuchung kann deutlich erleichtert werden, wenn man zum Thema Linksammlungen findet. Die Forschungsgruppe der Griechisch-Katholischen Hochschule Hl. Athanasius hat seit 2017 eine Internetseite, die den Interessenten bei Forschungen über die Geschichte der Kirchen mit byzantinischem Ritus hilft.[71] Auf der Seite werden Bücher, Aufsätze, Zeitungen, Kalender, Schematismen, Fotos in verschiedenen Kategorien (wie Geschichte, Liturgie, Buchkultur, Kunst, religiöse Ethnographie und Personen) zur Verfügung gestellt, welche dann noch in mehrere Untergruppen unterteilt sind. Hier kann man unter anderem die Lebensgeschichten von mehreren Basilianern finden. Neben den schriftlichen Texten werden hier auch Dokumentarfilme, Tonmaterialien und Präsentationen angeboten. Der Inhalt der Webseite wird ständig erweitert.

Zur Geschichte des Klosters von Matawan können einige Internetseiten ebenfalls wichtige Daten anbieten. Im sozialen Netzwerk Facebook hatten die in diesem Ordenshaus lebenden Basilianer ein eigenes Profil, in welchem wir die Einträge von Personen lesen können, die das Kloster aufsuchten.[72] Die Basilianer veranstalteten wöchentlich Bingospiele, weshalb ihr Ordenshaus gut besucht war. Es wäre interessant, den Kontakt mit diesen Personen aufzunehmen, um mit ihnen über die Mönche, den Orden, das Kloster usw. Interviews zu führen.

Auf der Seite www.ststephenspassaic.com befinden sich in der Galerie mehrere Fotos über den Alltag der Kirche und der Basilianer in Matawan.[73] Es gibt hier Bilder der unterschiedlichen Veranstaltungen und auch vom Gebäude. Auf einer anderen Webseite hingegen sind nicht nur Fotos von der Kirche zu finden, sondern auch Bilder vom Museum der Basilianer.[74]

Die oben beschriebene Forschung, die mit volkskundlichen Methoden ein kirchengeschichtliches Thema untersucht, zeigt wohl die Vorteile der Vielfältigkeit der Methodenwahl der Ethnographie: Die Daten der Interviews mit der Analyse von archivalischen schriftlichen Quellen und der Bildanalyse zu ergänzen, beleuchtet die Periode von 1950 bis 1989 in der Geschichte des Ordens zusätzlich von vielen weiteren Seiten.

---

71 www.byzantinohungarica.com

72 https://www.facebook.com/pages/Basilian-Fathers-of-Mariapoch/119255541422733

73 http://www.ststephenspassaic.com/galeria/evnelkul/matawan/album/

74 http://www.gimagine.com/gimagine/Passaic/2005/2005-08-28-Csorba_Domonkos/default.htm

Literaturverzeichnis

Monographien

Bendász, Dániel/Bendász, István (Hrsg.): Helytállás és tanúságtétel. A Munkácsi Görög Katolikus Egyházmegye hitvalló és meghurcolt papjai, Budapest 2014.

Berkecz, Franciska SSS: A bölcsesség kezdete. Szerzetesi életutak elemzése mélyinterjúk segítségével, Budapest 1995.

Betz, Jutta/Imfeld, Karl/Ivancsó István: Das Gnadenbild von Máriapócs, Wien 1997.

Bögre, Zsuzsanna/Szabó, Csaba: Törésvonalak. Apácasorsok a kommunizmusban, Budapest 2010.

Csirszka, János: Az emberi személyiség pszichológiai vázlata, Budapest 1993.

Dudás, Bertalan/Legeza, László/Szacsvay, Péter: Baziliták, Budapest 1993.

Földvári, Katalin: A Nagy Szent Bazil Rend Máriapócsi Gyűjteménye, Nyíregyháza 2009.

Gergely, Jenő: Az 1950-es egyezmény és a szerzetesrendek felszámolása Magyarországon, Budapest 1990.

Gergely, Jenő: A szerzetesrendek feloszlatása Magyarországon, Budapest 1990.

Hetényi Varga, Károly: Szerzetesek a horogkereszt és a vörös csillag árnyékában I. Üldözött baziliták, bencések, ciszterciek, domonkosok, ferencesek és irgalmas rendiek szenvedéstörténete, Budapest 2000.

Kahler, Frigyes: A nagy tűzvörös sárkány torkában, Budapest 2009.

Keresztes, Sarolta Bazilia OSBM: Szerzetességünkről, Máriapócs 1996.

Keresztes, Sarolta Bazilia: Bizánci szerzetesség Magyarországon, különös tekintettel a bizánci rítusú szerzetesnővérekre, a kezdetektől napjainkig, Veszprém 2007.

Knoblauch, Hubert: Qualitative Religionsforschung. Religionsethnographie in der eigenen Gesellschaft, Paderborn 2003.

Papp, Tamás (Hrsg.): Őrizték a tüzet, Budapest 2010.

Révay, Edit: Újrainduló szerzetesrendek, Budapest – Csíkszereda 2003.

Rózsásné Kubányi, Andrea: Szerzetesek életútja a szétszóratástól napjainkig, Budapest 2014.

Skinta, Stephen J.: The Shrine of Our Weeping Mother of Máriapócs and the Mission of the Basilian Fathers of Máriapocs, New York 1973.

Szociális Missziótársulat nővérei: Ostromnapló, Budapest 2014.

Tímár, Ágnes: Mónika naplója, Budapest 1990.

Tímár, Ágnes: Hivatás és küldetés, Budapest 2011.

Zeinar, Hubert: Wallfahrtsort Wien. Die Wiener Wallfahrtskirchen, Wien 2003.

Aufsätze

[Anon.]: Felvétel a bazilissza nővérekhez, in: Görögkatolikus Élet, Jänner 1937, S. 10–11.

Dudás, Bertalan: A Szent Bazil rend máriapócsi monostorának levéltára, in: Magyar Egyháztörténeti Vázlatok, 1992, S. 263–267.

Dudás, Bertalan: I. Lipót császár 1701. január 9-én kelt megbízó levele: Egy eredeti okmány a Nagy Szent Bazil Rend levéltárában, in: Ivancsó István (Hrsg.): Máriapócs 1696–Nyíregyháza 1996. Történelmi konferencia a Máriapócsi Istenszülő-ikon első könnyezésének 300. évfordulójára, Nyíregyháza 1996, S. 79–85.

Dudás, Bertalan: A baziliták szerepe a Hajdúdorogi Egyházmegye történetében, in: Timkó Imre (Hrsg.): A Hajdúdorogi Bizánci Katolikus Egyházmegye Jubileumi Emlékkönyve 1912–1987, Nyíregyháza 1987, S. 106–110.

Dudás, Bertalan: Emlékeim a kommunista diktatúra 1950. június 10-én Máriapócsra deportált szerzeteseiről, in: Görögkatolikus Szemle Kalendáriuma, Nyíregyháza 2007, S. 104–106.

Dudás, Miklós: Bazilisszák, in: Keleti Egyház, V. Jahrg. 2–3. 1938, S. 64–73.

Földvári, Katalin: Baziliták a diktatúrában: Túlélési stratégiák 1950–1989 között, in: Kührner Éva (Hrsg.): Bessenyei Almanach: A Bessenyei Társaság Évkönyve, Nyíregyháza 2018, S. 23–40.

Földvári, Katalin: Fraternität und Macht. Die Geschichte des Ordens des hl. Basilius in Máriapócs 1950–1989, in: Bärsch, Jürgen/Scheidgen, Hermann-Josef (Hrsg.): Historia est magistra vitae: Gesammelte wissenschaftliche Beitrage und „Trümmer". Festgabe zum 70. Geburtstag von Reimund Haas, Köln 2019, S. 170–193.

GE: Az első gör. kath. apácaavatás, in: Keleti Egyház V. Jahrg. 7–8, 1938 Sept–Okt, S. 211.

Göttsch, Silke: Archivalische Quellen und die Möglichkeiten ihrer Auswertung, in: Göttsch, Silke/Lehmann, Albrecht (Hrsg.): Methoden der Volkskunde. Positionen, Quellen, Arbeitsweisen der Europäischen Ethnologie, Berlin 2007, S. 15–33.

Hägele, Ulrich: Visual Folklore, in: Göttsch, Silke/Lehmann, Albrecht (Hrsg.): Methoden der Volkskunde. Positionen, Quellen, Arbeitsweisen der Europäischen Ethnologie, Berlin 2007, S. 317–342.

Hartinger, Walter: Volkskundlicher Umgang mit Bildquellen. in: Göttsch, Silke/ Lehmann, Albrecht (Hrsg.): Methoden der Volkskunde. Positionen, Quellen, Arbeitsweisen der Europäischen Ethnologie, Berlin 2007, S. 79–110.

Karczub, Magdolna: Szent Bazil rendi nővérek, in: Görögkatolikus Tudósító, 1990. 1. Jahrg. 4, S. 4.

Knoblauch, Hubert: Grundlagen der qualitativen Religionsforschung. Bemerkungen zur Ethnographie der Religion in der eigenen Gesellschaft, in: Theologische Literaturzeitung 131. Jahrg. Heft 9 (2006), S. 968–979.

„Közös örökségünk" Németh Péter interjúja, in: Szabolcs-Szatmári Szemle 90/4. XXV. Jahrg. 4. Nyíregyháza 1990, S. 407–428.

Révay, Edit: Az újrainduló szerzetesrendekről, in: Vigília 62. Jahrg. 9 (1997), S. 674–680.

Schmidt-Lauber, Brigitta: Das qualitative Interview oder: Die Kunst des Reden-Lassens, in: Göttsch, Silke/Lehmann, Albrecht (Hrsg.): Methoden der Volkskunde. Positionen, Quellen, Arbeitsweisen der Europäischen Ethnologie, Berlin 2007, S. 169–188.

Török, István Izsák: Máriapócs és a baziliták a 20. században, in: Ivancsó, István (Hrsg.): „Téged jöttünk köszönteni" Máriapócs, 2005. november 21–22. A máriapócsi kegykép harmadik könnyezésének centenáriuma alkalmából rendezett nemzetközi konferencia anyaga, Nyíregyháza 2005, S. 195–203.

Udvari, István: Adatok a máriapócsi iskolákról, in: Udvari, István (Hrsg.): Ruszinok a XVIII. században: történelmi és művelődéstörténeti tanulmányok. Heft 9. Nyíregyháza 1994, S. 134–143.

Vatamány Márta és Szemerszki Terézia interjúja Ágota nővérrel, in: Bazilita harmadrendi Értesítő, 1995. Dezember, S. 1.

Véghseő, Dániel: Szubjektív visszaemlékezés, in: Ivancsó, István (Hrsg.): „Egy szájjal és egy szívvel" A Szent Atanáz Görögkatolikus Hittudományi Főiskola Jubileumi Emlékkönyve (1950–2000), Nyíregyháza 2000, S. 65–91.

Web-Dokumente

[Anon.] Ötven éve oszlatták fel a szerzetesrendeket. Új Ember (2000), online unter: https://archiv.katolikus.hu/ujember/Archivum/000917/0401.html (20.11.2019).

Spradley, James P.: The Ethnographic Interview, Fort Worth 1979, online unter: http://faculty.washington.edu/stevehar/Spradley.pdf (12.9.2019).

Hinter den Kulissen.

Versuch einer historischen Bilanzforschung der österreichischen Filmbranche anhand der (Tobis) Sascha AG als Fallstudie, 1919–1938.

Tomaž Mesarič

Abstract

Der Artikel gliedert sich in die Finanz- und die aktuelle österreichische Filmgeschichtsschreibung ein. Anhand der vorhandenen Jahresabschlussdaten des Compass Finanzielles Jahrbuch *(Jahrgänge von 1920 bis 1938) soll ermittelt werden, wie sich die österreichische Filmbranche der Zwischenkriegszeit, anhand der (Tobis)Sascha AG als Fallstudie, finanziert hatte. Die Betriebswirtschaftslehre (BWL) dient als theoretischer Rahmen, besonders ihre Ausführungen über die Unternehmensfinanzierung. Weiter werden die Bilanzkategorien (Schulden- und Vermögensposten) und deren Variablen mit der deskriptiven Statistik analysiert, um so die Kapitalstruktur und den Liquiditätsgrad herauszufinden und interpretieren zu können. Der Beitrag beginnt mit einem kurzen Überblick über die Entstehungsgeschichte des Rechnungswesens. Nach dem Beschreiben des Forschungsstandes der Kliometrie und Filmgeschichte, werden die Methode und Quelle erläutert. Nach diesen wird ein Blick hinter die Kulissen gewagt und, wo die Daten es erlauben, wird auch die Finanzierungstätigkeit der Aktiengesellschaften näher beschrieben. Demzufolge strebt dieser Beitrag folgende Ziele an: 1.) Das Schreiben einer Bilanzgeschichte (Accounting History), die im Vergleich mit der angelsächsischen Geschichtsschreibung im ostmitteleuropäischen Raum weniger präsent ist, 2.) Die Filmunternehmungen durch Bilanzen als Quellen besser verstehen zu können, und 3.) Demnach auch einen Beitrag zur aktuellen österreichischen Filmgeschichtsschreibung zu leisten.*

SCHLAGWÖRTER

Zwischenkriegszeit, Filmbranche, (Tobis)Sascha AG, Bilanzgeschichte, Finanzierung

Einleitung

Die Entstehung des Rechnungswesens mit der doppelten Buchhaltung (Buchführung) als Kernelement und der Bilanz (Bilanzierung) als Übersicht der Gläubiger- und Schuldnerpositionen kann ins 15. und 16. Jahrhundert innerhalb der italienischen Handelstäten wie Venedig, Genua, Padua und Pisa zurückverfolgt werden.[1] Insbesondere der Fernhandel verlangte ein ausgebautes Geldwesen, Finanzierungsinstrumente, wie Wechsel und Risikoverteilungen sowie Versicherungen.[2] Ihre Dokumentation und Abrechnung erforderte parallel dazu die Weiterentwicklung des Rechnungswesens. Stammend aus Venedig schrieb der Franziskaner Luca Pacioli (1445–1514) das erste Handbuch über die doppelte Buchführung und obwohl er nicht die ganze Arbeit der Bilanzierung gewidmet hatte, findet sich die in seiner *Summa de Arithemitca, Geometria, Proportioni et Proportionalita* (Venedig 1494) im ersten Teil unter Sektion 9 wieder. Besonders dem Gleichgewicht zwischen Ein- und Ausgaben widmete er nachdrückliche Aufmerksamkeit, welches noch heute als Grundlage jeder Bilanz zu verstehen ist.[3] Diese Idee verbreitete sich auf dem Kontinent weiter und etablierte sich im Mitteleuropa des 18. Jahrhunderts im Rahmen der Kameralistik.[4] Das österreichische Handelsgesetzbuch vom 17. Dezember 1862 (HGB) bestimmte nach § 28, dass „jeder Kaufmann verpflichtet ist, Bücher zu führen, aus welchen seine Handelsgeschäfte und die Lage seines Vermögens vollständig zu ersehen sind (...)“[5] und nach § 29 „jeder Kaufmann bei dem Beginn seines Gewerbes seine Forderungen, Schulden, Grundstücke und den Betrag seines baren Geldes und andere Vermögensstücke genau zu verzeichnen hat (...).“[6] Weiter waren unter § 486.a des Strafgesetzbuches die gesetzlichen Verpflichtungen und die Sanktionen für die wiederrechtliche Buchführung aufgeschrieben worden.[7]

1 Thomas Hermann: Luca Pacioli im Lichte von Betriebswirtschaftslehre und Economia Aziendale, in: Wenzel Matiaska/Wolfgang Weber (Hrsg.): Ideengeschichte der BWL. ABWL, Organisation, Personal, Rechnungswesen und Steuern, Wiesbaden 2018, S. 85–131, hier S. 87–88.

2 Niall Ferguson: The Ascent of Money. A Financial History of the World, New York/London 2008, S. 180.

3 Hans Derks: Religion, Capitalism and the Rise of Double-Entry Bookkeeping, in: Accounting, Business & Financial History 18/2 (2008), S. 187–213, hier S. 199. Sehe weiter auch Richard Mattesich: The Beginnings of Accounting and Accounting Thought. Accounting Practice in the Middle East (8.000 B.C. to 2.000 B.C.) and Accounting Thought in India (300 B.C. and the Middle Ages), New York/London 2000.

4 Peter G. M. Dickson: Count Karl von Zinzensdorf´s „New Accountancy “. The Structure of Austrian Government Finance in Peace and War, 1781–1791, in: International History Review 29/1 (2007), S. 22–57. Vgl. mit Jochen Drukarczyk/Sebastian Lobe: Finanzierung, Konstanz/München 2015, S. 58–59.

5 Allgemeines Handelsgesetzbuch eingeführt durch das Gesetz vom 17. Dezember 1862. 4. Titel: Von den Handelsbüchern, S. 41.

6 Allgemeines Handelsgesetzbuch eingeführt durch das Gesetz vom 17. Dezember 1862, 4. Titel. Von den Handelsbüchern, S. 42.

7 Ernst Deutsch/Karl Radda/Franz Jobst (Hrsg.): Einführung in die doppelte Buchhaltung und Bilanz, Wien 1935, S. 5–6.

Die Bestrebungen nach internationaler Standardisierung des Rechnungs- bzw. Revisionswesens; Treuhandwesen, wie es auch genannt worden war, manifestierte sich nach dem Ersten Weltkrieg (1914–1918) im Jahre 1926 mit dem s. g. Internationalen Accounting Kongress in Amsterdam, wobei das angestrebte mit der Finanzkrise 1929 und der Großen Depression in den 1930er Jahren zum Stillstand gelangte.[8] Erst nach dem Zweiten Weltkrieg (1939–1945) kam es Anfang der 1970er Jahren schließlich zur Standardisierung der Buchführung durch die International Financial Reporting Standards (IFRS) und trotz gewissen Abweichungen durch nationale Handelsgesetzgebungen sind dies im Allgemeinen anerkannte Rechnungslegungsvorschriften, die vom International Accounting Standards Committee (IASC gegr. 1973) herausgegeben werden und sollen somit die Aufstellung international vergleichbarer Jahres- und Konzernabschlüsse regeln.[9] Damit entstanden bis dato die s. g. Bilanzierungsgrundsätze, die sich in jeder entwickelten Ökonomie in den Gesetzgebungen und Wirtschafts-Usancen wiederfinden.[10]

Geschichte ist in der Tat immer eine Disziplin der Synthese. Das sollte auch der Fall für die Kliometrie sein, in welche sich dieser Beitrag in seiner Methode eingliedert und ist, arbeitend ohne ökonometrischer Modellen, im Sinne der Deutschen Historischen Schulle zu lessen.[11] Hierbei werden Bilanzkategorien aus der Passiva- und Aktivaseite, die den Vermögensstand des Unternehmens in Geldeinheiten ausgedrückt wiedergeben, analysiert. Die Mittelherkunft auf der rechten Seite ist überwiegend in zwei Kategorien aufgeteilt: in das Eigen- und Fremdkapital und wird auch als Schuldenposten bezeichnet. Aus diesen Kategorien wird mit deskriptiver Statistik als Methode auf die folgende Fragestellung beantwortet: Wie finanzierte sich die Filmbranche im Österreich der Zwischenkriegszeit andhand der Sascha(Tobis) AG als Flasstudie? Das folgende Kapitel beschreibt den Forschungsstand der historischen Rechnungswesensforschung im Mitteleuropa, gefolgt durch das dritte Kapitel, das die Quellen und die benützte Methode erläutert. Das vierte Kapitel diskutiert die empirischen Ergebnisse und das fünfte schließt ab und deutet weiter auf die offenen

8 Das System, 1927, Nr. 4, S. 214. Vgl. mit Ute Pothmann: Wirtschaftsprüfer zwischen betriebswirtschaftlicher Theorie und prüferischer Praxis – eina Fallstudie zur Bilanzprüfung nach der Bankenkrise 1931, in: Jahrbuch für Wirtschaftsgeschichte/Economic History Yearbook 48/1 (2007), S. 161–180, hier S. 163–166, und Uwe Rolf Fülbier/Malte Klein: Balancing Past and Present: The Impact of Accounting Internationalization on German Accounting Regulations, in: Accounting History 20/3 (2015), S. 342–374, hier S. 351.

9 Kees Camfferman/Stephen A. Zeff: Financial Reporting and Global Capital Markets. A History of the International Accounting Standards Committee, 1973–2000, Oxford 2006, S. 37–43.

10 Camfferman/ Zeff: Financial Reporting, S. 44.

11 Claude Diebolt/ Michael Haupert (Hrsg.): Handbook of Cliometrics. Heidelberg/New York/London 2016, v-xiv, hier ix-x.

Möglichkeiten der historischen Bilanzforschung im heutigen Ostmitteleuropa. Dieser Beitrag versucht demnach die wissenschaftliche Lücke der österreichischen Geschichtsfilmforschung im Rahmen der Kliometrie zu schließen und trägt zugleich zur Rechnungswesensgeschichte im mitteleuropäischen Raum bei.

Forschungsstand

Die Entstehungsgeschichte der historischen Rechnungswesensforschung lässt sich parallel mit der Entwicklung der IFRS und des IASC beobachten.[12] Alles in allem begann es in den Vereinigten Staaten mit der Gründung des historischen Komitees innerhalb der American Accounting Association (AAA gegr. 1970) und mit der Gründung der Academy of Accounting Historians.[13] Dieser Trend breitete sich nach Europa aus, wo in Frankreich in der zweiten Hälfte der 1970er Jahre das Nationale Institut für Rechnungswesenshistoriker begründet worden war. Später folgten diesem Beispiel noch Italien (1987), Spanien (1992) und Portugal (1996). Neben den Vereinigten Staaten und Teilen Europas etablierte sich diese Art der Geschichtsschreibung auch in Japan (1981) und China (1983).[14] Im Allgemeinen lässt sich ein wachsender Bestand an Fachliteratur beobachten, der früher und zum Teil noch immer von angelsächsischen HistorikerInnen (insbesondere aus den Verneigten Staaten, Großbritannien, Australien, Neuseeland und Kanada) dominiert ist, wobei in jüngerer Zeit auch ein Interesse im deutschsprachigen Raum und den Ländern (Ost)Mitteleuropas verzeichnet werden kann.[15] Anfangs

12 Camfferman/Zeff, Financial Reporting, 55.

13 Klaus Brockhoff: Betriebswirtschaftslehre in Wissenschaft und Geschichte. Eine Skizze, Wiesbaden 2009, S. 192–195.

14 Brockhoff: Betriebswirtschaftslehre, S. 193.

15 Sehe weiter, inter alia, Flora Macher: The Austrian Banking Crisis of 1931: a Reassessment, in: Financial History Review 25/3 (2018), S. 297–321, Güvemli Batuhan: The Role of Accounting in the Industrialization Efforts of the Ottoman Empire in the 19th Century, in: De Computis 14/27 (2017), S. 74–100, Viatcheslav Sokolov: A History of Professional Accounting Societies in St. Petersburg, in: Accounting History 20/3 (2015), S. 375–395, Richard Jacques: The Victory of the Prussian Railway »Dynamic« Accounting over the Public Finance and Patrimonial Accounting Models (1838–1884). An Early Illustration of the Appearance of the Second Stage of Cpitalist Financial Accounting and a Testimony Against the Agency and the Market for Excuses Theories, in: The Accounting Historians Journal 39/1 (2012), S. 91–126, Hansdieter Körbl: Die Hofkammer und ihr ungetreuer Präsident: eine Finanzbehörde zur Zeit Leopolds I., Wien/München/Oldenburg 2009, Denisa Plachá/Milan Hrdý: Analyza historickeho vyvoje ucetnictvi v Ceskych zemich v letech 1918–2006 [Analyse der historischen Entwicklung des Rechnungswesens in Böhmen in den Jahren 1918–2006], in: E&M Ekonomie a Management 10/2 (2007), S. 65–73, István Kenyeres: A Habsburg Monarchia katonai kiadásai az udvari pénztár és a hadi fizetőmesterek számadásai alapján, 1543–1623. Adalékok a Török Elleni Küzdelem Finanszírozásának Történetéhez [Militärausgaben der Habsburgermonarchie nach den Hofrechnungen und der Militärbezahler, 1543–1623: Beitrag zur Finanzierung des Kampfes gegen das Osmanische Reich], in: Leveltari Kozlemenyek 78/2 (2007), S. 85–138, Nicolai M. Zimmermann: Die veröffentlichten Bilanzen der Commerzbank 1870–1944. Eine Bilanzanalyse unter Einbeziehung der Bilanzdaten von Deutscher Bank und Dresdner Bank, Berlin 2005,

war diese Geschichtsschreibung von wirtschaftstheoretischen Einflüssen durchdrungen und erst später kamen dazu auch die Ausrichtung auf die Sozialgeschichte.[16] Damit kam es zur Ausweitung des von HistorikernInnen verfolgten Themenspektrums. Neben der Institutions- und Ideengeschichte widmeten sich die HistorikerInnen nun u. a. auch den Identitäten, der Geschlechterforschung, dem Kolonialismus und der Sklaverei.[17] Mit der Biographie-Forschung kamen die tatsächlichen Rollen und Arbeitsbereiche der Rechnungsprüfer sowie auch die umfassenderen geschäftlichen und gesellschaftlichen Rollen ihrer Berufsverbände zum Vorschein.[18] Es besteht noch immer ein klarer Bedarf an weiterer Aufmerksamkeit für den oftmals zuvor vernachlässigten, aber wichtigen öffentlichen und gemeinnützigen Sektor sowie Nachforschungen darüber, wie Rechnungslegungspraktiken und Diskurse als Lösungen für Unternehmen und Behörden weiterentwickelt wurden.[19] Nach dem s. g. Cultural Turn der 1990er kamen auch kulturgeschichtliche Themen zum Ausdruck.[20] Dies bezieht sich auf das Studium der Geschichte des Rechnungswesens in Sprache, Literatur und bildender Kunst, einschließlich der Prüfung des Rechnungswesens und der Buchhaltung, die in Prosa, Gedichten, Romanen und (Volks)Liedern vertreten sind.[21] Eine wissenschaftliche Lücke findet sich noch immer in den Umwelt- und Nachhaltigkeitsthemen, die nur langsam die Aufmerksamkeit historischer Bilanzuntersuchungen auf sich lenken.[22]

Trotz des wachsenden Interesses für die Geschichte des Rechnungswesens in Ostmitteleuropa und parallel der österreichischen Filmgeschichte fehlen bis dato noch immer finanzgeschichtlich ausgerichtete Untersuchungen der

---

16 Alles nach Lee Parker: Accounting Historiography. Looking Back to the Future, in: Meditari Accounting Research 23/2 (2015), S. 142–157, hier S. 150–152.

17 Ebd.

18 Sehe weiter Reiner Quick: Gründung und frühe Entwicklung deutscher Wirtschaftsprüfungsgesellschaften, in: Vierteljahrschrift für Sozial- und Wirtschaftsgeschichte, 91/3 (2004), S. 281–309. Vgl. mit Pothmann: Wirtschaftsprüfer, S. 161–181.

19 Ingrid Jeacle/Lee Parker: The "Problem" of the Office: Scientific Management, Governmentality and the Strategy of Efficiency, in: Business History 55/7 (2013), S. 1074–1099.

20 Ingrid Jeacle: Accounting and Popular Culture: Framing a research Agenda, in: Accounting, Auditing & Accountability Journal 25/4 (2012), S. 580–601.

21 Z. B. Anna Karmańska: Accountancy in Poland in the Period of Centrally Planned Economy – Oral History, in: Zeszyty Teoretyczne Rachunkowości 97/153 (2018), S. 161–178.

22 Lee Parker: Constructing a Research Filed: A Reflection on the History of Social and Environmental Accounting, in: Social and Environmental Accountability Journal 34/2 (2014), S. 87–92.

Filmindustrie bzw. der Filmproduktionsunternehmen sowie Kinobetriebe.[23] Obgleich die ersten Anfangsstudien in den 1970er und 1980er zu finden sind, befasste sich in den 1990er Jahren Armin Loacker in seinem Artikel *Die österreichische Filmwirtschaft von den Anfängen bis zur Einführung des Tonfilms* detaillierter mit den wirtschaftsgeschichtlichen Aspekten.[24] Die qualitativ angelegte Studie untersucht die Filmbranche in Österreich-Ungarn seit ihren Anfängen im ausgehenden 19. Jahrhundert bis zu den 1930er Jahren. Damals etablierte sich auch in Österreich der Tonfilm nachhaltig, was zugleich als technische Zäsur in der Filmproduktion zu verstehen wäre.[25]

Quelle (Daten) und Methodologie

Die Jahresabschlussdaten waren aus dem *Compass – Finanzielles Jahrbuch* (Österreich, Jahrgänge von 1920 bis 1938) entnommen und weiter analysiert. Neben den quantitativen bietet das Jahrbuch auch die Möglichkeit qualitative Daten zu erheben und diese weiter in Kombination mit den Jahresabschlüssen zu verwenden. Den Compass-Verlag gründete 1867 Gustav Leonhardt (1838–1891) und fünf Jahre später wurde als Supplement des *Compass* das wirtschaftliche Fachblatt *Der Tresor* (1872–1919) ins Leben gerufen. Leonhardts Nachfolger waren bis 1938 weiter Samuel Heller (1839–1906) und Rudolf Hanel (1874–1941). Von 1913 bis 1936 war der Compass-Verlag ein Teil der Vernay AG – einer der größten Medienkonzerne im Österreich der Zwischenkriegszeit.[26] Bis zum Anschluss des Ständestaates ans Dritte Reich

23 Sehe weiter, inter alia, Joachim Schätz: Ökonomie der Details. Österreichs Industrie- und Werbefilm zwischen Rationalisierung und Kontingenz (1915–1965), München 2019, Hannes Leidinger/Günter Bischoff: Habsburg´s Last War: The Filmic Memory (1918 to the Present), New Orleans 2018, Christian Reichhold: 100x Österreich – Film, Wien 2018, Klaus Christian Vögl: Angeschlossen und gleichgeschaltet. Kino in Österreich 1938–1945, Wien/Köln/Weimar 2018, Paul Winkler: Kinematographische Propaganda und Zensur in Österreich-Ungarn von 1914–1918 als gescheitertes kybernetisches Modell, in: Medienimpulse 52/4 (2014), S. 1–15, Christian Dewald: Die Kunst des Einzelbildes. Animation in Österreich – 1832 bis heute, Wien 2010, Anton Thaller: Österreichische Filmografie: 1. Spielfilme 1906–1918, Wien 2010, Verena Moritz/Karin Moser/Hannes Leidinger: Kampfzone Kino. Film in Österreich 1918–1938, Wien 2008, Christian F. Winkler: Wien-Film. Träume aus Zelluloid; die Wiege des österreichischen Films, Erfurt 2007, Gernot Heiss: Obrazy času. Český a rakouský film 30. let [Bilder der Zeit. Tschechischer und österreichischer Film der 30er Jahre], Prag 2003, Armin Loacker: Anschluss im 3/4- Takt. Filmproduktion und Filmpolitik in Österreich 1930–1938, Trier 1999, Francesco Bono: Elektrische Schatten. Beiträge zur österreichischen Stummfilmgeschichte, Wien 1999.

24 Armin Loacker: Die österreichische Filmwirtschaft von den Anfängen bis zur Einführung des Tonfilms, in: Maske und Kothurn 39/4 (1993), S. 75–124. Sehe weiter Josef Schuchnig: Adi Mayer Film. Eine österreichische Filmfirma mit Tradition, in: Filmkunst 44/136 (1992), S. 2–15, Margit Nöhrer: Der Einfluß der wirtschaftlichen und politischen Situation auf Film- und Kinowesen 1918–1929. Dipl. Arbeit, Wien 1987, Wilhelm Guha: Die Geschichte eines österreichischen Filmunternehmens. Von der Sascha-Film Fabrik Pfraumberg in Böhmen zur Wien-Film, Wien 1975.

25 Loacker: Die österreichische Filmwirtschaft, S. 112.

26 Alles nach Peter Eigner/Andreas Rechs: Steyermühl und Vernay. Die zwei größten Wiener Zeitungskonzerne der Zwischenkriegszeit, in: Herbert Matis/Andreas Resch/Dieter Stiefel (Hrsg.): Unternehmertum im Spannungsfeld von Politik und Gesellschaft, Wien 2010, S. 143.

im März 1938 blieb der Compass-Verlag weiterhin im Besitz der Familie Hanel.[27] Der Verlag sammelte Informationen über die Unternehmen per Fragebögen, die aus Wien ausgeschickt worden waren, und neben Österreich auch die Gebiete der ehemaligen Monarchie abgedeckt hatten (Jugoslawien, die Tschechoslowakei, Ungarn, zum Teil Polen und neben bei auch Rumänien und Bulgarien). Die Unternehmen wurden dazu aufgefordert, die Fragebögen nach Wien zurückzuschicken und anhand dieser waren dann jährlich die Finanzjahrbücher herausgebracht worden.[28]

Tabelle 1: Datenverfügbarkeit, 1918–1938.

Aktiengesellschaften	Gegründet – liquidiert	Datenverfügbarkeit
Sascha (Tobis) Filmindustrie	23.7.1918	1920–1936
Mondial Internationale Filmindustrie	11.3.1920	1921–1922 und 1926–1929
Vita Filmindustrie	12.3.1920 - 1927	1921–1922
Apollo Film	23.9.1920 - 8.2.1928	1921–1925
Salzburger Kunstfilm-Industrie	29.12.1921 - 8.6.1925	1921, 1922, 1925
Mitteleuropäische Film („Mifa")	10.4.1922 - 1927	nicht angegeben
Film-Double	17.7.1922 - 20.7.1927	nicht angegeben
Pan-Film	4.10.1922	1922–1929
Ala Film	11.10.1922 - 20.3.1926	nicht angegeben
Union Film	2.11.1922 - 9.2.1927	nicht angegeben
Filmwerke	9.11.1922 - Dez. 1925	nicht angegeben
Fiag Film-Industrie	11.6.1923 - 2.8.1927	nicht angegeben
Volo Filmindustrie	10.10.1923 - Herbst 1932	nicht angegeben
Phönix Film	23.10.1923 - 11.1.1928	nicht angegeben
Österreichische Kulturfilm	12.12.1923 - 1928	nicht angegeben
Austro-Afa Film	24.4.1924 - 17.2.1931	nicht angegeben
Micco Film	10.5.1924	nicht angegeben

Quelle: Compass 1918–1938

Aus der Tabelle 1 ist ersichtlich, dass nur vier von 17 Aktiengesellschaften den ganzen Zeitrahmen überdauerten (Tobis-Sascha Filmindustrie, Mondial Internationale Filmindustrie, Pan-Film, und Micco Film), und die Jahres-

27 Ebd.
28 Ebd.

abschlussdaten sind nur für sechs verfügbar (Tobis-Sascha Filmindustrie, Mondial Internationale Filmindustrie, Vita Filmindustrie, Apollo Film, Salzburger Kunstfilm-Industrie, und Pan Film). Für eine Gegenüberstellung dieser bietet sich nur das Jahr 1922 an (Tabelle 2), und für einen periodisch längeren Vergleich kommt die (Tobis)-Sascha Filmindustrie A.-G. in Frage. Daraus waren anhand der Kapitalstruktur Verschuldungs- bzw. Eigenkapitalkoeffizienten aus den Vermögenskategorien Eigen- und Fremdkapital berechnet worden. Hierbei war das Verhältnis der beiden Kategorien (Schuldenposten) zu Gesamtkapital (Bilanzsumme) gegenübergestellt, umso herauszufinden, aus welchen Geldströmen sich die Aktiengesellschaften meistens finanziert hatten und wie hoch sie verschuldert waren. Dies wird als Vertikalanalyse bezeichnet, da Variablen (in Kronen ausgedrückte Währungseinheiten)[29] nur aus einer Bilanzseite beigezogen werden. Für das Berechnen dieser Kennzahlen wurden Eigenkapital[30]- und Fremdkapitalvariablen von jeder Aktiengesellschaft entnommen, durch das Gesamtkapital (Bilanzsumme) geteilt bzw. gegenübergestellt, und diese weiter mit hundert multipliziert (18 Beobachtungen). Bei den Jahresabschlussanalysen der Tobis-Sascha Filmindustrie A.-G. waren die Variablen aus den Bilanzkategorien (Schulden- und Vermögensposten) zuerst auf einen gleichen Nenner umgerechnet worden, da die österreichische Regierung mit dem Goldbilanzgesetz aus 1925 die Kronenwährung wegen der (Hyper)Inflation mit dem Schilling -später auch als Alpendollar bezeichnet – im Verhältnis 10.000 Kronen für einen Schilling umgestellt hatte.[31] Demzufolge war der erste Schritt, die Variablen vor 1925 auf dem späteren Schillingwert zu denominieren, um damit eine vergleichbare Zahlkontinuität für die 1920er und 1930er zu errichten. Da die Datenverfügbarkeit für die Tobis-Sascha Filmindustrie A.-G. im Vergleich zu anderen Aktiengesellschaften größer war, ergab sich die Möglichkeit neben der Kapitalstruktur auch den Liquiditätskoeffizienten zu berechnen.[32] Dieser zeigt die Bereitschaft eines Unternehmens, jederzeit seine bestehenden Zahlungsverpflichtungen fristgerecht erfüllen zu können. Mann unterscheidet zwischen drei Liquiditätsgraden, wobei hier mit dem dritten gearbeitet wurde, der das gesamte Umlaufvermögen zum kurzfristigen Fremdkapital in Bezug setzt (insgesamt 112 Beobachtungen).[33]

29 Der Schilling war mit dem Golderöffnungsbilanzgesetz aus 1925 eingeführt worden.

30 Diese Variable war so berechnet worden, dass dem Eigenkapital der Reingewinn; wenn vorhanden, beigerechnet worden war.

31 Michael Bruno: High Inflation and the Nominal Anchors of an Open Economy, Princeton 1991, S. 2.

32 Drukarczyk/Lobe: Finanzierung, 58–71.

33 Ebd.

Tabelle 2: Betriebsvergleich von sechs Aktiengesellschaften für 1922 in %.[34]

Aktiengesellschaften	Fremdfinanzierung	Eigenfinanzierung
Mondial Internationale Filmindustrie	89,2	10,8
Salzburg Kunst-Filmindustrie	88,2	11,8
Sascha Film-Industrie	81,3	18,7
Pan-Film	76,1	23,9
Apollo Film	39,8	60,2
Vita Filmindustrie	39,5	60,5

Quelle: Compass 1922, eigene Berechnungen

Hinter den Kulissen

Die Entstehungsgeschichte der österreichischen Filmindustrie beginnt in der Habsburgermonarchie des ausgehenden 19. und anfangenden 20. Jahrhunderts. Bereits 1898 haben die Ungarn Moritz Ungerleider und Josef Neumann die Projectograph-Filmgesellschaft gegründet. Zurückverfolgend bis ins Jahr 1907 lässt sich auch die Existenz ihrer Wiener Filiale feststellen. Die Projektographunternehmung Neumann & Ungerleider verdankte dem Verleih- und Vertriebsgeschäft ihre vorrangige Stellung, indem sie für einige Zeit den ungarischen Markt fast monopolistisch beherrschte. Die Wiege der kommerziellen Filmproduktion in der K. u. K. Monarchie lag somit in der ungarischen Reichshälfte.[35] In der österreichischen Hälfte der Monarchie war der Filmhandel auf Wien beschränkt und die Stadt war bis zum Ersten Weltkrieg nicht nur das wirtschaftliche Zentrum des Filmhandels der Monarchie, sondern des gesamten Ostens Europas.[36]

Der Graf Alexander Kolowrat-Krakowsky (1886–1927) gründete 1913 die Sascha-Filmfabrik und avancierte in kurzer Zeit zum führenden Filmindustriellen Österreichs.[37] Mit der Auflösung Österreich-Ungarns nach 1918 begann vor allem in der ersten Hälfte der 20er Jahre in Österreich die Inflation, die zu einem raschen Verfall der Währung gegenüber der Kaufkraft

34 Ein Blick auf die Tabelle 2 zeigt, dass nur zwei Aktiengesellschaften nicht Überschuldet waren (Apollo und Vita), bei drei Aktiengesellschaften war die Fremdfinanzierung höher als 80 % (Mondial, Salzburg, Sascha) und die Eigenkapitalstruktur nur zwischen 10 und 20 %.

35 Nach Armin Loacker: Die österreichische Filmwirtschaft von den Anfängen bis zur Einführung des Tonfilms, in: Maske und Kothurn 39/4 (1993), S. 75–124.

36 Ebd., S. 80.

37 Ebd., S. 88–90.

des Papiergeldes im Inland führte.[38] Dadurch entstand ein Missverhältnis von Valutaparitäten und Lebenshaltungskosten, das beim Export einen Konkurrenzvorteil und Übergewinne hervorrief.[39] Eine „Konjunktur" setzte ein, die mit der Börsenspekulation Ende 1923 ihren Höhepunkt erreichte und mit den fehlgeschlagenen Francspekulationen im März 1924 endete.[40] Mit dem daraus resultierenden Bankenpleiten und dem Rückzug ausländischer Kredite in der Stabilisierungsphase nach 1925 verschwanden auch zahlreiche Filmproduktionsfirmen und Atelierbetriebe. Von den bedeutendsten traf es im Jahre 1925 die Salzburger Kunst-Filmindustrie A.-G. und 1927 folgte noch die Vita-Filmindustrie anhand des Zusammenbruchs der Depositenbank.[41] Die Nationalbank erhöhte ihren Diskontsatz bis zu 15%, den höchsten Wert, den die Bankrate bis dahin erreicht hatte, und das Zinsniveau für Bankkredite stieg über 20%.[42] Das Bundesministerium für Finanzen und das für Handel und Verkehr versuchten per Verordnung vom 12. März 1926 (BGBL. Nr. 117/26) mit der s. g. Filmkontigentierung die österreichische Filmindustrie zu schützen. Mit dieser wurde nämlich eine beschränkte Anzahl ausländischer Filme nach Österreich zugelassen, um die Produktion in Österreich mit den für die importierten Filme zu bezahlenden Kontigentgebühren zu fördern.[43] Neben den ökonomischen Bedingungen kam es in der Filmindustrie auch zur technischen Wandlung mit der Einführung des Tonfilms.[44] Die ökonomischen Erschütterungen der späten 20er und die folgende Depression und technische Zäsur der 30er Jahre zerstörten fast die österreichische Filmindustrie, aus welcher nur die (Tobis)-Sascha Filmindustrie A.-G. gewissermaßen überlebt hatte. Die Sascha Filmindustrie A.-G. war am 23. Juli 1918 als Sascha Filmindustrie A.-G. gegründet und übernahm die Unternehmungen der Sascha-Filmfabrik A. Kolowrat GmbH, österreich-ungarische Sascha-Mester-Filmfabrik GmbH und der Philipp und Preßburger Filmindustrie GmbH. Der Präsident der Aktiengesellschaft und im Verwaltungsrat sesshaft war weiterhin Graf Alexander Kolowrat-Krakowsky.[45] Innerhalb der Leihabteilung fusionierte die bis 1922 mit der „Collegia" Filmverleih- und Vertriebsanstalt österreichischer Kinotheaterbesitzer GmbH, wodurch eine Verbindung mit

38 Fritz Weber: Vor dem großen Krach. Österreichs Banken in der Zwischenkriegszeit am Beispiel der Credit-Anstalt für Handel und Gewerbe, Wien/Köln/Weimar 2016, S. 20–33.

39 Weber: Vor dem großen Krach, S. 23.

40 Ebd.

41 Loacker: Die österreichische Filmwirtschaft, S. 102.

42 Hans Kernbauer: Währungspolitik in der Zwischenkriegszeit. Geschichte der Österreichischen Nationalbank von 1923 bis 1938, Wien 1991, S. 54–57.

43 Loacker: Die österreichische Filmwirtschaft, S. 95–96.

44 Compass 1931, Band Österreich, Wien 1931, S. 1074–1075.

45 Compass 1920, Band 1, Teil 2, Wien 1920, S. 730.

ungefähr 140 Kinotheatern als Absatzmärkte hergestellt wurde.[46] Sie errichtete eine Freilichtbühne, ein Photoatelier, eine mechanische Werkstätte und fing an, auf der gepachteten Immobilie im Prater größere Filmbauten zu errichten.[47] Durch die Tochtergesellschaften hatte die Gesellschaft weiterhin Verbindungen mit den Nachfolgestaaten der Habsburgermonarchie. Sie unterhielt Filialen in Agram/Zagreb/Zágráb und Belgrad/Beograd/београд (Bosnia Film A.-G.), Budapest (Radius Film A.-G.), Warschau/Warszawa (Petef Film A.-G.), Prag/Praha (Slavia Film A.-G.) und Bukarest/București (Dorian Film A.-G.).[48]

Durch die Einführung des Tonfilms 1930 büßte der Film als solcher seine Internationalität zum großen Teile ein. Den verschiedenen Tochtergesellschaften der Sascha war die erfolgreiche Führung mit deutschen Filmen sehr erschwert, weshalb sich die Verwaltung zur teilweisen Loslösung einzelner entschlossen hatte. Nach der erfolgten Reorganisation setzte sich die Verwaltung in erster Linie die Produktion von Tonfilmen zum Ziel.[49] Die Atelieranlagen wurden umgebaut, eine neue Tonfilmhalle war errichtet worden und die übrigen Baulichkeiten wurden entsprechend adaptiert. Die beiden der Gesellschaft gehörigen Kinos (Stafa-Kino und Sascha-Palast-Kino) sowie der Film-Verleih wurden 1931 an die Allianz Film-Fabrikations-und Vertrieb-Gesellschaft GmbH auf zwei Jahre verpachtet.[50] Anfang der 1930er Jahre erschütterte die globale Finanzkrise auch die Sascha Film-Industrie, weswegen Erlangungen der notwendigen Kredite erschwert waren und die geplante Eigenkapitalerhöhung scheiterte, weshalb die Gesellschaft im Oktober 1931 das Ausgleichverfahren anmelden müsste.[51] Eine gewisse finanzielle Stabilisierung war 1933 durch die Beteiligung der deutschen Tobis-Tonbild-Syndikat A.-G. mit der Erwerbung der Hälfte der Aktien erreicht. Diese Änderung in den Aktienbesitzverhältnissen kam in der neuen Firmenbezeichnung zum Ausdruck, nämlich als Tobis-Sascha Filmindustrie A.-G.[52] Im Sommer 1934 nahm die Gesellschaft das Verleihgeschäft neuerlich auf, doch wurde zur Durchführung desselben, sowie zur Durchführung des Film-Vertriebsgeschäftes eine eigene Gesellschaft, die Tobis-Sascha Film-Verleih- und Vertriebs GmbH gegründet.[53] Im Verleih waren 1934 etwa 40–50 Filme

46 Compass 1922, Band I, Teil 2, Wien 1922, S. 828.
47 Ebd.
48 Compass 1923, Band I, Wien 1923, S. 902.
49 Compass 1930, Band Österreich, Wien 1930, S. 1098.
50 Compass 1932, Band Österreich, Wien 1932, S. 1025–1026.
51 Ebd.
52 Compass 1934, Band Österreich, Wien 1934, S. 1014–1015.
53 Comapss 1935, Band Österreich, Wien 1935, S. 985–986.

herausgebracht und aus der Filmproduktion hat sich die Gesellschaft zurückgezogen. Ende 1936 wurde die verbliebene Hälfte des Aktienbesitzes durch die Österr. Kreditanstalt – Wiener Bankverein übernommen.[54]

Tabelle 3: Verschuldungs- bzw. Eigenkapitalkoeffizient der (Tobis)Sascha in %.

Jahre	Fremdfinanzierung	Veränderung (1920=100)	Eigenfinanzierung	Veränderung (1920=100)
1920	75,3	100	24,7	100
1921	83,6	111	16,3	66
1922	81,3	108	18,7	76
1923	66	88	33,95	137
1924	46,07	61	53,92	218
1925*	46,07	61	53,92	218
1926	67,29	89	32,7	132
1927	97,13	129	2,86	12
1928	97,65	130	2,34	9
1929	97,2	129	2,79	11
1930	95,27	127	4,72	19
1931*	95,27	127	4,72	19
1932	94,13	125	5,86	24
1933	64,78	86	35,21	143
1934	87,77	117	12,22	49
1935*	87,77	117	12,22	49
1936	85,07	113	14,92	60

Quelle: Compass 1920–1938, eigene Berechnungen

Obwohl die Daten der Sascha einen längeren Einblick und eine tiefere Analyse ermöglichen, sind die für die Jahre 1925, 1931 und 1935 noch immer lückenhaft (mit * markiert). Wegen der angestrebten Darstellungskontinuität wurden bei diesen drei Jahren die Werte genommen, die für die Jahre 1924, 1930 und 1934 berechnet wurden. Die Finanzierung war in den Jahren 1923, 1924 (1925) und 1933 gewissermaßen ausgeglichen, wo die Eigenfinanzierung im Verhältnis mit der Bilanzsumme 33,95, 53,92 (53,92) und 35,21 % darstellte. Im Verhältnis zu 1932 stieg die Eigenfinanzierung im Jahre 1933 um 501 %, was als Ergebnis der Beteiligung des deutschen Tobis-Tonbild-Syndikates

54 Compass 1937, Band Österreich, Wien 1937, S. 973–974.

zu verstehen ist. Die Fremdfinanzierung war in den Jahren von 1927 bis 1931 über 90 %, besonders die Jahren 1927 und 1928 deuteten auf die Gefahr einer Überschuldung an.

Tabelle 4: Liquiditätsgrad der (Tobis)Sascha in %.

Jahre	Liquidität 3. Grades	Veränderung (1920=100)
1920	132,77	100
1921	119,5	90
1922	122,68	92
1923	11,13	8
1924	216,08	163
1925*	216,08	163
1926	101,71	77
1927	68,7	52
1928	70,34	53
1929	63,58	48
1930	70,35	53
1931*	70,35	53
1932	67,45	51
1933	78,54	59
1934	97,84	74
1935*	97,84	74
1936	95,74	72

Quelle: Compass 1920–1938, eigene Berechnungen

Das Berechnen des Liquiditätsgrades bzw. Liquiditätskoeffizienten wird innerhalb der Horizontalanalyse ausgeführt, bei welcher die Kategorien aus der Rechten und Linken Bilanzseite wie auch aus der Gewinn-und-Verlust-Rechnung beigezogen waren. Sie stellt das Vermögen und die Schulden in ein Verhältnis und dabei werden die kurzfristig liquidierbaren Vermögenswerte den kurzfristig zu zahlenden Verbindlichkeiten gegenübergestellt.[55] Als liquide Mittel wurden die s. g. Kassenbestände aus den Jahresabschlüßen verwendet, die die baren Ein- und Auszahlungen darstellen und weiter die Wertpapiere, welche das Unternehmen erworben hat. Die kurzfristigen Mittel bestehen weiter aus der Kategorie der Debitoren, die Schuldner des Unter-

55 Alles nach Drukarczyk/Lobe: Finanzierung, 58–71.

nehmens. Als Vorräte wurden das Inventar und die Warenbestände zusammengerechnet und als einheitliche Zahl wiedergegeben. Diese Kategorien sind auf der linken Seite der Bilanz zu finden, welche weiter den kurzfristigen Verbindlichkeiten aus der rechten gegenübergestellt waren. Das Unternehmen wird als Liquidfähig betrachtet, wenn sich diese Ergebnisse zwischen 120 und 150 % bewegen.[56] Die Jahre zwischen 1920–1922 und 1924 könnten für die Sascha als Liquide bezeichnet werden, doch man muss sich vor Augen führen, dass dies die Jahre der Inflation und späteren Hyperinflation waren. Im Verhältnis zu 1923 wird das grade für 1924 verdeutlicht; der Höhepunkt der Inflation in Österreich, wo sich die Liquidität um 1841 % erhöht hatte.

Tabelle 5: Gegenüberstellung der Liquidität und der Fremdfinanzierung der (Tobis)Sascha in %.

Jahre	Liquidität 3. Grades	Fremdfinanzierung
1920	132,77	75,3
1921	119,5	83,6
1922	122,68	81,3
1923	11,13	66
1924	216,08	46,07
1925*	216,08	46,07
1926	101,71	67,29
1927	68,7	97,13
1928	70,34	97,65
1929	63,58	97,2
1930	70,35	95,27
1931*	70,35	95,27
1932	67,45	94,13
1933	78,54	64,78
1934	97,84	87,77
1935*	97,84	87,77
1936	95,74	85,07

Quelle: Compass 1920–1938, eigene Berechnungen

Nach der Stabilisierungsphase überschreitet die Liquidität der Sascha nie die 100 % Linie und anhand dieser Ergebnisse, zusammen mit der Kapitalstruk-

56 Ebd.

tur aus der Tabelle 4 kann die Schlussfolgerung gezogen werden, dass die Tobis-Sascha Filmindustrie A.-G. fast immer in Gefahr war, sich zu Überschulden und somit in eine Liquiditätskriese zu geraten. Wenn wir die Tabelle 5 betrachten, wo der Liquiditätsgrad aus der Tabelle 4 mit der Fremdfinanzierung aus der Tabelle 3 gegenübergestellt ist, wird verdeutlicht, warum das Unternehmen im Jahr 1931 ein Ausgleichverfahren anmelden müsste. Durch die Beteiligung des deutschen Tobis-Tonbild-Syndikates steigt der Liquiditätsgrad nach 1933. Im Verhältniss zu 1932, steigd er 1933 um 16 % und 1934 witer um 25 %, wobei die Fremdfinanzierung unter 90 % sinkt.

Schlussbilanz?

Die Entstehung des Rechnungswesens mit der doppelten Buchhaltung (Buchführung) als Kernelement und der Bilanz (Bilanzierung) als Übersicht der Gläubiger- und Schuldnerpositionen ist in den italienischen Städten des 15. und 16. Jahrhunderts zu suchen, wo der Venezianer Luca Pacioli (1445–1514) das erste Handbuch über die doppelte Buchführung geschrieben hatte. Diese Idee verbreitete sich auf dem Kontinent weiter und etablierte sich in Mitteleuropa im Rahmen der Kameralistik spätestens in der zweiten Hälfte des 18. Jahrhunderts. Die Standardisierung der Buchführung, dessen Kernelement die Bilanz mit dem Passiva (Mittelherkunft) und Aktiva (Mittelverwendung) als Aufzeichnung aller Vermögenswerte darstellt, war erst in den 1970er Jahren durch die International Financial Reporting Standards (IFRS) und dem International Accounting Standards Committee (IASC) erreicht. Die Rechnungswesensgeschichte etablierte sich parallel mit dieser Entwicklung vorerst in den Vereinigten Staaten. Am Anfang war die Geschichtsschreibung von wirtschaftstheoretischen Einflüssen durchdrungen und erst später kam die Ausrichtung auch auf die Sozialgeschichte. Nach dem s. g. Cultural Turn kamen auch kulturgeschichtliche Themen zum Ausdruck. Für das Beantworten der Forschungsfrage war als theoretischer Rahmen die Betriebswirtschaftslehre beigezogen, besonders ihre Ausführungen über die Unternehmensfinanzierung, die in Außen- und Eigenfinanzierung aufgeteilt ist. Die Außenfinanzierung wird weiter nach Fremd- und Beteiligungsfinanzierung zerlegt. Das Kapital bei der Außenfinanzierung kommt nicht aus dem betrieblichen Umsatz wie bei der Innenfinanzierung, da diese durch die eigentliche Geschäftstätigkeit erfolgt. Weiter wurde mit der deskriptiven Statistik ein Betriebsvergleich von sechs Aktiengesellschaften für das Jahr 1922 durchgeführt, wo die Kapitalstruktur im Sinne der Verschuldungs- bzw. Eigenkapitalkoeffizienten berechnet wurde. Nur zwei von sechs Aktiengesellschaften waren nicht Überschuldet und bei den anderen war die Fremdfinanzierung höher als 80 % und die Eigenkapitalstruktur nur zwischen 10 und 20 %, obwohl die die 50 % Linie nicht unterschreiten sollte.

Die Jahresabschlussdaten des *Compass* ermöglichten für die Sascha-Filmindustrie A.-G. eine Analyse von 1920 bis 1936, wo die Schulden- und Vermögensposten wegen des Goldbilanzgesetzes zuerst denominiert wurden, um neben der Kapitalstruktur auch den Liquiditätsgrad berechnen zu können. Nach der Stabilisierungsphase überschreitet die Liquidität der Sascha nie die 100 % Linie und anhand dieser Ergebnisse zusammen mit der Kapitalstruktur kann die Schlussfolgerung gezogen werden, dass die Sascha Filmindustrie A.-G. fast immer in Gefahr war, sich zu Überschulden und somit in eine Liquiditätskriese zu geraten. Ihre Finanzierung verbesserte sich geringfügig mit der Beteiligung des deutschen Tobis-Tonbild-Syndikates nach 1933. Die Jahresabschlüsse an sich bieten für die Wirtschaftsgeschichte eine reiche Quelle an Daten, die im (ost-)mitteleuropäischen Raum noch immer zu wenig Beachtung finden. Dieser Artikel soll, wie schon dessen Titel angibt, als ein Versuch so einer Analyse gedeutet werden und für die HistorikerInnen des (ost-)mitteleuropäischen Raumes eine Forschungsagenda zur Diskussion stellen, mit welcher die Wirtschaftsgeschichte dieses Raumes noch zugespitzt und tiefer analysiert werden könnte.

Literaturverzeichnis

Literatur

Batuhan, Güvemli: The Role of Accounting in the Industrialization Efforts of the Ottoman Empire in the 19th Century, in: De Computis 14/27 (2017), S. 74–100.

Bono, Francesco: Elektrische Schatten. Beiträge zur österreichischen Stummfilmgeschichte, Wien 1999.

Brockhoff, Klaus: Betriebswirtschaftslehre in Wissenschaft und Geschichte. Eine Skizze, Wiesbaden 2009.

Bruno, Michael: High Inflation and the Nominal Anchors of an Open Economy, Princeton 1991.

Camfferman, Kees/Zeff, Stephen A.: Financial Reporting and Global Capital Markets. A History of the International Accounting Standards Committee, 1973–2000, Oxford 2006.

Derks, Hans: Religion, Capitalism and the Rise of Double-Entry Bookkeeping, in: Accounting, Business & Financial History 18/2 (2008), S. 187–213.

Deutsch, Ernst/Radda, Karl/Jobst, Franz (Hrsg.): Einführung in die doppelte Buchhaltung und Bilanz, Wien 1935.

Dewald, Christian: Die Kunst des Einzelbildes. Animation in Österreich – 1832 bis heute, Wien 2010.

Dickson, Peter: Count Karl von Zinzensdorf's „New Accountancy". The Structure of Austrian Government Finance in Peace and War, 1781–1791, in: International History Review 29/1 (2007), S. 22–57.

Diebolt, Claude/Haupert, Michael (Hrsg.): Handbook of Cliometrics. Heidelberg/New York/London 2016.

Drukarczyk, Jochen/Lobe, Sebastian: Finanzierung, Konstanz/München 2015.

Eigner, Peter/Rechs, Andreas: Steyermühl und Vernay. Die zwei größten Wiener Zeitungskonzerne der Zwischenkriegszeit, in: Matis, Herbert/Resch, Andreas/Stiefel, Dieter (Hrsg.): Unternehmertum im Spannungsfeld von Politik und Gesellschaft, Wien 2010.

Fülbier, Uwe Rolf/Klein, Malte: Balancing Past and Present: The Impact of Accounting Internationalization on German Accounting Regulations, in: Accounting History 20/3 (2015), S. 342–374.

Guha, Wilhelm: Die Geschichte eines österreichischen Filmunternehmens. Von der Sascha-Film Fabrik Pfraumberg in Böhmen zur Wien-Film, Wien 1975.

Hermann, Thomas: Luca Pacioli im Lichte von Betriebswirtschaftslehre und Economia Aziendale, in: Matiaska, Wenzel/Weber, Wolfgang (Hrsg.): Ideengeschichte der BWL. ABWL, Organisation, Personal, Rechnungswesen und Steuern, Wiesbaden 2018.

Heiss, Gernot: Obrazy času. Český a rakouský film 30. let [Bilder der Zeit. Tschechischer und österreichischer Film der 30er Jahre], Praha/Prag 2003.

Jacques, Richard: The Victory of the Prussian Railway »Dynamic« Accounting over the Public Finance and Patrimonial Accounting Models (1838–1884). An Early Illustration of the Appearance of the Second Stage of Capitalist Financial Accounting and a Testimony Against the Agency and the Market for Excuses Theories, in: The Accounting Historians Journal 39/1 (2012), S. 91–126.

Jeacle, Ingrid: Accounting and Popular Culture: Framing a research Agenda, in: Accounting, Auditing & Accountability Journal 25/4 (2012), S. 580–601.

Jeacle, Ingrid/Parker, Lee: The "Problem" of the Office: Scientific Management, Governmentality and the Strategy of Efficiency, in: Business History 55/7 (2013), S. 1074–1099.

Kenyeres, István: A Habsburg Monarchia katonai kiadásai az udvari pénztár és a hadi fizetőmesterek számadásai alapján, 1543–1623. Adalékok a Török Elleni Küzdelem Finanszírozásának Történetéhez [Militärausgaben der Habsburgermonarchie nach den Hofrechnungen und der Militärbezahler, 1543–1623: Beitrag zur Finanzierung des Kampfes gegen das Osmanische Reich], in: Leveltari Kozlemenyek 78/2 (2007), S. 85–138.

Körb, Hansdieterl: Die Hofkammer und ihr ungetreuer Präsident: eine Finanzbehörde zur Zeit Leopolds I., Wien/München/Oldenburg 2009.

Karmańska, Anna: Accountancy in Poland in the Period of Centrally Planned Economy – Oral History, in: Zeszyty Teoretyczne Rachunkowości 97/153 (2018), S. 161–178.

Kernbauer, Hans: Währungspolitik in der Zwischenkriegszeit. Geschichte der Österreichischen Nationalbank von 1923 bis 1938, Wien 1991.

Leidinger, Hannes/Bischoff, Günter: Habsburg´s Last War: The Filmic Memory (1918 to the Present), New Orleans 2018.

Loacker, Armin: Die österreichische Filmwirtschaft von den Anfängen bis zur Einführung des Tonfilms, in: Maske und Kothurn 39/4 (1993), S. 75–124.

Loacker, Armin: Anschluss im 3/4- Takt. Filmproduktion und Filmpolitik in Österreich 1930–1938, Trier 1999.

Macher, Flora: The Austrian Banking Crisis of 1931: a Reassessment, in: Financial History Review 25/3 (2018), S. 297–321.

Moritz, Verena/Moser, Karin/Leidinger, Hannes: Kampfzone Kino. Film in Österreich 1918– 938, Wien 2008.

Nöhrer, Margit: Der Einfluß der wirtschaftlichen und politischen Situation auf Film- und Kinowesen 1918–1929. Dipl. Arbeit, Wien 1987.

Parker, Lee: Constructing a Research Filed: A Reflection on the History of Social and Environmental Accounting, in: Social and Environmental Accountability Journal 34/2 (2014), S. 87–92.

Parker, Lee: Accounting Historiography. Looking Back to the Future, in: Meditari Accounting Research 23/2 (2015), S. 142–157.

Plachá, Denisa/Hrdý, Milan: Analyza historickeho vyvoje ucetnictvi v Ceskych zemich v letech 1918–2006 [Analyse der historischen Entwicklung des Rechnungswesens in Böhmen in den Jahren 1918–2006], in: E&M Ekonomie a Management 10/2 (2007), S. 65–73.

Pothmann, Ute: Wirtschaftsprüfer zwischen betriebswirtschaftlicher Theorie und prüferischer Praxis – eina Fallstudie zur Bilanzprüfung nach der Bankenkrise 1931, in: Jahrbuch für Wirtschaftsgeschichte/Economic History Yearbook 48/1 (2007), S. 161–180.

Reichhold, Christian: 100x Österreich – Film, Wien 2018.

Schätz, Joachim: Ökonomie der Details. Österreichs Industrie- und Werbefilm zwischen Rationalisierung und Kontingenz (1915–1965), München 2019.

Schuchnig, Josef: Adi Mayer Film. Eine österreichische Filmfirma mit Tradition, in: Filmkunst 44/136 (1992), S. 2–15.

Sokolov, Viatcheslav: A History of Professional Accounting Societies in St. Petersburg, in: Accounting History 20/3 (2015), S. 375–395.

Thaller, Anton: Österreichische Filmografie: 1. Spielfilme 1906–1918, Wien 2010.

Quick, Reiner: Gründung und frühe Entwicklung deutscher Wirtschaftsprüfungsgesellschaften, in: Vierteljahrschrift für Sozial- und Wirtschaftsgeschichte, 91/3 (2004), S. 281–309.

Vögl, Klaus Christian: Angeschlossen und gleichgeschaltet. Kino in Österreich 1938–1945, Wien/Köln/Weimar 2018.

Weber, Fritz: Vor dem großen Krach. Österreichs Banken in der Zwischenkriegszeit am Beispiel der Credit-Anstalt für Handel und Gewerbe, Wien/Köln/Weimar 2016.

Winkler, Christian F.: Wien-Film. Träume aus Zelluloid; die Wiege des österreichischen Films, Erfurt 2007.

Winkler, Paul: Kinematographische Propaganda und Zensur in Österreich-Ungarn von 1914–1918 als gescheitertes kybernetisches Modell, in: Medienimpulse 52/4 (2014), S. 1–15.

Zimmermann, Nicolai M.: Die veröffentlichten Bilanzen der Commerzbank 1870–1944. Eine Bilanzanalyse unter Einbeziehung der Bilanzdaten von Deutscher Bank und Dresdner Bank, Berlin 2005.

Quellen

Allgemeines Handelsgesetzbuch eingeführt durch das Gesetz vom 17. Dezember 1862. 4. Titel: Von den Handelsbüchern.

Compass: Österreich, Bände 1920–1938.

Das System: 1927, Nr. 4.

Über die Fragestellung zur Fragestellung: Im Vorfeld der empirischen Forschung

Martina Mirković

Abstract

Der vorliegende Essay versucht auf der Grundlage des Dissertationsprojektes der Verfasserin das „Vorfeld der empirischen Arbeit" zu diskutieren. Im Zentrum steht dabei die Annahme, dass bestimmte Theorien, Methoden sowie Begriffe sich auf Implikationen gründen, die für den Untersuchungsgegenstand der Dissertation – Ungleichheit im sozialistischen Jugoslawien – aber erst „dekonstruiert" werden müssen. Mit drei Beispielen soll gezeigt werden, wie die Einbettung bestimmter Theorien und Methoden in die jugoslawische Geschichte spezifische Bedeutungen freilegt, die zwar für die empirische Überprüfung de facto *unerheblich sind, für die Interpretation und Kontextualisierung ihrer Ergebnisse aber von Relevanz sein können.*

SCHLAGWÖRTER

Jugoslawien, Arbeiterselbstverwaltung, Ungleichheit, Empirie, Theorie, Sozialismus, Einkommen, Dekonstruktion, Luxus

Der Ausgangspunkt des Beitrages ist die Dissertation, die das in der Sozialistischen Föderativen Republik Jugoslawien (Socijalistička Federativna Republika Jugoslavija) verfassungsrechtlich verankerte Ziel der „Gewährleistung einer einheitlichen gesellschaftlich-wirtschaftlichen Stellung aller Werktätigen"[1] hinsichtlich dessen Umsetzung untersucht. Die Annäherung an diesen Gegenstand verläuft dabei in zwei Strängen: Zum einen wird versucht, anhand der jugoslawischen Wirtschafts-, Sozial-, Politik-, Justiz- und Ideologiegeschichte die Determinanten der Entwicklungspolitik in Jugoslawien zu bestimmen, um damit letztlich den Verlauf des regionalen Entwick-

1 Dies wurde im dritten Teil der Verfassung von 1963 wie folgt verankert: „Zwecks Gewährleistung der einheitlichen gesellschaftlich-wirtschaftlichen Stellung der Werktätigen werden die Selbstverwaltungsrechte (...) durch das Gesetz festgelegt." Online unter: Teil III der Verfassung von 1963: online unter: http://www.verfassungen.net/yu/verf63-i.htm, 2020 Dezember 7, (21. Juni 2021).

lungsgefälles nachzuzeichnen: Wie sahen die Ausgangsbedingungen für die einzelnen jugoslawischen Republiken und (autonomen) Provinzen aus? Gab es gleiche oder zumindest ähnliche Startbedingungen für den Aufbau der Industrie nach 1945? Welche außenpolitischen Ereignisse hatten Einfluss auf die Kohäsionspolitik? Gab es hierfür einen innenpolitischen Konsens? Was sah die sozialistische Ideologie in Bezug auf die Gleichheit vor und wie sollte dieses Ziel verfassungsrechtlich verankert werden?

Zum anderen werden die Auswirkungen der ungleichen Regionalentwicklung untersucht, wobei im Zentrum der empirischen Arbeit das persönliche Einkommen der Jugoslaw*innen steht. Entsprechend der Auffassung der jugoslawischen Theoretiker*innen sollten die Einkommen nach dem Prinzip der „geleisteten Arbeit"[2] verteilt werden. Das Ziel war demnach nicht eine vollständige Nivellierung und damit Gleichheit der Einkommensverteilung, sondern es wurde angestrebt, dass gleiche Einkommen für die gleiche Arbeit bzw. Qualifikation bezahlt werden.[3] Gleichzeitig dazu sollten die Einkommen aber auch bestimmten ökonomischen Prinzipien entsprechen: „Durch das einheitliche Verteilungssystem wird gewährleistet, dass die Arbeitsorganisationen die für die Reproduktion bestimmten Mittel im Verhältnis zu ihrem Anteil an der Schaffung der Mittel, sowie entsprechend ihren Möglichkeiten, dieselben im Rahmen der durch Gesellschaftspläne festgelegten gesellschaftlichen Arbeitsteilung wirksamst nützen"[4]; weil nicht jedes Unternehmen mit den gleichen Mitteln ausgestattet sei, ließen sich auch die Einkommen nicht in der gleichen Höhe verteilen.[5] Da nun einige Regionen und Republiken Jugoslawiens aber schlechtere (Ausgangs-)Bedingungen hatten[6] und dem obigen Prinzip nach durchwegs weniger Mittel und damit geringere Einkommen bezogen hätten, wurden im Rahmen der jugoslawischen Entwicklungspolitik verschiedene Instrumentarien eingesetzt, um die „(...) materiellen Bedingungen des gesellschaftlichen Lebens und der Arbeit der Werktätigen (...) zu vereinheitlichen (...)."[7]

2 Als jugoslawisches Pendant zum marxistischen Grundsatz „Jeder seinen Fähigkeiten nach", Karl Marx/Friedrich Engels, Das kommunistische Manifest, Stuttgart 2014. Siehe dazu auch Eva Berković: Socijalne nejednakosti u Jugoslaviji, Beograd 1988, S. 35.

3 Sofija Popov: Lični dohoci i inflacija troškova, Analiza kretanja cena i ličnih dohodaka u Jugoslaviji, Beograd 1983, S. 119.

4 Artikel 12 der Verfassung von 1963, online unter: http://www.verfassungen.net/yu/verf63-i.htm (30. Mai 2021).

5 Teil III der Verfassung von 1963, online unter: http://www.verfassungen.net/yu/verf63-i.htm (30. Mai 2021).

6 Die unterschiedlichen Ausgangsbedingungen der einzelnen jugoslawischen Gebiete bzw. Republiken nach 1945 werden in der Forschungsliteratur als das Ergebnis ihrer verschiedenen Erfahrungen und Zugehörigkeiten zu unterschiedlichen Herrschaftsbereichen – etwa zum Osmanischen Reich oder zur Habsburg Monarchie – betrachtet. Thomas Eger bezeichnete diesen Umstand als „historisches Erbe" und „Ökonomischen Dualismus". Siehe dazu Thomas Eger: Das regionale Entwicklungsgefälle in Jugoslawien, Paderborn/München/Wien/Zürich 1980, S. 26.

7 Teil III der Verfassung von 1963, online unter: http://www.verfassungen.net/yu/verf63-i.htm (20. Mai 2021).

Der Frage, ob die „materiellen Bedingungen" durch die Entwicklungspolitik tatsächlich vereinheitlicht wurden, wird in der Dissertation nachgegangen, indem die Höhe der persönlichen Einkommen hinsichtlich folgender Stränge untersucht wird: Wo und in welchem Sektor (bzw. Zweig/Sparte) wurden die höchsten persönlichen Einkommen in Jugoslawien erzielt? Wie groß waren die Einkommensunterschiede innerhalb eines Sektors, gemessen an den Republiken und den beiden autonomen Provinzen? Wie hoch waren die Einkommensunterschiede zwischen den Sektoren, innerhalb einer Republik bzw. einer autonomen Provinz? Schließlich soll mit einem Blick auf die monatlichen durchschnittlichen Warenkorbausgaben auch der Frage nachgegangen werden, ob sich die verschieden hohen Einkommen auch als verschiedene Formen und Möglichkeiten des Konsums manifestierten, wie etwa in dem Konsum von Luxusgütern.[8]

Bezugnehmend auf das Thema der Tagung „Methoden – Zugänge – Präsentationen" wird im vorliegenden Essay aber explizit nicht auf die empirische Arbeit des Dissertationsprojektes eingegangen. Viel eher soll gezeigt werden, „wie aus der scheinbar unüberblickbaren Vielzahl an Methoden und Theorien [...] man die geeignetste aus[wählt], um sein Quellenmaterial zum Sprechen zu bringen."[9] Neben der notwendigen Ein- und Abgrenzung der im Zentrum stehenden Terminologie[10], der Methode und der Theorie, soll der Schwerpunkt des Beitrages aber vor allem die (De-)Kontextualisierung und Dekonstruktion

8 Je nachdem aus welcher (methodischen) Perspektive das Phänomen Luxus bzw. der Begriff Luxus betrachtet wird, werden verschiedene Aspekte hervorgehoben: Die Soziologie etwa betrachtet Luxus und Luxuskonsum unter anderem als eine Form der Abgrenzung, vor allem in Abgrenzung zum „Notwendigen", wobei „als Bezugsebenen dabei die jeweils dominierenden Weltanschauungen, die Herrschaftsstruktur der Gesellschaft, der Stand der ökonomischen und sozialen Entwicklung (...) wirksam [werden]." Siehe dazu Michael Jäckel: Soziologie. Eine Orientierung, Wiesbaden 2010, S. 101. Ein anderer Zugang zu Luxus und der Klassifikation von Luxusprodukten bietet die Wirtschaftswissenschaft. Diese kennzeichnet ein Luxusgut als ein solches in Abhängigkeit zur Einkommenselastizität der Nachfrage und meint damit eine z.B.: überproportionale Nachfrageerhöhung (bei einer Erhöhung des Einkommens). Siehe dazu: Werner Lachmann: Volkswirtschaftslehre. Grundlagen, Berlin/Heidelberg 2006, S. 81; Robert S. Pindyck/Daniel L. Rubinfeld: Mikroökonomie, München [5]2003, S. 64f.

9 Call for paper der 8. Internationalen Doktorand*innentagung des Doktoratskollegs für Mitteleuropäische Geschichte der Andrássy Universität Budapest, online unter: https://www.andrassyuni.eu/veranstaltungen/8-internationale-doktorandentagung.html (23. Dezember 2019).

10 Der Begriff der sozialen und/oder ökonomischen Ungleichheit bedarf einer sehr präzisen Eingrenzung. Je nach wissenschaftlicher Disziplin aber auch je nach Theorie und Methode werden verschiedene Aspekte der Ungleichheit betrachtet und (empirisch) erforscht. So schreibt etwa Thomas Ebert: „Der Streit um Gleichheit und Ungleichheit ist der Sache nach unvermeidbar, aber häufig wird die Kontroverse durch sprachliche Ungenauigkeit unnötig verschärft (...) es besteht ein Unterschied zwischen Gleichheit als ethischer Norm und Gleichheit als empirische Tatsache." Thomas Ebert: Gleichheit, Ungleichheit und Verteilungsgerechtigkeit, in: Sozialer Fortschritt, 10-11, 2013, S. 254–260, hier: S. 255.
Ein Konsens in den verschiedenen Begriffsdefinitionen lässt sich insofern ausmachen, als beinahe bei allen Autor*innen von einer längerfristigen und strukturellen Benachteiligung für gewisse Teile der Bevölkerung (im Gegensatz zu anderen) ausgegangen wird und dies damit auch Auswirkungen auf „soziale Lebenslagen" hat. Siehe dazu etwa: Peter Berger/Volker H. Schmidt (Hrsg.): Welche Gleichheit – Welche Ungleichheit. Grundlagen der Ungleichheitsforschung, Wiesbaden 2004 und Reinhard Kreckel: Politische Soziologie der sozialen Ungleichheit, Frankfurt am Main [3]2004.

der (sprachlich formulierten) Fragestellungen sein.[11] Denn sofern diese auf Erkenntnissen des heutigen Forschungs- und Wissensstands beruhen, treffen sie in geschichtswissenschaftlichen Analysen oftmals auf bestimmte historische Bedingungen: So etwa Begriffe, die sich im Laufe der Zeit wandelten und je nach geografischem Raum auch eine spezifisch-ausgeprägte Bedeutung haben; Methoden und Theorien, die für die Analyse heutiger Gesellschaften konzipiert wurden, können oftmals nur dann für die Untersuchung älterer und nicht mehr existierender (wie im Falle des sozialistischen Jugoslawiens) angewendet werden, wenn sie an die Bedingungen und spezifischen Ausprägungen des Untersuchungsgegenstandes angepasst und darin eingebettet werden. Der vorliegende Essay versucht demnach nicht, mittels verfügbarer Methoden und Theorien die untenstehenden Problemstellungen zu lösen, sondern das „Vorfeld der empirischen Forschung" zu thematisieren. Wie noch zu sehen sein wird, verbergen sich hinter Forschungsfragen oftmals Implikationen, welche ihrerseits auf bestimmte Hierarchien, Dichotomien und gewisse Widersprüche verweisen. Eine kritische (unter anderem sprachlogische/-philosophische) Auseinandersetzung mit dem Untersuchungsgegenstand und der Fragestellungen einer Dissertation kann dazu beitragen, inhärente Annahmen zu entdecken, womit nicht zuletzt die Analyse präzisiert werden kann. Anhand von drei Beispielen aus der Dissertation soll exemplarisch gezeigt werden, welche Annahmen die oben angeführten Fragestellungen beinhalten und welche Hierarchien, Widersprüche und Dichotomien sich aus diesen ergeben.

11 Die Begriffe Dekonstruktion und De-Kontextualisierung gehen auf die Untersuchungen der Sprache bzw. Semantik zurück, die in der Forschung aus verschiedenen Disziplinen wie etwa der Philosophie, der Literaturwissenschaft oder auch der Soziologie analysiert werden. Dessen Umfang wird im Rahmen des vorliegenden Beitrages nur kurz erwähnt, um nicht zuletzt die Relevanz dieser Untersuchungen zu betonen. Diese Analysen heben vor allem hervor, dass die Sprache *per se* mehr beinhaltet als ihre bloßen Schriftzeichen und jene Referenzen, auf welche sie sich bezieht. John L. Austin betonte etwa, dass die Sprache als performativer Akt zu verstehen ist, weil es eine Handlung bedarf, um die in der Sprache transportierten Aussagen zu „realisieren", also etwa „Ich gehe jetzt in den Zoo", bedarf eben jener Handlung, welche dieser Satz benennt. Siehe dazu: John L. Austin: Zur Theorie der Sprechakte. How to do Things with Words, Stuttgart 1972. Judith Butler hat auf Basis der Erkenntnisse von Austin, aber auch von Michel Foucault und Jacques Derrida konstatiert, dass die Sprache als ein Aspekt einer (sozialen) Realität zu betrachten ist und diese auch, neben anderen Teilen, konstituiert. Sprache beinhaltet somit nicht nur verschiedene Bedeutungen, sondern ist Teil einer Struktur, derer eine gewisse Macht inhärent ist: Um Begriffen eine Definition zu geben, braucht es eine sogenannte wiederholte „Anrufung" („invocation"), als performativen Akt zu verstehen, die wiederum erst dann erfolgen kann, wenn diese von Autoritäten einer Gesellschaft anerkannt wird. Damit entspricht dieser Prozess der Anerkennung gewissen (Macht-)Diskursen, die ihrerseits auf bestimmte Identität(en) verweisen kann. Ein Beispiel hierfür ist etwa die Aussage eines Arztes/einer Ärztin bei der Geburt „Es ist ein Mädchen", womit der Neugeborenen sogleich eine (Geschlechts-)Identität zugewiesen wird. Diese Zuweisung wird im Laufe der Zeit wiederholt werden, sofern angenommen wird, dass eine Gesellschaft die beiden Geschlechter mit spezifischen Zuschreibungen konnotiert hat. Damit steht für Butler fest, dass es dieser repetitive Charakter, diese wiederholte Anrufung ist, die eine (Geschlechter-) Norm in einer Gesellschaft begründet. Somit hat Butler aber zugleich auch Potenzial für eine Alternative begründet: „Genau darin, dass der Sprechakt eine nicht-konventionale Bedeutung annehmen kann, dass er in seinem Kontext funktionieren kann, zu dem er nicht gehört, liegt das politische Versprechen der performativen Äußerung." Siehe dazu Judith Butler: Hass spricht. Zur Politik des Performativen, Frankfurt am Main 2006. Zitat: Ebda., S. 252.

Implikationen der Forschungsfragen:

Annahme 1: „Es gibt verschiedene Formen und Möglichkeiten des Konsums“

Wie in der Einleitung erwähnt, werden im Rahmen der Dissertation nicht nur das persönliche Einkommen, sondern auch der Konsum analysiert: Auf Basis der errechneten Einkommensunterschiede soll mittels der entsprechenden Warenkorbausgaben auch evaluiert werden, wie sich diese Differenzen im Konsum manifestierten:

> Der Einkommensungleichheit entspricht einer Ungleichheit in den Konsumchancen einer Gesellschaft. Während die ärmeren Haushalte einen Großteil ihres Einkommens für die Befriedigung existenzieller Bedürfnisse aufwenden müssen (den Kauf von Nahrungsmitteln und Kleidung sowie für die Nutzung von Wohnraum), können sich reichere Haushalte über diese Grundbedürfnisse hinaus zwischen Befriedigung weiterer Bedürfnisse entscheiden, die nicht lebensnotwendig sind.[12]

Lässt sich zum Beispiel daraus schlussfolgern, dass einige Jugoslaw*innen beim Zugang zu den sogenannten Gütern des primären Bedarfs strukturell benachteiligt waren, wohingegen andere Haushalte – entsprechend ihren höheren Einkommen – mehr Produkte, teurere Güter bzw. Luxusgüter konsumieren konnten? Die Beantwortung dieser Frage ist dabei an eine Dichotomie geknüpft, denn der Gebrauch des Begriffes Luxus(-gut) und die Annahme, dass es Luxus(-güter) im sozialistischen Jugoslawien gab, erfordert und beinhaltet – sprachlich gesehen – auch dessen Gegenteil: die Annahme, dass es Güter des primären Bedarfs gab.

Die Schwierigkeit liegt (noch vor der Beantwortung der Frage, ob es Einkommensunterschiede und Konsumunterschiede gab) nun darin, diese Behauptung zu verifizieren, und zwar für den gesamten Zeitraum der Untersuchung (1945–1990). Zwar gibt es in der empirischen Forschung eine Reihe an methodischen Zugriffen, die das Verbraucherverhalten über einen gegebenen Zeitraum hinweg vergleichen und Güter als beispielsweise Luxusgüter

12 Jan-Otmar Hesse: Wirtschaftsgeschichte. Entstehung und Wandel der modernen Wirtschaft, Frankfurt am Main 2013, S. 67. Tatsächlich hat bereits der Statistiker Ernst Engel in der Mitte des 19. Jahrhunderts herausgefunden, dass mit steigendem Einkommen die Ausgaben für Nahrung, Kleidung und Wohnung sinken und gleichzeitig jene für nicht existenzielle Bedürfnisse steigen. Diese Beobachtung wird als das Engel'sche Gesetz bezeichnet. Siehe dazu: Ebda., S. 68f.

(„superiores Gut") klassifizieren können;[13] spannend im Hinblick auf das Ziel des Beitrages sind aber die Kontexte, in welchen sich diese Verschiebungen zutrugen. Anders formuliert: Aus sozial- und geisteswissenschaftlicher Perspektive bedingen sich beide Begriffe wechselseitig, sind relational und an bestimmte Mechanismen und Wertzuschreibungen geknüpft. Da in jeder Gesellschaft die Zirkulation und Verfügbarkeit von Waren geregelt und kontrolliert wird (direkt oder indirekt), verrät eben diese Verfügbarkeit auch gleichzeitig Charakteristiken einer Gesellschaft und gibt dadurch Einblick in die „soziale Wirklichkeit" einer Bevölkerung.[14] Werden nun jene Momente der jugoslawischen Geschichte berücksichtigt, die einen Einfluss auf diese Verfügbarkeit hatten, kann sich damit auch dem Verhältnis zwischen Luxus- und Primärgut angenähert werden und dabei helfen, die entsprechende Forschungsfrage sowie ihre Antworten zu präzisieren. Die folgenden Beispiele verdeutlichen dieses Verhältnis:

Das sozialistische Jugoslawien hatte nach dem Ende des Zweiten Weltkrieges massive wirtschaftliche Probleme. Neben der direkt vom Krieg verursachten Schäden (etwa ein Drittel der Industrie[15], Infrastruktur usw. wurden beschädigt[16]) und der Inflation „(...) besaßen bei Kriegsende nur 43,8 Prozent der bäuerlichen Haushalte in ganz Jugoslawien einen Pflug aus Eisen, weitere 18,2 Prozent hatten nur einen aus Holz. Alle anderen Teile des Landes besaßen weder Kanalisation noch fließend Wasser."[17] Darüber hinaus konnte eine Hungersnot nur mittels der Lieferung der United Nations Relief and Rehabilitation Administration abgewendet werden.[18]

Die weitere Einbettung dieser Dichotomie in die jugoslawische Geschichte verdeutlicht diese Relationalität. Die Möglichkeiten des Konsums waren – wegen der hohen Importabhängigkeit von Konsumgütern in Jugoslawien – in einem erheblichen Maße von außenpolitischen Beziehungen zum einen,

13 Der wirtschaftswissenschaftliche Zugang zu Luxusgütern (der auf Basis der Nachfrage ein Gut als Luxusgut bzw. „superiores Gut" bestimmt, wenn trotz Preiserhöhungen die Nachfrage wächst, demnach also vollkommen elastisch ist) wurde bereits weiter oben erwähnt. Konsumausgaben und -präferenzen wiederum lassen sich etwa mithilfe von Warenkörben („Güterbündel") analysieren und beschreiben. Siehe hierfür: Pindyck/ Rubinfeld: Mikroökonomie, S. 105f.

14 Kreckel: Politische Soziologie der sozialen Ungleichheit, S. 14. Siehe dazu auch: John W. Schouten/Diane M. Martin/Russell Belk (Hrsg.): Consumer Culture Theory, Research in Consumer Behavior Vol. 6, 2014; Nita Mathur (Hrsg.): Consumer Culture, Modernity and Identity, New Dehli 2014; Michael Jäckel: Einführung in die Konsumsoziologie. Fragestellungen – Kontroversen – Beispieltexte, Wiesbaden 2011; Arjun Appadruai: Introduction: Commodities and the Politics of Value, in: Arjun Appadurai (Hrsg.): The Social Life of Things. Commodities in Cultural Perspective, Cambridge 1988, S. 1–63, hier S. 6.

15 Die Verwendung des Begriffes der „Industrie" für Jugoslawien für den Zeitraum vor dem Zweiten Weltkrieg, bedeutet nicht, dass es sich dabei um eine „industrialisierte" Wirtschaft handelte. Den Übergang dazu schaffte Jugoslawien erst in den 1960er Jahren. Siehe dazu Janine Marie Calic: Geschichte Jugoslawiens im 20. Jahrhundert, München 2010, S. 256.

16 Ebda., S. 184.

17 Ebda.

18 George W. Hoffman/ Fred Warner Neal: Yugoslavia and the New Communism, New York 1962, S. 88f.

zum anderen von der wirtschaftlichen Konjunktur determiniert. Der sogenannte Tito-Stalin-Bruch im Jahre 1948 und die damit einhergehende Isolation Jugoslawiens[19], verursachten nicht nur eine politische und ideologische, sondern auch eine wirtschaftliche Neuorientierung, und zwar an nichtsozialistische Länder[20]: „So haben beispielsweise die amerikanischen Nahrungsmittellieferungen den Ausbruch von Hungersnöten nach der Kollektivierungskampagne und infolge der Missernten von 1950 und 1952 verhindert.“[21]

Es konnte zudem nachgewiesen werden, dass diese Handelsbeziehungen und vor allem die Importe aus den nichtsozialistischen Ländern, wie etwa den USA, der Bundesrepublik Deutschland, Österreich usw. maßgeblich von der Außenpolitik abhingen.[22] So folgten etwa dem Bombardement Nordvietnams im Februar 1965 durch die USA vom Universitätskomitee (des Bundes der Kommunisten) organisierte Demonstrationen in unter anderem Beograd, die den Abzug der U.S.-amerikanischen Truppen forderten und ihre „Solidarität mit den Völkern Vietnams“ bekundeten.[23] Eine unmittelbare Konsequenz davon war, dass die USA den Getreidehandel mit Jugoslawien aussetzten.[24] Da in den Jahren 1964 bis 1967 sämtliches Getreide in Jugoslawien aus den USA bezogen wurde, hatte das Einfrieren dieser Handelsbeziehung demnach weitreichende Konsequenzen darauf, wie Angebot und Nachfrage den Zugang (das heißt den Preis) zu Getreide und Getreideprodukten regelten. Letzten Endes hatte dieser politische/wirtschaftliche Umstand somit auch Einfluss darauf, ob Getreideprodukte als Luxus- oder als Primärgut gehandelt und klassifiziert wurden.

Wie sehr diese Dichotomie von weiteren Umständen der jugoslawischen Geschichte abhängt, verdeutlicht auch das letzte, hier angeführte Beispiel. So hatte die Wirtschaftskrise der 1980er Jahre unter anderem dazu geführt, dass Regale der Supermärkte zum ersten Mal nach 20 Jahren wieder leer waren: Butter, Milch, Waschmittel, Kaffee wurden zur Mangelware, für welche sich die Bevölkerung nun wieder in Schlangen anstellen und gegen Coupons ein-

19 So folgten diesem Bruch ein Ausschluss Jugoslawiens aus dem Kommunistischen Informationsbüro sowie der Ausschluss aus dem Rat für gegenseitige Wirtschaftshilfe im Jahre 1949, die eine wirtschaftliche Isolation bewirkten. Siehe dazu Holm Sundhaussen: Jugoslawien und seine Nachfolgestaaten 1943–2011. Eine ungewöhnliche Geschichte des Gewöhnlichen, Wien/Köln/Weimar [2]2014, S. 92f.

20 Ebda. sowie S. 123.

21 Ebda., S. 125.

22 Martina Mirković: Der jugoslawische Kommunismus: Eine Zeitreihenanalyse seiner letzten beiden Jahrzehnte, ungedr. phil. Masterarbeit, Wien: Universität Wien, 2016 und Radina Vučetić: Die jugoslawische Außenpolitik und die jugoslawisch-amerikanischen Beziehungen in den 1960ern, in: Hannes Grandits/Holm Sundhaussen, (Hrsg.): Jugoslawien in den 1960er Jahren. Auf dem Weg zu einem (a)normalen Staat? Wiesbaden 2013, S. 17–39, hier: S. 30.

23 Ebda.

24 Ebda., S. 32.

tauschen musste.[25] Darüber hinaus umfassten Maßnahmen gegen die Krise vor allem Importrestriktionen, um das Handelsbilanzdefizit zu verringern.[26] Wie weiter oben bereits erwähnt, wurde ein wesentlicher Anteil der Konsumgüter aus dem Ausland importiert, weshalb sich diese Restriktionen, zusammen mit der galoppierenden Inflation der 1980er Jahre[27], maßgeblich auf den Konsum und auf den Lebensstandard der Jugoslaw*innen auswirkte[28] – die Bedeutung von Luxusgütern und Primärgütern erfuhr damit eine weitere Änderung.

Abgesehen von der bereits erwähnten Möglichkeit, die entsprechenden Güter mittels Einkommenselastizitäten zu klassifizieren, gewährt die Kontextualisierung der beiden Begriffe innerhalb der jugoslawischen Geschichte einen weiteren Blick, sofern diese als Teil einer „sozialen Konstruktion"[29] oder „soziale Wirklichkeiten" begriffen werden. Demnach muss diese „auch aus der gesellschaftlichen Ordnung"[30] und aus dem entsprechenden zeitlichen Rahmen abgeleitet werden.

Annahme 2: „Es gab eine Verteilung von Arbeitseinkommen[31]"

Eine ähnliche Problematik findet sich im ersten Teil der empirischen Arbeit, welche die Lohnstruktur und -verteilung des sozialistischen Jugoslawiens seit den 1950er Jahren bis 1990 untersucht, wobei mit Struktur hier vor allem die Höhe der persönlichen Netto-Einkommen nach den verschiedenen industriellen Sektoren und nach den jugoslawischen Teilrepubliken gemeint ist. Auch der Begriff der Einkommensverteilung muss näher definiert werden, denn dieser kann nicht nur unterschiedlich interpretiert, sondern auch berechnet werden: Die persönliche Einkommensverteilung misst die Verteilung aller in der Volkswirtschaft entstandenen Einkommen auf die einzelnen Haushalte bzw. die einzelnen Individuen. Demgegenüber steht die sogenannte funktionale Verteilung des Nationaleinkommens auf die verschiedenen Produktions-

25 Susan L. Woodward: Balkan Tragedy. Chaos and Dissolution after the Cold War, Washington 1995, S. 51.

26 Ebda., S. 360.

27 Predrag Simić: Civil War in Yugoslavia. The Roots of Disintegration, in: Martin van den Heuvel/Jan G. Sicama (Hrsg.): The Disintegration of Yugoslavia (Yearbook of European Studies, 5), Amsterdam/Atlanta 1992, S. 83–100, hier S. 82.

28 Woodward: Balkan Tragedy, S. 52.

29 Kreckel: Politische Soziologie der sozialen Ungleichheit, S. 14.

30 Berger/Schmidt: Welche Gleichheit – Welche Ungleichheit, S. 34.

31 An dieser Stelle ist darauf zu verweisen, dass der Begriff „Arbeitseinkommen" nicht nur die Löhne und Gehälter meint, sondern auch die Einkommen aus unselbstständiger Arbeit miteinbezieht. Siehe dazu Thomas Piketty: Das Kapital im 21. Jahrhundert, München [6]2015, S. 320. Im Rahmen der Dissertation wird ausschließlich der sogenannte „sozialistische Sektor" Jugoslawiens untersucht, womit das Einkommen aus selbstständiger Arbeit ausgeschlossen wird und sich der Begriff „Arbeitseinkommen" in diesem Fall nur auf die Löhne und Gehälter bezieht.

faktoren (Arbeit, Kapital, Boden) und/oder auf die verschiedenen Arten von Einkommen, wie etwa Arbeit, Zinsen, Profite usw.[32]

Was die Verteilung der persönlichen Einkommen in Jugoslawien angeht, so lohnt sich erneut ein genauer Blick auf die Geschichte: Wie im Folgenden zu sehen sein wird, unterschied sich die jugoslawische Einkommensverteilung von der heutigen marktwirtschaftlichen, und zwar insbesondere aufgrund der sogenannten Arbeiterselbstverwaltung („radničko samoupravljene"). Nicht ausschließlich „rational ökonomische"[33] Aspekte setzten die Höhe der Einkommen fest, sondern die Arbeiter*innen selbst. Zwar ist dies für die empirische Untersuchung der Einkommensverteilung unerheblich, da in jedem Fall Einkommen ausbezahlt wurden, womit eine entsprechende Analyse und Beurteilung über ihre (un)gleiche Verteilung – ungeachtet der Frage, wer diese bestimmte – möglich ist. Erkenntnisse darüber etwa, welche Auffassung(en) von Arbeitseinkommen es im juristischen, im ideologischen und im politischen Sinne in Jugoslawien gab; wer über die Höhe und das System der Auszahlung resp. Verteilung in welchem Zeitraum entschied oder ob es staatliche Eingriffe gab, die eine gleiche Verteilung von Einkommen zu kontrollieren versuchten, können nicht nur einen erheblichen Einfluss auf die Interpretation der Ergebnisse nehmen, sondern auch auf ihre theoretische Verortung.

Flakierski verdeutlichte etwa die unterschiedlichen Systeme der Löhne in Jugoslawien, an die auch ihre Distribution gebunden war. Die Periode unmittelbar nach dem Zweiten Weltkrieg lässt sich unter anderem folgendermaßen kennzeichnen: „In the immediate postwar period the earnings distribution system in Yugolsavia was a copy of the Soviet one. The state established fully detailed skill differentials for all jobs, occupations, and trades in different branches and sectors of the economy."[34] Das Wirtschaftssystem Jugoslawiens war demnach in den Jahren nach 1945 ein zentralstaatlich geplantes System und für die oben angeführte Annahme insofern relevant, als die Festsetzung und Verteilung der Löhne ausschließlich den entsprechenden staatlichen Behörden oblagen. Zusammen mit der ideologischen Ausrichtung des Prinzips der „einheitlichen Stellung aller Werktätigen" bewirkte diese erste wirtschaftliche Ordnung eine relativ gleiche Verteilung von Einkommen und die Ver-

32 Antonio Villar: Lectures on Inequality, Poverty and Welfare, Cham 2017, S. 6.

33 Siehe hierfür etwa Dijana Pleština: Regional Development in Communist Yugoslavia. Success, Failure and Consequences, New York 1992.

34 Henryk Flakierski: The Economic System and Income Distribution in Yugoslavia, London 1989, S. 3. Auch Branko Horvat, Rudolf Bićanić und Bogomol Ferfila beschreiben das Wirtschaftssystem Jugoslawiens nach 1945 als ein administrativ-sozialistisches sowjetischer Prägung. Siehe dazu etwa Bogomil Ferfila: The Economics and Politics of a Socialist Debacle, The Yugoslav Case, London 1991, S. 94; Branko Horvat: The Yugoslav Economic System. The First Labor-managed Economy in the Making, New York 1976, S. 7; Rudolf Bićanić: Economic Policy in Socialist Yugoslavia, Cambridge 1973, S. 61 und S. 66.

ringerung von ökonomischen Ungleichheit, indem beispielsweise das Gehaltsniveau von Beamten und Angestellten den Löhnen der Arbeiter*innen angeglichen wurde: „The egalitarian ethos of the partisan (...) contributed to the elimination of social differences in Yugoslavia – differences that were substantial before the war."[35]

Der Übergang zu den 1950er Jahren war in Jugoslawien von einer Wandlung der Ökonomie begleitet: Der rigide Planungscharakter wich ersten Versuchen von Dezentralisierung sowie von „De-Bürokratisierung".[36] Die der Dezentralisierung zugrundliegende Intention richtete sich vor allem an die Verfügungsgewalt wirtschaftlicher Ressourcen sowie der Planung ihrer Verwendung: „The detailed central planning of production was gradually reduced in favor of strategic planning of basic proportions (...) Enterprises were given more autonomy."[37] Die von Flakierski angesprochene größere Autonomie manifestierte sich vor allem durch das im Juli 1950 erlassene Grundgesetz über die Verwaltung von Unternehmen (das sogenannte „Grundgesetz über die Verwaltung der staatlichen Wirtschaftsunternehmen"), mittels welchem die sogenannte Arbeiterselbstverwaltung in der Verfassung verankert wurde.[38] Ein Merkmal dieses neuen Wirtschaftssystems („novi privredni sistem")[39] und der autonomeren Betriebsentscheidungen war, dass die jugoslawischen Unternehmen nun über einen gewissen Prozentsatz ihrer Akkumulationsmittel selbst verfügen konnten. Darüber hinaus wurden die Preise eines breiten Spektrums an Gütern und Dienstleistungen dem Markt überlassen.[40]

In Bezug auf die Lohnverteilung erwies sich das neue System ebenfalls als folgenreich. Im Jahre 1952 wurden für die Ausbezahlung der Arbeitseinkommen Parameter (für jeden industriellen Sektor und Branche) entwickelt, anhand welcher sowohl das Einkommen der Arbeiter*innen als auch jenes des Unternehmens errechnet und festgesetzt werden sollten: die Rate der Akkumulation und Fonds („stopa akumulacija i fondovi", AF).[41] Als Verhältnis zwischen Nationaleinkommen einerseits und der auszubezahlenden Gehälter

35 Flakiersky: The Economic System and Income Distribution in Yugoslavia, S. 4.

36 Je nach Autor*in finden sich noch weitere Elemente dieses neuen Systems. Rudolf Bićanić spricht etwa von den „Vier D´s": Depolitisierung, Dezentralisierung, De-Etatisierung und Demokratisierung. Siehe dazu Bićanić, Economic Policy in Socialist Yugoslavia, S. 67. Auch der exakte zeitliche Übergang in die neue Periode wird unterschiedlich angegeben. Während Calic diesen im Jahre 1950 ansetzt, sieht Sundhaussen den Übergang erst in den späteren 1950er Jahren geschehen. Siehe dazu Sundhaussen Jugoslawien und seine Nachfolgestaaten, S. 110.

37 Flakiersky: The Economic System and Income Distribution in Yugoslavia, S. 4.

38 Bićanić: The Yugoslav Economic System, S. 67.

39 Branko Horvat: Privredni sistem i ekonomska politika Jugoslavije, Beograd 1970, S. 14f.

40 Sundhaussen, Jugoslawien und seine Nachfolgestaaten, S. 109.

41 Flakiersky: The Economic System and Income Distribution in Yugoslavia, S. 5 sowie auch Harry Schleicher: Das System der betrieblichen Selbstverwaltung in Jugoslawien, Berlin 1961, S. 80 und Deborah D. Milenkovitch: Plan and Market in Yugoslav Economic Thought, New Haven/London 1971, S. 84f.

andererseits konzipiert, war diese Rate ein erstes Zugeständnis an die Forderung nach mehr Autonomie, hatte jedoch aufgrund technisch-methodischer Mängel zur Folge, dass die Lohnunterschiede und damit die ungleiche Verteilung der Einkommen zunahm.[42] Wesentliche Neuerung fand dieses System auch durch die Einführung der Gewinnbeteiligung, wodurch die Arbeiter*innen keine Löhne und Gehälter ausbezahlt bekamen, sondern als Beteiligte am Gewinn oder am Verlust des Unternehmens begriffen wurden.[43] Eine weitere Wirtschaftsreform aus dem Jahre 1961 änderte in dieser zweiten Periode nochmals die Verwaltung und Distribution der Einkommen. Sie zielte unter anderem darauf ab, den Handlungsspielraum für die jugoslawischen Betriebe noch weiter auszubauen. Die sogenannten Arbeiterräte („radnički savez"), die im Rahmen der Arbeiterselbstverwaltung operatives Organ der Unternehmen waren[44], verfügten nun über die Netto-Einkommen der von ihnen verwalteten Betriebe, wenngleich Sundhaussen anmerkt, dass die Höhe dieser Netto-Einkommen, durch die Abgaben und Steuern an den Bund bedingt, niedrig ausfiel und der genannte Handlungsspielraum damit nur begrenzt erweitert wurde.[45]

Eine letzte, weitreichende Änderung in Bezug auf das jugoslawische Lohnsystem sei noch angeführt, welche durch die umfassenden Wirtschaftsreformen von 1965[46] eingeführt wurden. Weitreichend insofern, als sich die Höhe der Netto-Einkommen, über welche die Arbeiterräte verfügen konnten, vergrößerte, indem die progressive Besteuerung der Unternehmenseinkommen abgeschafft, ein Pauschalsteuersatz von zehn Prozent eingeführt wurde und „das Kapital in den Unternehmen organisch anwuchs."[47]

42 Flakiersky: The Economic System and Income Distribution in Yugoslavia, S. 5.

43 Branko Horvat nannte dieses System „Profit-sharing". Siehe dazu Horvat: The Yugoslav Economic System, S. 18. Die damit einhergehende Abkehr vom „Gewinnprinzip" wurde auf dem ersten Kongress der Arbeiterkollektive im Jahr 1957 gefordert: Die Einteilung des Einkommens in Arbeitslohn und Gewinn sei, so die gemeinsam verabschiedete Resolution, ein Merkmal bürgerlich-kapitalistischer Gesellschaften. Dieser Forderung wurde von der jugoslawischen Regierung schließlich nachgegangen und bedeutete die oben erwähnte Einführung des „Einkommensprinzips". Diesem Verständnis nach stellten die Mitarbeiter*innen eines Unternehmens auch kein Personal im klassischen Sinne mehr dar, die ein Recht auf Entlohnung haben. Viel eher waren sie nun Betreiber der sozialistischen Fonds, die zum Unternehmenserfolg beitrugen, womit sich ihr Einkommen nicht mehr als unabhängige Variable, sondern eine „Funktion des Verfahrens" konstituierte. Umgekehrt musste dies bedeuten, dass im Falle eines Verlustes, die Arbeiterkollektive nun auch das Risiko dafür trugen. Siehe dazu: Gudrun Lemân: Arbeiterselbstverwaltung in Jugoslawien, Köln 1973, S. 160; Flakierski, The Economic System and Income Distribution in Yugoslavia, S. 8f. Über die Resolution des Kongresses siehe: Resolution des Kongresses der Arbeiterkollektive in Jugoslawien vom Juni 1957, zitiert bei: Blagoje Bošković/David Dašić: Socialist-Self Management in Yugoslavia. 1950–1980. Documents, Beograd 1980, S. 105–116.

44 Hoffman/Neal: Yugoslavia and the New Communism, S. 240.

45 Ebda., 256.

46 Neben einer restriktiven Geldpolitik, einer Abwertung des Dinars und einer restriktiven Zollpolitik wurden die Preise zentralstaatlich korrigiert und an die Weltpreise angepasst sowie Subventionen maßgeblich reduziert. Siehe dazu Ferfila: The Economics and Policy of the Socialist Debacle, S. 110.

47 Rudy Weißenbacher: Jugoslawien. Politische Ökonomie einer Desintegration, Wien 2005, S. 164.

Bereits der Vergleich dieser drei Lohnsysteme in Jugoslawien im Zeitraum von weniger als 15 Jahren zeigt auf, dass für die Beantwortung der Fragestellungen innerhalb der Dissertation auch mehrere Perspektiven hilfreich sein können: Ist die Verteilung von Einkommen ausschließlich von der administrativen Festsetzung staatlicher Behörden abhängig, ist nicht nur das Ergebnis der Untersuchung von Einkommensunterschieden gesondert zu betrachten, sondern auch dessen Bewertung bzw. Kontextualisierung; oder anders formuliert: Die Gründe für eine mögliche ungleiche Einkommensverteilung hing im Falle Jugoslawiens davon ab, welchen Systemen und Organen die Distribution oblag. So können die staatlichen (und ideologischen) Behörden etwa nicht vollständig für die Lohnunterschiede der 1960er Jahre zur Verantwortung gezogen werden, eingedenk der Tatsache, dass die Löhne in einem bestimmten Maße von den direkt gewählten Arbeiterräten festgelegt wurden. Die genaue Analyse des bereits erwähnten „sozialen Konstrukts" ist auch in diesem Falle zweckdienlich und zeigt, wie empirische Methoden bestimmte Gegebenheiten implizieren und voraussetzen: So trifft eine Analyse der Einkommensverteilung in Jugoslawien nicht auf Löhne und Gehälter im marktwirtschaftlichen Sinne, sondern etwa auf ein System der Gewinn- und Verlustbeteiligung. Für die Anwendung verschiedener Ungleichheitsmaße ist die genaue Definition der ausbezahlten Einkommen zwar nicht relevant, umgekehrt aber muss eine entsprechende geschichtswissenschaftliche Forschung genau diese Kontexte beleuchten, sofern sie auch mögliche Gründe für ungleiche Entwicklung in Jugoslawien adressiert.

Annahme 3: „Durch die Einkommensunterschiede und die verschiedenen Formen von Konsummöglichkeiten hat sich eine ungleiche Eigentumsstruktur herausgebildet"

Bei der hier letzten zu diskutierenden Annahme steht der Begriff des Eigentums im Fokus und ist eng an die erste Annahme geknüpft. *Prima facie* ergibt sich bei diesem dritten Beispiel folgende Implikation: Es gibt eine Verbindung zwischen Einkommen, Konsum und Eigentum. Auf den Zusammenhang zwischen Einkommen und Konsum wurde bereits weiter oben hingewiesen.[48] Der folgende Schritt ist sehr eng an die erste Annahme dieses Essays gebunden, wonach die Einkommensunterschiede auch zu unterschiedlichen Chancen und Möglichkeiten des Konsums geführt haben. Wird nun weiters angenommen, dass Haushalte mit tendenziell höheren Einkommen auch eine höhere Sparquote aufwiesen und damit (theoretisch) mehr Eigentum akkumulieren konnten, führten die Einkommensunterschiede letztlich auch zu einer ungleichen Eigentumsstruktur. Im Sinne des vorliegenden Beitrages soll hier wiederum die Kontextualisierung der verschiedenen Implikationen im Vordergrund stehen, welche auch anhand des Begriffes des Eigentums bzw. der Eigentumsstruktur abgehandelt wird. Letzteres setzt nämlich eine bestimmte Prämisse voraus: die (verfassungsrechtliche) Möglichkeit von Eigentum- und Eigentumsakkumulation. Um diese Prämisse für Jugoslawien festzustellen, ist nicht nur der Rekurs auf die Geschichte notwendig, sondern auch auf jene ideologische Grundlage, auf die sich nicht zuletzt auch die jugoslawische Verfassung bezieht[49]:

> Die Prognosen – die der proletarischen Revolution und der daraus folgenden klassenlosen Gesellschaft – bieten eine besondere Angriffsfläche, weil man Jahrzehnte später leicht diagnostizieren konnte, die klassenlose Gesellschaft sei nicht realisiert worden, und zwar auch nicht in den „sozialistischen Ländern", in denen eine formale, weitgehende Abschaffung des Privateigentums an Produktionsmittel nicht zur Überwindung von Herrschaft und Unterdrückung geführt hatte.[50]

Die im Zitat angeführten Prognosen rekurrieren auf die Konzeptionen des Historischen Materialismus[51], wonach die beiden Klassen der „modernen bürgerlichen Gesellschaft" (das Proletariat und die Bourgeoisie) sich nach der Revolution auflösen und damit den Weg in die „klassenlose Gesellschaft" ebnen werden.[52] In einer solchen angekommen, werde das Privateigen-

48 Statistisch lässt sich ein solcher Zusammenhang mittels einer Korrelation eruieren und verifizieren, sofern es entsprechende Daten dazu gibt: Das Verhalten der beiden Merkmale, Einkommen und Konsumausgaben, wird in einer gegebenen Periode miteinander verglichen. Steigen oder sinken die Konsumausgaben und das Einkommen in einem ähnlichen Muster, kann davon ausgegangen werden, dass es hier einen (linearen) Zusammenhang, eine Korrelation gibt. Das Intervall des Korrelationskoeffizienten nach Pearson beschränkt sich auf $-1 < r < 1$. In dem hier angenommenen Fall eines Zusammenhanges nimmt der Koeffizient einen Wert an, der bei +1 liegt. Siehe dazu etwa Martin Böselt: Statistik, München/Wien ^{2}2018 sowie John Komlos/Bernd Süssmuth: Empirische Ökonomie. Eine Einführung in Methoden und Anwendungen, Berlin/Heidelberg 2010.

49 Siehe dazu etwa die Präambel der Verfassung von der Sozialistischen Föderativen Republik Jugoslawien von 1963, online unter: http://www.verfassungen.net/yu/verf63-i.htm (22. Juni 2021).

50 Nicole Burzan: Soziale Ungleichheit. Eine Einführung in die zentralen Theorien, Wiesbaden 2004, S. 19.

51 Siehe hierfür etwa Hans Eichbauer: Einführung in den wissenschaftlichen Sozialismus. Historischer Materialismus, Wien 1989.

52 Friedrich Engels: Herrn Eugen Dührings Umwälzung der Wissenschaft. Der Antidühring, Frankfurt am Main 1971.

tum an den Produktionsmitteln abgeschafft und damit die Ursache sozialer Ungleichheiten bekämpft.[53] Wie Burzan im Zitat andeutet, trafen diese Prognosen nicht ein und auch nicht dort, wo sich sozialistische Länder explizit den Zielen der marxistischen, dialektischen Geschichtsauffassung verschrieben: Abschaffung von Privateigentum an den Produktionsmitteln und eine klassenlose, „sozial gerechte"[54] Gesellschaft.[55]

In Bezug auf das Eigentum gab es im sozialistischen Jugoslawien zwei Besonderheiten, die beide ihre Begründung in der jugoslawisch-ideologischen Ausrichtung hatten. Noch während des Zweiten Weltkrieges, aber insbesondere unmittelbar danach, wurde das Eigentum von mutmaßlichen Kollaborateuren, Großgrundbesitzern, Banken, Kirchen, Klöstern usw. konfisziert und in das staatliche Eigentum übertragen[56] sowie in mehreren Etappen eine Bodenreform durchgeführt. Letzteres wurde entsprechend dem Vorbild der sowjetischen Kolchosen an sogenannte Arbeitskollektive („Seljačka Radova Zadruga") vergeben, die das Land bewirtschafteten (und nicht besaßen).[57] In den Jahren 1946 bis 1948 folgten dann die Verstaatlichungen des Handels, der Industrie, des Bank- und Transportwesens sowie schließlich auch der Gastronomie.[58] Dieser Transfer von privatem ins staatliche Eigentum hatte seine Begründung im eingangs angeführten Konzept des Historischen Materialismus gefunden: Die letzte zu erreichende Phase der gesellschaftlichen Transformationen des Kommunismus sei dadurch gekennzeichnet, dass es keine unterschiedlichen und sich gegenüberstehenden Klassen mehr gebe. Während sich in der Phase der kapitalistischen Warenproduktion dem Eigentum an den Produktionsmitteln ausschließlich die „besitzende" Klasse, die bürgerliche Klasse, annimmt, würde in kommunistisch/sozialistischen Gesellschaften das Privateigentum (an den Produktionsmitteln) abgeschafft werden[59]: „In diesem Sinne können die Kommunisten ihre Theorie in dem einen Ausdruck: Aufhebung des Privateigentums, zusammenfassen."[60]

Die Umsetzung dieses Zieles fand sich – in der jugoslawischen Ausprägung – im sogenannten „Gesellschaftseigentum" („društveno svojno") wieder. Über

53 Burzan: Soziale Ungleichheit, S. 15.

54 Ebda., S. 17.

55 Siehe dazu Teil II der Verfassung der Sozialistischen Föderativen Republik Jugoslawien von 1963, online unter: http://www.verfassungen.net/yu/verf63-i.htm (22. Juni 2021).

56 Calic: Geschichte Jugoslawiens im 20. Jahrhundert, S. 185.

57 Hoffmann/Neal: Yugoslavia and the New Communism, S. 270.

58 Ebda., S. 90.

59 Friedrich Engels/Karl Marx: Manifest der kommunistischen Partei, Stuttgart 1969, S. 31.

60 Ebda., S. 35.

Umwege und insbesondere durch den Tito-Stalin Bruch von 1948[61] ausgelöst, fand eine Umstrukturierung der jugoslawischen Interpretation der marxistischen Eigentumsauffassung statt: In nun scharfer Abgrenzung zum „staatskapitalistischen System“[62] in der Sowjetunion, wurde das staatliche Eigentum über die Produktionsmittel an die Gesellschaft übertragen. Entsprechend dazu lautete der achte Artikel der jugoslawischen Verfassung von 1963: „Die Produktions- und sonstigen Mittel der gesellschaftlichen Arbeit sowie alle Bodenschätze und sonstigen Naturreichtümer sind Gesellschaftseigentum.“[63] In Anlehnung an die „Lehre des absterbenden Staates“ von Friedrich Engels, später von Vladimir Il'ič Ul'janov, Lenin[64], weiterentwickelt, sollte das Eigentum nicht mehr von der Kommunistischen Partei Jugoslawiens, bzw. später dem Bund der Kommunisten Jugoslawiens, verwaltet und kontrolliert werden, sondern von jenen Personen, die das Eigentum durch ihre Arbeit erst möglich machen: die jugoslawischen Arbeiter*innen:

> Worin ist bei uns der Beginn das Absterben des Staates zu sehen? (...) Erstens, die Dezentralisierung der staatlichen Verwaltung, besonders der Wirtschaft. Zweitens, die Übergabe der Fabriken und der Wirtschaftsbetriebe an die Arbeiterkollektive zur weiteren Verwaltung.[65]

Bereits dieser kurze Exkurs in die Ideologiegeschichte Jugoslawiens verdeutlicht, warum eine intensive Auseinandersetzung mit den Begriffen, ihren impliziten Bedeutungen und Prämissen unabdingbar ist. Nicht nur, dass sich der Begriff des Eigentums nicht ohne weiteres auf das jugoslawische Beispiel übertragen lässt, sondern auch, dass sich die jugoslawischen Eigentumsauffassungen mehrmals änderten. Der wohl auffälligste Bruch mit der Bedeutung der heutigen rechtlichen Auffassung von Eigentum[66] stellt die, im oben erwähnten Zitat von Josip Broz Tito (7. Mai 1892 – 4. Mai 1980),

---

61 Siehe dazu etwa: Sundhaussen, Jugoslawien und seine Nachfolgestaaten, S. 92–101. Dieser Bruch in den jugoslawisch-sowjetischen Beziehungen hatte unter anderem zur Folge, dass Jugoslawien eine neue ideologische Legitimität brauchte. Zweckdienlich erschien hier die Lehre des Absterbens des Staates von Friedrich Engels und Vladimir Lenin, wonach der Staat ein Ergebnis der Klassengegensätze sei. Die besitzende Klasse benötige den Staat zum Schutze vor dem Proletariat. Wird aber das Privateigentum an den Produktionsmitteln und damit auch die Klassengegensätze abgeschafft, brauche es den Staat und seine schützenden Funktionen nicht mehr: „er stirbt ab“. Siehe dazu Engels: Herrn Eugen Dührings Umwälzung der Wissenschaft, S. 262f.

62 Ebda.

63 Artikel 8 der Verfassung von 1963, online unter: http://www.verfassungen.net/yu/verf63-i.htm (30. Juni 2021).

64 Wladimir Lenin: Staat und Revolution. Die Lehre des Marxismus vom Staat und die Aufgabe des Proletariats in der Revolution, München 2001.

65 Josip Broz: Der jugoslawische Weg. Sozialismus und Blockfreiheit. Aufsätze und Reden, München 1976, S. 141.

66 Heinrich Honsell/Theo Mayer-Maly/Walter Selb: Eigentum, in: Heinrich Honsell/Paul Jörs/Wolfgang Kunkel/Leopold Wenger/Theo Mayer-Maly/Walter Selb (Hrsg.): Römisches Recht. Enzyklopädie der Rechts- und Staatswissenschaft, Berlin/Heidelberg 1987, S. 142f.

Übergabe der Wirtschaftsbetriebe an die Arbeiterkollektive dar und bezieht sich auf die bereits erwähnte jugoslawische Arbeiterselbstverwaltung.

Wiederum muss diesbezüglich auf die entsprechende ideologische Komponente rekurriert werden: Das Fundament des „Reichtums", wie Marx anmerkte, bildet die Aneignung des Mehrwertes durch den „Kapitalisten"[67]: „Die politische Ökonomie stellt das Kapital daher überhaupt dar als 'akkumulierten Reichtum' (verwandelten Mehrwert oder Einkommen), der von neuem zur Produktion von Mehrwert verwandelt wird."[68] Marx versuchte in seinem Werk „Das Kapital" jenen Prozess zu beschreiben, auf dessen Basis die Arbeiter*innen in kapitalistischen Produktionsweisen ausgebeutet und die „Kapitalisten" damit reicher wurden. Dreh- und Angelpunkt ist in dieser Erklärung der schon erwähnte Mehrwert, den Marx als „Überschuss des Wertes des Produktes über die Wertsumme seiner Produktionselemente"[69] bezeichnete. Vereinfacht dargestellt resultiert dieser Überschuss aus der Summe zweier im Produktionsprozess hergestellten Werte: Dem Wertprodukt der Arbeit, jener Wert, der von den Arbeiter*innen erzeugt wird, und dem Wert der Arbeitskraft, der die Erhaltung und Reproduktion der Arbeitskraft gewährleistet. Nach Marx' Logik zahlt der Arbeitgeber aber nur Letzteres, als Entlohnung verstanden, an die Arbeiter*innen aus, womit sich die Differenz, die Marx den Mehrwert nannte, ergibt.[70]

Hier lässt sich auch der Kreis zur jugoslawischen Geschichte und damit zur spezifischen Dekonstruktion des Eigentumsbegriffes schließen, und zwar insofern, als die Festsetzung des Mehrwertes (im Rahmen der Arbeiterselbstverwaltung und deren Verwaltungsrechte über das Gesellschaftseigentum) nun den Arbeiter*innen oblag.[71] Laut Verfassung hatten diese weitreichende Rechte[72]:

1) „Verwaltung der Arbeitsorganisation durch das von ihnen gewählte Verwaltungsorgan" (Arbeiterräte/radnički sav(j)et, Anm. der Verfasserin);
2) Organisation der Produktion oder Dienstleistung im Sinne von Arbeits- und Entwicklungsplänen und Entwicklungsprogrammen;
3) „Entscheidungsbefugnisse in Bezug auf die Arbeitsorganisation";
4) Befugnisse „über die Verwendung und Verteilung der gesell-

67 Karl Marx: Das Kapital. Kritik der politischen Ökonomie, Köln ^{2}2009, S. 206.
68 Ebda., S. 518.
69 Ebda., S. 189.
70 Johannes Rohbeck: Marx, Stuttgart 2014, S. 25f.
71 Hoffman/Neal: Yugoslavia and the New Communism, S. 240.
72 Sundhaussen: Jugoslawien und seine Nachfolgestaaten, S. 109.

schaftlichen Mittel zu entscheiden und dieselben wirtschaftlich zweckmäßig zur Erzielung des höchstmöglichen Effekts für die Arbeitsorganisation und Gesellschaftsgemeinschaft zu nützen";

5) über die Organisierung der Einkommensverteilung zu entscheiden sowie diese vorzunehmen und „die Entwicklung der materiellen Grundlage ihrer Arbeit zu gewährleisten";

6) über die Arbeitsbeziehung zwischen Werktätigen in der Arbeitsorganisation zu entscheiden sowie „sonstige Fragen von gemeinsamem Interesse zu regeln";

7) über die Arbeitsbedingungen in der Arbeitsorganisation zu entscheiden wie Arbeitsschutz, Erholung und Ausbildung „sowie für die Hebung ihres persönlichen und gesellschaftlichen Standards zu sichern";

8) über das Ausscheiden eines Teils der Arbeitsorganisation in eine getrennte Organisation sowie über „die Zusammenlegung und Vereinigung der Arbeitsorganisation mit anderen Arbeitsorganisationen zu entscheiden."[73]

Zusammenfassend lässt sich aus diesen acht Punkten schließen, dass die Arbeiter*innen (und nicht etwa die/der Betriebseigentümer*in) sowohl für die Festsetzung und Verteilung ihrer eigenen Entlohnung verantwortlich waren als auch dafür, dass eben diese Verteilung im Sinne von gemeinsamen, „gesellschaftlichen Interessen" geregelt wurde. Der Arbeiterschaft wurde damit nicht nur die Verantwortung über ihr eigenes Einkommen übertragen, sondern auch eine gewisse moralische Verpflichtung (wenngleich diese unbestimmt blieb) gegenüber der jugoslawischen Gesellschaft. Mit diesen Bestimmungen würde nicht nur der von Marx eingebrachten Ausbeutung und „Verelendung der Arbeiterklasse" vorgebeugt werden. Es wurden damit auch „anthropomorphe Kategorien" wie „gerecht und ungerecht"[74] in Bezug auf

73 Artikel 9 der Verfassung von 1963, online unter: http://www.verfassungen.net/yu/verf63-i.htm (21. Juni 2021).

74 Der österreichische Vertreter des sogenannten Neoliberalismus Friedrich August von Hayek stellte demgegenüber fest, dass es solche anthropomorphen Kategorien für das Funktionieren der Wirtschaft nicht geben könne. Wirtschaftsabläufe ließen sich weder von Menschen planen, kontrollieren noch lenken, weil den Menschen eine „Begrenztheit des Wissens" inhärent sei. Die Wirtschaft sei ein Komplex von Elementen, das „kein Gehirn feststellen oder manipulieren kann." (Friedrich August von Hayek: Recht, Gesetzgebung und Freiheit. Bd. 1, Regeln und Ordnung. Eine neue Darstellung der liberalen Prinzipien der Gerechtigkeit und der politischen Ökonomie, München 1980, S. 61.) Die Menschen innerhalb einer Volkswirtschaft können demnach nicht alle ökonomischen Prozesse überschauen, womit jede diesbezügliche Entscheidung auf der Basis unvollständiger Informationen getroffen werden müsste. Damit würde der Kreislauf der Ökonomie, die durch den Wettbewerb und der Preissignale koordiniert wird, unterbrochen werden; es wäre ein „Eingriff in die spontane Ordnung." Siehe dazu Friedrich August von Hayek: Der Weg zur Knechtschaft, München 1991, S. 60.
Dieser Überzeugung wird hier das Argument gegenübergestellt, dass die Handhabung der jugoslawischen Wirtschaft durchaus gesteuert wurde mit dem Ziel, eben jene „anthropomorphen" Ziele zu erreichen, derer sich Jugoslawien aufgrund der ideologischen Ausrichtung verschrieb.

die Wirtschaft und Wirtschaftsakteur*innen eingeführt, sofern darunter das Handeln im Interesse der ganzen Gesellschaft verstanden wird. Aus theoretischer Perspektive würde somit die Konzentration des Vermögens (und damit des Eigentums) in den Händen weniger Personen nicht nur der moralischen Verpflichtung widersprechen, sondern auch der verfassungsrechtlichen. Eigentum, als eine zu bemessende und bewertende Kategorie, bekommt in dieser Hinsicht weitaus komplexere Merkmale zugeschrieben, als es ihre heutige ökonomische und rechtliche Definition vorsieht.[75]

Conclusio

Das Ziel des Beitrages war zu zeigen, wie den hier angeführten Fragestellungen der Dissertation bestimmte Implikationen und Behauptungen zugrundliegen, die noch vor jeder empirischen Arbeit entdeckt und bearbeitet werden mussten. Anhand dreier ausgewählter Beispiele wurde veranschaulicht, dass die bloße (sprachliche) Formulierung von Fragen bestimmte Merkmale, Abhängigkeiten und Strukturen enthält, die ihrerseits wiederum verschiedenen Theorien und verschiedenen Definitionen entsprechen. Ein Rekurs auf eben diese ist somit unabdingbar für das (Lese-)Verständnis sowie auch für die explizite und präzise Verortung der Analyse.

So zeigte sich etwa, dass die Verteilung von Arbeitseinkommen in Jugoslawien mehreren verschiedenen Systemen unterlag, deren jeweilige Bestimmung maßgeblich für die Untersuchung und Kontextualisierung der statistischen Ergebnisse ist. Die Annahme, dass es einigen Jugoslaw*innen möglich war, teurere (Luxus-)Produkte zu konsumieren, stellt damit nicht nur fest, dass es eine Ungleichheit in Bezug auf die Konsumation gab, sondern auch, dass es Luxusgüter und ihr entsprechendes Gegenteil gab: Güter des primären/existenziellen Bedarfs. Wie aber gezeigt wurde, konnte von beiden, in Zeiten von Hungernöten, Konjunkturschwächen und außenpolitischen Problemen, nicht oder nur bedingt ausgegangen werden (sofern dieser Begriff nicht ausschließlich mittels Einkommenselastizitäten definiert wird).

Ein solches Vorgehen ist nicht nur für den Fall der Dissertation hilfreich. Die ungleiche Verteilung von Einkommen und Vermögen wird nicht zuletzt durch Thomas Pikettys im Jahre 2014 erschienenen Werk „Das Kapital im 21. Jahrhundert“ als ein Faktor instabiler gesellschaftlicher Verhältnisse wahrge-

75 Honsell/Mayer-Maly/Selb: Eigentum, S. 142f.

nommen, den es zu überwinden gilt.[76] Entsprechende Forschungsarbeiten können hierfür sowohl neue Erkenntnisse als auch Prognosen und Vorschläge (etwa zur Überwindung) liefern. Ganz in diesem Sinne ist auch dieser Beitrag zu verstehen: Eigentumsverhältnisse und -strukturen in Jugoslawien sind zwar nicht mit den gleichen Parametern zu bewerten, wie es Untersuchungen heutiger Volkswirtschaften etwa tun sowie *vice versa*. Sie können aber das Verständnis für diese Begriffe vertiefen und diversifizieren, etwa durch die Analyse von vergangenen Entwicklungen in verschiedenen Regionen. Das Einkommen eines Unternehmens wird heute mehrheitlich nicht (mehr) von dessen Arbeiter*innen und Angestellten verteilt; wohin eine solche Distribution geführt hat und welcher (Un-)Gleichheit sie dabei entsprach, kann aber eben erwähnte Vorschläge anregen und mitbeeinflussen. Schließlich war das Ziel des Beitrages auch zu betonen, dass sich je nach Perspektive auch der Untersuchungsgegenstand verändern kann. Wird an das obige Beispiel nochmal angeknüpft, dann ergibt sich folgender Umstand: Ob Getreide im Laufe der Jahrzehnte als Luxusgut galt, lässt sich mit einigen Modellen aus den Wirtschaftswissenschaften konkret beantworten. Von welchen Faktoren der Bedeutungswechsel abhing, verrät ein Blick auf die Geschichte und noch spezifischer, in diesem Fall auf die Außenpolitik Jugoslawiens. Weiters noch: An das Eigentum und die Eigentumsakkumulation könnte sich durch beispielsweise die Sparquote angenähert werden, der Weg zu den (offiziellen) Auffassungen darüber aber führt über die Geschichte der jugoslawischen Ideologie und in weiterer Folge über das Wirtschaftssystem, welches von der Arbeiterselbstverwaltung maßgeblich mitbestimmt wurde.

76 Die Frage danach, warum Gleichheit als beurteilende Kategorie innerhalb Gesellschaften eine maßgebliche Rolle in der Forschung spielt, lässt sich mit Thomas Pikettys Einleitung zusammenfassen: „Die Verteilung der Vermögen ist heutzutage eine der interessantesten und meistdiskutierten Fragen. Aber was weiß man wirklich über ihre langfristige Entwicklung? Führt die Dynamik der privaten Kapitalakkumulationen zwangsläufig zu einer immer stärkeren Konzentration von Reichtum und Macht in den Händen weniger, wie Marx im 19. Jahrhundert angenommen hat? Oder führen die ausgleichenden Kräfte von Wachstum, Wettbewerb und technologischen Fortschritt von selbst zu einer Verringerung der Ungleichheit und einer harmonischen Stabilisierung in den fortgeschrittenen Entwicklungsphasen, wie Simon Kuznets im 20. Jahrhundert glaubte?" Siehe dazu Thomas Piketty: Das Kapital im 21. Jahrhundert, S. 13.

Literaturverzeichnis

Literatur

Austin, John L: Zur Theorie der Sprechakte. How to do Things with Words, Stuttgart 1972.

Berger, Peter/Schmidt, Volker H. (Hrsg.): Welche Gleichheit – Welche Ungleichheit. Grundlagen der Ungleichheitsforschung, Wiesbaden 2004.

Berković, Eva: Socijalne nejednakosti u Jugoslaviji, Beograd 1988.

Bićanić, Rudolf: Economic Policy in Socialist Yugoslavia, Cambridge 1973.

Böselt, Martin: Statistik, München/Wien ²2018.

Bošković, Blagoje/Dašić, David: Socialist-Self Management in Yugoslavia. 1950–1980. Documents, Beograd 1980.

Broz, Josip: Der jugoslawische Weg. Sozialismus und Blockfreiheit. Aufsätze und Reden, München 1976.

Burzan, Nicole: Soziale Ungleichheit. Eine Einführung in die zentralen Theorien, Wiesbaden 2004.

Butler, Judith: Hass spricht. Zur Politik des Performativen, Frankfurt am Main 2006.

Calic, Janine Marie: Geschichte Jugoslawiens im 20. Jahrhundert, München 2010.

Ebert, Thomas: Gleichheit, Ungleichheit und Verteilungsgerechtigkeit, in: Sozialer Fortschritt, 10-11, 2013, S. 254–260.

Eger, Thomas: Das regionale Entwicklungsgefälle in Jugoslawien, Paderborn/München/Wien/Zürich 1980.

Eichbauer, Hans: Einführung in den wissenschaftlichen Sozialismus. Historischer Materialismus, Wien 1989.

Engels, Friedrich: Herrn Eugen Dührings Umwälzung der Wissenschaft. Der Antidühring, Frankfurt am Main 1971.

Engels, Friedrich/Marx, Karl: Manifest der kommunistischen Partei, Stuttgart 1969.

Flakierski, Henryk: The Economic System and Income Distribution in Yugoslavia, London 1989.

Ferfila, Bogomil: The Economics and Politics of a Socialist Debacle, The Yugoslav Case, London 1991.

Hesse, Jan-Otmar: Wirtschaftsgeschichte. Entstehung und Wandel der modernen Wirtschaft, Frankfurt am Main 2013.

Hoffman, George W./Neal, Fred Warner: Yugoslavia and the New Communism, New York 1962.

Honsell, Heinrich/Mayer-Maly, Theo/Selb, Walter: Eigentum, in: Honsell, Heinrich/Jörs, Paul/Kunkel, Wolfgang/Wenger, Leopold/Mayer-Maly, Theo/Selb, Walter (Hrsg.): Römisches Recht. Enzyklopädie der Rechts- und Staatswissenschaft, Berlin/Heidelberg 1987.

Horvat, Branko: The Yugoslav Economic System. The First Labor-managed Economy in the Making, New York 1976.

Horvat, Branko: Privredni sistem i ekonomska politika Jugoslavije, Beograd 1970.

Jäckel, Michael: Soziologie. Eine Orientierung, Wiesbaden 2010.

Kreckel, Reinhard: Politische Soziologie der sozialen Ungleichheit, Frankfurt am Main [3]2004.

Komlos, John/Süssmuth, Bernd: Empirische Ökonomie. Eine Einführung in Methoden und Anwendungen, Berlin/Heidelberg 2010.

Lachmann, Werner: Volkswirtschaftslehre. Grundlagen, Berlin/Heidelberg 2006.

Lemân, Gudrun: Arbeiterselbstverwaltung in Jugoslawien, Köln 1973.

Lenin, Wladimir: Staat und Revolution. Die Lehre des Marxismus vom Staat und die Aufgabe des Proletariats in der Revolution, München 2001.

Marx, Karl: Das Kapital. Kritik der politischen Ökonomie, Köln [2]2009.

Milenkovitch, Deborah D.: Plan and Market in Yugoslav Economic Thought, New Haven/London 1971.

Mirković, Martina: Der jugoslawische Kommunismus: Eine Zeitreihenanalyse seiner letzten beiden Jahrzehnte, ungedr. phil. Masterarbeit, Wien: Universität Wien 2016.

Organisation for Economic Cooperation and Development, Economic Surveys Yugoslavia, Paris 1989.

Pleština, Dijana: Regional Development in Communist Yugoslavia. Success, Failure and Consequences, New York 1992.

Piketty, Thomas: Das Kapital im 21. Jahrhundert, München [6]2015.

Pindyck, Robert S./Rubinfeld, Daniel L.: Mikroökonomie, München [5]2003.

Rohbeck, Johannes: Marx, Stuttgart 2014.

Popov, Sofija: Lični dohoci i inflacija troškova, Analiza kretanja cena i ličnih dohodaka u Jugoslaviji, Beograd 1983.

Simić, Predrag: Civil War in Yugoslavia. The Roots of Disintegration, in: Martin van den Heuvel/Jan G. Sicama, (Hrsg.): The Disintegration of Yugoslavia. Yearbook of European Studies 5, Amsterdam/Atlanta 1992, S. 83–100.

Sundhaussen, Holm: Jugoslawien und seine Nachfolgestaaten 1943–2011. Eine ungewöhnliche Geschichte des Gewöhnlichen, Wien/Köln/Weimar ²2014.

Villar, Antonio: Lectures on Inequality, Poverty and Welfare, Cham 2017.

Von Hayek, Friedrich August: Recht, Gesetzgebung und Freiheit. Bd. 1, Regeln und Ordnung. Eine neue Darstellung der liberalen Prinzipien der Gerechtigkeit und der politischen Ökonomie, München 1980.

Von Hayek, Friedrich August: Der Weg zur Knechtschaft, München 1991.

Vučetić, Radina: Die jugoslawische Außenpolitik und die jugoslawisch-amerikanischen Beziehungen in den 1960ern, in: Grandits, Hannes/Sundhaussen, Holm (Hrsg.): Jugoslawien in den 1960er Jahren. Auf dem Weg zu einem (a)normalen Staat? Wiesbaden 2013, S. 17–39.

Weißenbacher, Rudy: Jugoslawien. Politische Ökonomie einer Desintegration, Wien 2005.

Woodward, Susan L.: Socialist Unemployment. The Political Economy of Yugoslavia 1945– 1990, Princeton 1995.

Woodward, Susan L.: Balkan Tragedy. Chaos and Dissolution after the Cold War, Washington 1995.

Quellen

Call for paper der 8. Internationalen DoktorandInnentagung des Doktoratskollegs für Mitteleuropäische Geschichte der Andrássy Universität Budapest, online unter: https://www.andrassyuni.eu/veranstaltungen/8-internationale-doktorandentagung.html (23. Dezember 2019).

Die Verfassung von 1963 der Sozialistisch Föderativen Republik Jugoslawien, online unter: http://www.verfassungen.net/yu/verf63-i.htm (22. Juni 2021).

Problematiken bei der Erstellung eines Datenkatalogs

Fanny Orbán

Abstract

Der vorliegende Text möchte, nach einer kurzen Vorstellung bzw. Darstellung des Genres „Operette", darstellen, wie ein Datenkatalog erstellt werden kann, welche Probleme sich ergeben (können) und allgemein welche Daten dafür herangezogen wurden. Näher aufgezeigt wird die Sammlung des Operetta Archives Los Angeles und die Theaterzettelsammlung des Wiener Theatermuseums. Probleme, die aufgezeigt werden, umfassen einerseits die Lesbarkeit des Archivmaterials, die Menge der erhobenen Daten und die weitere Umgangsweise damit usw. Am Ende werden der Katalog und die damit einhergehenden Ergebnisse grob dargestellt, um einen Überblick zu erhalten, was tatsächlich gesammelt und erarbeitet werden konnte.

SCHLAGWÖRTER

Operette, Zwischenkriegszeit, Wien/Österreich, Budapest/Ungarn, Katalogisierung, Archivforschung, Theaterzettel, Kulturraum Österreich-Ungarn

Einleitung

Der folgende Artikel soll diverse Problematiken bei der Ausarbeitung eines Datenkatalogs aufzeigen. Geschehen soll dies anhand einer Datensammlung zur Erstellung (m)einer Dissertation – gesammelt wurden hierzu Aufführungen von Operetten und verwandten Genres in Wien (und weiterführend in Budapest) zwischen 1918 und 1938. Warum dieser Zeitraum gewählt wurde: Mit dem Ende des 1. Weltkriegs und dem damit einhergehenden Zerfall der

österreichisch-ungarischen Monarchie[1] ist auch der von den in der Monarchie vertretenen Nationen geprägte Kulturraum nicht nur unter- sondern auch verlorengegangen.
Denn: Die Operette als Musiktheaterform entwickelte sich auf dem Gebiet der ehemaligen Donaumonarchie seit dem ausgehenden 17. Jahrhundert. Ihre größten Erfolge feierte sie mit Beginn des 20. Jahrhunderts und der um die Jahrhundertwende entstehenden „Wiener Operette“[2], welche in das Zeitalter der silbernen Operettenära einzuordnen ist.[3]
Folgende Kategorien wurden in diesem Katalog erfasst:
Name der Operette; Komponist; Librettist(en) des Text- bzw. Gesangsbuchs; Ort und Datum ihrer Ur- bzw. Erstaufführung in Wien und in Budapest; genaues Genre des Stückes; Schauspieler; Anmerkungen.
Einleitend muss auch noch erläutert werden, was unter dem Begriff der Operette zu verstehen ist und wie sie sich von Musical und Revue abgrenzt.
Laut Lexikon ist die Operette:

> „aus dem italienischen operetta ‘kleine Oper‘ musikal. Bühnenstück mit meist heiterer, locker gefügter Handlung, gesprochenem Dialog, Gesang und Tanz. Die Musik entspricht in ihren Formen der der Oper (Ouvertüre, Arien, Ensembles, Chöre), jedoch in wesentlich kleineren Ausmaßen und mit bescheidenerem Anspruch. In den Tanzeinlagen finden oft aktuelle Tänze der Zeit Verwendung. (...) Die Grenzen zur kom. Oper, zum Singspiel, zur Posse mit Gesang sind fließend. Urspr. bezeichnete O. eine kleine Oper (Singspiel); erst später hat das Wort die heutige Bedeutung angenommen.“[4]

1 In Folge der Niederlage bei Königgrätz 1866 schloss Kaiser Franz Joseph mit den Ungarn ein Abkommen, welches zum österreichisch-ungarischen Ausgleich 1868 führte und beinhaltete, dass Ungarn und Österreich zu gleichen Teilen die Verantwortung für Handel, Militär und Außenpolitik tragen sollten. Das Gebiet wurde offiziell zur Doppelmonarchie Österreich-Ungarn und Kaiser Franz Joseph zum König der Ungarn gekrönt. Vgl. William M. Johnston: Zur Kulturgeschichte Österreichs und Ungarns 1890–1938. Auf der Suche nach verborgenen Gemeinsamkeiten, Wien/Köln/Weimar 2015.

2 Der Begriff „Wiener Operette“ bezeichnet alle Operetten, die im Zeitraum zwischen 1860 und 1960 in Wien uraufgeführt wurden. Diese Spezies der Operette fällt sowohl in die Zeit der goldenen als auch der silbernen Operettenära. Zu ihren berühmtesten Vertretern dieser Operettenform zählen: Carl Millöcker, Franz Lehár, Oscar Straus, Emmerich Kálmán oder auch Ralph Benatzky.

3 Die Geschichte der Operette lässt sich allgemein in zwei wichtige Ären einteilen: die goldene und die silberne Ära. Die goldene Operettenära umfasst in etwa die Zeit zwischen 1860 und 1900; ihre wichtigsten Vertreter sind: Franz von Suppé, Johann Strauß Sohn sowie Carl Millöcker. Die darauffolgende silberne Operettenära dauerte von 1900 bis etwa 1940. Diese Ära ist geprägt vom Höhepunkt der Operettengeschichte, ihren größten Erfolgen und damit verbundenen Theater-Neugründungen für dieses Genre. Die bekanntesten Vertreter dieser Ära sind: Emmerich Kálmán, Franz Lehár, Robert Stolz oder Oscar Straus.

4 Brockhaus Lexikon, 20. Auflage, Band 16, S. 248.

Und das Musical:

> „Gattung des musikalischen Unterhaltungstheaters, ein i.d.R. aus zwei Akten bestehendes Bühnenstück mit gesprochenem Dialog, Gesang (Song, Ensemble und Chöre) und Tanz, das seit den 1900 in den Unterhaltungstheatern am New Yorker-Broadway aus der zunächst handlungsfreien Verbindung von Minstrel-Show, Vaudeville, Operette, Ballett und Revue hervorgegangen ist und auf einer engen künstlerischen Zusammenarbeit von Produzent, Buchautor, Songtexter, Regisseur, Choreograph und Dirigent basiert. (...)
>
> In Europa konnte sich das Musical als eigenständiges Genre nie recht durchsetzen. (...)
>
> Parallel zum Repertoire des Bühnen-M. entwickelte sich das Film-M., das Revue- (...) und Tanzfilm (...), Shakespeare-Lustspiel (...) und -Drama (...), Märchen (...) und Zeitkritik umfasst.“[5]

Kurz zusammengefasst kann also festgehalten werden, dass die wesentlichen Unterschiede zwischen Operette und Musical ihr Herkunftsort und die Art ihrer Musik sind. Und während die Operette ihre größten Triumphe in Europa feierte, war das Musical vorwiegend in den USA erfolgreich.
Da schon die Rede davon war, muss auch die Revue als Kunstform erwähnt und von der Operette abgegrenzt werden. Diese ist laut Definition:

> „Bühnendarbietung von lose aneinander gereihten Szenen mit gesprochenen Texten, Gesang, Tanz und Artistik. In Ausstattungs-R. werden prunkvolle Dekorationen und Kostüme gezeigt, literarische R. bringen zeitbezogenen Chansons. Die neueren R. kamen in Frankreich (Folies-Bergère) und den Londoner Music-Halls auf und wurden in Dtl. seit 1898 im Berliner Metropoltheater bes. gepflegt. In den USA schuf nach 1918 F. Ziegfeld mit seinen Tanzgirls die großen Tanz-R. In den 20er Jahren entwickelte sich in Dtl. die Kabarett-R. Seit etwa 1930 gibt es auch Eis-R. auf künstl. Eisflächen im Zirkus oder in Hallen. Seit dem Zweiten Weltkrieg sind die R.-Theater fast ganz verschwunden; doch ist die R. als Show im Fernsehen neu entstanden.“[6]

5 Brockhaus Lexikon, 20. Auflage, Band 15, S. 265.
6 Brockhaus Lexikon, 20. Auflage, Band 18, S. 319.

Heute gibt es die derartig definierte Revue so gut wie gar nicht mehr. Als Relikt bzw. Weiterführung der Eisrevue kann Holiday-on-Ice bezeichnet werden; doch von den Theaterbühnen ist diese so gut wie verschwunden. Im österreichisch-ungarischen Raum hat diese Kunstform bescheidene bis große Erfolge gefeiert, die größten Erfolge konnte sie auf den Berliner Bühnen verbuchen.
Der wichtigste Unterschied zwischen Operette und Revue ist, dass letztere keinen zusammenhängenden Handlungsstrang aufweisen kann. Ein Conférencier[7] führt durch das Programm, welches zumeist aus aneinandergereihten Liedern bzw. Tanznummern besteht.[8]
Eine Gemeinsamkeit besteht jedoch zwischen Revue und Operette: die zeitpolitische Aktualität. Sowohl in den Libretti der Operetten als auch in den Liedern der Revuen wird Kritik – überwiegend in karikierender Form – an der aktuellen politischen und gesellschaftlichen Lage geübt. Eine weitere Übereinstimmung betrifft die Komponisten: Einige Operettenkomponisten haben sich nach 1938 und dem gleichsamen Ende der größten Operettenära daran versucht, Musik für (Eis-)Revuen zu schreiben; manche mehr, manche weniger erfolgreich.
Doch kehren wir zum eigentlichen Thema dieser Arbeit zurück.

Wozu soll dieser Katalog überhaupt dienen?
Einerseits war die Intention, eine möglichst vollständige Liste aller Ur- bzw. Erstaufführungen von Operetten in Wien zu erhalten und damit gleichzeitig einen Überblick darüber zu bekommen, wie viele Operetten in diesem Zeitraum aufgeführt worden sind. Daraus resultierend soll aufgearbeitet werden, wie diese Musiktheaterform den österreichisch-ungarischen Kulturraum nach Zerfall der Doppelmonarchie und über die Grenzen der neuen Nationalstaaten hinweg weiterhin aufrechterhalten konnte.

Probleme

Im folgenden Teil soll besprochen werden, welche Probleme sich bei der Zusammenstellung des Katalogs ergeben haben. Dies umfasst nicht nur die Frage: „Wo beginne ich mit der Recherche“, sondern auch Themen wie: „Werde ich genug Material finden?“, „Nach welchen Parametern suche ich?“ und „Wie arbeite ich meine Daten in der Folge auf?“ Erläutert werden sollen aber auch die Probleme, die sich mit dem Material ergeben haben.

7 Ein Conférencier ist ein unterhaltsamer „Moderator“ in verschiedenen Arten von Unterhaltungsshows (z.B. Varieté, Kabarett, Revue ...). Neben seiner Tätigkeit des „Durch-die-Show-Führens“ gibt diese Person auch Lieder, Gedichte oder Anekdoten zum Besten. https://corpora.uni-leipzig.de/de/res?corpusId=deu_newscrawl_2011&word=Conf%C3%A9rencier

8 https://www.musiklexikon.ac.at/ml?frames=no

Nach einer umfassenden Literatur- und Quellenrecherche zum Thema Operette und der Klärung der Frage, was eine Operette tatsächlich ist bzw. ausmacht (im Besonderen auch die Abgrenzung zu Musical bzw. Revue) wird ein gewisser Zeitrahmen festgelegt. Für die beschriebene Datensammlung ist dieser mit den Jahren 1918 bis 1938 anberaumt: Das Jahr 1918 ist mit dem Ende des 1. Weltkriegs und dem Zerfall der österreichisch-ungarischen Monarchie ein wichtiges Datum, da damit theoretisch zugleich auch die für den mitteleuropäischen Raum wichtigste Kulturregion zu existieren aufhört.
Das Jahr 1938 wiederum bildet eine andere Art der Zäsur für die Operette im genannten Kulturraum. Durch den ‚Anschluss' Österreichs an das Deutsche Reich und die damit verbundenen Judengesetze war eine Vielzahl an Künstlern, darunter einige Operettenkomponisten, -librettisten und Schauspieler dazu gezwungen, diesen so wichtigen Kulturraum zu verlassen.
Doch nicht nur Personen jüdischer Herkunft verließen dieses Gebiet: Auch andere Komponisten und Librettisten entschieden sich bewusst für das Exil, da sie mit den Gedanken und Ideologien der Nationalsozialisten nicht in Verbindung gebracht werden wollten. Beispielhaft dafür sei der Komponist Robert Stolz[9] genannt, der in der Zwischenkriegszeit große Erfolge mit seinen Operetten verbuchen konnte, seine Heimat jedoch bewusst Richtung USA verließ, da er nicht in einem Land leben wollte, in dem seine „Mitstreiter" in der Operette nicht bleiben konnten bzw. nicht geduldet wurden.

Der Literaturrecherche folgend wurde in Theaterzetteln von Wiener Theatern, genauer dem Johann-Strauß-Theater, dem Carltheater, dem Theater an der Wien, dem Kaiser-Jubiläums-Stadttheater (heute: Volksoper) und dem Bürgertheater nach Operettenaufführungen gesucht; diese sind zum Großteil in der Bibliothek des Theatermuseums in Wien verfügbar. Besonderer Wert in der Recherche wurde darauf gelegt, Termine von Ur- bzw. Erstaufführungen, Namen von Librettisten und Komponisten sowie mitwirkenden Schauspielern ermitteln bzw. verifizieren zu können. Die Recherche hatte zwei Stoßrichtungen: Einerseits überhaupt Ur- bzw. Erstaufführungstermine und deren Aufführungsorte zu finden, andererseits aber auch bereits vorhandene Daten gegenzuprüfen.
Doch auch dieser Bestand birgt einige Herausforderungen: Während man im digitalisierten Corpus (1795–1904) nach Theatern getrennt suchen kann, ist der jüngere (und für uns relevante) Teil des Materials in gebundener Form nach Jahren

9 Stolz, Robert: Geboren 1880 in Graz, Österreich. Schrieb über 60 Operetten und später Filmmusiken sowie Schlager. Wurde in den USA durch zahlreiche Filmmusiken berühmt und sogar oscarnominiert. Stolz kehrte 1946 nach Österreich zurück und begann für Eis-Operetten zu komponieren. Er verstarb im Juni 1975 in Berlin und wurde am Wiener Zentralfriedhof beigesetzt.

erfasst und darin die für unser Forschungsthema relevanten Theater und Aufführungen zu finden erforderte viel Geduld und Mühe – und eine gehörige Menge Aufmerksamkeit, da das Kleinergedruckte zum Teil an der Grenze zur oder jenseits der Lesbarkeit und das Papier mancher Theaterzettel in sehr schlechtem Zustand ist. Eine weitere Problematik ergab sich aus dem Umstand, dass die Einträge auf den Theaterzetteln bisweilen unvollständig, ja manchmal sogar dürftig sind. So war es in einigen Fällen fraglich oder sogar unmöglich festzustellen, ob die gegebene Vorstellung eine Erst- oder sogar Uraufführung war und ob in diesem Theater oder überhaupt in Österreich.
Nichtsdestotrotz ist diese Theaterzettelsammlung – egal ob digital oder nicht – eine bedeutende Hilfe bei der Erstellung des Katalogs gewesen.[10]

Neben der Recherche in Theaterzetteln wurden auch österreichische Tageszeitungen des Zeitraums 1918–1938 nach Berichten, Kritiken und Ankündigungen von Operetten durchsucht, um verwertbare Informationen jeglicher Art zu erhalten; und auch hier ging es primär um die Auffindung neuer bzw. die Bestätigung bereits vorhandener Informationen.
Auch die Theaternamen haben sich bei der Recherche als unerwartetes Problem herausgestellt: Die Mehrzahl der für unser Forschungsthema relevanten Bühnen heißt heute anders als im Untersuchungszeitraum – wenn sie überhaupt noch existieren; denn ein nicht geringer Teil ist im Laufe der Zeit dem kinobedingten Theatersterben zum Opfer gefallen. Zwei Beispiele: Das 1898 eröffnete Kaiser-Jubiläums-Stadttheater existiert immer noch, heute allerdings unter dem Namen Volksoper Wien; anders das Johann-Strauß-Theater in der Wiener Favoritenstraße Nr. 8: Gegründet 1908 wurde es zu einem der führenden Häuser der Wiener Operettenszene, 1931 wurde es zum Tonfilmtheater Scala umgewandelt. Zwischen 1948 und 1956 war es eine progressive Prosabühne, schließlich wurde die Scala geschlossen und 1959/60 abgerissen. Heute erinnert nur mehr eine Gedenktafel an das ehemalige Theater.[11]
In der Monarchie war Wien nicht nur Haupt- und Residenzstadt, sondern auch kulturelles Zentrum des gesamten Habsburger-reiches. Und das blieb es auch nach dessen Zerfall. Konsequenterweise fand alles Wichtige und Bedeutende in Wien statt, und alle strömten hierher, die etwas waren oder werden wollten. Aus diesem Grund war es nur natürlich, die Recherche für den Katalog hier zu beginnen. Der logische nächste Schritt führte nach Budapest als der „Schwestern-Stadt“ Wiens in der nunmehr verflossenen Doppelmonarchie.

10 http://www.theaterzettel.at/datenbank/g; verfügbar sind hier Theater-zettel bis 1904.
11 Vgl. Felix Czeike: Historisches Lexikon Wien, Band 5, Wien 2004.

Im Vergleich zu Wien gestaltete sich die Recherche in Budapest auch deshalb schwieriger, weil die möglichen Informations- und Datenquellen weiter verstreut, nicht so leicht zugänglich und in geringerem Maße digital aufgearbeitet sind. Dennoch konnten schließlich relevante und wertvolle Informationen zu einer Reihe von Operettenaufführungen aufgetan werden.

Als eine sehr reichhaltige und wertvolle Quelle erwies sich die *Operetta Foundation* in Los Angeles[12]. Diese Privatstiftung eines Operettenliebhaber-Ehepaars ist ein schier unerschöpflicher Hort an Originalmaterial, teilweise beinahe Unikaten, die anderswo auf der Welt kaum bis gar nicht zugänglich sind. Hier konnten z.B. bei der Nachschau in nach Theatern geordneten Jahresverzeichnissen von Aufführungen zahlreiche Lücken in den bisherigen Forschungsergebnissen für beide Städte geschlossen werden.
Mit dem Wissen aus der *Operetta Foundation* war es wesentlich einfacher, in Budapest gezielt nach weiteren Quellen zu suchen; entsprechend erfolgreich war das Ergebnis. Allerdings gibt es hier die Einschränkung, dass in verschiedenen Verzeichnissen bisweilen unterschiedliche Aufführungsdaten und -orte ein und desselben Ereignisses zu finden waren. Dieses Rätsel konnte zum Teil nicht letztgültig aufgelöst werden. Deshalb scheinen im Katalog in diesen Fällen mehrere mit Fragezeichen versehene Daten auf.
Erschwerend war bei der Durchforstung aller Quellen in allen Städten die große Anzahl von zum Teil kaum bis gar nicht entzifferbaren Abkürzungen. Im Falle von abgekürzten oder sogar gänzlich fehlenden Vornamen führt das z.B. bei gleichlautenden Familiennamen dazu, dass eine Person nicht eindeutig identifizierbar ist. Bei Theaternamen, bei denen in Einzelfällen sogar alles abgekürzt wurde, ergaben sich Rätsel, die zum Teil bis heute nicht aufgelöst werden konnten. Die Folgen sind unausweichliche Unvollständigkeiten bzw. Unklarheiten im Katalog.
Auch die Suche nach den Aufführungsdaten führte zeitweise ins Leere: Teils waren in der Literatur nur Monate und Jahre, jedoch nicht genauere Datumsangaben zu den Aufführungen verzeichnet, was es notwendig machte, dass die entsprechenden Theaterzettel im Vergleich mit anderen Quellen nochmals durchforstet werden mussten.
Ein nicht geringes Problem bei der Recherche stellte die zum Teil eher dürre Information über möglicherweise durchsuchungswerte Bestände in man-

12 Die Operetta Foundation ist eine 1997 von Michael und Nan Miller ins Leben gerufene Non-profit Organisation. Die in der eigens dafür errichteten Villa in Beverly Hills untergebrachte Sammlung umfasst mehr als 10.000 Exemplare Notenmaterial, 60.000 Musikaufnahmen, 9.000 Bücher und 5.000 Gesangsaufnahmen. http://operettafoundation.org/

chen Onlinequellen dar. Extrem (kein Katalog, keinerlei andere Information) war das im Falle der *Operetta Foundation* in Los Angeles. Zum Glück erwies sie sich bei der Arbeit vor Ort aber als wahrer Goldschatz. Und es hätte auch jeden vernünftigen zeitlichen Rahmen gesprengt, hätte man alle eventuell interessanten gedruckten Quellen in Präsenzbibliotheken durchsuchen wollen. Nicht nur, aber auch deshalb kann vernünftigerweise von absoluter Vollständigkeit im Katalog niemals die Rede sein.

Ergebnisse und weitere Fragestellungen

Insgesamt konnten für den gesuchten Zeitraum über 200 Operetten beziehungsweise Stücke verwandter Genres (Singspiel, Revue, Vaudeville ...) gefunden und erfasst werden. Das bedeutet auch weit mehr als 100 Librettisten und an die 70 Komponisten. Die Zahl der Librettisten ist deshalb um einiges höher, da oft mehr als eine Person an einem Libretto beteiligt war; die meisten wurden von zwei oder mehr Beteiligten verfasst. Einer schrieb die Liedtexte, ein anderer die Dialoge.

Diese Informationsmenge wurde nach einer ersten Bestandsaufnahme um jene Aufführungen reduziert, welche für die weitere Arbeit bzw. Auswertung irrelevant sind; in diesem Fall alles, was nicht eindeutig dem Genre der Operette zuzuordnen ist. Da aber immer noch an die 200 Katalogeinträge übrig blieben, wurde auch die bereinigte Version gekürzt. In diesem Schritt blieben nur mehr Operetten im Katalog, für die Aufführungstermine sowohl in Wien als auch in Budapest gefunden werden konnten. Es verblieb eine überschaubare Tabelle mit knapp 50 Stücken. Nicht verwunderlich ist, dass zu einem Großteil Aufführungen von Komponisten im Katalog erhalten blieben, die ihren biographischen Ursprung in Ungarn hatten. Dies sind Personen mit ungarischen Wurzeln, die bereits früh den pannonischen Raum in der Hoffnung verließen, im westlichen Teil der Monarchie erfolgreicher zu sein als in ihrer Heimat. Zu diesen gesellen sich im Katalog auch Komponisten, die man als „rein ungarisch" bezeichnen könnte. Heute in Österreich möglicherweise weniger bekannt, sind es Komponisten, die bereits vor ihren Wiener Aufführungen in Budapest große Erfolge feiern konnten, wie z.B. Albert Szirmai oder Károly Komjáti. Die Operetten dieser Komponisten werden auch heute noch gerne in der ungarischen Hauptstadt gezeigt.

In weiterer Folge soll mit den Ergebnissen möglichst biographisch gearbeitet werden. Das bedeutet nicht die Untersuchung von Nachlässen oder dergleichen, sondern es soll vielmehr der Frage nachgegangen werden, warum Komponisten, die zuvor in Ungarn erfolgreich waren, nach Österreich - bzw.

nach Wien – gingen, um ihre Stücke hier auf die Bühne zu bringen. Gleichzeitig soll aber auch die Frage zu jenen Komponisten beantwortet werden, die bereits zuvor ihre Heimat verließen in der Hoffnung, in der österreichischen Hauptstadt ihren Durchbruch zu erreichen.
Was hatte Wien als Kulturhauptstadt der Region, was andere Städte nicht bieten konnten? Was war der besondere Reiz, der von der österreichischen Hauptstadt auf Künstler verschiedener Genres so besonders wirkte? Und warum dachte man, dass eine Operette nur erfolgreich werden konnte, wenn ihre Uraufführung in deutscher Sprache stattfand?

Fazit

Zusammenfassend kann festgestellt werden, dass die Erstellung eines Datenkatalogs zuvor nicht erwartete Tücken mit sich bringen kann. Doch nicht nur die einzelnen Faktoren können überraschen, sondern auch die große Datenmenge im Allgemeinen. In diesem Fall wurden viel weniger Daten (maximal an die 100 Vorstellungen) erwartet und am Ende ein Katalog erstellt, welcher ca. doppelt so viele Aufführungen umfasst wie zuvor gedacht. Während es prinzipiell von Vorteil ist, viele Aufführungen zu finden, sind viele Daten nicht immer ein Segen: Eine allzu große Datenmenge kann bei der weiteren Bearbeitung ebenso Probleme bereiten wie eine zu geringe Menge – beide können zur Verzweiflung führen und die Übergröße alle Arbeitspläne über den Haufen werfen.
Auch die Frage, in welcher Weise man die Datenreihe kürzt bzw. was genau als nicht wichtig genug in Betracht gezogen werden und somit wieder gelöscht werden kann, ist relevant. In diesem konkreten Fall hat sich relativ schnell herauskristallisiert, dass die Neusortierung des Katalogs nach Aufführungen, für welche Daten in Budapest und Wien gefunden werden konnten, sich als die einzig sinnvolle erweist.
Festgehalten werden soll, dass man immer im Hinterkopf behalten sollte, dass niemals geplant werden kann, wie viele und welche Daten genau gefunden werden können; auch dass die Suche teils leicht und teils sehr mühevoll sein kann. Durch diese wechselnden Umstände darf man sich nicht demotivierten lassen, sondern sollte erst recht an der Suche dranbleiben – denn irgendwo verbirgt sich immer noch ein Datenschatz, der gehoben und aufgearbeitet werden möchte.
Wissenschaftliche Arbeit ist nämlich gleichzeitig gewissermaßen auch Detektiv-Arbeit und Ziel beider ist es, bis dahin Unbekanntes zu Tage zu fördern.

Literaturverzeichnis

Literatur

Adam, Erik/Rainer, Willi (Hrsg.): Das Land des Glücks. Österreich und seine Operetten, Klagenfurt 1997.

Batta, András: Träume sind Schäume. Die Operette in der Donaumonarchie, Budapest 1992.

Brockhaus Enzyklopädie in vierundzwanzig Bänden, Brockhaus, Mannheim 1986–1999.

Csáky, Moritz: Ideologie der Operette und Wiener Moderne. Ein kulturhistorischer Essay, Wien 1998.

Czeike, Felix: Historisches Lexikon Wien, Wien 2004.

Grun, Bernard: Kulturgeschichte der Operette, München 1961.

Hadamowsky, Franz/Otte, Heinz: Die Wiener Operette: ihre Theater- und Wirkungsgeschichte, Wien 1947.

Hödl, Klaus: Kultur und Gedächtnis, Paderborn 2012.

Johnston, William M.: Zur Kulturgeschichte Österreichs und Ungarns 1890–1938. Auf der Suche nach verborgenen Gemeinsamkeiten, Wien 2015.

Lichtfuss, Martin: Operette im Ausverkauf. Studien zum Libretto des musikalischen Unterhaltungstheaters im Österreich der Zwischenkriegszeit, Wien/Köln 1989.

Linhardt, Marion: Residenzstadt und Metropole. Zu einer kulturellen Topographie des Wiener Unterhaltungstheaters (1858–1918), Berlin 2006.

Pape, Walter/Šubrt, Jiří: Mitteleuropa denken. Intellektuelle Identitäten und Ideen. Der Kulturraum Mitteleuropa im 20. und 21. Jahrhundert, Berlin 2018.

Würz, Anton: Reclams Operettenführer, Stuttgart 2011.

Quellen

Österreichisches Musiklexikon online, Verlag der österreichischen Akademie der Wissenschaften. https://www.musiklexikon.ac.at/ml?frames=no

Wortschatz Universität Leipzig. https://corpora.uni-leipzig.de/de/res?corpusId=deu_newscrawl_2011&word=Conf%C3%A9rencier

Theaterzettelsammlung der Bibliothek des Theatermuseums Wien. http://www.theaterzettel.at/datenbank/g; verfügbar sind hier Theaterzettel bis 1904.

Operetta Foundation Los Angeles. http://operettafoundation.org/

Karten als Quelle. Raum und Raumbilder in historischen Eisenbahnkarten

Arlene Peukert

Abstract

Dazu anzuregen, Karten nicht nur als illustratives Hilfsmittel zu betrachten, sondern sie auch einmal ins Zentrum der geschichtswissenschaftlichen Untersuchungen zu stellen, ist Ziel dieses Beitrags. Unter Anwendung von durch Vertreter der critical cartography entwickelten methodischen Werkzeugen ist es möglich, Karten wie Bilder, Texte und soziale Dokumente zu analysieren und interpretieren, um auf diesem Wege u.a. auch mehr über die den historischen Karten eingeschriebenen Narrative von Raum und Gesellschaft, Wissen und Macht zu erfahren. Dadurch ergibt sich, wie die Autorin hier argumentiert, ein anderer, nämlich ein räumlicher Blick auf die sonst chronologische Erzählung historischer Ereignisse. Besonders für bestimmte Forschungsfragen mag diese räumliche Perspektive neue Erkenntnisse über ein historisches Thema zu Tage fördern. Vorgestellt wird im Rahmen dieses Beitrags das Dissertationsprojekt der Autorin, das nicht nur eine formale Bearbeitung von Eisenbahnkarten aus dem Zeitraum der Entstehung des Verkehrsmittels in der Habsburgermonarchie bis zu ihrem Zerfall 1918 anstrebt, sondern auch die in Karten eingeschriebenen Reflexionen von gelebtem, wahrgenommenem und imaginiertem Raum untersuchen möchte, mit dem Ziel, ein besseres Verständnis für das den Raum und die Wahrnehmung von Raum formende Potenzial der Eisenbahn zu entwickeln.

SCHLAGWÖRTER

spatial turn, Kartographie, Karten, Methode, Raum, Eisenbahn, Eisenbahnkarten, Österreich-Ungarn, critical cartography

„Ich suche auch […] den Ort meiner eigenen Herkunft. Ich suche das alles mit wohl sehr ungenauem, weil unruhigem Finger auf der Landkarte – auf einer Kinder-Landkarte, wie ich gleich gestehen muß. Keiner dieser Orte ist zu finden, es gibt sie nicht, aber ich weiß, wo es sie, zumal jetzt, geben müßte, und … ich finde etwas!"[1] (Paul Celan „Der Meridian", 1960)

Orte, die im Laufe der Geschichte unter dem Sediment der Zeit verschüttet, die zu Utopien, zu Nicht-Orten werden, die einzig in der Erinnerung fortbestehen, könnten unter Hinzuziehung von Karten, gedachten wie realen, wiedergefunden werden. So erlebte und formulierte es der Dichter Paul Celan, der sich auf die Suche nach dem Czernowitz seiner Kindheit begeben hatte. In seiner anlässlich der Verleihung des Georg-Büchner-Preises 1960 gehaltenen Rede „Der Meridian", in der sich Celan, wie übrigens nur selten zuvor, zu Poetik und Kunst am Beispiel von Büchners Dramen und der Novelle „Lenz" äußerte, zieht er einen Meridian der Sprache – eine Leitbahn – über geographische und historische Grenzen hinweg zwischen Orten, Dingen und Menschen, zwischen seiner eigenen Biographie und dem Leben der historischen und literarischen Person des Jakob Michael Reinhold Lenz. In seinen Ausführungen scheint Celan die ihn mit Lenz verbindende Neigung zu fragmentarischen, versehrten, das Unaussprechliche thematisierenden Texten zu umzirkeln; er sucht mit „unruhigem Finger" jene Orte auf, an denen sich das Schicksal und die Sympathien der beiden Autoren über die Jahrhunderte hinweg berühren.[2]

Dieses Forschen nach historischen Schauplätzen, das bei Celan mit einer Landkarte, einer „Kinder-Landkarte" beginnt, soll in diesem Textbeitrag zum Anlass genommen werden, um über die Bedeutung von Karten für die Geschichtswissenschaft nachzudenken. Grundlage dafür bildet ein Vortrag der Autorin zum selben Thema, der anlässlich der 8. Doktorandentagung des Doktoratskollegs für Mitteleuropäische Geschichte der Andrássy Universität in Budapest entstanden ist.[3] In diesem Artikel werden im Folgenden drei in-

1 Paul Celan: Der Meridian, in: Gesammelte Werke, Bd. 3, Frankfurt am Main 1986, S. 187–202, hier S. 198.

2 Zu Interpretationen von Celans „Der Meridian" vgl.: Philipp Blömeke: Poetologie. Verwandtschaften. „Komm auf den Händen zu uns." Über Meridiane zwischen Lenz und Celan, Gesellschaft für Theaterwissenschaften, Ausgabe 2018: Flackernde Formen. Theater und Poetik bei J.M.R. Lenz, online unter: https://www.theater-wissenschaft.de/poetologie-verwandtschaften-komm-auf-den-haenden-zu-uns-ueber-meridiane/ (26.1.2021) und Kántás Baázs: Paul Celan's Speech 'The Meridian' as a Manifest of Art Theory, 2014, online unter: http://real.mtak.hu/65164/1/Paul_Celan_tanulmany_angol_Tinpahar_u.pdf (26.1.2021).

3 Die Nachwuchswissenschaftler-Tagung wurde unter dem Titel „Methoden – Zugänge – Präsentationen. Wissenschaftliches Arbeiten in der Geschichtswissenschaft mit dem Schwerpunkt Ostmitteleuropa (18. bis 20. Jahrhundert)" vom 21.–22. Mai 2019 in Budapest an der Andrássy Universität gehalten. Unterstützt wurde die durch das Doktoratskolleg für Mitteleuropäische Geschichte organisierte Veranstaltung durch das österreichische Bundesministerium für Bildung, Wissenschaft und Forschung sowie die Stiftung Aktion Österreich – Ungarn.

haltliche Schwerpunkte gesetzt: Einleitend soll das Thema der Wiederkehr des Raumes in der Geschichtswissenschaft – der sogenannte spatial turn[4] – den daran anschließenden Betrachtungen zu Karten als Quellengattung vorangestellt werden. Auch wenn der Raum als eine zu untersuchende Größe in der Geschichtswissenschaft knapp vierzig Jahre nach dem Anstoßen eines Paradigmenwechsels nunmehr keine unbekannte Variable in der Forschung ist, bleibt die Frage weiterhin spannend, wie sich das Geschichtsverständnis wandeln könnte, wenn statt einer linearen Chronologie die Gleichzeitigkeit von Räumen als Analyseparameter zur Anwendung kommt. In einem zweiten Schritt stellt die Autorin zentrale Thesen der Kritischen Kartographie um John Brian Harley vor und umreißt die Eckpunkte der von Harley entwickelten Methode zum Lesen von Karten. Ist man in der Lage, historische Karten zu lesen und zu interpretieren, ist auch ein Lesen des Raumes bzw. historischer Räume möglich. Im letzten Abschnitt dieses Beitrages soll es daher um das Lesen und Interpretieren von historischen Eisenbahnkarten, im speziellen Fall Eisenbahnkarten österreichisch-ungarischer bzw. nach 1867 österreichischer und ungarischer Provenienz aus dem Zeitraum vom Beginn des Eisenbahnzeitalters bis zum Ende der Donaumonarchie, gehen. Die Donaumonarchie, die von Zeitgenossen – aber auch reflexiv in Literatur und Fachliteratur – als ebenso buntes wie spannungsgeladenes Vielvölkergemisch beschrieben wurde, soll im Rahmen des Forschungsprojektes der Autorin aus einer räumlichen Perspektive im Spiegel historischer Eisenbahnkarten betrachtet werden, um herauszufinden, wie sich der Eisenbahnverkehr auf die Wahrnehmung und das Verständnis von Raum und Räumen und am Ende auch auf das Zusammenleben der unterschiedlichen Ethnien ausgewirkt haben könnte. Ohne näher auf bisher in der Forschungsarbeit gewonnene Erkenntnisse eingehen zu können, soll in diesem letzten Abschnitt des vorliegenden Textes aufgezeigt werden, welche Fragen sich an das Medium der historischen Eisenbahnkarte richten lassen und wie sich auf diesem Wege Kernthemen des 19. Jahrhunderts – die Industrialisierung, ein sich wandelndes Verständnis von Natur, ethnische Konflikte, Nationalstaatsbildung, Verstädterung, um nur einige mögliche Beispiele zu nennen – aus einem räumlichen Blickwinkel betrachten lassen.

4 Es sei angemerkt, dass in diesem Beitrag kein umfassender Überblick zum spatial turn, der mittlerweile selbst zum Untersuchungsgegenstand geworden ist, geliefert werden kann. Ebenso können hier verwendete Begrifflichkeiten, die oft in unterschiedlichen Wissenschaftsdisziplinen anders definiert sind, nicht in aller notwendigen Tiefe erörtert und klar vorgestellt werden. Der Leser sei bei Interesse auf weiterführende Literatur verwiesen.

Vom Suchen des Raumes[5]

„Keiner dieser Orte ist zu finden, es gibt sie nicht [...]“ stellte Celan über die Plätze und Stationen aus Jakob Lenz’ und seiner eigenen Vergangenheit fest. Die Geschichte, die Daten und Erzählungen ihrer Leben zu verorten, ist Celan zu Beginn seiner Suche unmöglich. In seinem Satz schimmert das Problem der scheinbaren Unvereinbarkeit von chronologischen, konsekutiven Narrationen der Geschichte und der stereoskopischen, gleichzeitigen Logik von Räumen durch. Dem auf den ersten Blick streng geordneten Nacheinander des Zeitstrahls der Historiographie steht das unübersichtliche Nebeneinander des Raumes gegenüber, in dem sich nicht nur Bewegungen und Sinneseindrücke gleichzeitig entfalten; auch Vergangenheit und Gegenwart überlagern und verdecken sich.[6] „Man kann Geschichten erzählen, die sich entfalten, sich entwickeln, einen Anfang haben und ein Ende. Aber man kann einen Raum nicht erzählen, sondern nur zur Anschauung bringen.“[7]

„Was man sieht, ist unabweisbar gleichzeitig, die Sprache aber diktiert eine schrittweise Folgehaftigkeit, den linearen Strom von satzweisen Feststellungen, festgelegt durch den räumlichsten aller irdischen Zwänge, nämlich die Unmöglichkeit, daß zwei Objekte [...] genau denselben Platz [...] einnehmen können. Alles, was wir tun können, ist wieder zusammen- und intelligent nebeneinanderzustellen und dabei mit Bedeutungen und Betonungen des Räumlichen gegen die Vorherrschaft der Zeit anzugehen. Am Ende ist die Interpretation postmoderner Geographien nicht mehr als nur ein Anfang.“[8]

---

5 Bei der Verwendung des Begriffs Raum sollte stets der – nicht immer spannungsfreie – Unterschied zwischen materiellem, vorfindbarem also physikalischem Raum und Räumen sowie gelebten und wahrgenommenen Raumkonzepten, Raumabstraktionen und Raumsemantiken berücksichtigt werden. Physische Körper, die aufgrund ihrer Substanz und Akzidenz Raum einnehmen, lassen sich – so das Aristotelische Raumbild – im materiellen Raum verorten. Die Orte bzw. Punkte, an denen sich diese Objekte befinden, machen den Raum zum einen berechenbar, womit sich Wissenschaften wie die Geodäsie und Kartographie befassen, zum anderen lassen sich zwischen den Objekten Relationen herstellen. Über Synthesen und Differenzierungen z.B. durch menschliches Handeln, Kultur, Sprache usw. entstehen immer neue Netzwerke bzw. Abgrenzungen nach innen und außen. Der relationale Raum ist u.a. Untersuchungsfeld der Kultur- und Sozialwissenschaften sowie Human- und Sozialgeographie. Um die erlebten und wahrgenommenen Relationen im physikalischen Raum verstehen und kommunikativ zum Ausdruck bringen zu können, bedarf es symbolischer Räume. Der symbolische Raum ist mit verorteten Bedeutungen besiedelt und anthropologisch begründet, also mit der Natur des Menschen und den ihm gegebenen Möglichkeiten der Kommunikation sowie des Verstehens verbunden, so Jürgen Hasse (2015). Er differenziere sich über soziale Codes und unterliege der Dynamik kultureller Transformationen. Auf den einzelnen Ebenen des Räumlichen vollziehen sich ebenso wie zwischen ihnen Wechselwirkungen.
Weiterführende Literatur zum Thema Raum: Jürgen Hasse: Was Räume mit uns machen – und wir mit ihnen. Kritische Phänomenologie des Raumes, Freiburg/München 2015; Martina Löw/Gunter Weidenhaus: Relationale Räume mit Grenzen. Grundbegriffe der Analyse alltagsweltlicher Raumphänomene, in: Andreas Brenneis/Oliver Honer/Sina Keesser/Annette Ripper/Silke Vetter-Schultheiß (Hrsg.): Technik – Macht – Raum. Das Topologische Manifest im Kontext interdisziplinärer Studien, Wiesbaden 2018, S. 207–227; Tobias Holischka: Virtualität und Macht, in: Brenneis et al. (Hrsg.): Technik, S. 81–90.

6 Karl Schlögel: Im Raume lesen wir die Zeit. Über Zivilisationsgeschichte und Geopolitik, München 2003, S. 48–51.

7 Schlögel: Raume, S. 49.

8 Edward W. Soja: Postmodern Geographies. The Reassertion of Space in Critical Social Theory, New York 1989, S. 2, zitiert nach: Schlögel: Raume, S. 50.

Edward Soja, der sich in den 1980er Jahren u.a. auch mit dem Problem der sich räumlich konstituierenden Gleichzeitigkeit in Erzählungen beschäftigte, fordert in „Postmodern Geographies. The Reassertion of Space in Critical Social Theory“[9] das Dringliche und Schwierige, nämlich das Narrativ aus dem Kerker einer ausschließlichen temporalen Kausalität zu befreien.[10] Zweifelsfrei eröffnet die Verräumlichung von historischer Erzählung, das stereoskopische Verständnis von Ereignissen, einen innovativen Blick auf die Vergangenheit. Dieser Ansatz gewinnt umso mehr an Relevanz, wenn Ereignisse zunehmend überregional, gar global miteinander vernetzt sind und sich gleichzeitig ereignen. Moderne Kommunikationsmittel – allen voran das Internet, die absolute Verfügbarkeit von Informationen und Nachrichten, weitreichende (geo-)politische Entscheidungen usw. tragen dazu bei, dass Ereignisse „seitwärts über die Linie der Erzählung“[11] hinweggehen und dem geographischen Raum eine vordringlichere Bedeutung zuzukommen scheint als der Zeit. Es sei der Raum, dessen Folgen wir nicht kennen, nicht die Zeit, so der Osteuropahistoriker Karl Schlögel.[12] Dieser Sichtweise diametral gegenüber steht das Diktum vom Verschwinden des Raumes, das sich in seiner Rezeption vor allem auf die zunehmende Bedeutungslosigkeit des Raumes in Zeiten der Beschleunigung und Digitalisierung bezieht.[13] War es in der vorindustriellen Zeit der Raum bzw. der Besitz von Land, der Macht und Wohlstand mit sich brachte, so wurde diese Paarung im Laufe des 19. Jahrhunderts erst um den Konnex Zeit – Macht und im späten 20. Jahrhundert Information – Macht ergänzt. Geographischer Raum büßt dabei scheinbar gesellschaftlichen Einfluss ein bzw. wird tradiert in eine andere, oftmals virtuelle Form von Raum.

Bedeutungszuweisung und Bedeutungsverlust von Raum scheinen auf den ersten Blick unvereinbar zu sein. Doch es ist eben jene radikale Umgestaltung

9 Edward W. Soja: Postmodern Geographies. The Reassertion of Space in Critical Social Theory, New York 1989.

10 Schlögel: Raume, S. 49f.

11 Schlögel: Raume, S. 50.

12 Schlögel: Raume, S. 50.

13 Die Trope vom Verschwinden des Raumes lässt sich bereits im 19. Jahrhundert mit dem Aufkommen neuer Verkehrsmittel nachweisen. Im späten 20. Jahrhundert dann erhält sie im Zuge der Digitalisierung und der Verlagerung von Lebenswelten in den Cyberspace neue Aufmerksamkeit. Der in diesem Zusammenhang gerne zitierte französische Philosoph und Medienkritiker Paul Virilio schreibt von einem Schrumpfen und Verschwinden des Raumes, vom Paradox des rasenden Stillstandes in Zeiten von Internet und mobiler Telekomunikation. Spätestens im 21. Jahrhundert würde Entfernung zunehmend bedeutungslos, so Virilio. Es mache in Austausch und Kommunikation keinen zeitlichen Unterschied mehr, ob eine Meile oder zehntausend zu überwinden sind. Damit fiele die Reibung an der Entfernung (friction of distance), die für das menschliche Verständnis von Geographie und Raum relevant sind, weg. Es sei jedoch darauf hingewiesen, dass diese Sichtweise durchaus als überzogen gewertet werden kann. Auch wenn sich unser Modell des Raumes durch das Internet und die neuen Kommunikationsmöglichkeiten drastisch geändert hat, so ist Raum noch lange nicht im Prozess des Auflösens und Verschwindens begriffen. Vielmehr finden eine Verlagerung und Umdeutung des Raumes statt. Vgl. dazu: Jörg Döring/Tristan Thielmann: Für eine Geomedienwissenschaft, in: Dies. (Hrsg.): Mediengeographie. Theorie – Analyse– Diskussion, Bielefeld 2009, S. 9–64; Schlögel: Raume, hier besonders das Kapitel „Spatiale Atrophie. Das Verschwinden des Raumes“, S. 30–35.

und Umdeutung des Raumes durch Menschen und Technik und die damit rückgekoppelte Einflussnahme von Raum und Räumen auf die Gesellschaft, die im Zeitalter der Industrialisierung ihren Anfang nahmen, jener Wandel im Erleben und Verstehen von Räumen, die für die Geisteswissenschaftler von Interesse sind.

Mit seinem Ansatz, die Vergangenheit im Raum zu suchen, nimmt Celan in gewisser Weise eines der zentralen Motive der raumkritischen Wende (spatial turn) in den Geschichtswissenschaften, die in den 1970er und 1980er Jahren eine Abkehr von dem Diktat der sich oftmals auf Meistererzählungen reduzierenden Historiographie anstrebte, vorweg.[14] Nach einer „Enträumlichung" im Denken (Soja), welche in den Geisteswissenschaften als stille Pause auf die Raumkonzepte und das Raumwollen in der Zeit des Nationalsozialismus folgte,[15] rückte der Raum als Untersuchungsgegenstand sowie das Raumdenken wieder in den Fokus.

Bereits zur Wende des 19. Jahrhunderts wies Georg Simmel immer wieder auf die Korrelation von Raum und Gesellschaft hin. „Ein geographischer Umfang von so und so vielen Quadratmeilen bildet nicht ein großes Reich, sondern das tun die psychologischen Kräfte, die die Bewohner eines solchen Gebietes von einem herrschenden Mittelpunkt her politisch zusammenhalten."[16] Simmels Überlegungen zu Gesellschaft und Raum bilden u.a. die Grundlage für den sich Jahrzehnte später vollziehenden Paradigmenwechsel in der Betrachtung von Räumen. So wurde in den 1970er Jahren die Bedingtheit von Raum und Gesellschaft in der französischen Soziologie, beispielsweise bei Pierre Bourdieu, Jean Remy und Henri Lefebvre wieder aufgegriffen. Ein wichtiger Brückenschlag von der Sozialtheorie zur Geographie wurde u.a. durch David Harvey und weitere Vertreter seiner Fachrichtung bewerkstelligt.[17] Bis dahin von der Geographie umgangene Fragen nach Formung und Umgestaltung von Landschaft, Besitzverhältnisse im Raum, Urbanisierung und Verkehr, Grenzen, Zentren, Peripherien, Regionalem und Globalem usw. wurden zu relevanten Themen – erst in der Human- und Kulturgeographie, etwas später dann in der Sozial- und Geschichtswissenschaft – gemacht.18 Raum wird nun nicht länger als ein Container verstanden, in dem sich soziale Prozesse entfalten.[19]

14 Löw/Weidenhaus: Relationale Räume, S. 207f.

15 Schlögel: Raume, S. 52–59, hier in besonderem Fall das Kapitel: Der Deutsche Fall. Der Raum als Obsession.

16 Georg Simmel: Der Raum und die räumliche Ordnung der Gesellschaft, in: Ders.: Gesamtausgabe, Bd. 11, Soziologie. Untersuchungen über die Formen der Vergesellschaftung, hrsg. von Otthein Rammstedt, Frankfurt am Main 1992, S. 687–790, hier S. 688, zitiert nach: Csáky: Gedächtnis, S. 34f.

17 Schlögel: Raume, S. 60–71.

18 Schlögel: Raume, S. 65f.

19 Martina Löw: Raumsoziologie, Frankfurt am Main 2001, S. 24–35, zitiert nach Csáky: Gedächtnis, S. 36.

In „La production de l‘ espace“ (1974)[20] unterteilt Henri Lefebvre die Einheit Raum in eine Triade von ihn konstituierenden Räumen: den gelebten Raum, (espace vécu), den wahrgenommenen Raum (espace perçu) und den dargestellten Raum (espace conçu).[21] Ändern sich innerhalb einer Gesellschaft die räumliche Praxis und Wahrnehmung[22] von Raum sowie die sprachlichen Codes, mit denen über den Raum kommuniziert wird, verändert sich auch die Struktur des Raumes. Dies wiederum nimmt Einfluss auf die Konstitution der Gesellschaft, auf alle Subjekte, Objekte, Handlungen und Wissensproduktionen im Raum. „Es gibt so viele Räume, wie es Gegenstandsbereiche, Themen, Medien, geschichtliche Akteure gibt. [...] Wir sprechen von Erinnerungs- und Gedächtnisräumen, von historischen und politischen Räumen, von Geschichtslandschaften, von Räumen der Literatur.“[23] Diese unterschiedlichen Räume – überhistorisch wie individuell – besitzen nicht nur einen Anfang und ein Ende, haben eine Verfallszeit, sondern stehen miteinander in Bezug, überschneiden sich, gehen ineinander auf. Räume als Netzwerke bzw. relationale Verknüpfungen von miteinander in Beziehung stehenden Subjekten und Objekten zu denken, ist eine Vorstellung, die in den 1990er Jahren aufkommt.[24]

Was daran anschließt, ist eine intensive disziplinübergreifende Auslotung der Verflechtungen und Bedingtheiten räumlicher und sozialer Phänomene. Wie die Kulturgeographin Julia Lossau schreibt, ginge es bei der Reflexion über Raum nicht so sehr um die Frage „[...] wie dieser oder jener geographische Raum beschaffen ist und inwieweit er gesellschaftliche Wirklichkeiten zu beeinflussen oder zu bestimmen vermag. Untersucht wird vielmehr, wie Räume als symbolische Verräumlichung sprachlich-kommunikativ und/oder alltagspraktisch erst hergestellt werden.“[25] Dass die Beschäftigung mit der Konstitution von Raum und Räumen und deren Herstellung noch nicht zu einem Abschluss gekommen ist, belegt die Vielzahl an jährlichen Veröffentlichungen

20 Henri Lefebvre: La production de l'espace, Paris 1974.

21 Henri Lefebvre: Die Produktion des Raums, in: Jörg Dünne/Stephan Günzel (Hrsg.): Raumtheorie. Grundlagentexte aus Philosophie und Kulturwissenschaften, Frankfurt am Main 2006, S. 330–342, hier S. 339–340, zitiert nach: Csáky: Gedächtnis, S. 35.

22 Überlegungen zur Wahrnehmung von Raum und der damit einhergehenden mentalen Produktion von Raum fußen unter anderem auch auf dem von Kant entwickelten transzendental-ästhetischen Raumbegriff, nachdem unter Raum die reine Form der Sinnlichkeit zu verstehen ist. Der Fokus liegt bei Kant auf den Erscheinungen, das heißt auf den subjektiven Bedingungen der Sinnlichkeit. Vgl. dazu: Jürgen Hasse: Verschwindet der Raum? Über veränderte Bedingungen der Wahrnehmung von Mit- und Umwelt, Uni Frankfurt, online unter: https://www.wiwi.uni-frankfurt.de/professoren/ritter/veranstalt/ws9596/hasse.htm#fus (30.1.2021).

23 Schlögel: Raume, S. 68f.

24 Löw/Weidenhaus: Relationale Räume, S. 214.

25 Julia Lossau: Räume von Bedeutung. Spatial turn, cultural turn und Kulturgeographie, in: Moritz Csáky/Christoph Leitgeb (Hrsg.): Kommunikation – Gedächtnis – Raum. Kulturwissenschaften nach dem ›Spatial Turn‹, Bielefeld 2009, S. 29–43, hier S. 35.

zu Themen der Darstellung, Struktur und Imagination sozialer Räume. Raum und Räume bilden noch immer ein Forschungsdesiderat. Eine mögliche Frage, die Wissenschaftler bei der Beschäftigung mit historischem Raum, Raumwahrnehmung und sprachlich-symbolischer Raumherstellung herumtreibt, formulierte Historiker Wolfgang Kaschuba folgendermaßen: „Wie lassen sich [...] wahrnehmungsgeschichtliche Prozesse dann überhaupt quellenmäßig auffinden, analysieren und darstellen?“[26]

Vom Finden des Raumes

Ein Medium, welches sich dazu eignet, den Prozess der Veränderung von Raum, seiner Wahrnehmung und Auffassung nachzuvollziehen sowie Räume der Vergangenheit wiederzufinden und damit die Geschichte im Raum zu lesen – ganz im Sinne von Celan – sind Karten.

„Wenn wir uns im Raum nicht verlieren wollen, müssen wir uns ihn aneignen, ihn markieren“[27], schreibt Schlögel in seinem viel beachteten Werk zur Wiederkehr des Raumes „Im Raume lesen wir die Zeit. Über Zivilisationsgeschichte und Geopolitik“ (2003) über Karten. Das Setzen von Punkten, das Zeichnen von Linien und Bilden von Netzen auf einem Blatt Papier kann als grundlegender Akt der Vergegenwärtigung, der Aneignung von Raum gewertet werden. Das Kartenzeichnen ist ein Mittel der Orientierung; die Zeit, die benötigt wird, um von einem Punkt zum anderen zu gelangen, um Raum zu durchmessen, wird auf dem Papier fixiert. Mit der Karte ist der Mensch in der Lage, Zeit auf den Raum zu projizieren und somit auch geschichtliche Wahrnehmung zu spatialisieren.[28]

Von Ritzungen in Knochen und Zeichnungen auf Höhlen- und Hauswänden, über die Straßenkarten der Römer und Portolankarten der Seefahrer bis hin zu Navigationsprogrammen und digitalen Karten auf mobilen Endgeräten war und ist die Karte noch heute Wegbereiter und Orientierungshilfe des Menschen. Jede Zeit hat ihre eigene Kartenvorstellung, ihre eigene Rhetorik, ihr eigenes visuelles System, um über Gesellschaften und Räume zu sprechen.[29]

Einer der größten Vorzüge der kartographischen Repräsentation, das Nebeneinander und die Gleichzeitigkeit von Zeichen und Narrationen, stellt

26 Wolfgang Kaschuba: Die Überwindung der Distanz. Zeit und Raum in der europäischen Moderne, Frankfurt am Main 2004, S. 24.

27 Schlögel: Raume, S. 49.

28 Schlögel: Raume, S. 51.

29 Schlögel: Raume, S. 12f.

jedoch auch die größte Erschwernis im Umgang und in der (wissenschaftlichen) Arbeit mit ihnen dar. Im Gegensatz zu Texten, die ein „Was wäre wenn..." zur Diskussion stellen können, kennen Karten keinen Konjunktiv.[30] Was bei der Nutzung von Karten in Alltagssituationen wie der Navigation auf Reisen auf den ersten Blick keine Signifikanz zu besitzen scheint – der Nutzer einer Karte verlangt nach leicht erfassbaren Informationen und klaren Orientierungshilfen, nicht nach Optionen und alternativen Möglichkeiten – kann für andere, beispielsweise politische und geopolitische Belange von Relevanz sein. Die Fragen, welche Informationen eine Karte zeigt und wie diese dargestellt werden bzw. welche Sachverhalte verschwiegen werden und welche Leerstellen es auf Karten gibt, sollten bei der Betrachtung von und Arbeit mit Karten stets vergegenwärtigt werden.

Dass manchmal eine eklatante Lücke zwischen dem vorgeblichen Wahrheitsanspruch von Karten und dem abgebildeten Sachverhalt klafft, ist eine Erkenntnis, die sich erstmals im größeren Umfang im Zuge der Friedensverhandlungen nach dem Ende des Ersten Weltkrieges einstellte, als in leuchtenden Farben gestaltete Karten als oftmals einziges argumentatives Mittel in die Argumentationen um die Neuordnung der Grenzen in Mittel- und Südosteuropa eingingen. 1921 schrieb der Direktor der Geographischen Gesellschaft Amerikas und Mitglied der Friedensdelegation von Trianon folgende Zeilen über seine Erfahrungen mit Karten:

"Each one of the Central European nationalities had its own bagful of statistical and cartographic tricks. When statistics failed, use was made of maps in colour. It would take a huge monograph to contain an analysis of all the types of map forgeries that the war and the peace conference called forth. A new instrument was discovered – the map language. A map was as good as a brilliant poster, and just being a map made it respectable, authentic. A perverted map was a life-belt to many a foundering argument."[31]

Von einem geisteswissenschaftlichen Standpunkt aus betrachtet, sind Karten also in vielerlei Hinsicht ein spannendes Medium mit einem hohen Mehrwert für die Forschung. Wie Schlögel es formuliert, haben wir es bei Karten mit der Geschichtlichkeit räumlicher Repräsentation zu tun, die selbst wiederum nur ein Ausdruck der Geschichtlichkeit der in Karten repräsentier-

30 Frank Kaspar: Ihre Route wird neu berechnet! Wie kartografisches Denken unser Weltbild formt. Deutschlandfunk Kultur, 9.7.2015, online unter: https://www.deutschlandfunkkultur.de/ihre-route-wird-neu-berechnet-wie-kartografisches-denken.976.de.html?dram:article_id=324913 (26.1.2021).

31 Isaiah Bowman: Constantinople and the Balkans, in: Charles Seymour: The End of Empire. What really Happened at Paris. The Story of the Peace Conference, 1918–1919, London 1921, S. 142, zitiert nach: Katarzyna Murawska-Muthesius: Mapping the New Europe. Cartography, Cartoons and Regimes of Representation, in: Centropa 4/1 (2004), S. 6.

ten Räumen sei. Historische Karten können dem Betrachter etwas über das Auftauchen und Wiederverschwinden von Orten, Räumen und Raumbildern sagen[32]; sie spiegeln wider, was gesellschaftlich und politisch repräsentativ oder wünschenswert war bzw. welche Realitäten, Bilder und Vorstellungen im kollektiven Gedächtnis verankert waren.[33] Karten bilden also nicht nur Territorium ab, Karten stellen dar und konstruieren symbolisch – nach der Raumtheorie von Lefebvre – gelebte, wahrgenommene und repräsentative Räume.

Trotz alledem seien Karten für Historiker in der Regel lediglich Hilfsmittel, so Schlögel.[34] Mithilfe der richtigen methodischen Vorgehensweise können Karten jedoch wie jede andere historische Textquelle gelesen werden und so eine neue Perspektive auf Räume der Vergangenheit eröffnen.[35]

Diese Ansicht teilt er mit dem britischen Geographen und Kartographen John Brian Harley, dessen Forschung zur „Funktionsweise" von Karten im politischen Kontext Karten nicht nur erstmalig in das Zentrum wissenschaftlichen Diskurses rückte (critical cartography), sondern auch eine Methodik hervorbrachte, die innovative Ansätze zum Lesen und Interpretieren von Karten liefert. In seinem zur Grundlagenliteratur für das Arbeiten mit Karten gehörenden Aufsatz „Maps, Knowledge, and Power"[36] leitet er seine Methode zur Dekonstruktion der Bedeutungsebenen von Karten aus der Kunstgeschichte u.a. von der durch Erwin Panofsky entwickelten Ikonologie ab.[37] Ausgangspunkt dafür ist Harleys Deutung von Karten als eine Art gesellschaftlich konstruiertes, subjektives Bild. Um aufzuzeigen, dass eingeschrieben in Karten nicht nur eine Auffassung und ein Verständnis von Raum zu finden sind, sondern dass Produzenten und Besitzer von Karten Wissen und damit Macht über Territorium und Raum haben,[38] adaptiert Harley Panofskys dreistufiges Analysemodell auf sein Untersuchungsgebiet. Panofskys vorikonographische Beschreibung wird in einem ersten Schritt für das reine Lesen kartographischer Zeichen herangezogen, zweitens wird die ikonographische Analyse genutzt, um die kartographischen Zeichen mit ihren Entsprechun-

32 Schlögel: Raume, 86f.

33 Csáky: Gedächtnis, S. 34.

34 Schlögel: Raume, S. 12.

35 Schlögel: Raume, S. 12.

36 John Brian Harley: Maps, Knowledge, and Power, in: Denis Cosgrove/Stephen Daniels (Hrsg.): The Iconography of Landscape, Cambridge 1988, S. 277–312.

37 Harley: Maps, S. 279.

38 Harley orientierte sich bei der Auslotung von Wissens- und Machtstrukturen in Karten an den Erkenntnissen Foucaults und Derridas. Besonders sei hier auf „die Omnipräsenz von Macht in jeglicher Form des Wissens, einschließlich des besonderen Wissens, mit dem Karten und Atlanten kodiert worden sind", hingewiesen. Ebenso beschäftigte Harley sich mit der Vorstellung der Rhetorizität aller Texte (Derrida), die laut Harley die „Suche nach Metaphern und Rhetorik in Karten [...] wo Wissenschaftler vorher nur Vermessung und Topografie gefunden haben" geradezu herausforderte. John Brian Harley: Das Dekonstruieren der Karte, in: Cartographica, 1989, S. 4–19, hier S. 6.

gen in der physischen Welt in Verbindung zu bringen (Zeichen und Bezeichnetes nach Ferdinand de Saussure) und final können mit der ikonologischen Interpretation der Kartenzeichen jene gesellschaftlichen und kulturellen Inhalte decodiert werden, die von Harley auch als Ideologien des Raumes bezeichnet werden.[39,40] Die von Harley formulierte Frage: „What did the map mean to the society that first made and used it?“,[41] wird zum Dreh- und Angelpunkt seiner mehr als zwei Jahrzehnte umfassenden Forschungsarbeit. Da Panofskys Ikonologie für die Analyse kontextueller Bezüge von Bildern und dem Herausarbeiten von Hierarchien, sozialen Ordnungen und gar Machtmechanismen weniger geeignet ist, bringt Harley noch weitere Filter wie die Diskursanalyse und Methoden aus der Soziologie zur Betrachtung von Karten in Position. Neben bewussten gestalterischen Entscheidungen von Auftraggebern und Kartographen beeinflussen Regeln und Prinzipien der sozialen Ordnung – Harley führt als Beispiele den Feudalismus, religiöse Hierarchien oder soziale Klassen an – unbewusst das Auge und die Hand des Kartographen und damit das Erscheinungsbild von Karten. Karten dokumentieren also Bilder bestimmter gesellschaftlicher Wirklichkeiten.[42]

Dass besonders das Zusammendenken von Quellen und Kontext entscheidend für das Lesen von Karten ist, betonen auch Historiker nach Harley. Karten seien zwar eine erstklassige Quelle, doch erst durch das Herstellen von Bezügen zu anderen Quellen, durch eine Einbettung in den Kontext von Zeit und Herkunft, könnten Karten mehr über den dargestellten Raum und die Gesellschaft erzählen. Menschliche Erfahrungen und menschliches Handeln werden nun nachvollziehbar, so Jörn Happel.[43] Die kritische Auseinandersetzung mit Karten als Quellen resultiert ferner auch in einem Vorstoß gegen die sich lange gehaltene und vermeintliche Objektivität des Mediums.[44] Zu lernen, dass das Betreiben geschichtswissenschaftlicher Forschung auch Augenarbeit sei und Raum, Zeit und Handlung wieder stärker zusammengedacht werden müssen (Spacing History),[45] ist ein Appellen, den auch Schlögel sei-

39 Harley: Maps, S. 278f.

40 Murawska-Muthesius: Eastern Europe, S. 16f.

41 John Brian Harley/Paul Laxton (Hrsg.): The New Nature of Maps. Essays in the History of Cartography, Baltimore 2002, S. 46.

42 Vgl. John Brian Harley: Deconstructing the Map, in: Cartographica, 26 (1989) 2, S. 1–20; für die folgenden Zitate aus der deutschen Fassung vgl. ders.: Das Dekonstruieren der Karte, in: An Architektur 5 (2004), S. 11–13, S. 4–19, hier: S. 10.

43 Jörn Happel: Eine Karte voller Ziele. Deutsche Sabotageräume in Russland während des Ersten Weltkriegs, in: Happel, Jörn/Mira Jovanović/Christoph v. Werdt (Hrsg.): Osteuropa kartiert. Mapping Eastern Europe, Wien 2010, S. 61–82.

44 Peter Jordan: Methodik und Objektivität von Karten des nationalen/ethnischen Bewusstseins, in: Happel et al. (Hrsg.): Osteuropa, S. 183–184.

45 Schlögel, Raume, hier besonders das Kapitel zu „Augenarbeit. Den Augen trauen. *Im Raume lesen wir die Zeit*“, S. 269–274.

nen rauminteressierten Lesern mitgibt und damit dem spatial turn in dritter Generation neue Impulse verleiht.

Historische Eisenbahnkarten als Quelle

Obgleich sich in den letzten Jahrzehnten viel zur Erforschung von und Arbeit mit Karten – und dies vor allem auch disziplinübergreifend getan hat, gibt es nach wie vor bestimmte Gruppen thematischer Karten, die noch einer formalen und inhaltlichen Erschließung harren. Zu ihnen zählen Karten und kartenartige Abbildungen, die Eisenbahninfrastruktur zeigen und vor allem im 19. Jahrhundert populär waren. Das Dissertationsprojekt der Autorin möchte diese Lücke in der Forschung für den Raum der ehemaligen Donaumonarchie verkleinern und neben der Entwicklung einer Systematik zur formalen Erschließung der heterogenen Eisenbahnkarten einen Schwerpunkt auf die Untersuchung von Raum, Räumen und Raumbildern – erlebten, wahrgenommenen und dargestellten – in Karten setzen. Es mag überraschen, dass obwohl Publikationen zur Technik-, Wirtschafts- und Sozialgeschichte der Eisenbahn und des Eisenbahnverkehrs Regalreihen zu füllen vermögen, Karten eben jene Quellengattung aus dem reichen Fundus der materiellen Kultur des Eisenbahnzeitalters sind, die auch international kaum Beachtung fanden und finden. Die Zahl der wissenschaftlichen Arbeiten zu Eisenbahnkarten – meist kürzere Aufsätze und meist im anglo-amerikanischen Korpus zur Geschichte der Eisenbahn zu verorten – überschreiten kaum ein Dutzend. Als mögliche Motive für das zögerliche Erschließen dieses Quellentypus können unter anderem die verstreute Lage der Karten in unterschiedlichen öffentlichen und privaten Archiven, Sammlungen und Bibliotheken im In- und Ausland und die oftmals fehlende formale Erschließung und Beschreibung der Karten mit Metadaten ins Feld geführt werden. Auch ein Mangel an Fachwissen über Eisenbahn-, Bau- und Vermessungstechnik aus dem 19. Jahrhundert, das oft erst mühsam rekonstruiert werden muss, mag darin resultieren, dass eine Auseinandersetzung mit diesen thematischen Karten bisher beinahe ausblieb.[46]

Sich trotz alledem mit historischen Eisenbahnkarten zu befassen, kann aus unter anderem folgendem Grund lohnenswert sein: Aus den Bedeutungsebenen der Eisenbahnkarten lässt sich mehr über Raum und Räume, deren Wahrnehmung und Rezeption im 19. Jahrhundert, eine durch starke

46 David Milbank Challis/Andy Rush: The Railways of Britain. An Unstudied Map Corpus, in: Imago Mundi 61/2 (2009), S. 210.

gesellschaftliche, politische, wirtschaftliche und vor allem technische – verkehrstechnische! – Umbrüche gekennzeichnete Zeit, herauslesen.

Die Vernichtung von Raum und Zeit war ein Topos, mit dem das frühe 19. Jahrhundert die Wirkung der Eisenbahn beschreibt.[47] Nicht nur das Maschinenensemble erschien den Menschen ungeheuerlich, auch die Geschwindigkeit des Reisens war unerhört. Mit dem Ausbau des Schienennetzes und dem Einsatz immer leistungsstärkerer Lokomotiven etc. stieg die durchschnittliche Reise- und Transportgeschwindigkeit im Vergleich zur Fortbewegung zu Fuß oder mit der Kutsche sprunghaft an. Dieselbe Wegstrecke ließ sich mit dem Zug bereits in der Frühphase des Eisenbahnzeitalters in einem Drittel der sonst üblichen Zeit bewältigen, was aus verkehrsökonomischer Sicht eine Verkleinerung des durchreisten Raumes bedeutet, so Eisenbahnhistoriker Wolfgang Schivelbusch.[48] Das Gefühl des Verschwindens oder gar der Zerstörung von Raum beschlich auch Zeitgenossen wie Heinrich Heine, der angesichts der Möglichkeit, innerhalb nur weniger Stunden mit der Eisenbahn von Paris nach Rouen reisen zu können, das Brausen der Wellen der Nordsee schon vor seiner heimischen Haustür zu hören wähnte.[49] Der Raum zwischen Start- und Zielpunkt wurde für den Eisenbahnreisenden irrelevant und damit beinahe unsichtbar. Gleichzeitig aber erweiterte sich der Verkehrsraum. Auch entfernte Ziele rückten nun näher an den Ausgangspunkt der Reise heran. Für Frankreich und seine durch die Eisenbahn veränderte Geographie formulierte es der Ökonom Constantin Pecqueur 1839 in seiner „Economie sociale“ folgendermaßen:

> „ [...] schließlich schrumpft auf der Karte der Einbildung alles zusammen ins unendlich Kleine! Was Louvre, Pontoise, Chartres, Arpajon, Meaux [französische Provinzstädte in der Umgebung von Paris, Anmerkung der Autorin] usw. betrifft, so werden sie sich alle in irgendeiner Straße von Paris oder seiner Banlieue verlieren“[50]

War das Leben der Menschen – in der Mehrzahl eine bäuerliche Bevölkerung – in vielen Regionen Europas bis zu Beginn des 19. Jahrhunderts noch stark durch ein lokal und regional begrenztes Raum- und Weltbild geprägt, in

47 Wolfgang Schivelbusch: Geschichte der Eisenbahnreise. Zur Industrialisierung von Raum und Zeit im 19. Jahrhundert, Frankfurt am Main 42007, S. 35.

48 Schivelbusch: Eisenbahnreise, S. 35.

49 Heinrich Heine: Lutezia, 2. Teil, LVII. (Ed. Elster Bd. 6, S. 360), zitiert nach: Schivelbusch: Eisenbahnreise, S. 39.

50 Constantin Pecqueur: Economie social, Paris 1839, Bd. 1, S. 26, zitiert nach: Schivelbusch: Eisenbahnreise, S. 36f.

dem ein räumlich-geographischer Fernhorizont kaum zu erkennen war,[51] so wandelte sich diese Wahrnehmung und damit die gesellschaftliche Struktur unter anderem auch mit der Industrialisierung der Fortbewegung. Alte Raum-Zeit-Maße, die sich an subjektiven, unmittelbar erfahrbaren Größen wie einer Wegstunde, dem Tagewerk, Gebetszyklen usw. orientieren, werden in der Neuzeit auf- bzw. abgelöst von abstrakten, objektiven Einheiten, die Entfernung und Dauer über Ort- und Ländergrenzen berechen- und vergleichbar machten. Kleinere, lokale Räume, die sich noch individuell überblicken ließen, werden durch die neuen Transportmittel und die vereinheitlichte Zeit (ab 1893 Einführung der Eisenbahnzeit im Deutschen Reich) zu immer größeren, überregionalen Räumen zusammengeschlossen, die sich auch durch Strukturen, Symbole, Vernetzungen und Abläufe charakterisieren lassen. Prozesse der Industrialisierung, Verstädterung, gesellschaftlichen Transformation aber auch Umdeutung von Lebensraum, Natur und Landschaft, am Ende auch der Topos von der Vernichtung des Raumes durch Industrialisierung und Eisenbahn müssen sich mit der harleyschen Methode, so die Hypothese der Autorin, aus Eisenbahnkarten herauslesen lassen. Neben den Texten und weiteren schriftlichen Zeugnissen stellt diese übersehene Quellengattung also eine probate Grundlage dar, um den Raum wiederzufinden und sich der Geschichte der Mobilitätsrevolution im 19. Jahrhundert von einer anderen, nämlich einer räumlichen Seite zu nähern.

Ein besonderer Raum: Die Donaumonarchie

Ein historischer Raum, der besonders aufgrund seiner inneren Heterogenität – geographisch, kulturell, sprachlich, wirtschaftlich – nicht nur während seines wechselvollen Bestehens, sondern auch lange nach seinem Zerfall 1918 Historiker, Ethnologen und Literaten zur Beschäftigung mit der Frage nach seinem wechselvollen Wesen und den daraus resultierenden Entwicklungsmöglichkeiten und -problemen anregte, ist die österreichisch-ungarische Doppelmonarchie. Dabei wird die kontrastreiche Gemengelage des Vielvölkerreiches an der Donau durchaus unterschiedlich bewertet.

Im Geleitwort zum Kronprinzenwerk „Die österreichisch-ungarische Monarchie in Wort und Bild" beschreibt Kronprinz Rudolf unter Ausblendung politischer und sozialer Spannungen den Staat als „[...] so reich an Gegen-

51 Dietrich Denecke: Straße und Weg im Mittelalter als Lebensraum und Vermittler zwischen entfernten Orten, in: Bernd Herrmann (Hrsg.): Mensch und Umwelt im Mittelalter, Frankfurt am Main 1989, S. 207–233, zitiert nach: Kaschuba: Überwindung, S. 29.

sätzen, [sei es in] seiner Bodengestaltung, der naturhistorisch, landschaftlich und klimatisch so herrlichen Mannigfaltigkeiten [...], [sei es] in der ethnographischen Zusammensetzung verschiedener Völkergruppen [...]".[52]

Eine ähnliche Zusammenschau von geographisch und ethnisch kontrastreicher Vielfalt stellt auch der Wiener Geograph Friedrich Umlauft auf: „Wie unser Vaterland den Uebergang von gegliederten und gebirgigen Westen des europäischen Continents zu dessen ungegliedertem und ebenen Osten bildet, so schließt es in Folge seiner bedeutenden Längen- und Breitenausdehnung auch die grellsten Gegensätze in Beziehung auf physische Verhältnisse, Bevölkerung und geistige Cultur in sich [...]. In ethnographischer Hinsicht sind auf dem Boden der österreichisch-ungarischen Monarchie alle Haupt-Völkergruppen Europa's [...] vertreten [...]. Daher fließt auch Oesterreichs Geschichte aus der Deutschlands, Ungarns und Polens zusammen, ähnlich der [...] Vereinigung verschiedener Zuflüsse in einem großem Strombette, das dann die aufgenommenen Wassermassen gemeinschaftlich weiterführt. [...] Ja die Vermischung der verschiedenen Nationalitäten läßt sich nirgends in Europa in so auffälliger Weise beobachten, wie eben in unserem Vaterlande."[53] Dass aufgrund der Koexistenz unterschiedlichster Ethnien Österreich-Ungarn ein Europa im Kleinen sei, formuliert auch der Schriftsteller Hugo von Hofmannsthal in Anlehnung an einen Eintrag aus dem 1841 verlegten „Staats-Lexikon"[54]. Mit Blick auf die Hauptstadt Wien betonte Stefan Zweig (1881–1942) in „Die Welt von Gestern. Erinnerungen eines Europäers" (1942), dass jene gelebten Gegensätze und Kontraste sich „harmonisch aufzulösen" im Stande waren und jeden „Bürger dieser Stadt zum Übernationalen, zum Kosmopolitischen, zum Weltbürger" erzogen.

Dass es oftmals weniger harmonisch zuging, wo unterschiedliche Ethnien aufeinandertrafen und verschiedene Sprachen gesprochen wurden, findet sich in zahlreichen Texten deutschsprachiger Literaten und Intellektueller festgehalten und in politischen Debatten dokumentiert. Kakanien befände sich in einer Phase des ewigen Zurück und Vor, schrieb Robert Musil in „Der Mann ohne Eigenschaften" (ab 1930) und charakterisiert den habsburgischen Regierungsgrundsatz als das „Sowohl-als-auch" oder „Weder-noch". Soziale

52 Aus der Einleitung Erzherzog Rudolf zum Kronprinzenwerk, zit. in Brigitte Hamann (Hrsg.): Kronprinz Rudolf ›Majestät ich warne Sie...‹. Geheime und private Schriften, München/Zürich 1987, S. 328f., zitiert nach: Csáky: Gedächtnis, S. 43, mit Ergänzungen der Autorin in eckigen Klammern.

53 Friedrich Umlauft: Die Oesterreichisch-Ungarische Monarchie. Geographisch-statistisches Handbuch mit besonderer Rücksicht auf politische und Cultur-Geschichte für Leser aller Stände, Wien-Pest 1876, S. 1f., zitiert nach Csáky: Gedächtnis, S. 42f.

54 „Die Stellung und der Umfang der mehreren Hauptnationen der Monarchie hat auf den Gedanken geführt, diese als ein Europa im Kleinen zu betrachten und, neben einem europäischen, ein besonders österreichisches Gleichgewicht vorauszusetzen.", aus: Carl von Rotteck/Carl Welcker (Hrsg.): Staats-Lexikon oder Encyklopädie der Staatswissenschaften, Bd. 12, Altona 1841, S. 143, zitiert nach Csáky: Gedächtnis, S. 207.

Spannungen und Konflikte, die sich aus der multiethnischen Gemengelage ergaben, wurden von der Regierung im besten Falle toleriert, aber nicht aufgelöst.[55] Die in vielen Fällen regional asynchron ablaufenden Modernisierungsprozesse halfen dabei nicht, die hybride, heterogene kulturelle Situation in der zentraleuropäischen Region abzuschwächen und zu überwinden, sondern verstärkten nationalistische Tendenzen noch.[56] Dass die Politik der Untätigkeit eher über kurz als über lang zum Zerfall des pluriethnischen Zentralstaates führen werde, merkte auch Friedrich Engels kurz vor den Revolutionsjahren 1848/1849 an: „Die buntscheckige, zusammengeerbte und zusammengestohlene österreichische Monarchie, dieser organisierte Wirrwarr von zehn Sprachen und Nationen, dies planlose Kompositum der widersprechenden Sitten und Gesetze fängt endlich an, auseinanderzufallen."[57]

Es liegt in der Natur der Geschichtswissenschaft, dass es stets nur eine Annäherung an eben gestellte Frage geben kann: Was war die k.u.k. Monarchie – „der sanfteste aller Staaten", in dem die „grellsten Gegensätze" toleriert wurden, Völkerkerker und „organisierter Wirrwarr"? Überhaupt lässt sich in der jüngeren und jüngsten kultur- und geschichtswissenschaftlichen Forschung zur Habsburgermonarchie die tendenzielle Abkehr von Analysekategorien, die auf binären, reduktionistischen Denkfiguren wie etwa „eigen" und „fremd", Gleichheit und Differenz basieren, verzeichnen.[58] Besonders die plurikulturelle, polyglotte Habsburgermonarchie biete für die gesellschaftliche Integrationen in einem Europa der kulturellen Vielfalt aber auch nationalstaatlichen Animositäten, wie wir es heute erleben, neue Ansätze, weshalb die diskursive Repräsentation des vermeintlich Anderen in der historiographischen Forschung kritisch hinterfragt und gewissermaßen im mikro- und makroskopischen Kontext ihrer Entstehungen und Wandlungen untersucht werden müsste.[59]

Mögliche Hinweise und Spuren zu jenen historischen Denkfiguren und deren Manifestation in Gesellschaft und Lebenswelt lassen sich nicht nur in schriftlichen Quellen, sondern – wie in diesem Beitrag argumentiert – im Raum finden. Eisenbahnkarten eröffnen in erster Instanz die interessante

55 Robert Musil: Der Mann ohne Eigenschaften, Roman, hrsg. von Adolf Frisé, Hamburg 1983, S. 1350–1351, zitiert nach: Csáky: Gedächtnis, S. 48.

56 Jaroslav Střítecký: Zur Kulturtypologie Mitteleuropas, in: Moritz Csáky/Richard Reichensperger (Hrsg.): Literatur als Text der Kultur, Wien 1999, S. 109–118, hier S. 113.

57 Friedrich Engels: Der Anfang des Endes in Österreich, in: Karl Marx/Friedrich Engels: Werke, Bd. 4, 11. Aufl., Berlin, S. 504–510, zitiert nach: Csáky: Gedächtnis, S. 54.

58 Johannes Feichtinger: Polyglottes Habsburg. Mehrsprachigkeit im politischen, staatsrechtlichen und gesellschaftlichen Kontext, in: Karin Almasy/Heinrich Pfandl/Eva Tropper (Hrsg.): Bildspuren – Sprachspuren. Postkarten als Quellen zur Mehrsprachigkeit in der späten Habsburger Monarchie, Bielefeld 2020, S. 42–43.

59 Feichtinger: Polyglottes Habsburg, S. 42–43.

Perspektive auf die Doppelmonarchie als Verkehrsraum. Vor dem Hintergrund der grob skizzierten Konflikte, aber auch Möglichkeiten, die sich aus der geographischen, gesellschaftlichen, sprachlichen, kulturellen, wirtschaftlichen usw. Pluralität, Heterogenität und Gegensätzlichkeit ergeben, ist eine Untersuchung der Wirkung der gesteigerten Mobilität von Personen, Waren, Ideen induziert durch die Eisenbahn von wissenschaftlicher Relevanz.

Wie formte und gestaltete Verkehr, im konkreten Fall die Eisenbahn, den realen, wahrgenommenen und rezipierten Raum, bzw. die in vielen Aspekten so diversen Räume der Donaumonarchie um? Und wie wiederum wirkt sich diese Veränderungen von Raum und Räumen auf die multiethnische Gesellschaft, auf Kultur in Österreich-Ungarn aus? Banden die Schienenstränge den „gegliederten und gebirgigen Westen des europäischen Continents" stärker an den „ungegliederten und ebenen Osten"? Wurden durch die Verkleinerung und gar Vernichtung von Raum Kronländer und Ethnien einander nähergebracht? Wie verhielt es sich mit den durch die Verkehrsrevolution beinahe unberührten, abgehängten Räumen? Wie sich bereits aus diesen Überlegungen zeigt, liegt hier ein in vielen Teilaspekten noch fast unbearbeitetes Forschungsfeld vor. Für die Eisenbahnkarten, deren Entstehungs- und Nutzungszeit in die Phase zwischen der Hochzeit der Industrialisierung in der Habsburgermonarchie und dem Zerfall Österreich-Ungarns fällt, liegen gegenwärtig lediglich zwei Fachpublikationen – ein kürzerer Artikel aus dem Jahr 1987 des Historikers Johannes Dörflinger[60] und eine Magisterarbeit von Bettina Krenn[61], entstanden unter der Leitung des Erstgenannten aus dem Jahr 1998 – vor. Beide Beiträge können als Bestandsaufnahme des Korpus der österreichischen Eisenbahnkarten bewertet werden.

Aufgrund der differenzierten Themen, Einsatzbereiche und Nutzergruppen von Eisenbahnkarten stellt sich dieser Kartentypus in seiner Erscheinung als sehr heterogen dar. Obschon Krenn in ihrer Arbeit eine Unterteilung der zusammengetragenen Karten vornimmt, fehlt es doch bis zum heutigen Tag an einer universell verwendbaren Systematik zur Gliederung des Kartengenres nach innen, Abgrenzung nach außengegen andere, vor allem historische verkehrstechnische Kartentypen und damit auch zur formalen Erschließung von historischen (auch österreichischer/österreichisch-ungarischer) Eisenbahnkarten. Nach Kenntnisstand der Autorin liegen für Eisenbahnkarten deutscher, britischer und US-amerikanischer Provenienz Systematiken vor,

60 Johannes Dörflinger: Österreichische Eisenbahnkarten bis zum Ersten Weltkrieg, in: Kartographisches Colloquium `86, Berlin 1987, S. 157–174.

61 Bettina Krenn: Eisenbahnkarten der Österreichisch-Ungarischen Monarchie vom Beginn des Eisenbahnwesens bis zur Jahrhundertwende, Wien 1998 (unveröffentlichte Magisterarbeit).

die Eisenbahnkarten jeweils nach Verwendungszweck[62], Nutzergruppen[63] und Maßstab der dargestellten Eisenbahninfrastruktur[64] unterscheiden. Auf Grundlage dieser Differenzierungen wird im Forschungsprojekt der Autorin eine Systematik für historische österreichische/österreichisch-ungarische Eisenbahnkarten erarbeitet, auf dem aufbauend sich die Untersuchung von Raum, Räumen und Raumbildern in der Sprache von Karten sowie deren Wahrnehmung und Reflexion bewerkstelligen lässt. Ziel der Dissertationsarbeit wird darüber hinaus ein – wenn auch nur kleiner Beitrag zur Neubewertung der österreichisch-ungarischen Geschichte aus einer räumlichen – einer verkehrsräumlichen Perspektive sein.

Fazit

Trotz der nunmehr vierzig Jahre andauernden disziplinübergreifenden Beschäftigung mit Raum stellt dieser immer noch ein Forschungsdesiderat dar. Im Zuge des sogenannten spatial turn ist Raum – sowohl der geographische als auch der soziale Raum – in seiner Struktur, Imagination und Darstellung in den Fokus erst der Human- und Kulturgeographie, später dann der Kultur- und Sozialwissenschaften gerückt. Argumentiert werde einerseits gegen das „Konzept eines absoluten Raumes" und andererseits gegen ein „Primat der Zeit".[65] Raum wird nicht länger als objektive, gegebene Größe – als Container, in dem sich gesellschaftliche Prozesse abspielen – betrachtet. Dem spatial turn liegt die Ansicht zu Grunde, dass Raum erst durch „Aneignung, Strukturierung und Imagination durch den Menschen seine Relevanz für soziale Prozesse entfaltet"[66]. Ein Medium, welches sich dazu eignet, den Prozess der Veränderung von Raum, dessen Wahrnehmung und Relevanz für gesellschaftliche Verflechtungen nachzuvollziehen, sind Karten. Viel zu lange wurden Karten u.a. auch von Historikern oft nur als illustratives Hilfsmittel verwendet. Die besonders zur Zeit ihres Erscheinens als radikal empfundenen Texte des Kartographen und Geographen J. B. Harley haben dazu beigetragen, dass

62 Milbank Challis/Rush: Railways.

63 Jerry Musich: Mapping a Transcontinental Nation: Nineteenth- and Early Twentieth-Century American Rail Travel Cartography, S. 98–116, in: James R. Akerman (Hrsg.): Cartographies of Travel and Navigation, Chicago 2006.

64 Zef Segal: Regionalism and Nationalism in the Railway Cartography of Mid-Nineteenth Century Germany, in: Imago Mundi 68/1 (2016).

65 Suzana Alpsancar/Petra Gehring/Marc Rölli: Raumprobleme. Philosophische Perspektiven, München 2011, S. 155, zitiert nach: Brenneis et al. (Hrsg.): Technik, S. 10.

66 Frithjof Benjamin Schenk: Die Neuvermessung des Russländischen Reiches im Eisenbahnzeitalter, in: Happel et al. (Hrsg.): Osteuropa, S. 13–35, hier S. 13.

Karten nicht länger als objektives, wissenschaftlich neutrales Medium gewertet werden, sondern dass sie ähnlich zu behandeln sind wie Bilder und Texte. Versteht man eine Karte zu dekonstruieren und kontextualisieren, lassen sich aus ihr Informationen über historische Orte, Räume und Raumbilder herauslesen. Es kann herausgearbeitet werden, was gesellschaftlich und politisch repräsentativ und wünschenswert war, bzw. welche Realitäten, Bilder und Vorstellungen im kollektiven Gedächtnis verankert waren, so Historiker und Kulturwissenschaftler Moritz Csáky.[67]

Ein Kartentyp, der auch gegenwärtig noch einer gründlichen formalen und inhaltlichen Erschließung harrt, sind Eisenbahnkarten. Um sich den mit der Eisenbahn verbundenen Topoi von Fortschritt, Geschwindigkeit, Erweiterung und Vernichtung des Raumes durch die Technik zu nähern und auch die Geschichte der österreichisch-ungarischen Doppelmonarchie im Zeitalter der Industrialisierung und Mechanisierung aus einer verkehrsräumlichen Perspektive zu betrachten, werden im Dissertationsprojekt der Autorin historische Eisenbahnkarten österreichisch-ungarischer/ österreichischer/ungarischer Provenienz nach den Ansätzen der critical cartography dekonstruiert und gelesen. Was sowohl eines der erklärten Ziele der Forschungsarbeit als auch dieses Textbeitrages ist, ist die Anregung zur wissenschaftlichen Beschäftigung mit Karten, besonders auch mit Verkehrskarten als Quelle, um historische Räume und Raumbilder in der wechselvollen Epoche der Mobilitätsrevolution durch die Eisenbahn zu finden und wiederzufinden.

Literaturverzeichnis

Literatur

Brenneis, Andreas/Honer, Oliver/Keesser, Sina/Ripper, Annette/Vetter-Schultheiß, Silke: Technik – Macht – Raum. Das Topologische Manifest im Kontext interdisziplinärer Studien, Wiesbaden 2018.

Celan, Paul: Der Meridian, in: Gesammelte Werke, Bd. 3, Frankfurt am Main 1986.

Csáky, Moritz: Das Gedächtnis Zentraleuropas. Kulturelle und literarische Projektionen auf eine Region, Wien 2019.

Dörflinger, Johannes: Österreichische Eisenbahnkarten bis zum Ersten Weltkrieg, in: Kartographisches Colloquium `86, Berlin 1987, S. 157–174.

67 Csáky: Gedächtnis, S. 34.

Döring, Jörg/Thielmann, Tristan: Für eine Geomedienwissenschaft, in: Dies. (Hrsg.): Mediengeographie. Theorie – Analyse– Diskussion, Bielefeld 2009, S. 9–64.

Feichtinger, Johannes: Polyglottes Habsburg. Mehrsprachigkeit im politischen, staatsrechtlichen und gesellschaftlichen Kontext, in: Almasy, Karin/Pfandl, Heinrich/Tropper, Eva (Hrsg.): Bildspuren – Sprachspuren. Postkarten als Quellen zur Mehrsprachigkeit in der späten Habsburger Monarchie, Bielefeld 2020, S. 23–44.

Happel, Jörn: Eine Karte voller Ziele. Deutsche Sabotageräume in Russland während des Ersten Weltkriegs, in: Happel, Jörn/Jovanović, Mira/v. Werdt, Christophe (Hrsg.): Osteuropa kartiert. Mapping Eastern Europe, Wien 2010, S. 61–82.

Harley, John Brian: Das Dekonstruieren der Karte, in: Cartographica, 1989, S. 4–19.

Harley, John Brian: Maps, Knowledge, and Power, in: Cosgrove, Denis/Daniels, Stephen (Hrsg.): The Iconography of Landscape, Cambridge 1988, S. 277–312.

Harley, John Brian/Laxton, Paul (Hrsg.): The New Nature of Maps. Essays in the History of Cartography, Baltimore 2002.

Hasse, Jürgen: Was Räume mit uns machen – und wir mit ihnen. Kritische Phänomenologie des Raumes, Freiburg/München 2015.

Jordan, Peter (2010): Methodik und Objektivität von Karten des nationalen/ethnischen Bewusstseins, in: Happel, Jörn/ Jovanović, Mira/v. Werdt, Christophe (Hrsg.): Osteuropa kartiert. Mapping Eastern Europe, Wien 2010, S. 175–185.

Kaschuba, Wolfgang: Die Überwindung der Distanz. Zeit und Raum in der europäischen Moderne, Frankfurt am Main 2004.

Krenn, Bettina: Eisenbahnkarten der Österreichisch-Ungarischen Monarchie vom Beginn des Eisenbahnwesens bis zur Jahrhundertwende, Wien 1998 (unveröffentlichte Magisterarbeit).

Lefebvre, Henri: La production de l'espace, Paris 1974.

Lossau, Julia: Räume von Bedeutung. Spatial turn, cultural turn und Kulturgeographie, in: Csáky, Moritz/Leitgeb, Christoph (Hrsg.): Kommunikation – Gedächtnis – Raum. Kulturwissenschaften nach dem ›Spatial Turn‹, Bielefeld 2009, S. 29–43.

Löw, Martina/Weidenhaus, Gunter: Relationale Räume mit Grenzen. Grundbegriffe der Analyse alltagsweltlicher Raumphänomene, in: Brenneis, Andreas/Honer, Oliver/Keesser, Sina/Ripper, Annette/Vetter-Schultheiß, Silke (Hrsg.): Technik – Macht – Raum. Das Topologische Manifest im Kontext interdisziplinärer Studien, Wiesbaden 2018, S. 207–227.

Milbank Challis, David/Rush, Andy: The Railways of Britain. An Unstudied Map Corpus, in: Imago Mundi 61/2 (2009).

Murawska-Muthesius, Katarzyna: Mapping Eastern Europe. Cartography and Art History, Artl@s Bulletin, Vol. 2, Issue 2 Do Maps Lie?, 2013.

Murawska-Muthesius, Katarzyna: Mapping the New Europe. Cartography, Cartoons and Regimes of Representation, in: Centropa 4/1 (2004).

Musich, Jerry: Mapping a Transcontinental Nation: Nineteenth- and Early Twentieth-Century American Rail Travel Cartography, S. 98–116, in: Akerman, James R. (Hrsg.): Cartographies of Travel and Navigation, Chicago 2006.

Schenk, Frithjof Benjamin: Die Neuvermessung des Russländischen Reiches im Eisenbahnzeitalter, in: Happel, Jörn/Jovanović, Mira/v. Werdt, Christophe (Hrsg.): Osteuropa kartiert. Mapping Eastern Europe, Wien 2010, S. 13–35.

Schivelbusch, Wolfgang: Geschichte der Eisenbahnreise. Zur Industrialisierung von Raum und Zeit im 19. Jahrhundert, Frankfurt am Main ^{4}2007.

Schlögel, Karl: Im Raume lesen wir die Zeit. Über Zivilisationsgeschichte und Geopolitik, München 2003.

Segal, Zef: Regionalism and Nationalism in the Railway Cartography of Mid-Nineteenth Century Germany, in: Imago Mundi 68/1 (2016).

Soja, Edward W.: Postmodern Geographies. The Reassertion of Space in Critical Social Theory, New York 1989.

Stříteckŷ, Jaroslav: Zur Kulturtypologie Mitteleuropas, in: Csáky, Moritz/Reichensperger, Richard (Hrsg.): Literatur als Text der Kultur, Wien 1999, S. 109–118.

Quellen

Baázs, Kántás: Paul Celan's Speech 'The Meridian' as a Manifest of Art Theory, 2014, online unter: http://real.mtak.hu/65164/1/Paul_Celan_tanulmany_angol_Tinpahar_u.pdf (26.1.2021).

Blömeke, Philipp: Poetologie. Verwandtschaften. „Komm auf den Händen zu uns." Über Meridiane zwischen Lenz und Celan, Gesellschaft für Theaterwissenschaften, Ausgabe 2018: Flackernde Formen. Theater und Poetik bei J.M.R. Lenz, online unter: https://www.theater-wissenschaft.de/poetologie-verwandtschaften-komm-auf-den-haenden-zu-uns-ueber-meridiane/ (26.1.2021).

Hasse, Jürgen: Verschwindet der Raum? Über veränderte Bedingungen der Wahrnehmung von Mit- und Umwelt, Uni Frankfurt, online unter: https://www.wiwi.uni-frankfurt.de/professoren/ritter/veranstalt/ws9596/hasse.htm#fus (30.1.2021).

Kaspar, Frank: Ihre Route wird neu berechnet! Wie kartografisches Denken unser Weltbild formt. Deutschlandfunk Kultur, 9.7.2015, online unter: https://www.deutschlandfunkkultur.de/ihre-route-wird-neu-berechnet-wie-kartografisches-denken.976.de.html?dram:article_id=324913 (26.1.2021).

Schwierige Interdisziplinarität?

Sozialtheorie, Niklas Luhmann und der geschichtswissenschaftliche Forschungsprozess

Patrick Reitinger

Abstract

*Die Arbeit mit Sozialtheorien im geschichtswissenschaftlichen Forschungsprozess stellt (Nachwuchs-)Wissenschaftler*innen immer wieder vor Herausforderungen. Der Beitrag argumentiert, dass theoretische Begrifflichkeiten immer vor dem Hintergrund einer bestimmten (soziologischen) Theorietradition betrachtet werden müssen. Nur dann, wenn der Begriff im Kontext des konkreten Paradigmas verstanden wird, in dem er entstanden ist, kann er für geschichtswissenschaftliche Forschung fruchtbar gemacht werden. Dies wird exemplarisch am Begriff* Identität *und der Theorie sozialer Systeme bei Niklas Luhmann näher dargestellt. Es wird gezeigt, dass sich eine systemtheoretische Perspektive auf den Identitätsbegriff für die Forschung zur Geschichte Ostmitteleuropas im 19. und 20. Jahrhundert besonders eignet.*

SCHLAGWÖRTER

Sozialtheorie, Systemtheorie, Identität, Grenze, Differenz, Interdisziplinarität, Luhmann, Soziologie

Einleitung

Es gehört zum alten Streit zwischen den Geschichtswissenschaften und Sozialwissenschaften, welchen Stellenwert *Theorie* im eigenen Forschungsprozess einnehmen soll. Aus einer sozialwissenschaftlichen Perspektive wird oft der Vorwurf laut, geschichtswissenschaftliche Arbeiten seien zu deskriptiv und würden sich durch einen Mangel an analytischer Reflexion auszeichnen. Geschichtswissenschaftler*innen kritisieren meist das Missverhältnis von *Theorie* und *Empirie*, also die geringe Kompatibilität der theoretischen Gedankentürme mit den Quellen.

Manche sozialwissenschaftliche Kritik ist dabei wohl kaum gerechtfertigt. So gehört es für das geschichtswissenschaftliche Arbeiten nicht zuletzt nach den Entwicklungen in der Sozial- und Kulturgeschichte und im Kontext der verschiedensten *Turns* der vergangenen Jahrzehnte heute selbstverständlich dazu, analytische Konzepte in die eigene Forschungsarbeit zu integrieren. Trotzdem ist es für (Nachwuchs-)Wissenschaftler*innen in den Geschichtswissenschaften immer wieder eine Herausforderung, den Ansprüchen von *Theorie* und *Material* gerecht zu werden. Je nach akademischer Sozialisation steht zu Beginn oft die Frage, ob zuerst die passende Theorie gesucht oder besser erst einmal das passende Material gefunden werden sollte.

Ein Grund für diese Schwierigkeiten liegt sicherlich auch in der weitestgehend fehlenden Verankerung fundierter Theorieausbildungen in den einschlägigen geschichtswissenschaftlichen Studiengängen. Eigentlich sind Nachwuchswissenschaftler*innen gezwungen, zu Beginn ihrer Forschungsarbeit selbst ein Gefühl für *die Theorie* zu entwickeln, und dabei ist es fast natürlich, dass die Auswahl geeigneter Konzepte sie vor einige Herausforderungen stellt. Es fehlt oft ein Verständnis für die geistes- und ideengeschichtlichen Voraussetzungen, die Sozialtheorien innewohnen.

Der vorliegende Beitrag möchte an einem sozialtheoretischen Beispiel darstellen, wie soziologische Theorieangebote in den geschichtswissenschaftlichen Forschungsprozess integriert werden können. Damit ergänzt er schon bestehende Diskussionen zum Verhältnis von Soziologie und Geschichte dahingehend, dass er anhand eines Soziologen *(Niklas Luhmann)* und eines Beispielbegriffs *(Identität)* argumentiert, um Hinweise zum Umgang mit *Sozialtheorie* in der geschichtswissenschaftlichen Arbeit zu liefern, die im jeweils eigenen Forschungsprojekt von (Nachwuchs-)Wissenschaftler*innen fruchtbar gemacht werden können.[1]

Zunächst wird die Frage geklärt, was Sozialtheorie eigentlich ist und wie sich vor allem die Begriffe *Theorie* und *Konzept* unterscheiden (I.). Oftmals hilft eine bewusste Entscheidung für die *Reichweite* von unterschiedlichen Theorien und Konzepten schon bei der Umsetzung im eigenen Forschungsvorhaben. Im nächsten Schritt wird mit der Systemtheorie Niklas Luhmanns *ein* Beispiel für eine sozialtheoretische Rahmung vorgestellt (II.). Hier geht es

1 Selbstverständlich gibt es weitere Diskussionen und Veröffentlichungen zum Verhältnis von Soziologie und Geschichte im Allgemeinen oder Niklas Luhman und die Geschichtswissenschaft im Besonderen. Hingewiesen sei an dieser Stelle auf eine Tagung, die 2011 am Deutschen Historischen Institut in Paris stattgefunden hat, siehe auch Oliver Brokel: Ereignis und System – Niklas Luhmann und die Geschichtsschreibung (31.1.2012), online unter: https://www.hsozkult.de/conferencereport/id/tagungsberichte-4047 (24.2.2020), sowie auf den Aufsatz von Rudolf Schlögl: Historiker, Max Weber und Niklas Luhmann. Zum schwierigen (aber möglicherweise produktiven) Verhältnis von Geschichtswissenschaft und Systemtheorie, in: Soziale Systeme 7 [1] (2001), S. 23–45.

vor allem darum, Theorien bzw. Konzepte als *special way of seeing* zu begreifen. Die spezifische systemtheoretische Perspektive wird an einem Beispielbegriff dargestellt (III.). Es sollen Hinweise gegeben werden, wie mit Niklas Luhmann zum Thema *Identität* gearbeitet werden kann. Im Anschluss daran folgt eine methodologische Einordnung. Da Niklas Luhmann in erster Linie eine Theorie entwickelt hat und sich nicht mit empirischen Fragen beschäftigte, wird dargelegt, mit welchen Methoden systemtheoretische Perspektiven in die geschichtswissenschaftliche Forschung integriert werden können (IV.). Schließlich wird ein Ausblick gegeben, wo Potentiale einer Anwendung von Sozialtheorie in der Forschung zur Geschichte Ostmitteleuropas im 19. und 20. Jahrhundert liegen könnten (V.).

Zu Besuch in den soziologischen Dörfern

Am Anfang einer wissenschaftlichen Arbeit stehen ein Forschungsthema, verschiedene Fragestellungen und ein Erkenntnisinteresse. Es gibt viele Wege und Möglichkeiten, die zu einem geeigneten Thema führen, doch ist es einmal gefunden, ergeben sich daraus die grundsätzlichen Rahmenbedingungen für den weiteren Forschungsprozess. Bei Forschungsarbeiten zur Geschichte Ostmitteleuropas ist die erste Einordnung meist eine regionale. Je nachdem, wie tief man in die Diskussion einsteigen möchte, ob eine solche regionale Verortung wichtig ist oder nicht[2] und welche Länder und Regionen nun zu Ostmitteleuropa zählen, ist zumindest diese Einordnung schnell getroffen. Klar ist meist auch die zeitliche Kategorisierung: Wenn es sich um eine Forschungsarbeit aus der Alten Geschichte handelt, werden daraus andere Konsequenzen folgen als aus der Forschung zum Mittelalter und der Frühen Neuzeit, zum 19. Jahrhundert oder zur Zeitgeschichte. Schließlich steht zumeist zu Beginn der Forschungsgegenstand, der den Mittelpunkt der Arbeit bilden wird. Soll es um politische Netzwerke, um Geschlechterrollen, Erinnerungslandschaften oder Wirtschaftsbeziehungen gehen, bauen all diese Zuschnitte auf einem mehr oder weniger umfangreichen Forschungsstand auf. Wenn die Grundsteine der Arbeit gelegt sind, stellt sich die Frage nach der Umsetzung. Welche geeigneten Quellen können für die Beantwortung der Forschungsfrage oder die Diskussion der Thesen herangezogen werden? Welche Archive kommen dafür in Frage? Welche Daten müssen selbst erho-

2 Patrick Reitinger: Wozu historische Ostmitteleuropaforschung? – und was wir aus der Geographiegeschichte lernen können! (16.4.2019), online unter: https://www.herder-institut.de/blog/2019/04/16/wozu-historische-ostmitteleuropaforschung/ (24.2.2020).

ben werden, welche liegen bereits vor und können für die weitere Analyse genutzt werden? Und mit welchen Theorien und Methoden soll das Projekt gerahmt werden?

Bei vielen Forschungsgegenständen entsteht recht schnell der Eindruck, dass dazu doch irgendwie schon alles gesagt ist. Dies betrifft vor allem solche Projekte, die in einer Zeit entstehen, in der gewisse Themen eine besondere Konjunktur haben. Für die wissenschaftliche Beschäftigung mit Fragen der Identität zum Beispiel kann festgestellt werden, dass „in den Geistes- und Sozialwissenschaften [...] eine kaum noch zu überblickende Vielzahl miteinander verwobener philosophischer, sozialpsychologischer, soziologischer, politikwissenschaftlicher und anderer sozialwissenschaftlicher Theorien, Ansätze und Herangehensweisen an den Identitätsbegriff [existieren].“[3] Das potentiell Neue an einer Forschungsarbeit erschließt sich dann oft erst auf den zweiten Blick: Für das Beispiel der historischen Identitätsforschung stellt sich die Frage, mit welchem Begriff von *Identität* gearbeitet wird und welche neuen Erkenntnisse diese Perspektive in der breiteren Diskussion zum eigenen Forschungsvorhaben erzeugen kann.

Dies ist der Punkt, wo *die Theorie* ins Spiel kommt. *Identität*, um bei diesem Beispiel zu bleiben, kann natürlich als Begriff verwendet und definiert werden, um ihn dann im eigenen Forschungsprozess entsprechend zu operationalisieren. Hier zeigt sich oft, dass sich die Begriffsdefinition im Laufe der Zeit immer wieder verändert und an die Erkenntnisse aus der Quellenarbeit anschließt. Es entsteht am Ende der Arbeit möglicherweise ein neuer Begriff von *Identität* im spezifischen Forschungskontext.

Dieses Ergebnis kann aber wohl kaum als *Theorie* bezeichnet werden. Vielmehr handelt es sich um Begriffe und Konzepte, meist von kleiner oder mittlerer Reichweite, die helfen, das eigene Material zu sortieren und entsprechend zu interpretieren. Der Begriff *Identität* zum Beispiel steht am Anfang der Arbeit im Zusammenhang der übrigen Identitätsforschung und wird, je nachdem, was für den Forschungsprozess hilfreich erscheint, definiert. In einer solchen Forschungsarbeit steht das Ergebnis der Begriffsbildung aber eigentlich erst am Ende. Der Vorteil dieser Herangehensweise ist, dass die Entstehung und Verwendung von Begriffen sehr nah am Material ausgerichtet sind und die Gefahr der Entkopplung von *Theorie* und *Empirie*, die vielen Arbeiten oft vorgeworfen wird, geringer ist.

3 Christiane Marxhausen: Identität – Repräsentation – Diskurs. Eine handlungsorientierte linguistische Diskursanalyse zur Erfassung raumbezogener Identitätsangebote, Stuttgart 2010, S. 43.

Eine andere Möglichkeit wäre es, *Theorie* an den Beginn der Arbeit zu stellen. Am Beispiel des Identitätsbegriffs bedeutet dies, dass *Identität* nicht einfach nur als Begriffsdefinition verstanden wird, sondern im Gesamtkontext einer ganzen Theoriediskussion steht. Diese stärker sozialwissenschaftliche Forschungsperspektive erfordert eine umfangreiche Kenntnis der Debatten verschiedener Theorietraditionen, um ein Gefühl dafür zu bekommen, wie einzelne Begriffe – wie zum Beispiel *Identität* – in diesem Kontext verstanden werden.

Für Angebote aus der soziologischen Theorie bzw. der Sozialtheorie erfordert dies eine gewisse Kenntnis der unterschiedlichen Paradigmen, vor denen Forschungsgegenstände diskutiert werden. Die Soziologie als Fach zeichnet sich dadurch aus, dass sie kein einheitliches Paradigma aufweist, das den Diskurs beherrscht. Vielmehr stehen verschiedene Paradigmen gleichberechtigt nebeneinander, die sich einmal mehr und einmal weniger im gemeinsamen Diskurs gegenseitig befruchten. Je nachdem, aus welchem Paradigma heraus auf den Erkenntnisgegenstand geblickt wird, entstehen unterschiedliche Forschungsperspektiven und Begriffsbestimmungen. Dies ist der Punkt, an dem vor allem sozialwissenschaftliche bzw. soziologische Kritik an geschichtswissenschaftlichen Arbeiten oft ansetzt, da der Vorwurf im Raum steht, beliebige Begriffsdefinition gewählt zu haben, ohne den Gesamtzusammenhang der Theorietradition zu verstehen. Problematisch wird dies vor allem dann, wenn auf solche Begriffe zurückgegriffen wird, die mit konkreten Soziolog*innen bzw. sogenannten soziologischen Klassikern verbunden sind. Die Frage, was *Handlung* ist oder welche Rolle *Kommunikation* spielt, wird bei Max Weber anders beantwortet als bei Niklas Luhmann oder Jürgen Habermas. Vergessen wird dabei oft auch, dass diese genannten Konzepte im Kontext ganz bestimmter Forschungszusammenhänge entstanden sind. Selbst die soziologischen Klassiker Georg Simmel und Max Weber mussten ihre Erkenntnisse auf vorhandene Forschungsergebnisse und Theoriediskussionen stützen, um sie vor dem ihnen zur Verfügung stehenden Forschungsstand weiterentwickeln zu können.

Angenommen, wir entscheiden uns zu Beginn einer Forschungsarbeit dafür, mit dem Begriff *Kommunikation* zu arbeiten, und wir stoßen bei unserer Recherche bereits existierender Definitionsangebote auf den Kommunikationsbegriff bei Hubert Knoblauch[4] und bei Reiner Keller[5], so wird es schwierig, lediglich die von Knoblauch oder Keller entwickelten Begriffe von *Kommunikation* für die weitere Analyse heranzuziehen. Knoblauch und Keller

4 Hubert Knoblauch: Die kommunikative Konstruktion der Wirklichkeit, Wiesbaden 2017.

5 Reiner Keller: Wissenssoziologische Diskursanalyse. Grundlegung eines Forschungsprogramms, Wiesbaden 2011.

sind beide Vertreter der gegenwärtigen wissenssoziologischen Diskussion, und sie stellen beide den Begriff *Kommunikation* in den Mittelpunkt ihrer Forschung. Ein genauer Vergleich der Begriffe zeigt aber, dass *Kommunikation* am Ende unterschiedlich ausbuchstabiert wird, mit unterschiedlichen Schwerpunkten und unterschiedlichen Konsequenzen, je nachdem, ob man Knoblauch oder Keller folgt, und das, obwohl beide in einer ganz bestimmten Tradition stehen. Sie sind einzuordnen in die *Kommunikative Wende der Wissenssoziologie*, die sich in einem breiten Kontext in der deutschsprachigen Wissenssoziologie in den letzten Jahrzehnten etabliert hat.[6] Sie stehen in der Tradition Peter L. Bergers und Thomas Luckmanns, die mit der *Gesellschaftlichen Konstruktion der Wirklichkeit* die Grundlage für die neuere Wissenssoziologie geschaffen haben.[7] Diese stützen ihre Forschung auf Alfred Schütz, der sie in unterschiedlicher Weise als akademischer Lehrer beeinflusst hat.[8] Von Alfred Schütz wiederum kann die Linie zu Edmund Husserl und Max Weber gezogen werden.[9] Somit sind zentrale Teile des soziologischen Denkens von Reiner Keller und Hubert Knoblauch über den Begriff *Kommunikation* bei all den feinen Unterschieden in der aktuellen Diskussion in den Gesamtzusammenhang einer Theorietradition und eines bestimmten (interpretativen) Paradigmas einzuordnen – mit entsprechenden Konsequenzen für die Arbeit mit deren Begriffen und die weitere Verwendung und methodologische Umsetzung im Forschungsprozess.[10]

Wenn die Entscheidung fällt, dass die eigene Forschungsarbeit in eine bestimmte *Theorie* eingeordnet werden soll, ist eine geschulte Orientierung durch die verschiedenen Paradigmen der Soziologie dringend nötig. Einen ersten Zugang zu dieser Navigation durch die Vielzahl der unterschiedlichen Ansätze bietet das Verständnis von den *soziologischen Dörfern* (Abb. 1). Dabei handelt es sich um eine einfache Darstellung verschiedener Paradigmen, der dazugehörigen Forschungstraditionen und der Nennung zentraler „Klassiker", die in diesen Kontexten wirkten. Ein Blick auf eine solche *Theorielandschaft* ersetzt nicht das exakte Studium der dazugehörigen Literatur, gibt aber eine erste Hilfestellung, wenn die gefundenen Begriffsangebote am Anfang einer Forschungsarbeit eingeordnet werden sollen.

6 Reiner Keller/Hubert Knoblauch/Jo Reichertz: Kommunikativer Konstruktivismus. Theoretische und empirische Arbeiten zu einem neuen wissenssoziologischen Ansatz, Wiesbaden 2013.

7 Peter L. Berger/Thomas Luckmann: Die gesellschaftliche Konstruktion der Wirklichkeit. Eine Theorie der Wissenssoziologie, Frankfurt am Main 1969.

8 Alfred Schütz/Thomas Luckmann: Strukturen der Lebenswelt, Konstanz 2017.

9 Alfred Schütz: Der sinnhafte Aufbau der sozialen Welt: Eine Einleitung in die Verstehende Soziologie, Frankfurt am Main 1993.

10 Reiner Keller: Das interpretative Paradigma. Eine Einführung, Wiesbaden 2012.

Abb. 1: Theory Map. Soziologisches Dorf.

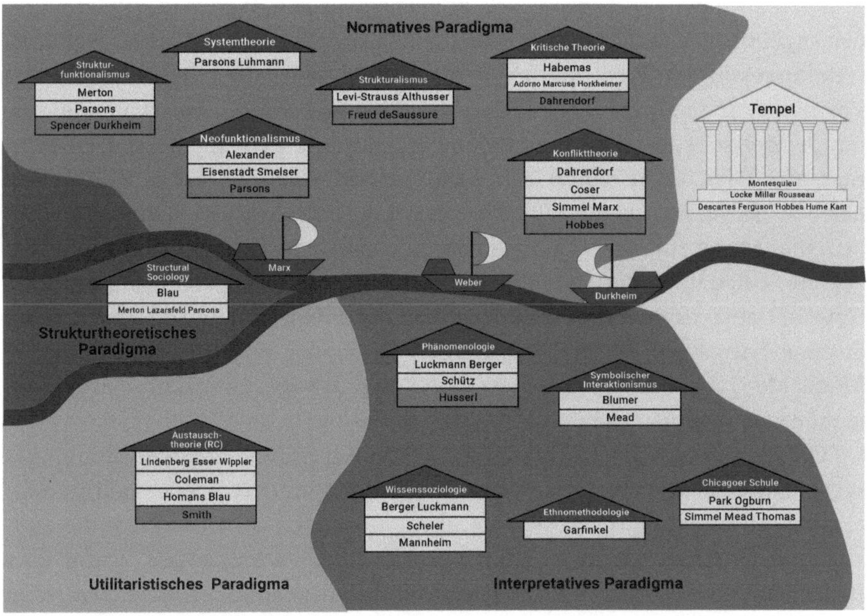

Quelle: https://de.wikibooks.org/wiki/Soziologische_Klassiker/_Das_soziologische_Dorf, zuletzt abgerufen am 24.2.2020

Systemtheorie – *a special way of seeing*

In diesem Beitrag wird die Systemtheorie als Beispiel für eine Theorietradition gewählt, die aus der Soziologie heraus in die Geschichtswissenschaften hinein transferiert wurde. Die Systemtheorie geht im Wesentlichen auf den Soziologen Niklas Luhmann zurück. Luhmanns Ziel war es, eine Theorie zu entwickeln, die alles Soziale erfassen kann.[11] Dies macht und machte es – wenn man der Überzeugung folgt, dass seine Theorie in sich schlüssig ist – attraktiv für viele verschiedene wissenschaftliche Disziplinen, mit seinen Grundannahmen den jeweils eigenen Erkenntnisbereich zu beleuchten.

Dadurch, dass die Theorie sozialer Systeme den Anspruch erhebt, eine universalistische Sozialtheorie darzustellen, muss sie in ihrer Ausgestaltung einen hohen Grad an Abstraktion annehmen. Dies führt dazu, dass Begriffsdefinitionen, die in anderen Theorietraditionen vielleicht normativistisch

11 Niklas Luhmann: Soziale Systeme. Grundriß einer allgemeinen Theorie, Frankfurt am Main 1984, S. 9.

aufgeladen sind, bei Luhmann nüchtern und abstrakt bleiben. Am Beispiel seines Identitätsbegriffs zeigt sich das sehr deutlich: Während gewisse Theorieangebote – nicht zuletzt aus dem Kontext eines Wissenschaftsverständnisses in der Tradition der Kritischen Theorie – eine normativistische Positionierung in ihrer Begrifflichkeit explizit mit einbeziehen, kommen systemtheoretische Begriffe im Luhmann'schen Sinne weitestgehend ohne Wertung aus. Dies führte schon früh zum Vorwurf, dass Luhmanns Konzeption einer Sozialtheorie „keinen Begriff von Ethik, auf jeden Fall keinen einer politischen Moral zulässt."[12] Luhmann weist diese Kritik auch gar nicht zurück. Auf die Feststellung hin, dass aus seiner Theorie sozialer Systeme heraus keine Gewähr dafür resultiert, dass sich nicht auch unmenschliche oder faschistoide Systeme entwickeln können, erwidert er: „Nein, wie soll man das als faktische Möglichkeit ausschließen können? Wenn man das tut, dann läuft man ja blind in eine solche Situation hinein."[13]

Gerade bei der Beschäftigung mit einem Begriff wie *Identität*, der im gesellschaftlichen Diskurs immer wieder vor allem moralisch oder politisch interpretiert wird, zeigt sich sehr deutlich, warum es so wichtig ist, die vollständige Grundperspektive einer Theorie zu berücksichtigen, wenn eine Begriffsdefinition aus einem Theoriegerüst herausgenommen wird. *Theorie* zu verwenden bedeutet in diesem Zusammenhang, sich eine spezielle Sichtweise auf den Erkenntnisgegenstand anzueignen. Es geht um einen *special way of seeing*, der – je nachdem, welches Theorieangebot genutzt wird – unterschiedliche Interpretationen ein- und derselben Quellen- oder Datenlage zulässt.

Am Beispiel des Begriffs *Identität* lassen sich auch die Vorteile erläutern, die eine systemtheoretische Perspektive mit sich bringt. Es lässt die Systemtheorie gerade dann als geeignet erscheinen, wenn man sich mit Phänomenen des Sozialen beschäftigt, die im allgemeinen gesellschaftspolitischen Diskurs schon fast beantwortet sind – weil die Systemtheorie durch ihre Begrifflichkeit und die daraus entstehende hohe Komplexität eine *Beobachtung zweiter Ordnung* ermöglicht, die es zumindest der Figur eines Dritten erlaubt, diese vielleicht schon fast fertig diskutierten Phänomene des Sozialen neu oder zumindest noch einmal anders zu betrachten.

Es zeigt sich aber auch zugleich die Schwierigkeit eines Theorieimports in eine geschichtswissenschaftliche Arbeit. Denn, wenn man der Grundhaltung folgt, Theorie sei a *special way of seeing*, muss man auch berücksichtigen, dass viele Theorieangebote implizit oder explizit nicht für die Analyse ver-

12 Wolfgang Hagen: Warum haben Sie keinen Fernseher, Herr Luhmann? Letzte Gespräche mit Niklas Luhmann, Berlin 2011, S. 42.

13 Ebd.

gangener Lebenswelten entwickelt wurden. Auch Luhmann selbst versteht sich zuerst natürlich als Soziologe und nicht als Historiker. Es gibt andere Soziolog*innen, die sich speziell mit dem Verständnis zwischen Soziologie und Geschichtswissenschaften beschäftigt haben und dabei auch die eigenen soziologischen Theorieangebote vor einem geschichtswissenschaftlichen Kontext interpretierten[14]. Auch in den Geschichtswissenschaften darf an die Debatten zum gegenseitigen Verständnis beider Fächer aus den 1980er Jahren erinnert werden.[15] Es ist aber immer wichtig zu prüfen, inwiefern sich die Theorien und Konzepte aus der Soziologie auf historische Analysen anwenden lassen. Auch wenn Luhmann selbst nicht explizit geschichtswissenschaftlich gearbeitet hat, ist allein aufgrund seines konstruktivistischen Grundverständnisses eine Anknüpfung an die Geschichte möglich, da er in der Konzeption sozialer Systeme eine gewisse Form von historischer Entwicklung, also die Dimension des Gewordenseins sozialer Systeme mitdenkt.[16] Und auch andere Historiker*innen haben bereits gezeigt, dass sich Systemtheorie und Geschichte nicht ausschließen.[17]

Warum systemtheoretisch auf Identität blicken?

Vor einem systemtheoretischen Horizont auf Identität zu blicken wird schon deshalb interessant, weil Niklas Luhmann ein Verständnis von Identität einführt, das sich von anderen Konzepten in seiner Abstraktion unterscheidet. Luhmann geht davon aus, dass sich Sozialität über soziale Systeme herstellt. Diese Systeme sind selbstreferentiell.

> „Hierfür bietet sich die Differenz von Identität und Differenz an. Denn Selbstreferenz kann in den aktuellen Operationen des Systems nur realisiert werden, wenn ein Selbst (sei es als Element, als Prozeß oder als System) durch es selbst identifiziert und gegen anderes different gesetzt werden kann. Systeme müssen mit der Differenz von Identität und Differenz zurechtkommen, wenn sie sich als selbstreferentielle Systeme reproduzieren."[18]

14 Pierre Bourdieu: Schwierige Interdisziplinarität. Zum Verhältnis von Soziologie und Geschichtswissenschaft, Münster 2017.

15 Hans-Ulrich Wehler: Geschichte und Soziologie, Königstein/Ts. 1984.

16 Niklas Luhmann: Kultur als historischer Begriff, in: Niklas Luhmann (Hrsg.): Gesellschaftsstruktur und Semantik (Studien zur Wissenssoziologie der modernen Gesellschaft, 4), Frankfurt am Main 1995, S. 31–54.

17 Frank Becker: Geschichte und Systemtheorie. Exemplarische Fallstudien, Frankfurt am Main 2004.

18 Niklas Luhmann: Soziale Systeme, S. 26.

Er führt an dieser Stelle in seinem zentralen Buch *Soziale Systeme* nicht nur ein besonderes Verständnis von Identität ein, indem er die Unterscheidung von *selbst* und *fremd* im Kontext von *System* und *Umwelt* begreift, sondern macht in einer Fußnote deutlich, warum sein Verständnis von Identität eben gerade kein normatives ist, wie dies in (zur damaligen Zeit der 1970er und 1980er Jahre) (dialektischen) Betrachtungen von Identität üblich war:

> „Wer genau liest, wird bemerken, dass von *Differenz* von Identität und Differenz die Rede ist, und nicht von *Identität* von Identität und Differenz. An dieser Stelle schon zweigen die folgenden Überlegungen von der dialektischen Tradition ab – bei allen Ähnlichkeiten, die im Folgenden dann immer wieder auffallen mögen.“[19]

Die allermeisten Überlegungen zu Identität außerhalb der Systemtheorie stellen Identität ins Zentrum – sie versuchen Identität *aus der Identität heraus* zu verstehen. Niklas Luhmann geht dagegen davon aus, dass „am Anfang [...] nicht Identität [steht], sondern Differenz.“[20] Er stellt die Differenz in den Mittelpunkt, wenn er über Identität nachdenkt, und eigentlich denkt er gar nicht über Identität explizit nach, sondern über Systeme, die er als selbstreferentiell betrachtet. Und doch ist ihm klar, dass jedes System ein *Selbst* hat (haben muss), das sich vom *Selbst* anderer Systeme unterscheidet. Sich dieses Selbst bewusst zu sein, ist Voraussetzung für das Weiterexistieren von Systemen, und dieses Weiterexistieren ist nur dann möglich, wenn sie sich einer Differenz bedienen können, die *das Andere* beobachtbar macht. Diese Unterscheidung selbst benötigt klare Abgrenzungen zwischen System und Umwelt. In einer systemtheoretischen Betrachtung sind also immer auch Grenzen wichtig, und diese Grenzen werden produktiv, da durch sie erst die Unterscheidung zwischen Systemen und Umwelt möglich wird. Für Niklas Luhmann gilt: Grenzerhaltung gleich Systemerhaltung.[21] Und Marc Redepenning verstärkt: „Ohne Grenzziehung also keine Unterscheidung, kein Bezeichnen, kein Beobachten und damit in letzter Konsequenz auch keine Sozialität.“[22]

Ein Nachdenken im Luhmann'schen Sinne läuft nicht Gefahr, Identität normativ-politisch zu betrachten. Vielmehr wird Identität funktional. Sie ist entscheidend dafür, dass Systeme sich selbst erhalten, denn Systeme sind au-

---

19 Ebd., Hervorhebung im Original.

20 Ebd., S. 112.

21 Ebd., S. 35.

22 Marc Redepenning: Grenzen, Grenzziehungen und das Ländliche. Ein Versuch, in: Pascal Goeke, et al. (Hrsg.): Konstruktion und Kontrolle. Zur Raumordnung sozialer Systeme, Wiesbaden 2015, S. 81.

topoietisch, sie müssen sich also immer selbst (wieder)herstellen. Um sich selbst herstellen zu können, müssen sie die Unterscheidung zwischen System und Umwelt, zwischen *Selbst* und *Fremd* vornehmen. Und sie können diese Unterscheidung nur dann vornehmen, wenn sie diese Differenz im Sinne einer Grenzziehung ausmachen können: Wo hört das *Selbst* auf und wo fängt das *Fremd* an.

Durch die Verwendung des Identitätsbegriffs folgt auch eine Heranziehung des Grenzbegriffs für die eigene Analyse. Systemtheoretisches Denken ermöglicht es uns auch hier, ein alltagsweltliches Verständnis von Grenzen zu abstrahieren und den Bedeutungszusammenhang von Identität und Grenzen zu verstehen. Auch der Grenze kommt eine Funktion zu. Sie ist höchst produktiv, da sie für Irritationen sorgt, die auf der einen Seite abstoßend wirken, weil sie verhindern sollen und zuerst einmal zwingen *stehen zu bleiben*. Gleichzeitig sind sie aber auch anziehend, weil sie durch ihre Begrenzung etwas *Bekanntes* von etwas *Unbekanntem* trennen. Sie laden dazu ein, Fragen zu stellen, sie motivieren dazu, *hinter die Kulissen* zu blicken, um herauszufinden, was auf der anderen Seite liegt – und wovon man möglicherweise abgetrennt sein soll. Grenzen sorgen für Inklusion und Exklusion, für ein *drinnen* und *draußen*, und sie ermöglichen es dem Subjekt zu entscheiden – und zu unterscheiden –, wo die eigene Position zu verorten ist. Grenzen erhöhen Komplexität und reduzieren Komplexität, indem sie auf der einen Seite Anstrengungen nötig machen, die durch die Begrenzung erst erzeugt werden und den *einfachen Weg* versperren, indem sie auf der anderen Seite aber auch Einteilungen möglich machen, die das große Ganze in einzelne Abschnitte trennen lässt und es so überschaubar macht.

Grenzen ermöglichen Vergleiche zwischen dem Diesseits und dem Jenseits. Sie schaffen eine Differenz zwischen zwei Dingen, die vielleicht einmal eine Einheit waren oder (zumindest theoretisch) wieder zu einer Einheit werden können. „Vereinfacht ausgedrückt: Kein Diesseits der Grenze ohne das Jenseits der Grenze. Und keine Identität ohne das Andere. Kein Wir ohne das Sie. Keine Identität ohne Differenz. Getrenntes gehört Zusammen [sic].“[23]

Damit wird die Bedeutung der Grenze für die Beschäftigung mit Identität deutlich. Für Niklas Luhmann sind Grenzen keine „invariante[n] Zustände des physischen Substrats [...] etwa nach der Art von Mauern, die eingrenzen, oder nach Art abzählbarer physischer Objekte, etwa Menschen, die dazuge-

23 Marc Redepenning: Über die Unvermeidlichkeit von Grenzziehungen, in: Berichte zur deutschen Landeskunde 79 [2/3] (2005), S. 172.

hören bzw. nicht dazugehören."[24] Grenzen sind absolut nötig, um Identität zu erzeugen und zu verstehen. Identität wiederum ist konstituierend dafür, dass ein System überhaupt erhalten werden kann. Identität erhält also eine Wichtigkeit, die dem Wunsch, sie (wegen ihrer gewiss in der Empirie feststellbaren Probleme bei der diskursiven Berufung auf das Identitäre) zu überwinden, entgegensteht. Dies geschieht ebenfalls mit *Grenzen.* In einer Welt, in der es im Zuge einer zunehmenden Globalisierung erstrebenswert erscheint, Grenzen abzubauen und zu überwinden, muss nun – systemtheoretisch – formuliert werden, dass diese Grenzen absolut notwendig sind. Selbstverständlich ist es Teil des Diskurses, *an welcher Stelle* diese Grenzen zu sein haben. Um ein System zu erhalten, beziehungsweise damit sich ein System autopoietisch selbst erhalten kann, sind Grenzen unumstößlich.

Natürlich kann nicht ohne Grundlage an dieser Stelle eingewendet werden, dass ein solches Verständnis von Grenze auch ein normativistisches sei – nur eben *in die andere Richtung.* Dies würde jedoch den Kern der Theorie sozialer Systeme verkennen, wie sie Niklas Luhmann formuliert hat. Ihm geht es nämlich keineswegs um eine vielleicht sogar politische Forderung nach Identität und Grenzziehung. Vielmehr steht für ihn *das System* im Mittelpunkt seiner Betrachtung. Wenn wir mit Luhmann davon ausgehen, dass es Systeme gibt, dann müssen wir auch anerkennen, dass es Identität und Grenzen geben muss. Sie sind konstituierende Voraussetzungen für ein System. Denn jedes System muss im Verhältnis zu seiner Umwelt unterschieden werden. Und diese Unterscheidung ist nur möglich, wenn es sich *seines Selbst* bewusst wird. Dieses Selbst kann aber nur dann ein *Selbst* sein, wenn es von einem *Fremd* unterschieden werden kann. Und diese Unterscheidung wiederum ist nur möglich, wenn eine Grenze zwischen *Selbst* und *Fremd* gezogen wird, um aus einer Einheit eine Differenz zu machen.

Um dieses Verständnis auf die Empirie, auf die Daten und das Quellenmaterial zu übertragen, müssen wir zunächst das Luhmann'sche Denken im eigentlichen Sinne von der Empirie abstrahieren. Es geht nicht um den konkreten Fall, es geht vielmehr um das theoretische Verständnis für den umfangreichsten aller Fälle, nämlich die Weltgesellschaft. Es geht um die Gesamtheit aller Kommunikation (ein weiterer zentraler Begriff bei Luhmann), um die Gesamtheit aller Systeme. Diese Totalität der Setzung macht es möglich, dass auf der Ebene der Sozialtheorie Komplexität reduziert werden kann. Denn wenn die Setzung richtig ist, folgt aus dieser Totalität, dass alles das, was über

24 Niklas Luhmann: Soziologie als Theorie sozialer Systeme, in: Niklas Luhmann (Hrsg.): Soziologische Aufklärung 1. Aufsätze zur Theorie sozialer Systeme, Wiesbaden 1970, S. 620.

Systeme formuliert wird, auch für jedes System einzeln Gültigkeit hat. Die Stärke dieses Theorieangebotes ist es also, dass sie „*alles* Soziale behandelt und nicht nur Ausschnitte."[25]

Aus dieser Abstraktion folgt die erkenntnistheoretische Konsequenz, dass das Luhmann'sche Denken und seine Theorie sozialer Systeme auch auf historische Lebenswelten angewendet werden kann. Es mag sicherlich eine Vielzahl an Argumenten geben, warum geschichtswissenschaftliche Fragestellungen ohne Luhmann genauso gut oder vielleicht sogar besser bearbeitet werden können. Das Luhmann'sche Verständnis von Identität zeigt uns aber, welche Konsequenzen die Auswahl eines an anderer Stelle sozialtheoretisch ausgearbeiteten Begriffs mit sich bringt. Und wie notwendig es ist, die Begrifflichkeit in der Gesamtheit einer Theorietradition, eines *special way of seeing*, zu betrachten.

Methodologie

Die Fokussierung auf Grenzen, die aus der Beschäftigung mit Identität bei Niklas Luhmann folgen, ist in der Systemtheorie sicherlich stärker ausgeprägt als bei anderen Theorieangeboten zum Identitätsbegriff. Eine Auswahl des Identitätsbegriffs von Luhmann hat also auch Auswirkungen auf die weitere Konzeption eines geschichtswissenschaftlichen Forschungsprozesses. Denn nun müssen die Luhmann'schen Begrifflichkeiten entsprechend operationalisiert und mit den historischen Quellen verbunden werden. Aus einer so gewählten, sozialwissenschaftlich inspirierten Forschungspraxis entsteht auch eine analytische Unterteilung des Forschungsprozesses in eine Datenerhebungs- und eine Datenauswertungsphase.

Die Elemente des Theorieangebots wirken sich auf den Prozess der Datenerhebung aus. Die Systemtheorie als *special way of seeing* wirkt wie eine Brille, mit der auf das Quellenmaterial geblickt wird. Hier ist der Vorwurf durchaus berechtigt, dass möglicherweise genau diejenigen Quellen herangezogen werden, die im Sinne der Theorie verwertbar sind. Versteht man die Forschungsarbeit aber tatsächlich als Verknüpfung von Theorie *und* Empirie, so können auch diejenigen Quellen, die das bisherige Theoriekonstrukt irritieren und herausfordern, in die Weiterentwicklung der Theorie – eben dann vor einem expliziten geschichtswissenschaftlichen Hintergrund – einbezogen werden.

Nun ist Niklas Luhmann selbst durch und durch Theoretiker gewesen. Bei einem Blick in sein Standardwerk *Soziale Systeme* fällt auf, dass das Wort

25 Niklas Luhmann: Soziale Systeme, S. 9.

Empirie nur an einer einzigen Stelle auftaucht.[26] Werner Vogd hat daher mit Blick auf die Systemtheorie wohl zurecht gefragt: „Empirie oder Theorie?“[27] Auch wenn Niklas Luhmann selbst nicht wirklich empirisch gearbeitet hat, haben sich andere an das Verhältnis von Theorie und Empirie in der systemtheoretischen Forschung herangewagt. Wenn heute Wissenschaftler*innen systemtheoretisch arbeiten, erzeugen sie „zwangsläufig Konzepte, die von empirischen Gegenständen handeln.“[28] Werner Vogd beantwortet daher sogleich seine ursprünglich aufgeworfene Frage: „Der gute soziologische Theoretiker ist immer zugleich Empiriker.“[29] Und auch in den Geschichtswissenschaften beschränken sich Wissenschaftler*innen nur in den allerwenigsten Fällen auf reine theoretische Reflexionen.

Wenn sich Forscher*innen dazu entscheiden, die Begriffe und Denkfiguren der systemtheoretischen Theorieentwicklung oder der Theorie sozialer Systeme zu verwenden, müssen sie dann, wenn diese Forschungsaktivitäten auch eine Rückbindung an die Empirie haben sollen, mindestens die Frage zur Datenerhebung und zur Datenauswertung beantworten können. Selbstverständlich sollte *immer* begründet werden, warum in welchem Kontext welche Methode verwendet wird – für die systemtheoretische Forschung dürfte diese Notwendigkeit vor dem skizzierten Hintergrund aber noch drängender sein. *Wieso* und vor allem *wie* sollte man eine Theoriewelt, wie die der Systemtheorie, in die empirische Forschung hineinziehen, wo diese Theoriewelt doch explizit (nur) als solche formuliert wurde?

Eine Antwort wäre, dass sich eine systemtheoretisch inspirierte empirische Forschung die Stärken des systemtheoretischen Denkens zu eigen macht. Die Auswahl der Datenerhebungs- und Datenauswertungsmethode kann dann noch einmal vor einem ganz neuen Hintergrund überlegt und begründet werden. Die Entscheidung nach der geeigneten Methode fällt vor dem Hintergrund einer spezifisch systemtheoretischen Begriffswelt, einem ganz konkreten systemtheoretischen Denken, das auf die Empirie vor dieser eigenen Begriffswelt auch durchaus anders blickt. Das skizzierte Verständnis geht davon aus, dass die Theorie zugleich die Methodologie ist. Vor dem Hintergrund eines konstruktivistischen Verständnisses ist Wirklichkeit – auch vergangene Wirklichkeit – ohne Theoriebrille nicht zu beobachten.

26 Ebd., S. 326.

27 Werner Vogd: Empirie oder Theorie? Systemtheoretische Forschung jenseits einer vermeintlichen Alternative, in: Soziale Welt 58 [3] (2007), S. 229–362.

28 Ebd., S. 296.

29 Ebd.

Die Verwendung von Theorie – sei es die Systemtheorie oder eine andere Sozialtheorie – macht es möglich, auf bereits bekannte geschichtswissenschaftliche Erklärungen noch einmal neu zu blicken. Die Theorie hilft also durch ihr analytisches und abstraktes Instrumentarium das Denken über und Interpretieren von Quellenmaterial neu auszurichten. Stefan Kühl stellt in seiner systemtheoretischen Studie zum Holocaust fest, dass es auf keinen Fall bei einer reinen Reformulierung bestehender geschichtswissenschaftlicher Erkenntnisse bleiben darf, wenn nun auf Theorieangebote zurückgegriffen wird, weil dann die Gefahr droht, eine solche Perspektive „gebe lediglich dasjenige in komplizierten Worten wieder, was andernorts in einfacheren Worten bereits gesagt wurde."[30] Die Heranziehung von Sozialtheorie soll also helfen, aus dem bestehenden Forschungsstand heraus neue Erklärungsansätze zu generieren und existierende Positionen zu reformulieren.

Dies ändert nichts daran, dass Quellen zu Beginn des Forschungsprozesses einmal ganz für sich stehen. Dies ist vor allem dann eine Herausforderung, wenn auf Dokumente und Archivquellen zurückgegriffen wird, die höchstens noch implizit zu uns sprechen. Einfacher ist es ohne Zweifel, ein Theoriegerüst wie die Systemtheorie auf zeithistorische Forschungen zu übertragen, da aufgrund der zeitlichen Nähe zum Erkenntnisgegenstand und möglicherweise aufgrund der Tatsache, dass die Objekte des Interesses noch lebendig sind und selbst sprechen können, schon in der Datenerhebungsphase gezielt systemtheoretisch vorgegangen werden kann. Gerade bei Oral-History-Studien bietet sich dies an. Dort kann bereits bei der Vorbereitung der Interviewphase und bei der Formulierung von Leitfragen darauf geachtet werden, dass solche Fragen gestellt werden, die *im Sinne der Theorie* das eigene Erkenntnisinteresse in den Mittelpunkt der Interviews rücken. Archivdokumente sind dagegen in ganz anderen Kontexten entstanden. Es handelt sich um Daten, die im Regelfall nicht deshalb verfasst und abgelegt wurden, weil sie für spätere Forscher*innen zugängig gemacht werden sollten. Zudem ist noch gar nicht gesagt, dass das vorhandene Archivmaterial auch wirklich einen nennenswerten Beitrag dazu liefert, ein geschichtswissenschaftliches Forschungsinteresse angemessen zu beantworten.

Im Umgang mit Quellen unterscheiden sich daher Historiker*innen und Soziolog*innen durchaus deutlich:

> „In der Geschichtswissenschaft basiert der wissenschaftliche Fortschritt zu erheblichen Teilen [...] auf der Erforschung noch nicht erschlosse-

30 Stefan Kühl: Ganz normale Organisationen. Zur Soziologie des Holocaust, Frankfurt am Main 2014, S. 329.

> ner oder noch nicht erschöpfend untersuchter Quellenbestände. Dementsprechend kann unter Historikern leicht Panik ausbrechen, wenn sie feststellen, dass Kollegen mit den gleichen, bisher noch nicht erschlossenen Quellenbeständen arbeiten wie sie selbst. Die Soziologie ist dieser Suche nach neuen Quellen nicht in der gleichen Form ausgeliefert, weil sie ihre Einsichten gerade aus der Reinterpretation allgemein bekannter Quellen zieht. Zugespitzt ausgedrückt: Weil die Soziologie mit einem eigenen theoretischen Besteck an ihre Themen herangeht, eigenen sich für eine Soziologie [...] gerade diejenigen Geschehnisse, die durch die Geschichtswissenschaft bereits gut erschlossen sind, das heißt diejenigen Ereignisse, über deren Ablauf aufgrund der Quellenlage ein relativ hohes Maß an Übereinstimmung besteht."[31]

Zugegebenermaßen machen es sich historisch arbeitende Soziolog*innen durch diese Herangehensweise einfach(er). Die Quellensuche ist damit nämlich keine primäre Aufgabe, sie wird vielmehr an die Historiker*innen ausgelagert, und somit bleibt ihnen eigentlich nur noch die Interpretation der Quellen. Hier greifen sie nun auf soziologische Theorien zurück, die ihnen bei der Reflexion über das Quellenmaterial helfen. Nicht umsonst hat aber Pierre Bourdieu deutlich gemacht, dass es nur wenige inhaltliche Argumente gibt, warum sich die Geschichtswissenschaften und die Soziologie in ihrer Disziplingeschichte auseinanderentwickelt haben: „Die Grenze zwischen Soziologie und Geschichtswissenschaften ist sinnlos. [...] Die Opposition zwischen Soziologie/Geschichte ist ein historisches Artefakt, ist historisch konstruiert und kann historisch dekonstruiert werden."[32] Soziologisch informierte Geschichtswissenschaftler*innen haben also die Möglichkeit, sich die Vorzüge beider Disziplinen zu eigen zu machen: Das Auffinden und Heben von Quellenmaterial aus den Archiven gehört zur ureigenen Qualifikation von Historiker*innen, und gerade die Fähigkeit, Bestände zu identifizieren, die für bisherigen Erklärungen nicht herangezogen wurden, zeichnet ihre Arbeit aus. *Die Theorie* kommt nun für Historiker*innen auch da zum Einsatz, wo sie für Soziolog*innen interessant wird: bei der Interpretation des Quellenmaterials, also bei der Datenauswertung.

Durch den Rückgriff auf Begrifflichkeiten aus einer ganzen Theorietradition bzw. aus einem bestimmten Paradigma steht für die Interpretation des Quellenmaterials ein ganzes Arsenal an weiteren Begrifflichkeiten und Konzepte

31 Ebd., S. 332f.

32 Pierre Bourdieu: Über den Staat, Berlin 2014, S. 165.

zur Verfügung, das herangezogen werden kann. Um wieder an das Beispiel des Identitätsbegriffs bei Luhmann anzuschließen, wird deutlich, dass durch die Fokussierung auf Differenzierungen, auf die Unterscheidung von System und Umwelt, auf *Fremd* und *Selbst* analytische Perspektiven entstehen, die in anderen Theorieansätzen – oder gar ohne Theorieansätze – nicht vorhanden sind. Die starke Betonung der Funktionalität von Identität und der Bedeutung von Grenzziehungen lässt es zu, dass das Quellenmaterial auf eine ganz eigene Art sortiert und geordnet werden kann, was dann möglicherweise neue Erklärungen zum bestehenden Forschungsstand hinzufügt. Durch die Verknüpfung geschichtswissenschaftlicher und soziologischer Methodologie kann der historische Einzelfall, der im Mittelpunkt einer Untersuchung steht, in einen breiteren gesellschaftlichen Zusammenhang eingeordnet werden.

Durch das Verständnis von *Theorie als Methodologie* kann dem Problem entgegengewirkt werden, mit dem Nachwuchswissenschaftler*innen zu Beginn ihrer Forschungsarbeit fast immer konfrontiert sind: Sie sehen sich einem gigantischen Forschungsstand gegenüber und es entsteht das Gefühl, dass zum eigenen Forschungsinteresse schon irgendwie alles gesagt ist. Selbst wenn das der Fall sein mag, können durch das Heranziehen soziologischer Theorie und auf Grundlage geschichtswissenschaftlich fundierter Quellenarbeit den bestehenden Erklärungen neuartige Erklärungsansätze hinzugefügt werden. Dies gelingt aber nur, wenn *die Theorie*, die verwendet wird, auch tatsächlich als solche verstanden wird. Es reicht in diesem Falle nicht aus, lediglich einzelne Begrifflichkeiten herauszuziehen, vielmehr ist es nötig, das eigene Quellenmaterial mit der ganzen Fülle des theoretischen Repertoires im Kontext eines bestimmten soziologischen Paradigmas in Kontakt zu bringen. Wenn das gelingt, kann den Vorwürfen vorgebeugt werden, Theorie und Empirie würden nicht ausreichend miteinander verknüpft werden.

Potentiale für die historische Ostmitteleuropaforschung

Selbstverständlich gilt: Geschichtswissenschaftliche Forschungen *müssen* nicht mit soziologischer Theorie verknüpft werden. Es gibt eine Vielzahl anderer, äußerst gewinnbringender Forschungsperspektiven, die in historischen Forschungsprozessen Anwendung finden und gefunden haben. Dies trifft in besonderer Weise auch auf die historische Ostmitteleuropaforschung zu, die seit Jahrzehnten auf unterschiedliche theoretische und konzeptionelle Rahmungen in Nachbardisziplinen zurückgreift.

Die Forschung zu Ostmitteleuropa im 19. und 20. Jahrhundert ist dafür geeignet, explizit soziologische Theorie im Sinne paradigmatischer Verortungen heranzuziehen. Gerade Forschungen zu Identitätsfragen und somit auch eine Anschlussfähigkeit für Luhmann'sche Perspektiven sind ohne Weiteres gegeben. Die Geschichte Ostmitteleuropas seit der Französischen Revolution ist ganz besonders geprägt von zahlreichen Transformationsereignissen, die Fragen von Identität und Grenzziehung aufwerfen. Zum Schluss sollen nur einige wenige schlaglichtartige Hinweise gegeben werden, wie das systemtheoretische Theoriegerüst hier fruchtbar gemacht werden kann.

Gerade im Ereignis der Revolution und Transformation manifestierten sich Grenzen ganz unterschiedlicher Art, die sich auf einzelne Individuen, Kollektive, Institutionen und letztlich ganze Gesellschaften ausgewirkt haben. Die Revolutionen von 1848 und die in diesem Zusammenhang ganz deutlich sichtbar gewordenen nationalen Bestrebungen in Ostmitteleuropa, speziell im Kontext des Habsburgerreiches, erzeugen ein *Vorher* und *Nachher*, das gerade in einem Vielvölkerstaat umfangreiche Identitätskonstruktionen und -dekonstruktionen zur Folge hatte. Der österreichisch-ungarische Ausgleich von 1867 (oder auch der Mährische Ausgleich 1905) lässt ähnliche Kategorisierungen neu entstandener Grenzziehungen zu, die wiederum neue Identitätsbildungen nötig machten. Ohne Zweifel sind die Auswirkungen des Ersten Weltkriegs und der Zusammenbruch der Imperien von epochalen Auswirkungen für individuelle, kollektive und gesellschaftliche Identitätsbildungsprozesse. Die Geschichte der Nationsbildungen nach 1918 in Ostmitteleuropa lässt sich vor dem Hintergrund einer solchen Forschungsperspektive betrachten, da in der Entstehung neuer Nationalstaaten und der daran anknüpfenden Narrationen unbedingt mit Unterscheidungen in *Fremd* und *Eigen* gearbeitet werden musste. Sowohl staatliche als auch nicht-staatliche Akteur*innen, einzelne Milieus und Gruppen und ganz individuelle Biographien können mit dem Instrumentarium der Systemtheorie erforscht werden. Die Transformationen durch die nationalsozialistische Zeit und den Zweiten Weltkrieg, durch den auftretenden Kalten Krieg bis hin zu den friedlichen Revolutionen Ende der 1980er Jahre lassen solche Forschungsfragen stellen, die mithilfe einer systemtheoretischen Brille und Begrifflichkeit interpretiert werden können.

Dabei muss selbstverständlich im jeweils spezifischen Forschungskontext immer gefragt werden, welche neuen Erkenntnisse eine solche theoretische Perspektive erzeugen kann. *Theorie* darf nie reiner Selbstzweck sein, schon gar nicht, um der eigenen Forschungsarbeit eine vermeintliche Brillanz zu verleihen, die am Ende vor dem Hintergrund der Quellen nicht einzulösen ist. Aber nach einem intensiven Studium des Forschungsstandes könnten Fragen offenbleiben, die mit den bisherigen Theorien, Konzepten und Methoden noch nicht oder zumindest anders beantwortet wurden. Gerade dann kann der Rückgriff auf ein bestimmtes Theoriegerüst zu neuen Ergebnissen führen, die bisherige Perspektiven neu oder anders einordnen. Voraussetzung für einen solchen theoriegeleiteten Forschungsfortschritt ist die Kenntnis der Traditionen und Paradigmen, in die einschlägige Autor*innen, Begriffe und Konzepte eingeordnet sind. Dies erfordert oftmals zusätzliche Anstrengungen, die genau abgewogen werden müssen – aus Zeit- und Ressourcengründen. Die zu starke Fokussierung auf diese theoretischen Fragen kann dazu führen, dass die Zeit im Archiv knapp wird und am Ende ein Beitrag zur Geschichtstheorie entsteht, aber die empirische Fundierung mangelt. Dies sind dann diejenigen Forschungsarbeiten, die durch ein ausgereiftes Theoriekapitel glänzen, im Analyseteil aber deutliche Schwächen aufzeigen. Hier gilt es einen Ausgleich zu finden.

Trotzdem hat eine richtig verwendete Theorie am Ende meistens einen großen Mehrwert für geschichtswissenschaftliche Forschungen. Und mit der Systemtheorie Niklas Luhmanns sowie seinem Verständnis von Identität steht ein Gerüst zur Verfügung, das für aktuelle und künftige Forschungen zur Geschichte Ostmitteleuropas im 19. und 20. Jahrhunderts sicherlich fruchtbar Verwendung finden kann.

Literaturverzeichnis

Becker, Frank: Geschichte und Systemtheorie. Exemplarische Fallstudien, Frankfurt am Main 2004.

Berger, Peter L./Luckmann, Thomas: Die gesellschaftliche Konstruktion der Wirklichkeit. Eine Theorie der Wissenssoziologie, Frankfurt am Main 1969.

Bourdieu, Pierre: Über den Staat, Berlin 2014.

Bourdieu, Pierre: Schwierige Interdisziplinarität. Zum Verhältnis von Soziologie und Geschichtswissenschaft, Münster 2017.

Brokel, Oliver: Tagungsbericht. Ereignis und System – Niklas Luhmann und die Geschichtsschreibung, 2.5.2011–3.5.2011, Paris, in: H-Soz-Kult (2012), online unter: https://www.hsozkult.de/conferencereport/id/tagungsberichte-4047 (24.2.2020).

Hagen, Wolfgang: Warum haben Sie keinen Fernseher, Herr Luhmann? Letzte Gespräche mit Niklas Luhmann, Berlin 2011.

Keller, Reiner: Wissenssoziologische Diskursanalyse. Grundlegung eines Forschungsprogramms, Wiesbaden 2011.

Keller, Reiner: Das interpretative Paradigma. Eine Einführung, Wiesbaden 2012.

Keller, Reiner/Knoblauch, Hubert/Reichertz, Jo (Hrsg.): Kommunikativer Konstruktivismus. Theoretische und empirische Arbeiten zu einem neuen wissenssoziologischen Ansatz, Wiesbaden 2013.

Knoblauch, Hubert: Die kommunikative Konstruktion der Wirklichkeit, Wiesbaden 2017.

Kühl, Stefan: Ganz normale Organisationen. Zur Soziologie des Holocaust, Frankfurt am Main 2014.

Luhmann, Niklas: Soziologie als Theorie sozialer Systeme, in: Niklas Luhmann (Hrsg.): Soziologische Aufklärung 1. Aufsätze zur Theorie sozialer Systeme, Wiesbaden 1970, S. 113–136.

Luhmann, Niklas: Soziale Systeme. Grundriß einer allgemeinen Theorie, Frankfurt am Main 1984.

Luhmann, Niklas: Kultur als historischer Begriff, in: Niklas Luhmann (Hrsg.): Gesellschaftsstruktur und Semantik (Studien zur Wissenssoziologie der modernen Gesellschaft, 4), Frankfurt am Main 1995, S. 31–54.

Marxhausen, Christiane: Identität – Repräsentation – Diskurs. Eine handlungsorientierte linguistische Diskursanalyse zur Erfassung raumbezogener Identitätsangebote, Stuttgart 2010.

Redepenning, Marc: Über die Unvermeidlichkeit von Grenzziehungen, in: Berichte zur deutschen Landeskunde 79 [2/3] (2005), S. 167–177.

Redepenning Marc: Grenzen, Grenzziehungen und das Ländliche. Ein Versuch, in: Pascal Goeke, et al. (Hrsg.): Konstruktion und Kontrolle. Zur Raumordnung sozialer Systeme, Wiesbaden 2015, S. 75–93.

Reitinger, Patrick: Wozu historische Ostmitteleuropaforschung? – und was wir aus der Geographiegeschichte lernen können!, in: Entdeckungen. Ein Blog zu Ostmitteleuropa. Herder-Institut für historische Ostmitteleuropaforschung (2019), online unter: https://www.herder-institut.de/blog/2019/04/16/wozu-historische-ostmitteleuropaforschung/ (24.2.2020).

Schlögl, Rudolf: Historiker, Max Weber und Niklas Luhmann. Zum schwierigen (aber möglicherweise produktiven) Verhältnis von Geschichtswissenschaft und Systemtheorie, in: Soziale Systeme 7 [1] (2001), S. 23–45.

Schütz, Alfred: Der sinnhafte Aufbau der sozialen Welt: Eine Einleitung in die Verstehende Soziologie, Frankfurt am Main 1993.

Schütz, Alfred/Luckmann, Thomas: Strukturen der Lebenswelt, Konstanz 2017.

Vogd, Werner: Empirie oder Theorie? Systemtheoretische Forschung jenseits einer vermeintlichen Alternative, in: Soziale Welt 58 [3] (2007), S. 229–362.

Wehler, Hans-Ulrich: Geschichte und Soziologie, Königstein/Ts. 1984.

Nachwirkungen des Mythos vom „guten Kaiser“ in Siebenbürgen

Răzvan Roşu

Abstract

Die grundlegende Zielstellung dieser Forschung ist es, bestehende Varianten der mythisierten Erzählungen über Kaiser Franz Joseph in Siebenbürgen aufzuzeichnen, ehe diese gänzlich verschwunden sind. Es ist auch wichtig zu wissen, wie und warum solche mythisierten Erzählungen entstanden und wie sie von einer Generation an die nächste mündlich überliefert worden sind. Zielpersonen sind Menschen aus allen Regionen Siebenbürgens, die noch direkten Kontakt zu jener Generation hatten, die in der Zeit der Donaumonarchie lebten. Es geht auch um ein Überdenken eines historisch-anthropologischen, bislang zu wenig behandelten Themas, über das man in der Zeit des Nationalkommunismus nicht sprechen durfte. In diesem Fall sollte zwischen zwei verschiedenen Arten von Konstrukten bezüglich der k.u.k. Monarchie unterschieden werden: einem rein bäuerlichen und einem anderen, welches in höheren Milieus im Kontext der Verbreitung der nationalen Identitäten entstanden ist. Überdies eignet sich das Motzenland als interessante Fallstudie, weil die Region oft im nationalen/nationalistischen Diskurs bzw. der Propaganda stark instrumentalisiert wurde.

SCHLAGWÖRTER

Mythos vom guten Kaiser, Habsburger Mythos, Franz Joseph, Wien, k.u.k Monarchie, Siebenbürgen, Motzenland, traditionelle Gesellschaften, regionale Identität, nationale Identität

Schon in meiner Kindheit habe ich viele positive Erzählungen von Großvater und Onkel über Kaiser Franz Joseph und auch über die k.uk. Monarchie gehört. In der rumänischen Schule haben wir gelernt, dass die k. u. k Monarchie sehr schlecht gewesen sei. Man konnte auch nach 2000 viele typische Ausdrücke, aus der Zeit des National-Kommunismus geerbt wie z.B. „Habsburgisches Joch“, hören. Anklänge einer solchen Positionierung sind zumindesten in Rumänien sogar heute noch zu vernehmen.

Die vorliegende Forschung zielt auch auf ein Überdenen eines historisch-anthropologischen, bislang zu wenig behandelten Themas ab, über das man in der Zeit des National-Kommunismus nicht sprechen durfte. Die grundlegende Zielstellung dieser Forschung ist, bestehende Varianten der mythisierten Erzählungen über Kaiser Franz Joseph aufzuzeichnen, ehe diese gänzlich verschwunden sind. Zielpersonen sind Menschen aus allen Regionen Siebenbürgens, die noch direkten Kontakt zu jener Generation hatten, die in der Zeit der Donaumonarchie lebte. Man hat zu tun mit einer letzten Generation, die mythisierte Konstrukte über die Habsburger, allen voran über Kaiser Franz Joseph, über den Ersten Weltkrieg, aber auch über Wien als kaiserliche Hauptstadt von Eltern und Großeltern gehört und sich angeeignet haben. Es ist auch wichtig zu wissen, wie und warum solche mythisierten Erzählungen entstanden und wie sie von einer Generation an die nächste mündlich überliefert worden sind bzw. wie nicht geschulte Menschen im 21. Jahrhundert an Kaiser Franz Joseph erinnern.

Der Mythos vom „guten Kaiser" bezeichnet in den Gebieten des ehemaligen Habsburgerreichs das Bild des Kaisers, das sich vor allem in den sozial unterdrückten und ausgegrenzten Bevölkerungsteilen entwickelte, das heißt bei den Fronbauern und Leibeigenen.[1] Der „gute Kaiser" erscheint als der von Gott gesandte Erlöser, der Recht walten lassen und seine Untertanen vom Frondienst und aus der Leibeigenschaft befreien wird.[2] Dass diese Erlösung nicht eintrifft, wird auf die Fronherren zurückgeführt, zum Beispiel auf die Ungarn im Fall der Rumänen und auf die Polen bei den Ruthenen.[3] Diese würden den Kaiser über die wahren Zustände im Unklaren lassen.

In einigen Fällen wurde der Mythos vom „guten Kaiser" zum Motor für Aufstände, die vermeintlich zu sozialen Umbrüchen führen sollten: So stand er im Zentrum des walachischen, sprich rumänischen, Bauernaufstands von 1784 und der revolutionären Bewegungen von 1848. Sowohl der Bauernanführer Horea als auch Avram Iancu instrumentalisierten den Mythos.[4] Dieser überlebte nicht nur die Abschaffung der Leibeigenschaft, sondern auch das Ende der Kaiserreiche. Teilweise wurde er auf die neuen Herrscher und Staatschefs

1 Petre Din: „Românii ardeleni împăratul Leopold al II-lea. Continuitatea mitului bunului împărat" [Die Rumänen in Siebenbürgen und Kaiser Leopold II. Der Fortbestand des Mythos vom guten Kaiser], in: Revista Bistriţei [Bistritzer Zeitschrift], XVII (2013), S. 175–180.

2 Petre Din: „The myth of the Good Emperor under Joseph II in the collective sensibility of the Romanians in Transylvania", in: Revista Bistriţa [Bistritzer Zeitschrift], XVIII (2004), S. 234.

3 Peter Judson: Habsburg. Geschichte eines Imperiums 1740–1918, München 2017, S. 61

4 David Prodan: Răscoala lui Horea [Der Aufstand unter Horea], Editura Ştiinţifică şi Enciclopedică, Bucureşti, 1984, S. 81. Cârja, Ioan: „Avram Iancu şi „bunul împărat" în sensibilitatea colectivă românească la 1848" [Avram Iancu und der „gute Kaiser" im kollektiven Empfinden der Rumänen 1848]; in Stelian Obiziuc: Buletinul cercurilor ştiinţifice studenţeşti [Mitteilungen der wissenschaftlichen Forschungskreise der Studenten], II, Alba Iulia (1996), S. 203–210.

übertragen, woraus sich Analogien wie Kaiser Franz-Josef – König Mihai – Diktator Ceaușescu ergaben.

Mit einem analytischen Überblick zu dieser vielfältigen Thematik, zu der es bisher nur wenig Fachliteratur gibt, soll dazu beigetragen werden, eine Forschungslücke zu schließen. Die Forschung über den Mythos vom „guten Kaiser" in Siebenbürgen steht noch am Anfang, mit Ausnahme der Studien von Petre Din, der sich mit dem Mythos im 18. Jahrhundert beschäftigte.[5] Das Fehlen einer Literatur über den Mythos im franzjosephinischen Siebenbürgen erklärt ebenfalls die Notwendigkeit, diesen aufzuzeichnen, ehe seine letzten Verwahrer verschwunden sind.

Methodologie

Obwohl es um dieselbe Person und denselben Zeitraum geht, sind sie in verschiedenen Kulturkreisen sehr unterschiedlich dargestellt. Im Fall der vorliegenden Forschung muss man zwei verschiedene Arten von Konstrukten erkennen. Die ersten entstehen aus dem Diskurs der nationalen Staaten und stammen frühestens aus dem 19. Jahrhundert. Solche Ideen entstehen im Kontext der Verbreitung der nationalen Identitäten und wurden mit der Hilfe von Büchern, der Presse und offiziellen Diskursen bekannt gemacht bzw. propagiert.[6]

Man weiß also, was die Behörde, die Eliten gedacht haben, aber bis zu heute ist die Positionierung der einfachen Menschen, wie z.B. der Bauern, noch unklar, meistens weil sie nicht interessiert am Schreiben waren. Deswegen möchte ich einige Interviews mit Gesprächspartnern aus Siebenbürgen führen. Auch die Interviews mit Zeitzeugen sind Quellen, die im Zusammenhang mit anderen Quellen interpretiert werden müssen. Es gibt mindestens vier Begriffe, die mit mündlichen Quellen verbunden sind: Erinnerungskultur, Mündliche Überlieferung, Oral History, Historische Anthropologie.

Mündliche Überlieferung oder *Oralität* bezeichnet die erzählende Weitergabe von verschiedenen Informationen meistens in Form von Geschichten, Sagen, Mythen und Traditionen.[7] Mündliche Überlieferung spielt eine gewichtige Rolle in Kulturkreisen, die keine schriftliche Überlieferung (d.h. Schriftlichkeit und Literalität) kennen.[8] Manchmal wird ein solches Phäno-

---

5 Siehe Din: The myth of the Good Emperor.

6 Siehe Lucian Boia: Primul Război Mondial. Controverse, paradoxuri, reintepretări [Der Erste Weltkrieg. Kontroversen, Paradoxe, Neuinterpretationen], București 2014.

7 Siehe Jan Vansina: Oral tradition as history, Oxford 1997.

8 Ebd.

men mit dem Wort Illiteralität bezeichnet. Während schriftliche Kulturen mit der Hilfe von Schriften ihr Wissen organisieren, wissen orale Völker nur das, was sie im Gedächtnis tragen können.[9] Aber wie konservieren sie dieses Wissen? Hierfür unterscheidet man zwischen primärer und sekundärer Oralität. (die schon von Literatur, Radio, Fernsehen und Telefon beeinflusst ist). Traditionelle Gesellschaften kann man nicht nur außerhalb Europas finden, sondern auch in der k. u. k. Monarchie am Anfang des 20. Jahrhunderts. In diesem Fall konkret hat man mit fast rein mündlichen Kulturen (Rumänen, Ukrainer, Sathmarer Schwaben, teilweise Ungarn, Roma) zu tun, aber auch mit schriftlichen Kulturen mit einem verbreiteten Horizont (Slowaken, Juden; vor allen Siebenbürger Sachsen).[10]

Erinnerungskultur bezeichnet den Umgang des Einzelnen und der Gesellschaft mit ihrer Vergangenheit und ihrer Geschichte. Erinnerungskulturen sind die historischen und kulturellen Variablen des kollektiven Gedächtnisses.[11] Nach Jan Assmann wird mit der Erinnerungskultur die Frage: „Was dürfen wir nicht vergessen?“ an einige soziale Gruppen gestellt und beantwortet.[12] Also ist Erinnerungskultur nur möglich, wenn die Vergangenheit durch Zeugnisse präsent ist. Man kann auch nur mit gewissen Schwierigkeiten zwischen Mythos und Geschichte unterscheiden, wie Jan Assman erklärt: „Der Unterschied zwischen Mythos und Geschichte wird hier hinfällig. Für das kulturelle Gedächtnis zählt nicht faktische, sondern nur erinnerte Geschichte. Man könnte auch sagen, daß im kulturellen Gedächtnis faktische Geschichte in erinnerte und damit in Mythos transformiert wird. Mythos ist eine fundierte Geschichte, eine Geschichte, die erzählt wird, um eine Gegenwart vom Ursprung her zu erhellen."[13]

Oral History oder mündlich erfragte Geschichte ist eine Methode der Geschichtswissenschaft, die auf Informationen von Zeitzeugen basiert.[14] Die Zeitzeugen sollen möglichst wenig von Historiker, Journalisten usw. beeinflusst werden. Sie sollen aus diversen Milieus kommen und ihre Lebenserfahrung darstellen können.[15] Die Oral-History-Methode entspringt den Grundprinzipen qualitativer Sozialforschung.

9 Jan Assman: Das kulturelle Gedächtnis. Schrift, Erinnerung und politische Identität in frühen Hochkulturen, München 1992.

10 Răzvan Roşu: Multiculturalitate şi enclavizare culturală în Transilvania [Multikulturalität und kulturelle Enklavenbildung in Siebenbürgen], Cluj Napoca 2017.

11 Assman: Das kulturelle Gedächtnis.

12 Ebd., S. 36–37.

13 Ebd., S. 52.

14 Herwart Vorländer (Hrsg.): Oral History. Mündlich erfragte Geschichte. Acht Beiträge, Göttingen 1990, S. 8–9.

15 Ebd., S. 11–13.

Die Oral-History-Methode bezeichnet die Befragung von Erzählenden und hat die subjektiv empfundene jeweilige Vergangenheit zum Inhalt.[16] Verwendet wird die Methode vor allem für die Alltagsgeschichte, Volkskunde, Lokalgeschichte. Der Begriff Oral History entstand erst in den 1930er-Jahren. Fast alle Oral-History-Projekte enthalten lebensgeschichtliche Erinnerungen in Form von Audio- oder Video-Interviews. Der Aufbau eines Oral-History-Interviews hängt von der Art der gewählten Interviewmethode (strukturiert, halbstrukturiert oder narrativ) ab.[17] Dabei fließen auch Emotionen und Standpunkte, wie sie in anderen Quellen wie Personenstandsakten wenig vorkommen, in die Betrachtung mit ein.. Manchmal kann man auch Erinnerungsstützen wie Fotoalben oder persönliche Objekte zur Unterstützung der Erzählung benutzen.[18] Die Interviews werden normalerweise schriftlich transkribiert, aber auch in digitalen Interview-Archiven aufbereitet.

Historische Anthropologie ist eine transdisziplinäre Forschungsrichtung, welche erforscht und erkennt „was Menschsein zu verschiedenen Zeiten beinhaltete".[19] Eigentlich, interpretiert die „historische-anthropologische Forschung [...] historische Quellen unter anthropologischen Fragestellungen".[20] Die Vorläufer und Angehörige der historischen Anthropologie sind die französische Mentalitätsgeschichte, angelsächsische Kulturanthropologie und die Alltagsgeschichte.[21] Historische Anthropologie begreift Geschichte als historische Praxis. Im Zentrum stehen Vielfalt und Veränderlichkeit kulturell geprägter Lebens- und Erfahrungsweisen.

Von Interesse sind auch die traditionelle Lyrik sowie die Soldatenlieder, die ebenfalls mythisierte Bilder über den Kaiser darstellen, über die Kasernen in Wien, die Schlachtfelder, die die ehemaligen Kriegsteilnehmer erreicht hatten; diese Lyrik ist bei den größeren ethnischen Gruppen Siebenbürgens anzutreffen: Rumänen, Ungarn, Deutsche.

16 Robert Perks/Alistar Thomson: The Oral History Reader, London 1998, S. 357.

17 Alessandro Portelli: „The Peculiarities of Oral History" in History Workshop Journal, No. 12/1 (1981), S. 96–107.

18 Silke Andris/Christine Bischoff/Walter Leimgruber: „Visuelle Anthropologie: Bilder machen, analysieren, deuten und präsentieren, in: Sabine Hess/Moser, Johannes/Maria Schwertl (Hrsg.): Europäisch-ethnologisches Forschen. Neue Methoden und Konzepte, Berlin 2013, S. 249–250.

19 Hans Süssmuth (Hrsg.): Historische Anthropologie: Der Mensch in der Geschichte, Göttingen 1984, S. 8.

20 Ebd.

21 Elizabeth A. Ten Dyke: „Anthropology, Historical", in: Kelly Boyd: Encyclopedia of Historians and Historical Writing, Chicago 1999, S. 37–40.

Das Bild des Kaisers Franz Joseph in den Dörfern des Motzenlandes

Im Folgenden konzentriert sich diese Darstellung auf eine im Motzenland (rum. Ţara Moţilor) durchgeführte, als repräsentativ anzusehende Fallstudie. Das in den Westkarpaten gelegene Motzenland ist eine Bergregion inmitten von Siebenbürgen, mehrheitlich bewohnt von den rumänischen Motzen, die für ihre urtümliche Lebensweise bekannt sind. Das Bild des österreichischen Monarchen war in den Streusiedlungen des Motzenlandes (man bezieht sich hier auf das Gebiet ausschließlich aus ethnografischer Sicht), die dort Weiler (rum. crânguri) heißen, überaus positiv. Gründe dafür waren vor allem die Stellung der Region als kulturelle Enklave, die schwierigen wirtschaftlichen Bedingungen und der hohe Grad an Analphabetismus[22]. So wurden die Erzählungen über die Vergangenheit in den isolierten Streudörfern des Motzenlands ausschließlich innerhalb der Familie über mehrere Generationen hinweg weitergegeben. Die hohe Zahl von Lese- und Schreibunkundigen sowie die Abgelegenheit der Einzelhöfe verhinderten vielerorts die Verbreitung der staatlichen, vom offiziellen Geschichtsbild propagierten und auf institutionellem Wege weitergegebenen Denkmuster. Im Motzenland ist die Trennung der Schichten von Familienüberlieferung bzw. offizieller Weitergabe klar zu erkennen. Dementsprechend gibt es bedeutende Unterschiede zwischen den Bewohnern der tiefer gelegenen Orte an der Hauptstraße und jenen der Bergdörfer. In den Talsiedlungen stößt man mitunter auf offiziell propagierte ähnliche Konstrukte, in den abgelegeneren Dörfern fehlen diese hingegen völlig.

Im Motzenland stand dem ausgesprochen positiven Bild des Monarchen das Bild der ungarischen Adligen (rum. „grofi“), der „ungarischen Herren“ (rum. „domn'i d'e ungur'“) gegenüber. Der Antagonismus zwischen Kaiser und ungarischem Adel wird hier im Vergleich zu anderen ethnografischen Gebieten besonders deutlich. Das zutiefst negative Bild der ungarischen Komponente in diesem Mentalitätsgefüge beruhte vor allem auf fehlgeschlagener Interaktion. Dazu zählen zum Beispiel die offensiven Aktionen der ungarischen Revolutionstruppen von 1848 bis 1849 oder die kollektiven und individuellen schlechten Erfahrungen mit den Verwaltungsorganen, die seit der Eingliederungen Siebenbürgens in den ungarischen Zentralstaat infolge des Ausgleichs von 1867 bis 1918 ungarisch dominiert waren. Überdies eignet sich

22 Helmut Rumpler/Martin Seger (Hrsg.): Die Habsburgermonarchie 1848–1918. Die Gesellschaft der Habsburgermonarchie im Kartenbild. Verwaltungs-, Sozial-, und Infrastrukturen. Nach dem Zensus von 1910, Band IX, 2. Teilband, Wien 2010, S. 228.

das Motzenland als interessante Fallstudie, weil die Region auch in der nachfolgenden Periode (Zwischenkriegszeit, kommunistische und postkommunistische Ära) im nationalen/nationalistischen Diskurs bzw. der Propaganda stark instrumentalisiert wurde.

Das positive Bild Kaiser Franz Josephs im Motzenland thematisieren an prominenter Stelle Teofil Frâncu[23] und Ioan Candrea 1888: „Fremden gegenüber sind sie zurückhaltender, sie glauben, dass alles Schlimme, das sie erfahren müssen, von diesen herrührt, ohne dass der Kaiser, in den die Motzen das größte Vertrauen besitzen, über die von diesen Fremden im Lande begangenen Ungerechtigkeiten Kenntnis hat."[24]

Im Zusammenhang mit den politischen Wirren Anfang des 20. Jahrhunderts vertreten einige rumänische Historiker die Auffassung, dass im Westgebirge der Mythos des guten Kaisers allmählich durch den Mythos um den Aufstandsführer von 1848/49, Avram Iancu, ersetzt wurde.[25] Doch wie oben erwähnt ist unklar, inwieweit die mythisierenden Darstellungen von Iancu ein Produkt des halbgebildeten oder des bäuerlichen Lebenskreises oder eher der regionalen siebenbürgisch-rumänischen Eliten sind. Außerdem mangelt es an konkreten Daten aus dem fraglichen Zeitraum. Praktisch stammen die einzigen Informationen zur Überbrückung dieser Lücke aus Sammlungen aus nationalkommunistischer Zeit, deren Unvoreingenommenheit und Forschungsmethoden infrage gestellt werden müssen.[26]

Die im Motzenland in der Zeitspanne 2013 bis 2017 betriebene Feldforschung ergab, dass bei einer beträchtlichen Anzahl von Befragten auch zu diesem Zeitpunkt noch ein positives Bild des Monarchen bestand. So bei Gheorghe Nicola aus der Gemeinde Horea (früher Arada): „Von Franz Joseph hab ich die Alten sprechen hören. Sie erzählten, er sei unser Kaiser gewesen, als noch Österreich-Ungarn war. Nur schöne Worte hab ich über ihn gehört. Sie meinten, dass er unseren Motzen sehr zugetan war. Er war kein geringer Herrscher, der Kaiser Franz Joseph."[27]

---

23 Teofil Frâncu (1844–1903) Ethnologe, Historiker, Jurist wurde in Bencic, Kreis Alba geboren.

24 „Cu străinii sunt mai rezervaţi, cred că toate relele de la ei vin pe capul lor, fără ca împăratul, în care moţii au cea mai mare încredere, să ştie de nedreptăţile pe care le fac străinii în ţară." George Candrea/Teofil Frâncu: Românii din Munţii Apuseni [Die Rumänen des Westgebirges], Bucureşti 1888, S. 60.

25 Ioan Cârja: „Avram Iancu şi „bunul împărat".

26 Siehe Florin Dudaş: Avram Iancu în tradiţia poporului român [Avram Iancu in der Tradition des rumänischen Volkes], Timişoara 1989.

27 Gewährsperson Gheorghe Nicola, (D'iţu Catan'iţi), geboren 1929, Weiler Nicoleşti, Gemeinde Horea, Kreis Alba. „D'į Franțisc Iosiv am auzit d'į pį la batrîn'. Povestiĭa că o fos împaratu nost, când ĭer'ia Austro-Ungariĭa. Numa vorbį frumuŭasį am ąuzit d'isprį ĭel. Spuniĭa că tari mult ținiĭa la moțî noșt'. N-o fos un conducator prapad'it, împaratu Franțisc Ĭosiv".

Gheorghe Nicola drückte auch konkret die Habsburgertreue seiner Gemeinschaft aus: „Wir waren die Leute des Kaisers …“.[28] Ähnliche Äußerungen waren bei Vasile Trif zu verzeichnen, aus derselben Gemeinde, doch aus der Siedlung Dârleşti stammend. Mit einem viel weiteren kulturellen Horizont als Gheorghe Nicola, aber auch einer anderen Generation angehörend, erzählte Vasile Trif über die Art und Weise, wie die Gebote des Kaisers vom ungarischen Adel missachtet wurden: „Man hatte Vertrauen in den Kaiser. Die Leute sagten, vielleicht sei der Kaiser gut …Die Grafen hier in Siebenbürgen haben das Wort des Kaisers gebrochen.“[29]

Eine weitere Gewährsperson mit einem sehr positiven Bild des Kaisers war Nicolae Vădan (1921–2016) aus dem Ort Ruseşti. Die systematischen und wiederholten Befragungen enthalten zahlreiche Bezugnahmen auf die dynastische Loyalität: „Ja, Franz Joseph war der Kaiser von Österreich-Ungarn. Bis in die vierziger Jahre hab ich ein Foto von ihm gehabt. Schön war der Kaiser, ein stattlicher Mann. Viel Gutes hat er den Rumänen getan, der Kaiser. Unser Großvater hat uns viel von ihm erzählt.”[30]

Die Quelle der Erzählungen von Niculaie a Petrii war sein Großvater, der ihn auch großgezogen hatte, Mitru Vădan a Curtii, eine innerhalb der Dorfgemeinschaft durch ihre besonderen Charakterzüge und ihr vorgerücktes Alter herausragende Persönlichkeit.[31] Wie schon erwähnt ist es eine weitverbreitete Ansicht im Motzenland, dass die Ungarn im Rahmen der Donaumonarchie bzw. der österreichisch-ungarischen Doppelmonarchie destabilisierend gewirkt hätten. Das geht auch aus den Äußerungen von Nicolae Vădan hervor: „Nun, gut wäre es, wenn wir mit Österreich sein könnten […] aber ohne Ungarn. Denn die haben auch damals schon Scherereien gemacht.“[32] Jenseits seiner pro-habsburgischen Einstellung besaß Nicolae Vădan eine ausgeprägte siebenbürgische Regionalidentität und insgesamt eine kritische Haltung dem gegenwärtigen rumänischen Staatsgefüge gegenüber: „Vielleicht wäre es besser für Siebenbürgen gewesen, wenn es mit Österreich geblieben wäre. Nun,

28 Gewährsperson Gheorghe Nicola (D’iţu Cătăn’iţi), geboren 1929, Weiler Nicoleşti, Gemeinde Horea, Kreis Alba. „Noĭ am fo ŭamịn’i împaratulį…”.

29 Gewährsperson Trif Vasile (Vasile ą Şimi Hun’iculuĭ), geboren 1951, Weiler Dârleşti, Gemeinde Horea, Kreis Alba. :„Avĭa încręd’ere în împarat. Ŭamen’i zîča că împăratu pọt’į că-ĭ bun … Grofi d’-aič, d’in Ard’al, o încalcat cuvîntu împăratuluĭ.”

30 Gewährsperson Nicolae Vădan, (Niculaĭe a Petri Curti), geboren 1921, Weiler Curteşti, Ruseşti, Gemeinde Râşca, Kreis Cluj. „Da, Franţâsc Iosâv o fost împăratu Austro-Ungarieĭ, am avut fotografię până în patruzăč cu ĭel. Tare frumos ĭera împăratu, un bărbat făcut tare. O făcut mult bin’e la rumân’, împăratu. N’e povestę moşu d’e ĭel mult.”

31 Răzvan Roşu: „Un informator depozitar de excepţie: Niculaie a Petrii Curtii din crângul Ruseşti“ [Eine außergewöhnliche Gewährsperson: Niculaie a Petrii Curtii aus dem Weiler Ruseşti], in: Philologica Jassyensia, Jg. II, Nr. 2/24 (2016), S. 167–175.

32 Gewährsperson Nicolae Vădan, (Niculaĭe a Petri Curti), geboren 1921, Weiler Curteşti, Ruseşti, Gemeinde Râşca, Kreis Cluj. „Nọ, bin’e ar h’i să h’im cu Austrĭię […] da fără ungur’. Că ĭeĭ o făcut şi atunč baĭ, pă timpurile alę.”

es ist eben so gekommen, dass Rumänien stärker war. Ich hatte auch jetzt noch vor, zum Fernsehen zu gehen und ihnen zu sagen: *Man soll Siebenbürgen von den Zigeunern trennen. Siebenbürgen soll von Bukarest getrennt werden! Schluss! Denn dort sind nur Zigeuner, einer wie der andre. Es soll ein anderes Land sein.* Das war mein Plan, nach Klausenburg zu gehen, um ihnen das zu sagen.[33]

Wie den Interviews zu entnehmen ist, war die Mehrheit der Befragten, die sich zum Kaisermythos äußerten, Männer. Die Mitteilungen der Frauen enthielten meist keine konkret geschichtlichen Informationen; die Angaben bezogen sich eher auf das häusliche Umfeld: Kaiserbildnisse, Geld, Kleidungsstücke. Es gibt jedoch auch einige Ausnahmen. Eine davon ist Samfira Mateş, geboren in der Gemeinde Scărişoara, Kreis Alba, später in die Motzenkolonie Horea in der Gegend von Großkarol (rum. Carei, ung. Nagykároly) umgesiedelt. Ihre Mitteilungen sind ebenso präzise wie die der männlichen Gewährspersonen: „Damals war Franz Joseph. Da war es gut im Land, in Österreich-Ungarn. Er hat das Land gut geführt. Väterchen sagte, dass es damals besser war als zu Karls Zeiten. Denn Franz Joseph war Kaiser in Wien."[34] Es war auch festzustellen, dass der kulturelle Kosmos der Motzen sich im Allgemeinen streng auf die vertraute Welt beschränkte. So zeigten viele von ihnen Desinteresse an Ereignissen, die sich außerhalb ihres ländlichen Umfelds zutrugen. Das widerspiegelt sich am anschaulichsten in einer der Mitteilungen, die auf den Regimewechsel nach 1919 Bezug nehmen. Nach Auffassung des Hauptakteurs der Erzählung ist es, trotz aller Veränderungen, immer noch der Kaiser, der an der Spitze des Landes steht: „Väterchen, der Schwiegervater, hat erzählt, als man dann Rumänien machte, da war ein Mann aus Allenbach (rum. Albac), der begegnete welchen großen Herren. Und die Herren fragten ihn: *Gevatter, jetzt, da wir Rumänien haben, was glaubst du, wie wird es den Leuten ergehen?* Und der Allenbacher sagte: *Es wird ihnen ergehen, wie es der Kaiser will.* Denn er wusste nicht, dass kein Kaiser mehr ist und das Land ist jetzt Rumänien."[35]

---

33 Gewährsperson Nicolae Vădan (Niculaĭe a Petri Curti), geboren 1921, Weiler Curteşti, Ruseşti, Gemeinde Râşca, Kreis Cluj. „Pọt'e că ĭera maĭ bin'e pîntru Ard'al să rămînă cu Austriĭę. Amu aşę o fost să h'iĭe, să h'iĭe Rumîn'iĭę maĭ mare. Ĭo ş-amu am vrut să mărg la televizĭun'e să le spuĭ: -*Să taĭe Ard'alu d'e cătă ţâgan'. Ard'alu să să taĭe d'į cătă Bucureşt'! Gata! Că acolo îs numa ţîgan' şi tîgan'. Să h'iĭe altă ţară.* Aşę am avut în plan, să mă duc la Cluj, să le spuĭ."

34 Gewährsperson Samfira Mateş (Sanh'ira lį Ispas), geboren 1932 in Scărişoara, Kreis Alba, wohnhaft im Dorf Horea, Gemeinde Sanislău, Kreis Satu Mare. „O fos Franţ Ĭosiv. Atunč o fos bin'e în ţară, în Austro-Ungariĭa. O condus ţara bin'į. Că zîča tătuţu că tomna maĭ bin'į o fos atunč, ca pį vremĭa lį Carol. Că Franţ Ĭosiv o fos împarat la Viena."

35 Gewährsperson Floare Lăpuşte (Florica Buhi), geboren 1931, Weiler Jijeşti, Gemeinde Mărişel, Kreis Cluj. „Povestę tătuțu, socru, că cînd s-o făcut Rumîn'iĭę, o zîs că o fo on albăčan și s-o-ntîln'it cu n'işt'e domn' mar'. Și l-o-ntrebat domn'i: -*Bad'e amu că s-o făcut Rumîn'iĭę, cum crez că a h'i la ŭamen*'? Albačanu o zîs: - *A h'i cum a vrę împaratu*. Că ĭel n-o șt'iut că nu maĭ ĭęste împarat și țara i Rumun'i'ĭę."

Die negativen Aspekte der österreichisch-ungarischen Zeit in den Erzählungen der Gewährspersonen zeigen von Neuem, dass die Befragten lokalen Zusammenhängen verhaftet bleiben. Dabei scheint es am häufigsten um die strengen Regeln zum Abholzen der Wälder zu gehen.[36] Es wird beharrlich am negativen Bild der ungarischen Waldhüter festgehalten, Eindringlinge, aus der Sicht der Motzen verantwortlich für die Armut, in der sie lebten: „Damals gehörte der Wald ihnen, den Österreich-Ungarischen. Die Waldhüter waren Ungarn. Und sie trugen Schnurrbärte. Sie hatten Fasanenfedern, die Waldhüter“[37]; „Ich weiß das von meinem Mütterchen, meiner Schwiegermutter. Sie sagte, sie hatten so Hahnenfedern – ungarische Schandaren“38. In manchen der aufgezeichneten Erzählungen grenzt die Strenge der ungarischen Behörden ans Absurde: „Meine Großmutter erzählte, wenn der Wind dir den Hut vom Kopf blies, wagtest du es nicht, ihn dir aus dem Wald, der den Ungarn, den Österreich-Ungarischen, gehörte, zu holen.“[39]. Nicht selten gerieten die Motzen in Konflikt mit den Behörden, weil sie die Wälder auf Basis des Gewohnheitsrechts als ihr Eigentum erachteten. Und dieser Widerstreit zwischen der „ motzischen Sitte“ (rum. „leja moţască“) und den Vertretern der Verwaltungsbehörden, die den Motzen die relativ neuen staatlichen Gesetze aufzwingen wollten, verstärkte umso mehr das den Glauben der Motzen, dass es eine dritte Partei gebe, den Kaiser, der auf ihrer Seite stand.

Literaturverzeichnis

Assman, Jan: Das kulturelle Gedächtnis. Schrift, Erinnerung und politische Identität in frühen Hochkulturen. München 1992.

Bischoff, Christine/Leimgruber, Walter/Oehme-Jüngling, Karoline: (Hrsg.) Methoden der Kulturanthropologie, Bern 2014.

36 Grund dafür war, dass die Forstwirtschaft und der Holztransport aus den Bergen in die Ebene den Haupterwerb der Motzen bildete.

37 Gewährsperson Alexandru Purcel (Sandrę Goĭi), geboren 1941, Weiler Frântură, Gemeinde Mărişel, Kreis Cluj. „Atunč ĭera luŭată pădurę la ĭeĭ, la austro-ungar'. Ĭera pădurari ungureşt'.Şi purta pădurari muşţĭaţă. Avę pęn'į d'į fazan, pădurari".

38 Gewährsperson Floare Lăpuşte (Florica Buhi), geboren 1931, Weiler Jijeşti, Gemeinde Mărişel, Kreis Cluj. „.Şt'iŭ că zîčę şi măĭcuţa, sǫcră-mĭa, asta. Îmn' spun'ę, că avę pęn'į d'į alę d'e cucoş, jîndari ungureşt' "

39 Gewährsperson Alexandru Purcel (Sandrę Goĭi), geboren 1941, Weiler Frântură, Gemeinde Mărişel, Kreis Cluj. „Spun'ę bunica mę că dacă-ţ mîna vîntu pălărĭię d'in cap, nu cut'eza a să băga s-o ĭęĭį d'in pădur'a care ĭera luŭată la ungur', la austro-ungar'."

Bocşan, Nicolae: „Contribuţii la bibliografia literaturii române din Banat în epoca luminilor" [Beiträge zur Bibliographie der rumänischen Literatur im Banat im Zeitalter der Aufklärung], in: Banatica, Reşita (1977), S. 483–484.

Boia, Lucian: Primul Război Mondial. Controverse, paradoxuri, reintepretări [Der Erste Weltkrieg. Kontroversen, Paradoxe, Neuinterpretationen], Bucureşti 2014.

Candrea, George/Frâncu, Teofil: Românii din Munţii Apuseni [Die Rumänen des Westgebirges], Bucureşti 1888.

Cârja, Ioan: „Avram Iancu şi „bunul împărat" în sensibilitatea colectivă românească la 1848" [Avram Iancu und der „gute Kaiser" im kollektiven Empfinden der Rumänen 1848]: in Stelian Obiziuc: Buletinul cercurilor ştiinţifice studenţeşti [Mitteilungen der wissenschaftlichen Forschungskreise der Studenten], II, Alba Iulia, 1996, S. 203–210.

Ciuffoletti, Zeffiro: Das Reich der Habsburger 1848–1918. Photographien aus der österreichisch-ungarischen Monarchie, Wien 2011.

Cole, Laurence: „Der Habsburger-Mythos" in Memoria Austriae: Menschen – Mythen – Zeiten, Bd. I, , Oldenburg 2004, S. 473–504.

Cosma, Ela: Împăratul călător şi ardelenii în memoriile lui Michael Conrad von Heydendorff cel bătrân [Der reisende Kaiser und die Siebenbürger in den Erinnerungen von Michael Conrad von Heydendorff dem Älteren], Cluj 2015.

Dan, Dimitrie: Împăratul nostru Francisc Joseph I 1848–1908 [Unser Kaiser Franz Joseph I. 1848–1908], Viena 1908.

Deák, István: Assimilation and nationalism in east central Europe during the last century of Habsburg rule, Russian and East European Studies Program, Pittsburgh 1983:.

Deák, István: Mai presus de naţionalism: o istorie politică şi socială a corpului de ofiţeri habsburgici [Jenseits von Nationalismus: Eine politische und soziale Geschichte des habsburgischen Offizierskorps], 1848–1918, Centrul de StudiiTransilvane [Zentrum für Siebenbürgenforschung], Cluj Napoca 2009.

Din, Petre: „The myth of the Good Emperor under Joseph II in the collective sensibility of the Romanians in Transylvania", in: Revista Bistriţa [Bistritzer Zeitschrift] XVIII (2004), S. 233–242.

Din, Petre:„Românii ardeleni şi împăratul Leopold al II-lea. Continuitatea mitului bunului împărat" [Die Rumänen in Siebenbürgen und Kaiser Leopold II. Der Fortbestand des Mythos vom guten Kaiser], in: Revista Bistriţei [Bistritzer Zeitschrift], XVII 2013, S. 175–180.

Dudaş, Florin: Avram Iancu în tradiţia poporului român [Avram Iancu in der Tradition des rumänischen Volkes], Timişoara 1989.

Dressel, Gert: Historische Anthropologie. Eine Einführung, Wien 1996.

Fati, Sabina: Transilvania. O provincie în căutarea unui centru. Centru şi periferie în discursul politic al elitelor din Transilvania 1892–1918 [Siebenbürgen. Eine Provinz auf der Suche nach einem Zentrum. Zentrum und Peripherie im politischen Diskurs der siebenbürgischen Eliten], Cluj Napoca 2007.

Heuberger, Valeria: Unter dem Doppeladler. Die Nationalitäten der Habsburger Monarchie 1848–1918, Wien/München 1997.

Judson, Peter: Habsburg. Geschichte eines Imperiums 1740–1918, München 2017.

Kantorowicz, Ernst H. : Les deux-corps du roi. Essai sur la théologie politique au Moyen âge [Die zwei Körper der Könige. Eine Studie zur politischen Theologie des Mittelalters], Paris 1989.

Kożuchowski, Adam: The Afterlife of Austria-Hungary. The Image of the Habsburg Monarchy, in: Interwar Europe, Pittsburgh 2013.

Kührer-Wielach, Florian: Siebenbürgen ohne Siebenbürger?, Oldenburg 2014.

Andris, Silke/Bischoff, Christine/Leimgruber, Walter: „Visuelle Anthropologie: Bilder machen, analysieren, deuten und präsentieren, in Hess, Sabine/Moser, Johannes/Schwertl Maria (Hrsg.): Europäisch-ethnologisches Forschen. Neue Methoden und Konzepte, Berlin 2013.

Magris, Claudio: Il mito asburgico nella letteratura austriaca moderna [Der Habsburgermythos in der modernen österreichischen Literatur], Torino 1963.

Maior, Liviu: Habsburgii şi românii. De la loialitatea dinastică la loialitatea naţională [Habsburger und Rumänen. Von dynastischer zu nationaler Loyalität], Bucureşti 2006.

Marinelli-König, Gertraud/Pavlova, Nina (Hrsg.): Wien als Magnet? Schriftsteller aus Ost-, Ostmittel- und Südosteuropa über die Stadt, Wien 1996.

Mitu, Sorin: Transilvania mea [Mein Transsilvanien], Iaşi 2013.

Mitu, Sorin (Hrsg.): Building Identities in Transylvania. A Comparative Approach, Argonaut Publishing, Cluj Napoca 2014.

Nicoară, Toader: Transilvania la începutul timpurilor moderne (1600–1800) [Transsilvanien zu Beginn des modernen Zeitalters (1600–1800)], Cluj Napoca 1997.

Niederle, Helmuth A.: „Es war sehr schön, es hat mich sehr gefreut". Kaiser Franz Joseph und seine Untertanen, Wien 1987.

Öhlinger, Walter: Wien im Aufbruch zur Moderne, Bd. V, Wien, Band V 1999.

Perks, Robert/Thomson, Alistar: The Oral History Reader, London 1998.

Petercsák Tivadar: A képes levelezőlap története [Die Geschichte der Postkarte], Miskolc 1994.

Plămădeală, Antonie: Românii din Transilvania sub teroarea regimului dualist austro-ungar 1867–1918 [Die Rumänen in Siebenbürgen unter der Schreckensherrschaft des dualistischen österreichisch-ungarischen Regimes 1867–1918], Sibiu 1986.

Portelli, Alessandro: „The Peculiarities of Oral History", in: History Workshop Journal, 12/1 (1981), S. 96–107.

Prodan, David: Răscoala lui Horea [Der Aufstand unter Horea], București 1984.

Viorel Rogoz: Etnologul în epoca de aur. Blidaru în posteritate [Der Ethnologe im Goldenen Zeitalter. Blidaru in der Wahrnehmung seiner Nachwelt], in: „Acolada", 3, 4, 5/53, 54, 55 (2012).

Roșu, Răzvan: „Un informator depozitar de excepție: Niculaie a Petrii Curtii din crângul Rusești" [Eine außergewöhnliche Gewährsperson: Niculaie a Petrii Curtii aus dem Dorf Rusești], in: Philologica Jassyensia, Jg. II, Nr. 2/24 (2016), S. 167–175.

Roșu, Răzvan: Multiculturalitate și enclavizare culturală în Transilvania [Multikulturalität und kulturelle Enklavenbildung in Siebenbürgen], Cluj Napoca 2017.

Rumpler, Helmut/Seger, Martin (Hrsg..): Die Habsburgermonarchie 1848–1918. Die Gesellschaft der Habsburgermonarchie im Kartenbild. Verwaltungs-, Sozial-, und Infrastrukturen. Nach dem Zensus von 1910, Band IX, 2. Teilband, , Wien 2010.

Simić, Vladimir: „Gnädiger Kaiser" und „treuer Untertan" in: Heppner, Harald/Poscha, Eva (Hrsg.): The Habsburg Empire and the Orthodox World in the Eighteenth and Nineteenth Centuries, Bochum 2012, S. 25–43.

Süssmuth, Hans (Hrsg.): Historische Anthropologie: Der Mensch in der Geschichte, Göttingen 1984.

Ten Dyke, Elizabeth A.: „Anthropology, Historical", in: Boyd, Kelly, Encyclopedia of Historians and Historical Writing, Chicago 1999, S. 37–40.

Unowsky, Daniel L.: The pomp and politics of patriotism. Imperial Celebrations in Habsburg Austria, 1848–1849, West Lafayette (Indiana) 2005.

Vansina, Jan: Oral tradition as history, Oxford 1997.

Vocelka, Karl: Österreichische Geschichte 1699–1815. Glanz und Untergang der höfischen Welt. Repräsentation, Reform und Reaktion im Habsburgischen Vielvölkerstaat, Wien 2001.

Vorländer, Herwart (Hrsg.): Oral History. Mündlich erfragte Geschichte. Acht Beiträge, Göttingen 1990.

Grundsätzliche Überlegungen zur Integration des Mediums Film als Quelle in die Theorie der Geschichtswissenschaft

András Wekler

Abstract

Hauptgegenstand der Arbeit ist der Versuch einer Eingliederung des Mediums Film in die Theorie der Geschichtswissenschaft. Ausgehend vom Standpunkt, dass Bewegtbilder eine zumeist stiefmütterlich referierte Quelle in der – insbesondere deutschsprachigen – Historiographie sind, versucht der Autor den inneren Widerspruch aufzuzeigen, welcher zwischen dem theoretischen Anspruch des Wissenschaftszweiges und der Arbeit in der Praxis herrscht: Möglichst akkurate und (all)umfassende Darstellungen anzustreben und dabei gleichzeitig bestimmte Informationsgattungen zumeist geringere Berücksichtigung zuteilwerden zu lassen. Ziel ist dabei eine Modernisierung der gesamteinheitlichen Quellenpragmatik auf theoretischer Basis, bzw. die theoretische Legitimierung von Filmen als geschichtswissenschaftliche Quellen mit der Kernfrage, ob Filme im Allgemeinen als primäre Überreste in der Geschichtswissenschaft verwendet werden können oder nicht. Hierbei wird im Verlauf der Arbeit auch die Wichtigkeit betont, historiographische Werkzeuge zu entwickeln, die dem Historiker in Zukunft den Umgang mit Quellen dieser Art erleichtern – zum Beispiel in Form einer Hilfswissenschaft.

SCHLAGWÖRTER:

Film, Methodik, Quellengattungen, geschichtswissenschaftliche Theorie, Luhmann

Anlass für diese Arbeit gab die 8. Internationale Doktorandentagung der Andrassy Universität Budapest im Mai 2019 unter dem Leitthema Methoden – Zugänge – Präsentationen: Wissenschaftliches Arbeiten in der Geschichtswissenschaft. Der Autor des Ihnen nun vorliegenden Textes möchte sich dabei insbesondere auf den ersteren Teil, die Methodik, in einer theoretischen Form konzentrieren und die Gelegenheit wahrnehmen, den Fokus auf eine Informationsgattung zu legen, welche in Publikationen geschichtswissenschaftlicher Art zumeist eher eine untergeordnete Rolle spielt oder gar, so könnte es auch formuliert werden, ein Dasein im Dunklen fristet: dem Medium des Filmes.

Gewiss, gewiss: Es gibt, an und für sich, zahlreiche Arbeiten über Filme. Aber an dieser Stelle eventuell aufkommende Einwände der Art, künstlerische Erzeugnisse mit einem bestimmten historischen Anspruch, bei deren Produktion zahlreiche vorgeschaltete Filtermechanismen wirken – um nur einige zu nennen: das Wie und Wieso, die Art der Charakterzeichnung, Bühnenbild, Besetzung, Dramaturgie, aber auch monetäre und politische Interessen –, würden in der Fachliteratur selbstverständlich dekonstruiert und auf ihren, um in der Geschichtswissenschaft zu bleiben, historischen Kern untersucht werden, um konkludierend der Frage nachzugehen, wie akkurat eine gegebene Epoche getroffen wurde und wenn nicht weshalb genau, sollen gleich zu Beginn entkräftet werden. Einen tiefen historischen, wissenschaftlichen Mehrwert über die betroffene Ära würden nämlich vermutlich viele Kollegen aus der Geschichte nicht ableiten wollen, ihre Arbeit mit dem Medium Film kommt oftmals eher der eines vermittelnden Filmkritikers oder prüfenden Lehrers nahe als der eines Wissenschaftlers. Es fällt auf, dass – insbesondere im deutschsprachigen Raum – in den historiographischen Arbeiten der Quellentypus des Bewegtbildmediums nicht oder nur relativ selten als primärer Zugang auftaucht und Filme sind (sieht man von Untersuchungen zur Filmgeschichte als solche ab) ein oft ausgelassener Zugang zur Vergangenheit. Der Zeithistoriker Wolfgang Koller schrieb sogar noch 2012, dass sich selbst dokumentarische Filme „einer klaren Einordnung nach klassischer Quellenbewertung entziehe[n]“ und demnach alles, was fiktionaler sei als eine (scheinbar authentische) dokumentarische Filmquelle, erst recht „keinen Mehrwert in der Frage liefert, was ‚eigentlich gewesen‘ ist“.[1]

Es stellt sich die Frage nach dem Warum. Denn alle Texte, Gegenstände oder Tatsachen, aus denen Kenntnis der Vergangenheit gewonnen werden können, sind doch historische Quellen.[2]

Die von Paul Kirn Ende der sechziger Jahre vorgelegte Definition des Hauptgegenstandes der Geschichtswissenschaft ließe sich auch noch weiter vereinfachen: Alles kann eine Quelle sein. Bücher und Notizen aller Art, Briefe, Denkmäler, Brauchtümer, Verhaltenskodexe, Statuen, Kleingeld, Ge-

1 Nach Wolfgang Koller: Der Film als historische Quelle, in: Materialien Deutsch als Fremdsprache 86 (2012), S. 78.

2 Nach Paul Kirn: Einführung in die Geschichtswissenschaft, Berlin 1968, S. 29.

bäude, Straßenführungen oder Sprachen – in Abhängigkeit der Fragestellung des jeweiligen Historikers finden diese Dinge auch mehr oder minder Einzug in die jeweiligen Analysen und Untersuchungen. Was ist also mit dem Film?

Hintergrund

Bei der Klärung eines solches Gegenstands bietet es sich an – man möge dem Autor die Redundanz nachsehen – am Anfang anzufangen, denn glücklicherweise ist der physikalische Film als solcher nicht besonders alt, seine Spuren in der Geschichte noch überschaubar. Eine mögliche Erklärung für den Status als „Quelle zweiter Klasse" findet sich deshalb in der Geschichte selbst: So war die Geschichtswissenschaft in der Entwicklung ihrer Methoden und Arbeitsweisen bereits weitgehend abgeschlossen, als das Medium der Bewegtbilder zu einem gesellschaftlich relevanten Phänomen wurde, was aufgrund ihrer eigenen Entstehungsgeschichte und des Zeitpunktes ihrer Professionalisierung im 19. Jahrhundert eine Fixierung auf die einzigen zugänglichen, bzw. verfüg- und reproduzierbaren, wissenschaftlich falsifizierbaren Quellen bedeutete, die dabei helfen konnte zu wissen, „wie etwas gewesen"[3] ist: verschriftlichte Überreste bzw. Traditionen. Zu dieser heute mitunter als Versteifung anmutenden Fixierung, die auch das Wesen des Fachs als klassisches Literaturstudium begründete, gesellte sich jedoch im Kontext der Kinematographie zusätzlich noch der Umstand hinzu, dass diese, aufgrund der Natur einer technischen Neuheit, über keinerlei Relevanz in der Vergangenheit verfügte und lediglich das Potential hatte, dieses in ferner Zukunft einmal zu haben. Zwar bildete sich 1930 der „Deutsche Ikonographische Ausschuß", dem die Aufgabe zukam, Kriterien und Methoden für die Einbeziehung nichtschriftlicher Zeugnisse in die historische Forschung zu entwickeln, jedoch schrieb bereits ein Jahr später der Sekretär des Ausschusses in der Historischen Zeitschrift: *„(...)man wird (...) doch wohl der Meinung sein, daß für die historische Wissenschaft andere Aufgaben dringlicher sind"*.[4] Plakativ ließe sich das größte Problem der klassischen Historiografie gegenüber filmischen Erzeugnissen in diesem Kontext daher auf den schlichten Umstand reduzieren, dass diese nicht bereits seit Jahrhunderten zur Verfügung standen und so auch nicht in die relevante historische Wissenschaft einfließen konnten, bzw. durften.[5] Eng

3 Nach Leopold von Ranke – das Zitat sollte jedem bekannt sein.

4 Siegfrid Steinberg: Die Internationale und die Deutsche Ikonographische Kommission, in: Historische Zeitschrift 144 (1931), S. 290.

5 Vgl. Johannes Etmanski: Der Film als historische Quelle, S. 69.

hiermit ist natürlich auch die Fragestellung des Historikers im Rahmen des Zeitgeistes verknüpft, war doch insbesondere die Forschung der Jahrhundertwende in ihrer Natur noch geprägt von einem Geschichtsverständnis, das auf politischer Kommunikation (Diplomatie) beruhte und sich in Staatsarchiven wesentlich besser aufbereiten ließ, als in einem Lichtspieltheater. Gesamtgesellschaftliche Tendenzen oder interdisziplinäre Aspekte waren noch von untergeordneter Bedeutung. Die Implementierung des neuen Mediums in das theoretische Grundlagengerüst des Wissenschaftszweigs wurde dabei ebenso außer Acht gelassen, wie bereits bestehende und den Film kategorisch ausschließende Arbeitsweisen in diesem für die Zukunft weiter gefestigt wurden. Dies wirkt so weit, dass selbst in den relativ breit angelegten Herangehensweisen der sich der Thematik Film annehmenden historiographischen Primär- und Sekundärliteratur der vergangenen Jahrzehnte große Defizite bei der praktischen Nutzung des Mediums festzustellen sind, obwohl Zeiträume im Fokus stehen, zu denen der Film die Gesellschaft bereits durchdrungen hatte. Dies attestieren auch einige Vertreter aus der Zeit – so beispielsweise der die Grenzen und Möglichkeiten des Filmes als historisches Dokument untersuchende Fritz Terveen 1955, Günther Moltmann 1970 mit seiner Analyse zu Film und Tondokumenten als Quelle oder Knut Hicketheir und Georg Seeßlen 1979 und 1986, die sich mit der Filmanalyse im Speziellen beschäftigenden. Der Medienwissenschaftler Werner Faulstich nannte die Überwindung dieses Zustandes 1988 noch „durchaus wünschenswert – wenn nicht sogar dringlich".[6] Durch Abbau der Zugangshürden im Zuge der Digitalisierung der Medienwelt sowie das Auslaufen der Urheberrechte vieler klassischer Produktionen und die damit verbundene leichte Verfügbarkeit von Filmen aller Art, erscheinen die Möglichkeiten hierzu in der Geschichtswissenschaft mittlerweile zumindest praktikabel geworden zu sein.

Nicht zuletzt dieser Umstand macht deutlich, dass die prinzipiell ablehnende Haltung nicht praktischer Natur ist, sondern ihren Ursprung in der skizzierten scheinbaren theoretischen Inkompatibilität hat. Davon zeugt auch bereits die Tagung des internationalen Historikerkongresses in Göttingen von 1927, auf der der Film als geschichtliche Quelle kategorisch abgelehnt wurde.[7] Die zu beobachtende grundsätzliche Ablehnung seitens der Historiographie ist dabei jedoch damals wie auch heute auf Basis ihrer eigenen theoretischen Grundlagen nur schwer nachvollziehbar, was im Folgenden aufzuzeigen versucht wird.

6 Werner Faulstich: Kleine Geschichte der „Filmanalyse" in Deutschland, in: Zeitschrift für Literaturwissenschaft und Linguistik 15 (1988), S. 9.

7 Quelle: Bulletin of the International Committee of Historical Sciences I-IV, Paris; Washington 1926–1932.

Theoretische Grundlagen

Aufgrund der Praxis der weiten Verflochtenheit wissenschaftlichen Arbeitens erscheint bei der Klärung der Notwendigkeiten einer eventuellen Neubewertung von Filmen als Quelle eine interdisziplinäre Argumentation im Geiste Lamprechts zielführend zu sein, der im Methodenstreit ab 1890 eine Verlagerung der Schwerpunkte der Geschichtswissenschaft weg von der Politik- und Personengeschichte anstrebte. Da filmtechnische Produktionen nur in Ausnahmefällen alleine stehen und zumeist mit der Absicht geschaffen werden, eine breite Masse der Gesellschaft bzw. einer gesellschaftlichen Schicht oder konkreten Zuschauerschaft zu erreichen – was auch einen großen Unterschied zu einer verschriftlichten Quelle bedeuten kann, die als Überrest wesentlich öfter isoliert und für sich alleine stehen kann – ist es zudem sinnvoll die Natur des Mediums als gesellschaftliches Phänomen und als Form von Sprache bzw. Kommunikation zu verstehen. Deshalb gilt es zu überdenken, ob der Film nicht nur Teil einer populären Kultur ist, sondern ob er in einem wechselseitigen Abhängigkeitsverhältnis mit der Öffentlichkeit formgebende und bestimmende gesellschaftliche Funktionen übernimmt. Anders ausgedrückt: Kinematographie soll nicht nur als ein einem System dienendes bzw. unterhaltendes Medium verstanden werden, sondern auch als ein Teil von diesem selbst und dass es dies aktiv bedingt und formt.

Kommunikation als Quelle von Operationen

Was meint in diesem Kontext System? Was ist überhaupt der Körper, den es historiographisch zu untersuchen gilt, welche Elemente bedingen ihn und machen ihn aus? Als Basis für diesen sehr theoretischen und allgemeinen, schon erkenntnisphilosophischen Zugang, soll dabei die Systemlogik Niklas Luhmann herangezogen werden, und zwar unter der Grundidee, dass filmische und schriftliche Erzeugnisse – letztere sind, wie gezeigt wurde, fester Bestandteil des geschichtswissenschaftlichen Alltags – in ihrem Wesen nach sehr ähnlich sind. Luhmann folgend muss jedes gesellschaftliche System fortwährend mit sich selbst kommunizieren, um durch und mit diesen Operationen überhaupt zu existieren. Der Begriff der Operation[8] meint dabei ein Konstrukt aus Ereignissen und Differenzbildungen, deren Hauptmerkmal die Vergänglichkeit ist und die kausal aufeinander aufbauen – der Grad

8 Siehe hierzu auch: Walter Reese-Schäfer: Niklas Luhmann zur Einführung, Hamburg 2001.

dieser Kommunikation hängt dabei von Medien ab, die diese begünstigen. In einer Gesellschaft etwa bewirkt körperliche Präsenz mehrerer Personen einen Anstieg der Wahrscheinlichkeit für einen stattfindenden Austausch, gleich ob verbaler oder nonverbaler Natur, garantiert diesen jedoch nicht automatisch.[9] Sprache und Schrift als natürliches Produkt sozialer Evolution steigern dabei ebenfalls die Möglichkeiten der Kommunikation. Der Einfluss komplexer Medien in zusammengesetzten und hochentwickelten Gesellschaften, in denen Formen von Sprache – zu der auch das Schriftliche und das Filmische gehören – eine tragende Säule des sozialen Systems sind, ist dabei nicht zu unterschätzen, da diese gesellschaftlichen Systeme nach Luhmann „sinnverarbeitende Systeme"[10] sind. Sinn meint in diesem Kontext eine ursprüngliche, nicht reduzierbare und nicht überschreitbare Wirklichkeitsform, die dazu dient, die Komplexität in gesellschaftlichen Systemen zu reduzieren: *„Nicht alle Systeme verarbeiten Komplexität und Selbstreferenz in der Form von Sinn; aber für die, die dies tun, gibt es nur diese Möglichkeit. Für sie wird Sinn zur Weltform."*[11] Die Wahrung dieser höheren, da komplexeren „Weltform" erfordere dabei auch zusammengesetztere Formen der Kommunikation als die erwähnten symbolisch-generalisierenden Medien: Luhmann nennt sie Massenmedien. Diese stellen eine Instanz dar, die *„sich zur Verbreitung von Kommunikation technischer Mittel der Vervielfältigung bedienen"*[12], der ein technischer Aspekt innewohnt. Erst die maschinelle Anfertigung in großen Mengen – die einer Gesellschaft erst ab einem bestimmten Entwicklungsgrad zur Verfügung steht und diese abermals komplexer werden lässt – führt im skizzierten Systemgedanken zu einer Ausdifferenzierung in ein neues Subsystem einer Gesellschaft, nicht das bloße Vorhandensein der Sprache an und für sich.[13] Für Luhmann ist dabei nicht wichtig, was kommuniziert, sondern wie etwas verbreitet wird. Zu den Massenmedien zählen deshalb folglich auch alle durch Druckpressen hergestellten Medien wie Zeitungen, Bücher und Zeitschriften, jedoch auch die Kommunikation über Radio, Fernsehen sowie kinematografische Produktionen sowie alles, was die Zukunft technisch noch offenhält. Hervorgehoben werden muss an dieser Stelle der einseitige Kommunikationskanal: Durch die Zwischenschaltung der Technik können Sender und Empfänger nicht mehr direkt miteinander in Kontakt treten. Die Verbreitung von Nachrichten und Mitteilungen liegt auf Seiten des Senders,

9 Luhmann spricht in diesem Zusammenhang von Selektionsofferten.

10 Luhmann, Niklas: Soziale Systeme. Grundriß einer allgemeinen Theorie, Frankfurt am Main 1984, S. 94.

11 Ebd., S. 95.

12 Niklas Luhmann: Die Realität der Massenmedien, Opladen 1996, S. 10.

13 Ebd.

das Verstehen auf Seiten des Empfängers. Bereits in dieser Herangehensweise gibt es systemtheoretisch keinen Unterschied mehr zwischen verschriftlichten Informationen oder verfilmten: Beide sind komplexe Träger von Kommunikation in einer modernen und komplexen Gesellschaft, bzw. im Sinne Luhmanns die Quellen der gesellschaftlichen Existenz auf einem gesellschaftsevolutionären höheren, da zusammengesetzteren, Level.

Bereits dieser Exkurs in die klassischen Grundlagen der Gesellschaftswissenschaften birgt die Erkenntnis, nach der es nur einen technischen (praktischen), jedoch keinen theoretischen Unterschied in der gesellschaftlichen Rolle von kinematographischer oder schriftlicher Kommunikation gibt, was sich als Verweis darauf sehen lässt, dass die prinzipiell ablehnende Haltung der Geschichtswissenschaft dem filmischen Medium gegenüber rational schwerlich zu belegen ist. Da Massenmedien nicht schlicht die objektive Realität wiedergeben können, müssen diese logischerweise eine eigene und andere Realität erschaffen. Die erste Realität ist dabei eine Beobachtung erster Ordnung, die von Luhmann als „ablaufende und durchlaufende Kommunikation" betrachtet wird, während die zweite Realität einer konstruierten Realität entspricht, die versucht, das zu beschreiben, was eine komplexe Gesellschaft als Realität versteht.[14] Die Wirklichkeiten beider Systeme sind voneinander abhängig, doch jede konstruiert dabei ihre eigene komplexe Realität – moderne Gesellschaften sind deshalb in der Folge auf die massenmediale Reproduktion angewiesen. Sie brauchen Medien, in denen Grundannahmen und Sinnmuster reininterpretiert, tradiert und weiterentwickelt werden. Die diese Gesellschaften bildenden Menschen benötigen gemeinsame Konstruktionen ihrer sozialen und subjektiven Realität, damit sie in die Lage versetzt werden, ihre Erfahrungen unter Bedingungen der prinzipiellen Offenheit und Ungewissheit[15] auslegen zu können ebenso, wie Massenmedien wie der Film diesen, bzw. seinen selbsterhaltenen Sinn aus dem System der Gesellschaft selbst beziehen. Diese Logik trifft dabei in jeder Form auch auf verschriftlichte Überreste zu, nur sind diese weniger komplex.

Folgen für die Historiografie

Die Systemtheorie von Luhmann ist eine hochkomplexe und philosophisch-gesellschaftliche Kommunikationstheorie. Zwar ist sie nicht, wie soll-

14 Ebd., S. 12.

15 Kontingenz.

te es auch anders sein, gänzlich frei von Kritik. So ist innerhalb der Soziologie insbesondere ihr hohes begriffliches Abstraktionsniveau umstritten, was u.a. vom Soziologen Dirk Kaesler als „hinter einer Fassade aus ungeheuren Schwierigkeiten und einem komplizierten Räderwerk artistischer Begrifflichkeiten liegende Ansammlung simpler Sätze“[16] beschrieben wurde, „deren einzige Aussage es sei, die Welt sei kompliziert, da alles mit allem verbunden und der Mensch nur ein beschränktes Maß an Komplexität vertrage“[17] und auch aus der Geschichtswissenschaft selbst gab es Stimmen, die Luhmann als überholt bezeichneten. Unbestritten ist jedoch der Umstand, dass mithilfe Luhmanns die bzw. eine Gesellschaft universell als Ganzes erklärt werden kann.

Hierbei ist insbesondere der aufgezeigte Verweis an Operationen und Kommunikation als Träger von Gesellschaften für die Historiografie von maßgebender Bedeutung, da sie in der Theorie eine Unterscheidung zwischen verschriftlichten und kinematografisch erzeugten Überresten nicht erlaubt, sondern letztere vielmehr als technologische Weiterentwicklung sinnstiftender sprachlicher Subsysteme im Zuge der evolutionsgesellschaftlichen Entwicklung beschreibt. Nur bewegt sich die Sprache in diesem Fall auf einem anderen, komplexeren Niveau. Dies widerspricht klar der Auffassung, Filme seien „Gegenstände, die schlicht einer Analyse nicht wert seien“[18] oder „weitgehend abzulehnen, da sie der Filmpraxis zugehörig sind“[19].

Dies bedeutet wohlgemerkt nicht, dass Filme jederzeit automatisch als seriöse Quellen verwendet werden können bzw. dürfen, sondern verweist lediglich wissenschaftlich darauf, dass sich die breite Geschichtswissenschaft mit der Frage, ob Filme den verschriftlichten Überresten als gleichwertig angesehen werden können oder nicht, auseinandersetzen kann und sollte. Pauschalisierungen wären in diesem Fall unsinnig. Die tiefe Erkenntnis aus der Systemtheorie ist, dass kinematografische Kommunikation in der Theorie ebenso Gegenstand einer durchdringenden Quellenkritik sein kann wie Urkunden oder Briefe, wobei die Nähe zum untersuchenden Ereignis entscheidend sein sollte. Die Systemtheorie zeigt dabei eine grundsätzliche Nähe des Massenmediums Film zur Gesellschaft. Historische Untersuchungen, die die Entwicklungen des 20. Jahrhunderts zum Gegenstand haben, wären demnach mit filmischen Quellen – sollten sich diese denn in der Praxis kritisch auswerten lassen – äußerst nah an der erlebten Wirklichkeit der beteiligten Gesell-

16 Michael Kunczik; Astrid Zipfel (Hrsg.): Publizistik, Köln 2001, S. 84.

17 Ebd.

18 Wilhelm Hofmann (Hrsg.): Sinnwelt Film. Beiträge zur interdisziplinären Filmanalyse, Baden-Baden 1996, S. 8.

19 Werner Faulstich: Kleine Geschichte der „Filmanalyse“, S. 9.

schaften verortet. Filme, als kommunikativer Querschnitt von Gruppen, ließen demnach tiefere Einblicke in diese zu, als es verschriftlichte Werke von Einzelnen können, da diese prinzipiell näher am subjektiven Individuum liegen als am gesellschaftlichen System selbst, mit der sich, folgt man der Argumentation Luhmanns, Historiker ihr eigenes System einer Realität von Geschichte konstruieren.

Quellenkritik und praktische Überlegungen

Wie gezeigt wurde, gibt es keine Grundlage, auf derer die Geschichtswissenschaft das Filmische prinzipiell ablehnen kann. Gefragt ist nun nach einem wie auch immer sich gestaltenden spezifisch historiografischen Umgang mit Bewegtbildern. Die Essenz der nach wie vor in Fachkreisen recht philosophisch gehaltenen Diskussion[20] ist dabei bis heute die Frage nach Wert und Quellennatur des allgemeinen Films. Sie lässt sich auf ein Problemfeld mit zwei mal zwei Bereichen reduzieren, die nachstehend erläutert werden sollen:

Positives Quellenneutrum	Negatives Quellenneutrum
Primärer Quellencharakter	Sekundärer Quellencharakter

Das Quellenneutrum meint in diesem Fall in erster Linie einen von Natur aus neutralen Charakter, wobei die Neutralität erst durch die Fragestellung selbst aufgehoben wird, die das kinematographische Objekt für eine gegebene Untersuchung relevant oder irrelevant werden lässt (die Begriffe werden an dieser Stelle nur eingeführt, um sich vom klassischen Ausdruck der geschichtswissenschaftlichen Quelle im Rahmen dieses Gedankenganges abzuheben). Wie gezeigt werden konnte, trifft diese Aussage zunächst prinzipiell auf alles Untersuchbare zu, so auch auf filmisches Material. Der Unterschied zwischen positivem und negativem Neutrum besteht jedoch in seiner Natur, wobei sich nur das positive Neutrum mittels der Typologie und Systematik nach Droysen als konkreter oder abstrakter geschichtlicher Überrest klassifi-

20 Vgl. Günter Riederer: Film und Geschichtswissenschaft. Zum aktuellen Verhältnis einer schwierigen Beziehung, in: Gerhard Paul: Visual History. Ein Studienbuch, Göttingen 2006, S. 96–100.

zieren lässt. Die Folgen in der Quellenkritik sind pragmatisch: Während das geschichtswissenschaftliche Ziel stets das Gewinnen von verlässlichen Aussagen über eine gegebene Vergangenheit ist, bedeutet ein positives Quellenneutrum in der Theorie einen Überrest, der nach Droysen – auf den die Grundlagen der hermeneutischen Methodik in der modernen Geschichtswissenschaft zurückzuführen sind – nicht durch Absicht ein verfälschtes Bild über diese liefern kann, während dies einem negativen Quellenneutrum abgesprochen wird.[21] Beide schließen sich in diesem Fall prinzipbedingt durch ihre Natur aus. In der Unterteilung nach Ranke werden dabei die Begriffe „Überrest" und „Tradition" gleichbedeutend verwendet.

Dem in seinem Wesen unterstellt ist die Frage nach dem primären oder sekundären Quellencharakter. Dieser ist hierbei nicht mit der just erwähnten Verwendung einer Quelle als Haupt- oder Nebenbeleg auf Basis der Fragestellung zu verwechseln, obgleich sie sich in der Praxis ähneln. Im Rahmen dieser Überlegung bedeutet die Aufteilung jedoch Exklusivität und hat ebenso wie positives und negatives Quellenneutra einen sich gegenseitig ausschließenden Charakter. Die vollständige Quellennatur ergibt sich beim filmischen Medium durch eine Kombination aus beiden Ebenen. Demnach ist ein Film in der Theorie entweder ein Überrest nach Droysen mit prinzipiell primärem oder sekundärem Charakter oder aber ein negatives Neutrum, welches ebenfalls primär und sekundär beschaffen sein kann, dann jedoch stets nur als Beiwerk einer historischen Untersuchung. Im Folgenden sollen die verschiedenen Prinzipien untersucht werden.

Konkrete Quellenkritik

Das positive Quellenneutrum verlangt prinzipiell die Wahrung der Paragraphen 28–36 des 1882 von Droysen vorgestellten Grundrisses der Historik. Diese Voraussetzungen sah zuerst Walther Hubatsch in den frühen 1950er Jahren im Rahmen seiner Arbeit beim „Institut für den Wissenschaftlichen Film" gegeben, wo er zusammen mit Fritz Terveen an einer quellenkritischen Erschließung der Wochenschauberichte über Paul von Hindenburg arbeitete. Den aus dieser Arbeit resultierenden Schlussfolgerungen, die Hubatsch 1953 unter dem Titel „Probleme des geschichtswissenschaftlichen Films" veröffentlichte und die die Arbeit u.a. geschichtswissenschaftlich stützen sollten, widersprach

21 Nach Arthur Assis: What is History for? Johann Gustav Droysen and the Functions of Historiography, New York 2016, S. 103–108.

Terveen jedoch später scharf.[22] Hubatsch stellte dabei fest, dass die Grundregeln Droysens mit minimalen Anpassungen auch auf filmische Stoffe übertragbar und eine Erweiterung dieser um die Eigenarten des Films nicht auszuschließen, dieser also eine vollwertige Geschichtsquelle sei: *„Wie Droysen können wir die Kritik der Echtheit, die Kritik des Früheren und Späteren, die Kritik der Richtigkeit und schließlich die Quellenkritik auf den Film beziehen."*[23]

Paragraphen 28–36 zur Quellenkritik nach Droysen[24]

§§§	Thema	Inhalt
§28	Was sind Tatsachen?	Historische Tatsachen sind Komplexe vergangener Willenstaten. Spuren dieser sind Überresten oder Auffassungen und Erinnerungen bekundet vorhanden.
§29	Aufgabe von Kritik	Kritik versucht, das Verhältnis der vorhandenen Überreste zu den vergangenen Willenstaten zu bestimmen.
§30	1. Überprüfung der Echtheit	Ist das Material wirklich das, für das es gehalten wird?
§31	2. Überprüfung der Echtheit	Diakritisches Verfahren – ist das Material verändert worden?
§32	Kritik der Richtigen	1. Ist das Berichtete möglich? 2. Ist es unter anderen Umständen möglich? 3. Sind trübende Motive in den Berichten zu finden? 4. War Unrichtigkeit aufgrund der verwendeten Mittel unvermeidbar?
§33	Quellenkritik	Anwendung von §32 ist Quellenkritik: 1. Was stellt die Quelle dar und was reproduziert sie? 2. Welche Färbung erhielt die Quelle durch den Kreis, in dem sie entstand? 3. Welche individuelle Färbung gehört der Darstellende unbewusst selbst an?
§34	Meinungen	Nicht das gleichzeitige Durcheinander von Meinungen und Gerüchten sind Quellen: Nur aus dem Alltag resultierende Niederschlagungen werden zu Quellen.
§35	Lückenhaftigkeit und kritische Ordnung	Ist alles Material vorhanden, dass zu Beantwortung einer Frage dient? Oft sind Überreste nur fragmentarische Stücke der alten Wirklichkeit. Ihre zeitliche Anordnung zeigt Schnittpunkte und Lücken auf.
§36	Erkenntnis	Das Ergebnis der Kritik ist nicht die eigentliche historische Tatsache, sondern ermöglicht nur eine korrekte Auffassung dieser.

22 Vgl. Fritz Terveen: Der Film als historischen Dokument. Grenzen und Möglichkeiten, in: Vierteljahreshefte für Zeitgeschichte 2 (1955), S. 57–66.

23 Walther Hubatsch: Probleme des geschichtswissenschaftlichen Films, in: Geschichte in Wissenschaft und Unterricht 4 (1953), S. 477.

24 Nach Johann Droysen: Grundriss der Historik, Leipzig 1882, S. 16–19.

Eine weitere Legitimierung dieses Gedankens versuchte später der Sozialhistoriker Wilhelm Treue durch einen Vergleich zu erreichen. Demnach stellen Filmdokumente ebenso echte und vollwertige Geschichtsquellen dar, wie *„geschriebene oder gedruckte Quellen, Kunstgegenstände oder Bauwerke der Gotik oder des Barock, Landkarten oder Felsenzeichnungen“*,[25] wobei der einzige Unterschied zwischen allen Gattungen sei, dass die des Films erst vor einem halben Jahrhundert entstanden seien. Bereits Treue stellte eine Verbindung zu Bildern als Geschichtsquellen fest, betonte aber, dass beide nicht gleichgesetzt werden dürfen, weshalb er die Entwicklung einer der dem Gegenstand angepassten Quellenkunde forderte.[26]

Tatsächlich scheint sich die Aussage von Hubatsch bei einem direkten Vergleich mit Droysens Kriterien zu bestätigen. Jedoch sind dessen Aussagen auch ähnlich allgemein gehalten, wie Luhmanns Systemkritik.[27] Im Kontext des Filmes ergeben sich zunächst keine nennenswerten Abweichungen zu den etablierten Herangehensweisen in der Historiografie: Kinematografische Erzeugnisse tragen Spuren der Vergangenheit in sich[28] und die „Echtheit“ eines Spielfilmes als solcher ist ebenso leicht zu prüfen,[29] da man diesen – zumindest gegenwärtig – prinzipiell nicht einfach fälschen kann, insbesondere dann, wenn man mit analogem Material arbeitet – die hohe Komplexität dieser Kommunikationsform bringt noch größere Anforderungen beim Anfertigen authentischer Fälschungen mit, als es einfachere Kommunikationswege verlangen. Diese scheinbare „Sicherung“ gegen Fälschungen ist jedoch – zumindest in der Theorie – nicht gänzlich gegeben. Insbesondere die mit Beginn des 21. Jahrhunderts immer weitere Verbreitung findende Digitalisierung und Computertechnologie, sowie innerhalb dieser die Technik der Generierung künstlicher Bilder (CGI), birgt das Potential in sich, in einigen Jahrzehnten und Jahrhunderten für ähnliche Verwirrung sorgen zu können, wie es beispielsweise im Mittelalter die Constitutum Constantini tat. Beispiele hierfür finden sich sogar schon heute im Rahmen der „Virtual History“ des Fernsehsenders Discovery Channel von 2004, in dem nachträglich gefertigte und rückdatierte filmische Archivalien zu Ereignissen zum Ende des Zweiten Weltkrieges mit verblüffender Wirklichkeitstreue erstellt wurden.[30] Dabei wurden keine offensichtlich erkennbaren Spielszenen, keine Nachstellungen, Zeugenaussagen,

25 Wilhelm Treue: Das Filmdokument als Geschichtsquelle, in: Historische Zeitschrift 4 (1958), S. 310.

26 Ebd.

27 Vgl. Treue: Filmdokument, S. 311.

28 Nach §28.

29 Nach §30.

30 Siehe Lorenz Engell: Virtual History. Geschichte als Fernsehen, in: Zeithistorische Forschungen 3 (2009), S. 391–412.

Experteninterviews oder andere der gängigen Authentifizierungstechniken des Fernsehens verwendet.[31] Das Argument, dass es keine Fälschungen gäbe, da die Produktion dieser zu aufwendig und leicht zu entlarven wäre (insbesondere dann, je größer der zeitliche Abstand zur Entstehungszeit ist), ist also nicht uneingeschränkt gültig, insbesondere bei dokumentarischem Material nicht. Der Fall stellt jedoch dennoch keinen Widerspruch zu §30 dar, sondern verweist nur auf den Umstand, dass den Echtheitsüberprüfungen in Zukunft maßgeblich, insbesondere im Sinne des §31, größere Beachtung beigemessen werden muss. Dies betrifft dabei nur die technische Tiefenanalyse – die Richtigstellung von beispielsweise falsch archivierten Materials, das also keine Fälschung im eigentlichen Sinne ist (also mit der Absicht, etwas anders darzustellen entstanden ist), sondern nur falsch zugeordnet wurde, ist auch schon jetzt ein Problem, wird jedoch eher zumeist durch inhaltliche Analyse des Bildmaterials richtiggestellt, sofern die übrige Entstehungs- oder Lagerungsgeschichte des Materials nicht bekannt ist (was zumeist der Fall ist).

Dies ist auch für §32 in dieser Form uneingeschränkt gültig, wobei dieser in der Kinematografie bereits heute in der inhaltlichen Analyse Anwendung findet. So sind beispielsweise insbesondere in der Forschung zu den repressiven Staaten und Ideologien des 20. Jahrhunderts Bewegt- und Tonfilme als ein wichtiges Werkzeug der Propaganda alltäglich,[32] dort jedoch eher im Sinne einer „gelenkten zufälligen Dokumentation" und sie haben somit einen ähnlichen Stellenwert wie ein Gesprächsprotokoll. Aber auch Spielfilme können auf ähnliche Weise untersucht werden, insbesondere mit der in §33 vertieften Fragestellung.

Große Aufmerksamkeit kommen §34 und §35 zu, da sich Filme hier auf besondere Art und Weise hervorheben. Der direkte Verweis, dass aus dem Alltag resultierende Meinungsdurchschnitte Quellen seien, ist je nach Betrachtungspunkt hier absolut gegeben oder eben nicht. Ein Film ist immer das Produkt einer mehr oder weniger langen Produktionskette, in deren Verlauf viele mal mehr oder weniger gewichtige Einflüsse unterschiedlicher Interessensgruppen stehen, eingebettet in einen begrenzenden Rahmen des technologisch-filmisch Möglichen, die in ihrer Summe dafür sorgen, dass Filme niemals nur das Ergebnis eines Geistes sein können. Der „Allmacht des Regisseurs"[33] sind hier klare Grenzen gesetzt. Jedoch ist dies einerseits in klei-

31 Die Beiträge sind ausschnittweise auch online erreichbar, hier in der Sendung „Kulturzeit" von 3Sat von Oktober 2007: https://www.youtube.com/watch?v=arN7UN94x2s (20.3.2022).

32 Markus Hagen: Filme und Tonaufnahmen als Überrestquellen – Versuch einer thematisch-kritischen Bild- und Tonquellenedition zum 17. Juni 1953, in: Geschichte in Wissenschaft und Unterricht 6 (1990), S. 352–369.

33 Nach Stefanie Schmitz: Metatheater im zeitgenössischen französischen Drama, Tübingen 2015, S. 341.

nerem Maßstab bei praktisch jeder öffentlich partizipierten Form künstlerischen Schaffens der Fall. Zweifelsohne ist jedoch festzuhalten, dass die Kritik an dieser Stelle wesentlich ausdifferenzierter und komplexer, vermutlich mit wesentlich zahlreicheren Vergleichen ausfallen muss als bei einem Denkmal, Bild oder einer Urkunde. §35 und die Prüfung der Vollständigkeit und das Erstellen der kritischen Ordnung sind hiermit eng verknüpft. Diese ist natürlich möglich, erfordert in der Praxis jedoch Unterstützung durch andere Hilfswissenschaften. So wie beispielsweise die Heraldik oder Paläografie beim systematischen Verstehen und Aufbereiten eines kodifizierten oder verschriftlichten Überrestes behilflich sind, benötigt das Kinematografische andere Methoden zur Analyse. An ihre Stelle treten beim Film etwa Vertreter der Filmtechnik, die mit den Aufnahme- und Bearbeitungsmethoden vertraut und imstande sind, technische Aufnahmemöglichkeiten und die in der jeweiligen Aufnahme durch spezielle Schnitt- und Tonbehandlung sich kundgebende Redaktion der ursprünglichen Aufnahmeergebnisse kritisch zu beurteilen. Treue betonte hierbei in seinen Überlegungen zur Quellenhaftigkeit des optoakkustischen Mediums:

> „[es] treten schwierige Probleme der Quellenkritik auf. Es gilt hier, optische und akustische Wirkungselemente, die sich gelegentlich zu sehr suggestiven Einheiten verdichten, in ihren Wechselbeziehungen zu erkennen. Kurz, zur Klärung des optisch-akustisch dargebotenen Sachverhalts genügt nicht die einfache Bildbeschreibung, sie ist vielmehr von vornherein unter den besonderen Gesetzmäßigkeiten „filmischer“ Arbeits- und Betrachtungsbedingungen vorzunehmen. So unterliegt etwa das Laufbild in Herstellung und Betrachtung anderen Bedingungen als das stehende Bild.“[34]

Relativierung

Das positive Quellenneutrum stellte bei Filmen bereits 1898 der russische Kinematograf und Dokumentarfilmer Boleslaus Matuszewski fest, als er in einer 20-seitigen Bekanntmachung in Paris forderte, ein Archiv für filmische Aufnahmen anzulegen, um zukünftigen Historikern Anschauungsmaterial

34 Treue: Filmdokument, S. 311f.

zum Studium vergangener Zeiten zur Verfügung zu stellen.[35] Fritz Terveen tat dies jedoch Jahrzehnte später in seiner Untersuchung zum Film als historisches Dokument als „Wunsch von Technikfreunden ab, die die Bedürfnisse der historischen Arbeit nicht genau kannten".[36] Terveen verneint dabei nicht explizit die theoretische Möglichkeit, Filme historiografisch zu verwerten, relativiert jedoch stark ihren Nutzen. Seine Aussage, der Film sei *„in seiner propagandistischen Ausmünzung ein höchst suspekter Gegenstand"*[37], beinhaltet dabei jedoch schon eine problematische Subjektivierung, die Kinematografie immer nur auf eine Form der Meinungslenkung reduziert. Insbesondere §36 nach Droysen wird mit dieser Herangehensweise stark relativiert, da der Quelle in diesem Fall die Möglichkeit abgesprochen wird, durch Kritik eine objektive Aussage zur Auffassung der Vergangenheit liefern zu können. Diese Herangehensweise ist jedoch fehlerhaft, da sie den (Spiel)Film nicht als Ergebnis und Abbild gesellschaftlicher Wirklichkeit begreift, sondern ihr vielmehr vorwirft, bei historischen Ereignissen keine vierte Wand gewesen zu sein – eine Vorgabe, der kein aus der Retrospektive erstelltes Medium genügen kann. Die vierte Wand ist dabei ein Begriff aus dem Theater und beschreibt die offene Seite der Bühne, durch die der Zuschauer einen Blick auf das Geschehen selbst haben, wobei die Realität der Inszenierung, mit allen an ihr beteiligten Figuren, dies nicht wahrnehmen kann.[38] Diese Form des historiografischen Voyeurismus stellt selbstverständlich gänzlich unrealistische Anforderungen. Für Terveen spielte sie dennoch eine wichtige Rolle, als er britischen Universitäten vorwirft, *„die Möglichkeit einer historischen Belehrung an Hand des Filmes ‚Der alte und der junge König'"*[39] zu diskutieren. Seine Auffassung *„bei streng wissenschaftlicher Methode (...)[sei eine] geschichtswissenschaftlichen Auswertung [möglich]"*[40], bezieht sich daher ausschließlich und nur auf solche im besten Fall zufällig erstellten Filmaufnahmen, die eine Phase oder eine Person aus der Zeit seit der Erfindung des Mediums zeigt, bei dem dramaturgische oder künstlerische Zielsetzungen definitiv nicht vorhanden sind – ein Beispiel für eine solche Aufnahme wäre die gefilmte Ermordung des US-Präsidenten J. F. Kennedy. Der Film erfülle also prinzipiell nicht das positive Quellenneutrum und sei auch nur in Ausnahmefällen *„sonstigen*

35 Boleslaus Matuszewksi: Une nouvelle source de l'Histoire. Création d'un dépot de cinématographie historique, Paris 1898, S. 1–20.

36 Vgl. Fritz Terveen: Der Film als historischen Dokument, S. 57.

37 Ebd., S. 58.

38 Nach Herbert Willems: Theatralisierung der Gesellschaft, Wiesbaden 2009, S. 45.

39 Vgl. Terveen: Film, S. 61.

40 Ebd., S. 57.

Quellen ergänzendes“[41] und zur Veranschaulichung einer bestimmten Person oder Epoche dienendes Mittel der Didaktik. Auch der deutsche Medienwissenschaftler Lorenz Engell äußerte sich 2006 auf ähnliche Art und Weise:

> „Sie gehorchen nicht oder zumindest nicht vorrangig dem Diktum „So ist es gewesen“, sondern einem „So ist es, dabei gewesen zu sein“ oder „So habe ich es erlebt“. Sie beglaubigen das Geschehen stets über das Moment der Anteilhabe der Apparatur und ihres Personals am Geschehen. Dieses Motiv wiederum folgt überhaupt keinem im engeren Sinne historiographischen Interesse und fungiert also auch nicht im Rahmen von Geschichte, sondern verbindet sich vielmehr speziell mit dem Gedächtnis als einem alternativen Erschließungsparadigma des Vergangenen. So verschieben historische Dokumentarbilder das historiographische Motiv der Dokumentation, die das Vergangene distanziert und verallgemeinert, in das Motiv der Erinnerung, die über Identifikation und Partikularisierung abläuft. Entscheidend ist nicht, dass die Dokumentaraufnahmen Aufnahmen eines vorfindlichen Geschehens sind, sondern dass sie aus derselben Situation, aus demselben Raum herkommen, in dem sich auch das Ereignis befindet.“[42]

Der zu Beginn vorgestellten Übersicht über die Verwendung von Filmen in historischen Arbeiten nach zu urteilen, teilten und teilen nach wie vor viele Historiker diesen Ansatz. Bei der so erfolgenden Verwendung als sekundäre Quelle bildete sich, neben dem eben beschrieben Ansatz, vor allem eine auf die Bildsprache beschränkte Argumentation heraus, wie man sie von der Analyse von Miniaturen, Gemälden oder Stichen aus der Mediävistik oder der frühen Neuzeit her kennt.[43] Auch Filmemacher selbst stellen in ihren theoretischen Überlegungen zumeist eine beschränkte Deutung in den Vordergrund, welche sich auf Einzelbilder oder auf einen Komplex dieser bezieht. So beispielsweise auch der russische Regisseur Eisenstein, der in zahlreichen seiner Aufsätze zur Filmmontage mit Begriffen wie *„szenischer Realismus“* und *„physiologisch erlebte Realität der Montage“* arbeitete,[44] wobei Eisenstein jedoch auch stets versuchte die den Szenen übergeordnete, verbindende Realität einzufangen. Das

41 Ebd., S. 62.

42 Lorenz Engell: Virtual History. Geschichte als Fernsehen, in: Zeithistorische Forschungen 3 (2009), S. 404.

43 Vgl. Markus Dauss: Bildwissenschaft und Bildanalyse. Profil und Grundlinien der Debatten um „Bildwissenschaft“, Frankfurt am Main 2006, S. 1–29.

44 Siehe hierzu das Kapitel „Zwanzig Jahre" in der Aufsatzsammlung I Sergej Eisensteins, welche 1962 im Verlag der Arche Zürich erschien: Eisenstein, Sergej: Zwanzig Jahre, in: Im Verlag der Arche Zürich (Hrsg. – kein gesonderter Herausgeber vermerkt): Serge Eisenstein. Gesammelte Aufsätze I, Zürich 1962, S. 15–29.

grundsätzliche Problem einer solchen Herangehensweise ist die Beschränkung auf wenige Teilaspekte, aus denen Folgerungen für den gesamten Film gezogen werden. Die Bildgewalt des die Treppe von Odessa hinunterrollenden Kinderwagens ist so zwar zweifelsohne eine bedeutungsvolle und wichtige Szene in Eisensteins „Panzerkreuzer Potemkin" von 1925, jedoch führt die Fixierung auf eine oder wenige, oftmals dramatische, Schlüsselszenen, wie es in zahlreichen Analysen der Fall ist,[45] zu einer Vernachlässigung aller anderer Montagen. Ist die Einstellung, in der der Kapitän der Potemkin vor der Meuterei durch die Schiffsmesse läuft, weniger relevant als die der Inspektion der Mannschaft auf dem Schiffsdeck oder die Verteilung der Waffen wenige Filmminuten später? Die Beantwortung dieser Fragen kann dabei nur auf subjektiver Basis geschehen, wichtig ist an dieser Stelle jedoch die Erkenntnis, dass ein Film, dies ist bei einem Spielfilm selbstverständlich offensichtlicher als bei einer Dokumentation oder einer Wochenschau, mehr als die Summe seiner Einzelbilder ist. Wie auch ein Wasserfall nicht als ein starres, eingefrorenes Objekt existiert, so ist es auch in der Kinematografie die dynamische Bewegung seiner Elemente, die seine Essenz begründet.

Bedeutung

Aus den vorangegangenen Untersuchungen lassen sich mehrere wichtige Schlüsse ziehen. Einerseits ist es der theoretische Umstand, dass kinematografische Produktionen durchaus historiografische Relevanz besitzen können und dass diese potentielle Quelle bisher nicht oder aber nur in einem ungenügenden Rahmen unter Historikern Anwendung fand. Taten sie dies doch, dann zumeist nur ausschnittsweise und ohne die Erkenntnis ihres vollen Potentials – vielmehr wurde in der Praxis versucht, sie wie eine verschriftlichte Quelle zu handhaben. Andererseits konnte jedoch auch herausgearbeitet werden, dass die Relevanz von Filmen – selbst wenn sie in den Rollen einiger Kritiker keine ernsthafte Rolle spielen mögen – sicherlich in Zukunft weiter an Bedeutung gewinnen werden. Es ist nicht auszuschließen, dass, mit dem notwendigen Abstand zum untersuchenden Ereignis, gerade Filme aufgrund ihrer Masse und Verbreitung jene Überreste sein werden, mit denen sich die Geschichtswissenschaft der Zukunft beschäftigen wird oder muss. Die Eingliederung einer Theorie und Praxis des Films in Form einer

45 Siehe hierzu beispielhaft: Christine Engel: Die Treppe von Odessa. Die Schlüsselszene in Eisensteins Panzerkreuzer Potemkin, in: Gerhard Paul (Hrsg.): Das Jahrhundert der Bilder, Göttingen 2009, S. 318.

neuen Hilfswissenschaft in die Methodik der Historiografie ist daher unbedingt ratsam.

Die ebenfalls erwähnte Möglichkeit, Filme, egal ob cineastischer oder dokumentarischer Natur, bereits heute, besonders aber in Zukunft fälschen zu können, wirkt ebenfalls verschärfend auf den Umstand, dass die Geschichtswissenschaft nicht ausreichend auf den Umgang mit Quellen dieser Natur vorbereitet ist. Um an dieser Stelle das Projekt der „Virtual History" nochmals zu vertiefen: In der erwähnten Kompilation an vermeintlich historischen Aufnahmen findet sich u.a. eine als „echte Dokumentaraufnahme" bezeichnete Szene, in der Stalin, Hitler, Roosevelt und Churchill 1944 auf einer gemeinsamen Aufnahme bei einem geheimen Abkommen zu sehen sein sollen.[46] Dieses hat es jedoch nie gegeben – mittels digitaler Bildanalyse wurden die Gesichter, Haltungen und Bewegungsmuster der Protagonisten auf Basis anderer echter Aufnahmen abgenommen und ein Algorithmus entwickelt, mittels dessen die Geschichte inszeniert werden konnte.[47] Das Potential dieser als etwas gewollt als „künstlicher Archivalien"[48] bezeichneten Fälschungen ist enorm. Dies steigert nur zusätzlich die – wie es der Historiker Frank Stern formulierte – „Herausforderung"[49] der Historiografie, sich mit dem Medium Film zu beschäftigen. Zweifelsohne ist bei der Bewertung filmischer Quellen das subjektive Element des Betrachters eines der größten Hürden, die einen wissenschaftlichen Vergleich – und damit die Akzeptanz des Mediums – erschwert.

Ziel der Überlegungen dieser Arbeit war eine Modernisierung der gesamteinheitlichen Quellenpragmatik auf theoretischer Basis, bzw. die theoretische Legitimierung von Filmen als geschichtswissenschaftliche Quellen. Kernpunkt war dabei die Frage, ob Filme im Allgemeinen als primäre Überreste in der Geschichtswissenschaft verwendet werden können oder nicht. Die hierzu notwendige Grundlage lieferten Überlegungen zur allgemeinen Systemtheorie aus den Gesellschaftswissenschaften, wobei eine prinzipielle Deckungsgleichheit von verschriftlichten und audiovisuellen Medien festgestellt werden konnte, da sich beide in Form von Massenmedien in komplexen Gesellschaften in einem System aus gegenseitiger Abhängigkeit bedingen. Filme sind daher heute, aber insbesondere mit Blick auf die Zukunft, in der ihre Verbreitung weiter zunehmen wird, eine Quellengattung, die in der historiografischen Arbeit Berücksichtigung finden kann und muss, da der Forschung ansonsten

46 Quelle: Virtual History: The Secret Plot to Kill Hitler, USA 2004.

47 Nach Engell: Virtual History, S. 398.

48 Ebd., S. 399.

49 Frank Stern: Durch Clios Brille: Kino als zeit- und kulturgeschichtliche Herausforderung, in: Österreichische Zeitschrift für Geschichtswissenschaft 16 (2005), S. 59.

nur ein (künstlich) beschnittener Blick auf die Vergangenheit möglich ist. Die zur Untersuchung filmischer Quellen notwendigen Arbeitsmethoden sind jedoch noch gegenwärtig unzureichend bzw. nicht auf die Fragestellung der Geschichtsschreibung angepasst. So ist zwar die Einordnung als Primärquelle nach Droysen prinzipiell widerspruchsfrei möglich, jedoch scheitert eine korrekte und komplexe Quellenkritik oftmals an der im Vergleich zu schriftlichen Quellen wesentlich subjektiveren Wahrnehmung des Mediums. Die konkrete Umsetzung dieser in der Forschung in einer Form von Filmografie als geschichtswissenschaftliche Hilfswissenschaft würde den Rahmen dieser Arbeit sprengen, verspricht jedoch ein lohnendes Unterfangen für die Zukunft zu sein.

Literaturverzeichnis

Literatur

Assis, Arthur: What is History for? Johann Gustav Droysen and the Functions of Historiography, New York 2016.

Bulletin of the International Committee of Historical Sciences I-IV, Paris; Washington 1926–1932.

Dauss, Markus: Bildwissenschaft und Bildanalyse. Profil und Grundlinien der Debatten um „Bildwissenschaft“, Frankfurt am Main 2006.

Droysen, Johann: Grundriss der Historik, Leipzig 1882.

Eisenstein, Sergej: Zwanzig Jahre, in: Im Verlag der Arche Zürich (Hrsg. – kein gesonderter Herausgeber vermerkt): Serge Eisenstein. Gesammelte Aufsätze I, Zürich 1962, S.15–29.

Engell, Lorenz: Virtual History. Geschichte als Fernsehen, in: Zeithistorische Forschungen 3 (2009), S. 391–412.

Etmanski, Johannes: Der Film als historische Quelle. Forschungsüberblick und Interpretationsansätze, in: Brekerohn, Anke; Topitsch, Klaus (Hrsg.): Der Schuß aus dem Bild. Für Frank Kämpfer zum 65. Geburtstag, München 2004, S. 67–77.

Faulstich, Werner: Kleine Geschichte der „Filmanalyse“ in Deutschland, in: Zeitschrift für Literaturwissenschaft und Linguistik 15 (1988), S. 9–19.

Hagen, Markus: Filme und Tonaufnahmen als Überrestquellen – Versuch einer thematisch-kritischen Bild- und Tonquellenedition zum 17. Juni 1953, in: Geschichte in Wissenschaft und Unterricht 6 (1990), S. 352–369.

Hallgren, Frans: Kinematografien ett Bildningsmedel, in: Pedagogiska skrifter utgivna av Sverges allmänna folkskollärarefärenings Litteratursällskap 70 (1914).

Hofmann, Wilhelm (Hrsg.): Sinnwelt Film. Beiträge zur interdisziplinären Filmanalyse, Baden-Baden 1996.

Hubatsch, Walther: Probleme des geschichtswissenschaftlichen Films, in: Geschichte in Wissenschaft und Unterricht 4 (1953), S. 476–479.

Kunczik, Michael; Zipfel, Astrid (Hrsg.): Publizistik, Köln 2001.

Luhmann, Niklas: Die Realität der Massenmedien, Opladen 1996.

Luhmann, Niklas: Soziale Systeme. Grundriß einer allgemeinen Theorie, Frankfurt am Main 1984.

Matuszewksi, Boleslaus: Une nouvelle source de l'Histoire. Création d'un dépot de cinématographie historique, Paris 1898.

Reese-Schäfer, Walter: Niklas Luhmann zur Einführung, Hamburg 2001.

Schmitz, Stefanie: Metatheater im zeitgenössischen französischen Drama, Tübingen 2015.

Steinberg, Sigfrid: Die Internationale und die Deutsche Ikonographische Kommission, in: Historische Zeitschrift 144 (1931), S. 287–296.

Stern, Frank: Durch Clios Brille: Kino als zeit- und kulturgeschichtliche Herausforderung, in: Österreichische Zeitschrift für Geschichtswissenschaft 16 (2005), S. 59–87.

Tannenbaun, Herbert: Probleme des Kinodramas, in: Bild und Film 3 (1913), S. 60–63.

Terveen, Fritz: Der Film als historischen Dokument. Grenzen und Möglichkeiten, in: Vierteljahreshefte für Zeitgeschichte 2 (1955), S. 57–66.

Treue, Wilhelm: Das Filmdokument als Geschichtsquelle, in: Historische Zeitschrift 4 (1958), S. 308–327.

Willems, Herbert: Theatralisierung der Gesellschaft, Wiesbaden 2009.

Quellen

McNab, David: Virtual History: The Secret Plot to Kill Hitler, USA 2004.

Das Dresdner Fürsorgeamt in der Weimarer Republik aus organisationssoziologischer Perspektive

Benjamin Werner

Abstract

Gegenstand der Untersuchung ist das Dresdner Fürsorgeamt in der Weimarer Republik. 1920 gegründet war es für die wirtschaftliche und gesundheitliche Fürsorge für Erwachsene und Familien zuständig. Die Instrumente, derer sich das Fürsorgeamt bediente, waren vielfältig; der Ermessensspielraum der Fürsorgebeamten war großzügig. Als zentrale Anlaufstelle für die wirtschaftlich schwächsten und am wenigsten integrierten Gesellschaftsmitglieder kam dem Fürsorgeamt innerhalb der städtischen Verwaltung sowie im öffentlichen Leben eine besondere Rolle zu.

Der Beitrag nähert sich dem Untersuchungsgegenstand aus organisationstheoretischer Perspektive. Diese Herangehensweise erlaubt eine analytische Tiefenbohrung in die Verwaltungswirklichkeit, die weit über das triviale Verständnis von bürokratischen Organisationen als „Maschinen" oder zweckrationale „Werkzeuge" des Staates hinausgeht.

Der exemplarischen Vorstellung der systemtheoretischen Organisationstheorie übergeordnet steht die erkenntnistheoretische Frage nach dem Nutzen theoriegeleiteter Zugänge zum Untersuchungsgegenstand.

SCHLAGWÖRTER

Stadtverwaltung, Fürsorgeamt, Organisationssoziologie, Systemtheorie, Organisationstheorie, Nationalsozialismus, Weimarer Republik, Theorie, Empirie, Methode, Soziologie, Dresden, Wohlfahrtspflege, Fürsorge

Einführung

Ziel einer jeden Forschung ist der methodisch kontrollierte Erkenntnisgewinn. Neben der Auswahl des Untersuchungsgegenstandes und der Formulierung des Erkenntnisziels zählt die Wahl der Methode wohl zur größten

Herausforderung dieses Prozesses. Doktoranden stehen hier in Anbetracht ihrer zu leistenden Qualifizierungsarbeit unter besonderer Beobachtung. Das Methodenarsenal scheint sehr breit, die „richtige“ Wahl sehr schwierig. Nun erfreuen sich vor allem die Geschichtswissenschaften einer zunehmenden Ausdifferenzierung in Teildisziplinen; außerdem gibt es kaum ein Themenfeld, das noch nicht Gegenstand der historischen Forschung wurde. Gleichwohl fehlt es an systematischen Einführungen in Theorie und Methode.[1] Dies korrespondiert mit der in regelmäßigen Abständen auftauchenden Forderung nach mehr theoretischer Reflexion in der Geschichtswissenschaft; nicht selten wird gar eine Theoriebedürftigkeit konstatiert.[2] Das heißt, es besteht gleichsam eine Schieflage zwischen der Expansion des Fachs einerseits und der nur unzureichenden methodisch-theoretischen Selbstvergewisserung andererseits. Hinzu kommt, dass eine terminologische Unschärfe – mitunter Beliebigkeit – im Umgang mit Begriffen wie Methode, Theorie usw. zu beobachten ist. Die Auseinandersetzung mit diesem Thema beginnt also auf der Begriffsebene.

Der Begriff der Theorie wird in der Geschichtswissenschaft ganz unterschiedlich verwendet.[3] Die Theorie kann in einem sehr breiten Sinne als Reflexion der Praxis wissenschaftlichen Arbeitens verstanden werden. Dazu gehören auch epistemologische Fragen und Einsichten, wie etwa die – nicht überall vertretene – Absage an eine positivistische, also die historischen Tatsachen darstellende Historiographie. In einem engeren Verständnis geht es konkret um die Anwendung von Theorien aus Nachbardisziplinen zum Zweck der Analyse des Gegenstands und zur Orientierung. Die Pionierrolle der Sozialgeschichte auf diesem Gebiet ist bekannt.[4] Ausgehend von diesen Überlegungen begreife ich Theorie in ebendiesem doppelten Sinne: im breiten reflexiven wie im anwendungsorientierten. Im Fall meines Untersuchungsgegenstandes bedeutet das konkret, dass ich im Zuge der Konzeption meiner Arbeit auf eine Organisationstheorie gestoßen bin, deren Adaption einen analytischen Mehrwert verspricht. Ich möchte im Folgenden den Weg zu dieser Erkenntnis transparent machen und zeigen, wie konventionelle Herangehensweisen produktiv durch theoriegeleitete ergänzt werden können. Dabei werde ich zunächst mit Blick auf die Forschungslandschaft herausstellen, wie mein Thema unter Zuhilfenahme theoretischer Anleihen zu neuen

1 Ludolf Herbst: Komplexität und Chaos. Grundzüge einer Theorie der Geschichte, München 2004, S. 15.

2 Diesem mutmaßlichen Defizit widmet sich u.a. das „Zentrum für Theorien in der historischen Forschung“ in Bielefeld. Außerhalb Deutschlands genießt das Thema Geschichtstheorie mehr Aufmerksamkeit, vgl. https://www.uni-bielefeld.de/geschichte/zthf/ (5.9.2019).

3 Stefan Haas: Theoriemodelle der Zeitgeschichte, in: Docupedia-Zeitgeschichte (22.10.2012), online unter: http://docupedia.de/zg/Theoriemodelle_Version_2.0_Stefan_Haas (5.9.2019).

4 Klaus Nathaus: Sozialgeschichte und Historische Sozialwissenschaft, in: Docupedia-Zeitgeschichte (24.9.2012), online unter: http://docupedia.de/zg/Sozialgeschichte_und_Historische_Sozialwissenschaft (5.9.2019).

Erkenntnissen führen kann. Im Anschluss daran stelle ich die Theorie kurz vor, bevor ich sie auf meinen Forschungsgegenstand beispielhaft anwende. Abschließend gehe ich auf Chancen und Grenzen dieses Verfahrens ein.

Verortung des Untersuchungsgegenstands

Gegenstand meiner Untersuchung ist das Dresdner Fürsorgeamt: 1920 gegründet war es für die wirtschaftliche und gesundheitliche Fürsorge für Erwachsene und Familien zuständig. Das Fürsorgeamt gewährte materielle Einkommenshilfen, unterstützte den Kampf gegen Volkskrankheiten wie die Tuberkulose und unterhielt Beratungsstellen für Alkoholkranke, Strafentlassene und „Geisteskranke". Daneben verhängte die Behörde für „arbeitsscheue" und „unwirtschaftliche" Hilfsbedürftige Pflichtarbeit oder geschlossene Anstaltsunterbringung. Die Instrumente, derer sich das Fürsorgeamt bediente, waren vielfältig; der Ermessensspielraum der Fürsorgebeamten war großzügig. Als zentrale Anlaufstelle für die wirtschaftlich schwächsten und am wenigsten integrierten Gesellschaftsmitglieder kam dem Fürsorgeamt innerhalb der städtischen Verwaltung sowie im öffentlichen Leben eine besondere Rolle zu.

Organisation und Praxis dieser traditionellen öffentlichen Verwaltung sollen in zäsurübergreifender Perspektive und unter Berücksichtigung forschungsrelevanter Fragestellungen und Thesen analysiert werden. Der Kernuntersuchungszeitraum erstreckt sich auf die Jahre zwischen 1933 und 1945, klammert aber die Endjahre der Weimarer Republik nicht aus. Ziel ist es, die Rolle der öffentlichen Sozialverwaltung in Dresden sowohl auf lokaler als auch auf Reichsebene näher auszuloten, eine spezifische Dresdner Wohlfahrtspolitik zu konturieren und die dafür maßgeblichen Akteure herauszuarbeiten.

Durch diesen Zuschnitt des Forschungsgegenstandes bewege ich mich an der Schnittstelle mehrerer Forschungsfelder. So steht der Untersuchungsgegenstand etwa in Zusammenhang mit der Erforschung der NS-Sozialpolitik im Allgemeinen und der NS-Wohlfahrtspolitik im Besonderen. Er berührt aber auch ein aktuell besonders florierendes Forschungsgebiet: die sogenannte Behördenforschung. Sie hat in den letzten Jahren eine kaum noch überschaubare Fülle von Studien zur staatlichen Verwaltung in der NS-Zeit hervorgebracht. Auf allen Ebenen haben Forscher die Rolle von Ministerien und nachgeordneten Behörden in der NS-Zeit untersucht; dabei lag der Fokus in den meisten Fällen auf den personellen und sachlichen Kontinuitätslinien zwischen den Behörden des NS-Staates und ihren Nachfolgeorganisationen in der

Bundesrepublik.[5] Zweifellos haben diese und ähnliche Studien maßgeblich zur Neujustierung des Verständnisses von Bürokratie im NS-Herrschaftssystem beigetragen. Auch hoch formalisierte Ministerien konnten trotz des zentralistischen Machtanspruchs der Nationalsozialisten Handlungsspielräume verteidigen. Diese nutzten die Akteure auch – und dies vielfach zum Nachteil von „rassischen" und politischen Gegnern des Regimes. Die Verstrickungen der öffentlichen Verwaltung in die NS-Verbrechen sind integraler Bestandteil der Geschichte zum Nationalsozialismus. In vielen Fällen zeigte sich die Ministerialbürokratie anpassungsfähig und kooperativ – und das vor dem Hintergrund einer die Verwaltung kennzeichnenden institutionellen und personellen Persistenz. Diese Befunde blieben nicht ohne Auswirkung auf die Deutung des gesamten NS-Herrschaftsgefüges. Die Bürokratie gilt längst nicht mehr als die gegenüber den Parteiinstanzen mäßigende Kraft.[6] Sie kann nicht im Rahmen des von Ernst Fraenkel gedachten Doppelstaates schablonenhaft dem Normenstaat zugerechnet werden.[7] Die staatliche Verwaltung war ein wichtiger Machtfaktor im NS-Staat und hat zu dessen Aufrechterhaltung maßgeblich beigetragen.[8] Das gilt im Übrigen nicht nur für die staatliche Verwaltung: Lange maß die Forschung den Kommunalverwaltungen nur eine rudimentäre Rolle im Rahmen des Gesamtgefüges bei. Sie seien, so die verbreitete Deutung in der älteren NS-Forschung, im polykratischen Herrschaftsgefüge entmachtet worden und verkümmerten unter der machtpolitischen Dominanz der NSDAP zu reinen Exekutivinstitutionen.[9] In den letzten 15 Jahren hat sich dieses Bild grundlegend gewandelt. Inzwischen ist die Rede von ebenso eigenständigen wie handlungsfähigen Akteuren, die überdies Einfluss auf die Politik der Reichsebene ausübten und systemstabilisierend wirkten, mithin eine gewichtige Rolle für das NS-Regime spielten.[10] Untersuchungen zu Stadtverwaltungen in den besetzten Ländern bzw. zum Verhalten der Bürgermeister unter deutscher Besatzung zeichnen ein ähnliches Bild.[11]

---

5 Vgl. Christan Mentel/Niels Weise: Die zentralen deutschen Behörden und der Nationalsozialismus. Stand und Perspektiven der Forschung, München/Potsdam 2016.

6 Vgl. Dieter Rebentisch: Führerstaat und Verwaltung im Zweiten Weltkrieg. Verfassungsentwicklung und Verwaltungspolitik 1939–1945, Stuttgart 1989, S. 542f.

7 Fraenkel selbst betonte in der Einleitung zur amerikanischen Ausgabe von „Der Doppelstaat" von 1940, dass er nicht das Nebeneinander von Staats- und Parteibürokratie meine, wenn er vom „Doppelstaat" spreche. Vgl. Alexander von Brünneck (Hrsg.): Ernst Fraenkel. Der Doppelstaat, Hamburg ²2001, S. 49.

8 Christiane Kuller: „Kämpfende Verwaltung". Bürokratie im NS-Staat, in: Dietmar Süß/Winfried Süß (Hrsg.): Das „Dritte Reich". Eine Einführung, München ²2008, S. 243f.

9 Vgl. u. a. Horst Matzerath: Nationalsozialismus und kommunale Selbstverwaltung, Stuttgart u. a. 1970.

10 Vgl. u. a. Wolf Gruner: Öffentliche Wohlfahrt und Judenverfolgung. Wechselwirkung lokaler und zentraler Politik im NS-Staat (1933–1942), München 2002 sowie Sabine Mecking/Andreas Wirsching (Hrsg.): Stadtverwaltung im Nationalsozialismus. Systemstabilisierende Dimensionen kommunaler Herrschaft, Paderborn 2005.

11 Vgl. Nico Wouters: Mayoral Collaboration under Nazi Occupation in Belgium, the Netherlands and France, 1938–46, Basingstoke 2016.

Die Erkenntnisfortschritte sind beachtlich: Die Bürokratie wird als eigenständiger Machtfaktor im polykratischen Herrschaftsgefüge wahrgenommen, die Rolle der öffentlichen Verwaltung im NS-Staat scheint geklärt. Bei genauerer Betrachtung fällt indes auf, dass die konkreten Einflussmöglichkeiten und Handlungsspielräume der einzelnen Beamten vernachlässigt werden. Über die Motive der beachtlichen Anpassungsleistungen der Beamten wird entsprechend heftig diskutiert. In diesem Zusammenhang steht der bisher kaum geklärte, konzeptionell nicht erfasste Begriff der „NS-Belastung".[12] Es mangelt offensichtlich an Präzision, was sich auch daran ablesen lässt, dass die eigentlichen Handlungskontexte des Verwaltungshandelns der Beamten außer Acht gelassen werden. Ursächlich dafür sind die den meisten Studien zugrunde liegenden Ansätze traditioneller Verwaltungs- und Politikgeschichte, die den spezifischen Behördenprofilen keine Beachtung schenken und zu Verallgemeinerungen neigen. Neuere, kulturgeschichtlich geprägte Ansätze hingegen fokussieren Mentalitäten und Wertevorstellungen der Verwaltungsbediensteten, ideologische Prägungen der maßgeblichen Entscheidungsträger sowie die Kommunikationswege innerhalb der Verwaltung und nach außen.[13] Forscher konzipieren hier eine spezifische Kulturgeschichte des Verwaltungshandelns. Der Begriff der Verwaltungskultur dient ihnen als analytischer Bezugsrahmen, ohne ihn jedoch theoretisch zu fassen.[14]

Den Blick von der Formalstruktur der Verwaltung zu lösen und Behörden nicht nur als monolithische Einheiten und zweckrationale Werkzeuge zu betrachten, sind Forderungen einer zunehmend methodisch-theoretisch versierten Forschung. Hierbei finden Ansätze aus Nachbardisziplinen Eingang, die das theoretische Rüstzeug liefern, bürokratische Apparate als komplexe Organisationen zu verstehen und zu analysieren, die von Aushandlungsprozessen, Interessengegensätzen, informellen Hierarchien oder persönlichen Netzwerken geprägt sind.[15] Ein dezidiert organisationssoziologischer Ansatz scheint dort Abhilfe zu schaffen, wo sonst Exkulpationsstrategien der Beamtenschaft aus der Nachkriegszeit Platz greifen, die ein Bild von Ver-

12 Vgl. Mentel/Weise: Behörden, S. 91.

13 Vgl. Frank Engehausen/Sylvia Paletschek/Wolfram Pyta: Die badischen und württembergischen Landesministerien in der Zeit des Nationalsozialismus, Stuttgart 2019.

14 Der Begriff der Verwaltungskultur erschöpft sich beispielsweise im Forschungsprojekt zur Geschichte der beiden deutschen Innenministerien nach 1945 im Selbstverständnis und in der administrativen Praxis der Ministeriumsmitarbeiter. Vgl. Frank Bösch/Andreas Wirsching: Einleitung, in: Dies. (Hrsg.): Hüter der Ordnung. Die Innenministerien in Bonn und Ost-Berlin nach dem Nationalsozialismus (Band I), Göttingen 2018, S. 17.

15 Sven Reichhardt/Wolfgang Seibel: Radikalität und Stabilität: Herrschen und Verwalten im Nationalsozialismus, in: Dies. (Hrsg.): Der prekäre Staat. Herrschen und Verwalten im Nationalsozialismus, Frankfurt am Main 2011, S.19f.

waltungsbeamten als „kleine Rädchen im großen Getriebe der NS-Herrschaft"[16] zeichnen. Hinter diesem Narrativ verbirgt sich das auf Max Weber zurückgehende Verständnis von Organisationen als „Maschinen", also als reibungslos funktionierende und mühelos steuerbare Apparate, dem dieser Ansatz eine Absage erteilt.[17] Ziel der innovativ arbeitenden Forscher ist es vielmehr, der organisationalen Rahmung und damit den vielschichtigen Organisationslogiken und -praktiken Aufmerksamkeit zu schenken, um Handlungsspielräume bzw. -zwänge präziser zu erfassen.

Dass der Handlungskontext das Handeln der Organisationsmitglieder prägt, gar Antworten auf so kontrovers diskutierte Fragen, warum ganz normale Männer sich am Holocaust beteiligten, liefern kann, hat Stefan Kühl mithilfe soziologischer Theorieansätze gezeigt. In seiner einschlägigen Studie demonstrierte er, dass es fruchtbar sein kann, sich einem bisher vornehmlich historiographisch bearbeitenden Thema soziologisch – genauer gesagt systemtheoretisch – zu nähern und die Organisation in den Mittelpunkt der Analyse zu rücken.[18] Eine analytische Tiefenbohrung in die Strukturen einer Organisation führt zu einem komplexeren Verständnis von Funktionsweise und Binnenmechanismen, was wiederum Rückschlüsse auf Handlungsspielräume und -motive zulässt. Kühl stellt mit seiner ausreichend flexiblen Theorie Historikern einen vielversprechenden Zugang zu ganz unterschiedlichen Organisationstypen bereit, was auch die Verwaltungsorganisationen einschließt.

Vor diesem Hintergrund stelle ich meiner Arbeit zwei Prämissen voran: Zum einen betrachte ich das großstädtische Amt keineswegs nur als eine Summe sämtlicher formaler Strukturen, sondern vielmehr als Organisation im systemtheoretischen Sinne, als ein soziales Gebilde, dessen komplexes Eigenleben im Spannungsverhältnis zu seiner immanenten Zweckrationalität steht.[19] Zum anderen begreife ich das Dresdner Fürsorgeamt als einen sich im lokalen Machtgefüge des NS-Staates durch soziale und politische Aushandlungsprozesse behauptenden, eigenständigen und handlungsfähigen Akteur.

Aus den methodisch-theoretischen Vorüberlegungen leite ich zusammenfassend Folgendes ab: Ich ergänze die induktive Herangehensweise durch eine

16 Sören Eden/Henry Marx/Ulrike Schulz: Ganz normale Verwaltungen? Methodische Überlegungen zum Verhältnis von Individuum und Organisation am Beispiel des Reichsarbeitsministeriums 1919 bis 1945, in: Vierteljahrshefte für Zeitgeschichte 66 (2018), S. 489.

17 In diesem Zusammenhang wird allerdings häufig nicht nur der herrschaftssoziologische Anspruch Webers, sondern auch die idealtypische Rolle und Funktion seines Bürokratiekonzepts verkannt. Vgl. Doris Böhme/Hans-Ulrich Derlien/Markus Heindl: Bürokratietheorie. Einführung in eine Theorie der Verwaltung, Wiesbaden 2011, S. 200–205.

18 Vgl. Stefan Kühl: Ganz normale Organisationen. Zur Soziologie des Holocaust, Berlin 2014.

19 Vgl. Wolfgang Seibel: Verwaltung verstehen. Eine theoriegeschichtliche Einführung, Berlin ^{3}2017, S. 22.

deduktive. Anders formuliert heißt das, dass ich ergänzend zur klassischen historisch-empirischen Methode die Organisationstheorie nach Kühl adaptiere, die, wie gezeigt, bereits erfolgreich an historischen Fragestellungen erprobt wurde. Sie dient als Interpretationsrahmen und Analyseinstrumentarium gleichermaßen. Die Leistung dieser Theorie liegt in der Ergänzung und Präzisierung von Einzelaspekten in einem Forschungsfeld, das zweifellos als gut erforscht gelten kann.

Grundlage – die systemtheoretische Organisationstheorie

Urheber eines systemtheoretischen Verständnisses von Organisationen, in dessen Mittelpunkt die Kommunikation steht, ist Niklas Luhmann. Die Theorie entwickelte er in der Praxis, das heißt am Modell der öffentlichen Verwaltung der Bundesrepublik.[20] Kühl wiederum forscht auf der Grundlage jener Ergebnisse, hat diese zusammengeführt und weiterentwickelt sowie für aktuelle Forschungsfragen übersetzt und modifiziert.

Grundsätzlich geht die Systemtheorie bei Organisationen zunächst von sozialen Gebilden aus, in denen soziale Strukturen vorherrschen.[21] Damit werden Erwartungen bezeichnet, an denen sich soziales Verhalten orientiert. Prinzipiell wird dabei zwischen zwei Formen unterschieden: Zum einen gibt es diejenigen Erwartungen, über die bereits entschieden wurde – Organisationen, das Management oder der Gesetzgeber legen also Erwartungen fest, an die sich die Organisationsmitglieder zu binden haben: die Formalstruktur. Demgegenüber wurde über informale Strukturen – auch Organisationskultur genannt – nie offiziell entschieden, sie schleichen sie durch Wiederholung und Routine ein, sind also nicht Teil der Mitgliedschaftsbedingungen, stellen aber auch wie die formalen Strukturen Bezugspunkte für konkretes Handeln dar. Das heißt, sowohl formale als auch informale Strukturen determinieren das Handeln des Einzelnen nicht, sondern bieten jeweils nur Orientierung. Organisationsmitglieder verfügen also immer über Spielräume. Organisationsstrukturen sind demnach Erwartungen, die sich zu Systemen gefügt und stabilisiert haben.[22]

Im Rahmen der Analyse einer Organisation geht Kühl zunächst von drei Strukturtypen aus, die das „soziale Gebilde" konstituieren. Dazu zählen die

---

20 Vgl. Stefan Kühl: Ganz normale Organisationen? Zur Kritik eines systemtheoretischen Zugangs in der Holocaustforschung, in: Mittelweg 36. Zeitschrift des Hamburger Instituts für Sozialforschung 27 (2018), S. 109.

21 Vgl. Stefan Kühl: Organisationen. Eine sehr kurze Einführung, Wiesbaden 2011, S. 168.

22 Vgl. ebd., S. 95–109 sowie S. 113–117.

Programme, die Kommunikationswege und das Personal. In Abgrenzung zu anderen sozialen Systemen, wie etwa der Familie, verfügt die Organisation stets über Autonomie, selbst über jene Strukturmerkmale und deren Ausgestaltung zu entscheiden.[23] Über Programme werden die Inhalte der Organisation gesteuert, indem Kriterien geschaffen werden, die eine Entscheidungsfindung ermöglichen und einen bestimmten Zweck verfolgen. Die zahlreichen Reichs-, Landes- und Ortsgesetze zum Fürsorgewesen sind ebenso wie die Dienstanweisungen Beispiele für diesen Strukturtyp im Falle des Fürsorgeamtes. Dem gesetzlichen Auftrag zufolge war es der Zweck der Behörde, den Hilfsbedürftigen „den notwendigen Lebensbedarf"[24] zu gewähren. Die Kommunikationswege wiederum bestimmen den Fluss der Kommunikation innerhalb der Organisation und nach außen. Definiert werden sie über Mitzeichnungsrechte, Hierarchien oder Projektstrukturen. Im Fürsorgeamt war der kommunikative Verkehr durch eine Reihe von amtseigenen Vorschriften, Richtlinien und Grundsätzen geregelt; in erheblichem Maße manifestierte sich eine Hierarchie in der Zuteilung von Zeichnungs- und Bewilligungsbefugnissen. Wer über die Anträge der Hilfsbedürftigen entschied, stand im Fürsorgeamt weiter oben. Auch das Personal hat insofern Strukturcharakter, als es sich dabei um stellenbezogene Rollen und ihre Träger handelt. Streng formalisierte Stellen sind Folge der Einsicht, dass es einen Unterschied macht, welche Person eine Stelle besetzt und welchen Stil diese Person bei der Ausführung der Programme und Wahl der Kommunikationsmittel entwickelt.[25] Dieser Gedanke spielte im Fürsorgeamt eine besondere Rolle; streng unterschieden zwischen Außen- und Innendienst sowie zwischen Stellen mit und ohne Bewilligungsbefugnis gab es ganz unterschiedliche Anforderungen, die erfüllt werden mussten.

Für die weitere Analyse ist es nun nicht nur von Bedeutung, diese Strukturtypen und deren charakteristisches Zusammenspiel aufzudecken, sondern sie darüber hinaus über eine dreigliedrige Perspektive zu durchleuchten. Denn erst auf diese Weise, so Kühl, erhält man einen „realistischen Eindruck von der Organisation an sich".[26] Jene Perspektive setzt sich aus der formalen, der informalen und der Schauseite zusammen. Der Blick auf die formale Seite einer Organisation führt zur formalen Ordnung, die in Form von Gesetzen, Verordnungen und Richtlinien durchgesetzt wird. Die informale Seite hin-

23 Vgl. ebd., S. 21f.

24 §1 der Reichsgrundsätze über Voraussetzung, Art und Maß der öffentlichen Fürsorge vom 4. Dezember 1924. Zitiert nach Richard Brachmann: Die wichtigsten Bestimmungen des sächsischen Fürsorgerechts, Dresden ^{3}1928, S. 16.

25 Vgl. Kühl: Organisationen, S. 23–88.

26 Ebd., S. 157.

gegen umfasst die sich ausbildenden ungeschriebenen Gesetze und Regeln einer Organisation. Was die Organisation bewusst nach außen trägt und präsentiert, gehört zu ihrer Schauseite.[27]

Die Herausforderung besteht nun darin, diese drei Seiten vor dem Hintergrund der drei Strukturtypen zu identifizieren und deren Ineinandergreifen zu verstehen. Hierdurch entsteht eine Strukturmatrix, die als Anleitung zur Analyse der Organisation helfen kann.

Ich werde mich beispielhaft dem Zusammenspiel der drei genannten Strukturtypen nähern und einen genaueren Blick auf die amtsinternen Kommunikationswege werfen; auf diese Weise soll die Bedeutung organisationssoziologischer Einsichten verdeutlicht werden. Dazu ziehe ich zwei das Dresdner Fürsorgewesen der 1920er Jahre kennzeichnende Merkmale heran.

Neue Einsichten: Das Fürsorgeamt der 1920er Jahre

Die Genese des Dresdner Fürsorgeamts und seine besonderen Merkmale

Ein Blick auf die grobe organisatorische Entwicklung der Dresdner Sozialverwaltung vom Kaiserreich bis zur Weimarer Republik offenbart zunächst nichts Ungewöhnliches. Auch in Dresden lassen sich grundsätzliche Entwicklungslinien, wie sie in anderen Städten zu beobachten sind, festmachen: Das 1880 im Zuge von Urbanisierung und Industrialisierung in Dresden eingeführte sogenannte „Elberfelder System“, eine zunehmende Ausdifferenzierung der kommunalen Armenpflege sowie eine rechtliche und organisatorische Zersplitterung prägten das Armenamt bis 1920. Zweierlei ist indes auffallend: Erstens, lag anders als in anderen Städten vergleichbarer Größe in Dresden das Bestimmungsrecht über zu gewährende Unterstützungen beim Armenamt und wurde nicht durch ehrenamtliche Armenpfleger ausgeübt – das „Elberfelder System“ kam damit nur unvollständig zur Geltung. Zweitens, errichtete Dresden bereits um die Jahrhundertwende Nebenstellen des Hauptarmenamtes und vollzog damit frühzeitig einen für die innere Verfasstheit des Amtes bedeutenden Schritt zur Dezentralisation.[28] Getrennt vom

27 Vgl. ebd., S. 89–157.

28 Vgl. Paul Scheven: Ein halbes Jahrtausend städtischer Armenpflege in Dresden, in: Deutscher Verein für Armenpflege und Wohltätigkeit (Hrsg.): Festgabe des Vereins gegen Armennot und Bettelei zu Dresden. Zur 31. Jahresversammlung des Deutschen Vereins für Armenpflege und Wohltätigkeit, Dresden 1912, S. 24–37.

Armenamt existierten seit 1909 noch das Jugendamt sowie das im Ersten Weltkrieg geschaffene Ortsamt für Kriegerfürsorge.[29]

Durch Beschluss der städtischen Körperschaften ging aus dem Armenamt am 1. Juli 1920 das Fürsorgeamt hervor, das die gesamte wirtschaftliche und gesundheitliche Fürsorge für Erwachsene und Familien nach zeitgenössischen Grundsätzen zusammenfasste. Vorbeugende und produktive Maßnahmen sollten die alten armenrechtlichen Methoden ablösen. Mit der Einführung des „Straßburger Systems" und dem Beginn der Beschäftigung von hauptamtlichen Sozialbeamtinnen – sogenannte Fürsorgerinnen – suchten die städtischen Verantwortlichen den neuzeitlichen Ansprüchen Rechnung zu tragen.[30] 1924 wurden auf Betreiben der Stadtverordneten Fürsorgeamt, Jugendamt und Ortsamt für Kriegerfürsorge zum Wohlfahrtsamt zusammengeschlossen. Dieser Beschluss trug mehr formalen Charakter, da er die tatsächliche Selbstständigkeit der einzelnen Ämter nicht aufhob.[31] Im selben Jahr kodifizierte das Reich durch die Fürsorgegesetzgebung die Rahmung des Weimarer Wohlfahrtswesens, das in der Folge durch weitere Gesetze auf Landes- und Kommunalebene konkretisiert werden musste.[32]

Die weitere Entwicklung des Dresdner Fürsorgeamtes nach den Jahren der Inflation ist vor allem durch einen zunehmenden Ausbau der gesamten Wohlfahrtspflege gekennzeichnet. Besondere Beachtung fand dabei der Aus- und Neubau von Altersheimen, die Vermehrung der Kreisstellen und damit die Verstärkung der Dezentralisation sowie eine nicht unerhebliche Leistungsexpansion. Die enorme Zunahme hauptamtlicher Mitarbeiter war eine unmittelbare Folge dieser Entwicklung. Dresden stand in dieser Perspektive ganz im Zeichen des allgemeinen Professionalisierungs- und Bürokratisierungsschubs.[33]

Beim Dresdner Fürsorgeamt handelte es sich also um ein traditionelles Amt der städtischen Verwaltung, das sich aus der Armenfürsorge heraus entwickelte und allgemeinen zeitgenössischen Entwicklungen unterworfen war wie zahlreiche andere großstädtische Sozialverwaltungen auch. Eine ausgeprägte Dezentralisation und die bei hauptamtlichen Mitarbeitern liegende Bewilligungsbefugnis unterscheiden das Dresdner Fürsorgewesen wiederum im interkommunalen Vergleich. Eingebettet in das Weimarer Wohlfahrtswe-

29 Vgl. Gisela Hoppe: Die Dresdner Stadtverwaltung von 1873 bis 1918, in: Dresdner Geschichtsbuch 7 (2001), S. 152.

30 Richard Brachmann: Armenpflege und soziale Fürsorge, in: Das Buch der Stadt Dresden 1 (1924), S. 123–126.

31 Vgl. Stadtarchiv Dresden (Hrsg.): Das Stadtarchiv Dresden und seine Bestände, Dresden 1994, S. 77.

32 Vgl. Christoph Sachße/Florian Tennstedt: Geschichte der Armenfürsorge in Deutschland. Fürsorge und Wohlfahrtspflege 1871–1929, Band 2, Stuttgart u. a. 1988, S. 142–152.

33 Vgl. ebd., S. 12f.

sen war das Fürsorgeamt dafür bestimmt, nach den Prinzipien der Individualität und Subsidiarität den Hilfsbedürftigen Unterstützung zu gewähren. Diesen Zweck verfolgte das Amt durch einen von außen betrachtet hoch formalisierten, ausdifferenzierten und professionalisierten Verwaltungsapparat, der sich vereinfacht wie folgt beschreiben lässt.

Aufbau und Funktionsweise des Fürsorgeamts auf formaler Ebene

Grundsätzlich hielt man in Dresden an dem zweistufigen Verwaltungsaufbau aus der Zeit der Armenpflege fest: Die Hauptverwaltung war vornehmlich mit der Bearbeitung allgemeiner Fragen beschäftigt und nur selten mit Einzelfällen konfrontiert. Ihr war das Hauptkassenwesen, die Buchhaltung oder auch die Verbindungsstelle zur privaten Wohlfahrtspflege angeschlossen. Von hier aus koordinierte und überwachte der Amtsvorstand die laufenden Verwaltungsgeschäfte sowie die Durchführung der gesetzlichen Vorschriften und Ratsbeschlüsse; ihm zur Seite stand der Amtsdirektor. Besetzt war diese Doppelspitze bis Anfang der 30er Jahre mit promovierten Verwaltungsjuristen. Spezielle Fürsorgefälle wie etwa Obdachlose, Blinde und Wanderer wurden durch Fachabteilungen zentral bearbeitet; dazu gehörten auch die Werkstätten für Erwerbsbeschränkte, die Darlehensabteilung oder die Abteilung für Arbeitsfürsorge mit je einem Dienststellenleiter an der Spitze. Die verwaltungsmäßige Bearbeitung sämtlicher Unterstützungssachen – mit Ausnahme der Spezialfälle – war hingegen der Aufgabenbereich der auf das gesamte Stadtgebiet verteilten Kreisstellen. Das heißt, die Masse der Fürsorgefälle der Sozial- und Kleinrentner, der ihnen Gleichgestellten und sonstigen Bedürftigen sowie der Wohlfahrtserwerbslosen musste von den Außenstellen der Hauptverwaltung entgegengenommen und schließlich bewältigt werden.[34]

Die konkrete Abwicklung der Fürsorgefälle vollzog sich in einem streng arbeitsteiligen Prozess zwischen Innen- und Außendienst. Die Unterstützungsanträge nahm ein niederrangiger Verwaltungsbeamter der Kreisstelle entgegen, der sie nach entsprechenden Verwaltungsvorschriften aufnahm, bevor er die Anträge zur Erörterung an den Außendienst weiterreichte. Die Fürsorgerinnen ermittelten sodann die wirtschaftlichen Verhältnisse des Antragsstellers. Ehrenamtliche Pfleger unterstützten sie in ihrer Tätigkeit. Der von der Fürsorgerin ausgearbeitete Vorschlag gelangte schließlich

34 Vgl. Wohlfahrtsamt (Hrsg.): Handbuch der öffentlichen und privaten Fürsorge in Dresden, Dresden 1930, S. 1–8.

zum Kreisstellenleiter. Einzig dem Kreisstellenleiter – ebenfalls ein Verwaltungsbeamter, allerdings in gehobener Position – war die Bewilligung von Unterstützungen bis Ende der 1920er Jahre vorbehalten. In Zweifelsfällen halfen zwei juristisch ausgebildete Hilfsdezernenten aus, wenn nicht dem Vorstand oder dem Direktor die Entscheidung vorbehalten war.[35] Grundlage all jener Zuständigkeitsabgrenzungen, Aufgabengebiete und Bewilligungsbefugnisse war neben den zahlreichen Reichs-, Landes- und Ortsgesetzen eine Fülle an amtsinternen Richtlinien, Dienstanweisungen, Leitfäden und Geschäftsordnungen. Sie programmierten die Mitarbeiter, legten eine klar umrissene Hierarchie fest und stellten dem Aufgabengebiet entsprechend Erwartungen an das Personal fest. Auf der formalen Ebene entsteht hierdurch das Bild einer „gut geölten Maschine", die nach der Logik eines rational funktionalen Modells effektiv und effizient soziale Probleme und Aufgaben zu lösen imstande war.[36]

Die Realität gestaltete sich indes komplexer und vielschichtiger. Denn dass sich auch öffentliche Fachverwaltungen abseits ihres eigentlichen Zwecks zu einem nicht unerheblichen Teil mit sich selbst beschäftigen müssen, etwa um mehr oder minder offen liegende Spannungen oder Konflikte abzubauen, also die Stabilität der Behörde sicherzustellen, geht schon aus zeitgenössischen Artikeln hervor.[37] Auch in der Forschung ist verschiedentlich auf die den Sozialverwaltungen immanente binäre Konfliktkonstellation zwischen Außen- und Innendienst hingewiesen worden, wo „höchst unterschiedliche Orientierungsmuster sozialadministrativen Handelns aufeinander prallten".[38] Ich möchte auf die zwei eingangs angesprochenen besonderen Merkmale des Dresdner Fürsorgewesens zurückkommen und diese hier näher ausführen.

Das Zusammenspiel der drei Strukturtypen und die Kreisstellenleiter

Die dem Kreisstellenleiter in Dresden eingeräumte Bewilligungsbefugnis stellte insofern eine Besonderheit im reichsweiten Vergleich dar, als etwa

35 Vgl. Antwort der Stadt Dresden auf eine Rundfrage des Deutschen Städtetages bezüglich Organisation der Wohlfahrtspflege vom 30.7.1930, Bundesarchiv Berlin (künftig: BArchB) R36/875 sowie Richard Brachmann: Das Zusammenarbeiten von Verwaltungsbeamten und Sozialbeamtinnen, in: Frankfurter Wohlfahrtsblätter 28 (1925), S. 100–102.

36 Vgl. Günter Roth: Die Entwicklung der kommunalen Sozialverwaltung von der Weimarer Republik bis Mitte der 1990er Jahre, in: Julia Hagn/Peter Hammerschmidt/Juliane Sagebiel (Hrsg.): Modernisierung der kommunalen Sozialverwaltung. Soziale Arbeit unter Reformdruck?, Band 3, Neu-Ulm 2012, S. 53.

37 Vgl. Brachmann: Zusammenarbeiten von Verwaltungsbeamten und Sozialbeamtinnen, S. 100–102.

38 Wilfried Rudloff: Ebenen der Handlungsorientierung in der kommunalen Sozialverwaltung in Deutschland im frühen 20. Jh., in: Peter Collin/Klaus-Gert Lutterbeck (Hrsg.): Eine intelligente Maschine? Handlungsorientierung moderner Verwaltung (19./20. Jh.), Baden-Baden 2009, S. 133.

in München, Hamburg, Frankfurt oder Düsseldorf eigens eingerichtete Ausschüsse über die Bewilligung entschieden.[39] Die Nichtexistenz von Ausschüssen an diesem neuralgischen Punkt hatte in Dresden Tradition. So war bereits um 1903 der den Nebenstellen vorstehende sogenannte Sekretär ermächtigt, Geldunterstützungen selbständig zu gewähren.[40] Die Ursache für diese strukturelle Besonderheit lag nicht nur in der Absicht begründet, die geographische Distanz zu den Armenpflegern zu reduzieren, die durch zahlreiche Eingemeindungen zunehmend stieg, sondern auch in der Idee, dass es jedem Kreisstellenleiter möglich sein sollte, über die Unterstützungsfälle individuell zu entscheiden. Dahinter verbarg sich das die Fürsorge konstituierende Prinzip der Individualität, wonach immer die individuelle Notlage des Einzelnen zur Grundlage der Unterstützungsbemessung gemacht werden sollte. Ebendieses Prinzip genoss in Dresden hohe Priorität.

Den Kreisstellenleitern kam in Dresden offenbar eine besondere Rolle zu, trugen sie doch die Verantwortung für Entscheidungen mit erheblich finanzieller Tragweite. Sie entstammten der mittleren Beamtenschaft, waren ausgebildete Verwaltungsfachkräfte und in der Regel Oberverwaltungsinspektoren.[41] Die ihnen übertragene Bewilligungsbefugnis sorgte innerhalb des Amtes für Ansehen und steigerte die Arbeitsfreude. Gleichwohl erhöhte sich damit auch der Arbeitsaufwand des Stelleninhabers. Denn dem Kreisstellenleiter oblag ferner die Dienstaufsicht über das Personal, außerdem die Überwachung der Ordnungsmäßigkeit und Übersichtlichkeit der Geschäftserledigung, kurzum: die gesamte Leitung der Kreisstelle.[42] Hinzu kam, wie oben beschrieben, dass es vor allem die unteren Verwaltungsstellen waren, die die Hauptlast der Fürsorgeanträge zu bewältigen hatten.

Mit Blick auf die hier interessante Tätigkeit der Kreisstellenleiter, die Entscheidungsfindung über die Anträge, kann zwar grundsätzlich festgehalten werden, dass diese Arbeit konditional programmiert war, dass die Bearbeitungen gar „Musterfälle [...] in Form von Wenn-Dann-Regeln“[43] darstellten. Folglich, so die Theorie, waren die Handlungsspielräume sehr eingeschränkt, weil Dienstanweisungen, Vorschriften u. Ä. präzise Vorgaben machten.[44] Allerdings gilt zu beachten, dass sich die Fürsorge vor allem im Vergleich zur eher „tat-

39 Vgl. Kurt Preiser: Neue Organisationsformen in der öffentlichen Wohlfahrtspflege, in: Deutsche Zeitschrift für Wohlfahrtspflege 6 (1931), S. 717–726.

40 Vgl. Der Rat zu Dresden (Hrsg.): Führer durch das Arbeitsgebiet des Armenamtes, Dresden 1903, S. 4.

41 Vgl. Rundfrage des Deutschen Städtetages, BArchB R36/875.

42 Vgl. Beschluss des Fürsorgeamtes vom 11.1.1930, Stadtarchiv Dresden (künftig: StAD), 2.3.25, Fürsorgeamt, Nr. 466, Bl. 1.

43 Kühl bezieht sich in seinen Ausführungen auf Sozialhilfeanträge der Gegenwart. Stefan Kühl: Organisationskulturen beeinflussen. Eine sehr kurze Einführung, Wiesbaden 2018, S. 54.

44 Vgl. Kühl: Organisationen, S. 103.

beständlichen Regulierungsweise der Sozialversicherung“[45] durch allerhand Ermessensspielräume auszeichnet. Das heißt, die Leistungen der öffentlichen Fürsorge konnten nicht unter feststehenden Voraussetzungen beansprucht werden; es bedurfte der Beurteilung der Lage des Einzelfalls.

Die Amtsleitung wiederum war bestrebt, möglichst einheitliches Verwaltungshandeln zu gewährleisten, also die Hilfsbedürftigen einer möglichst gleichmäßigen Beurteilung und Behandlung zu unterziehen. Diese Diskrepanz zwischen intendierter Berechenbarkeit und Einheitlichkeit von „oben“ und faktischem Ermessensspielraum von „unten“ versuchten Amtsvorstand und Direktion mittels verschiedener Techniken aufzulösen.

Am ehesten lassen sich diese Vorgänge unter Rückgriff auf die Beobachtungen der Organisationssoziologie erklären. Die haben gezeigt, dass Entscheidungen einen Strukturtypus betreffend die Wahlmöglichkeiten hinsichtlich der anderen Strukturtypen einengen bzw. auch ersetzen können.[46] Danach würde z.B. eine „primäre Zweckprogrammierung in vielen Fällen eher höher qualifiziertes Personal und abgeflachte Hierarchien“[47] nahelegen.

In meinem Fall hieße das in etwas abgewandelter Form, dass die konditional programmierten, mit weiten Ermessensspielräumen ausgestatteten Kreisstellenleiter eine höhere Qualifizierung aufweisen müssten als jene, die über keine derartigen Befugnisse verfügten. Tatsächlich versuchte die Amtsleitung durch formale Kriterien, etwa in Form von Anstellungs- und Beförderungsprüfungen, die Qualifikationsanforderungen an Kreisstellenleiter zu erhöhen.[48] In den meisten Fällen handelte es sich um erfahrene Verwaltungsbeamte, die ihre Befähigung durch die Erfüllung entsprechender Anstellungsvoraussetzungen und Prüfungen unter Beweis gestellt hatten. Professionalität sollte eine bedachte Vergabe städtischer Gelder sicherstellen. Sicherlich sind auch informelle Erwartungen an die Stellen der Kreisstellenleiter gestellt worden. Nicht ohne Grund war es der Anspruch des Amtsdirektors, durch eine gezielte Personalpolitik die richtige Person auf die richtige Stelle zu bringen.[49] Empirisch lassen sich diese Erwartungen allerdings nicht mehr nachweisen.

Ein Blick auf die hierarchische Stellung zeigt: Die Kreisstellenleiter hatten sich in Zweifelsfällen an die ihnen übergeordneten Hilfsdezernenten zu wen-

45 Wilfried Rudloff: Öffentliche Fürsorge, in: Hans Günter Hockerts (Hrsg.): Drei Wege deutscher Sozialstaatlichkeit: NS-Diktatur, Bundesrepublik und DDR im Vergleich, München 1998, S. 191.

46 Vgl. Kühl, Organisationen, S. 112.

47 Stefan Kühl/Marcel Schütz: Organisationskultur – Verwaltungskultur: eine neue Perspektive auf ein altes Thema, in: Die Personalvertretung. Fachzeitschrift des gesamten Personalwesens für Personalvertretungen und Dienststellen 61 (2018), S. 309.

48 Vgl. Rundfrage des Deutschen Städtetages, BArchB R36/875.

49 Vgl. Brachmann: Zusammenarbeiten von Verwaltungsbeamten und Sozialbeamtinnen, S. 100–102.

den, welche wiederum direkt der Amtsleitung untergeordnet waren. Damit sollte vermieden werden, die Amtsdirektion mit Einzelfällen zu überlasten. Anweisungen erhielten die Kreisstellenleiter direkt von der Amtsleitung, unter deren Dienstaufsicht sie auch standen. Die Hierarchie war an dieser Stelle erkennbar abgeflacht, wodurch sich Selbstständigkeit und Verantwortung der Kreisstellenleiter erhöhten. Trotzdem ist der Wille der Amtsleitung erkennbar, die Führungsspanne zu den einzelnen Dienststellen möglichst gering und die direkte Fühlungnahme aufrecht zu halten.[50] In Anbetracht der zeitweisen Ausdehnung des Amtes auf 23 Kreisstellen konnte die Amtsleitung den eigenen Ansprüchen indes nicht gerecht werden. Gerade vor dem Hintergrund der Weltwirtschaftskrise und den damit verbundenen massenhaften Eingängen von Anträgen kam es zu Kommunikationsproblemen und nicht selten zu Überschreitungen der Bewilligungsbefugnisse; die Kreisstellen drohten sich zu verselbständigen.

Ein probates Mittel, um einheitliches Verwaltungshandeln zumindest in einigen speziellen Fällen zu garantieren, sah die Leitung in der Verdichtung des Entscheidungsprogramms. So gab es beispielsweise für Personen, die ihre Arbeit selbstverschuldet eingebüßt hatten, besondere Bestimmungen, wonach Unterstützungen über den halben Bedarfssatz hinaus nicht zu gewähren waren.[51] Offenbar legte man in diesen oder ähnlich gearteten Fällen besonderen Wert darauf, den Spielraum der Kreisstellenleiter einzuschränken. Fiskalische Erwägungen dürften in diesem Zusammenhang auch eine Rolle gespielt haben.

Das Bestreben, einheitliches Verwaltungshandeln herzustellen, hatte Prozesscharakter, der vor allem in Krisenzeiten deutlich zum Vorschein kam, als die Formalstruktur unter aufwendigen Aushandlungsprozessen ständig angepasst wurde. Der Bedeutung des Kreisstellenleiters musste strukturell Rechnung getragen werden. Das Programm wurde zunehmend vorgegeben, die hierarchische Aufsicht erhöht und besondere Qualifikationen an das Personal erhoben – die Stelle des Kreisstellenleiters wurde auf der Formalebene eingehegt.

Die Änderungen der Formalstruktur musste die Amtsleitung, mitunter in Absprache mit dem Oberbürgermeister, veranlassen. In vielen Fällen handelte es sich allerdings nur um eine Formalisierung dessen, was „unten" ohnehin bereits praktiziert oder wenigstens vorbereitet worden war. Ein Blick auf die Rolle der zahlreichen Kreisstellen im Gesamtgefüge des Amtes erklärt warum.

50 Vgl. Ausführungen der Amtsleitung zum Antrag der Stadtverordneten über Neuordnung des Fürsorgewesens vom 20.6.1924, StAD, 2.3.20 Schulamt, Nr. 0366, Bl. 2-9.

51 Vgl. Niederschrift über die Dienstbesprechung vom 16.10.1929, StAD, 2.3.25 Fürsorgeamt, Nr. 508, Bl. 1-2.

Interne Kommunikationswege bei ausgeprägter Dezentralisation

Die in Dresden ausgeprägte Dezentralisation durch Schaffung von Kreisstellen hatte wie gezeigt ihren Ursprung in der Zeit der bürgerlichen Sozialreform um die Jahrhundertwende. Sie erreichte in der Mitte der 20er Jahre ihren Höhepunkt. Kreisstellen unterhielt in Sachsen nur Dresden, und auch andernorts war die Aufteilung einer Stadt in Kreise eher die Ausnahme.[52] Räumlich von der Amtsleitung getrennt verfügten die Kreisstellen über erhebliche Kompetenzen zur selbstverantwortlichen Erledigung der Unterstützungsanträge. Gleichwohl war jeder einzelne Geschäftsgang durch die Geschäftsordnung penibel geregelt und der kommunikative Verkehr der Kreisstelle dergestalt eingeschränkt, als sämtliche offene Fragen, auftretende Schwierigkeiten, Gesuche an den Dezernenten u. Ä. direkt mit der Amtsleitung zu klären waren, die auf Basis ihrer hierarchischen Autorität entsprechende Anweisungen erließ.[53] Überhaupt war die gesamte Kommunikation – auch anderer Abteilungen – über die Amtsleitung zu tätigen. Selbst telefonische Anweisungen von Seiten der Stadthauptkanzlei an die Dienststellen des Fürsorgeamtes sollten vor ihrer Ausführung zur Aussprache zur Amtsleitung gelangen.[54] Die Organisationsspitze war offenkundig bestrebt, das in der Organisation ungleichmäßig verteilte Wissen zu bündeln; wohlwissend, dass die wesentlichen „Grenzstellen" zur Außenwelt durch die Mitarbeiter in den Kreisstellen besetzt waren. Der relevante Außenverkehr war also keineswegs bei der Amtsleitung monopolisiert, sondern nach unten delegiert worden.[55] Durch den direkten Kontakt zu den Hilfsbedürftigen häuften die Kreisstellen enormes Wissen sowohl über die Lebensumstände der Gesuchsteller als auch über die konkreten Auswirkungen bei Veränderungen des Leistungsumfangs oder der Anrechnungsrichtlinien an.[56] Sie besaßen also Informationen, die bei fürsorgepolitischen Richtungsentscheidungen von Relevanz waren. Und an keinem anderen Ort wusste man so konkret um die tatsächlichen Abläufe, die im einzelnen Unterstützungsfall zu verrichten waren. Das erhöhte den Einfluss der Kreisstellen innerhalb des Fürsorgeamts erheblich.

Dass die Kreisstellen bzw. deren Leiter ihren Einfluss auch geltend machten, zeigt ein Blick auf das lange Zeit vorherrschende Prinzip, wonach einzig

52 Vgl. Preiser: Organisationsformen, S. 717–726.

53 Vgl. Rundschreiben Nr. 12 des Fürsorgeamtes, Betr. Verkehr mit Behörden usw. vom 31.1.1930, StAD, 2.3.25 Fürsorgeamt, Nr. 448, Bl. 32-33.

54 Vgl. Niederschrift über die Dienstbesprechung vom 6.2.1931, StAD, 2.3.25 Fürsorgeamt, Nr. 508, Bl. 19–20.

55 Vgl. Kühl, Organisationen, S. 75.

56 Zu den verschiedenen Wissenstypen in der Sozialverwaltung vgl. Wilfried Rudloff: Das Wissen der kommunalen Sozialverwaltung in Deutschland: Diffusion, Formen und Konflikte 1900–1933, in: Nico Randeraad (Hrsg.): Formation und Transfer städtischen Verwaltungswissens, Baden-Baden 2003, S. 59–88.

den Kreisstellenleitern Bewilligungsbefugnisse zustanden, das mit Beginn der Weltwirtschaftskrise begann zu erodieren.

Ab 1929 führte die massenhafte Arbeitslosigkeit zu einer steigenden Zahl derjenigen, die laufend von der öffentlichen Fürsorge unterstützt werden mussten; in Dresden hatte das Fürsorgeamt zwischen 1929 und 1933 einen Anstieg um über 150 Prozent zu verzeichnen.[57] Die eintretende Arbeitsüberlastung führte dazu, dass die Kreisstellen zahlreiche Ideen ersannen, um die Geschäftsabläufe zu vereinfachen; vor allem kleinere, die Prinzipien des Amtes nicht berührende Änderungsvorschläge fanden schnell die Zustimmung der Amtsleitung.

Größeren Raum nahmen hingegen Forderungen in Form von Eingaben an die Amtsleitung ein, hinter denen sämtliche Kreisstellenleiter ausdrücklich geschlossen standen. Hier kam es zu zähen Aushandlungsprozessen, die in vielen Fällen in Kompromissen mündeten. Schon Anfang 1930 gelang es den Kreisstellenleitern, die Amtsleitung davon zu überzeugen, dass sie nicht mehr in der Lage seien, alle Bewilligungen selbst zu beschließen. Daraufhin wurden den Stellvertretern der Kreisstellenleiter Bewilligungsbefugnisse zugestanden.[58] Auch im Dezember 1931 erfolgten Zugeständnisse von Seiten der Amtsleitung, mit denen gravierende Änderungen der Zuständigkeiten einhergingen, um die Kreisstellenleiter weiter zu entlasten.[59] Nicht immer waren die Eingaben von Erfolg gekrönt, etwa wenn es darum ging, auch Sachbearbeiter mit Befugnissen auszustatten; bis 1933 wehrte sich die Amtsleitung vehement gegen diese Vorstöße. Trotzdem waren die Kreisstellenleiter – bis 1933 durch den Beamtenausschuss, also auf formalen Wegen – in der Lage, ein grundlegendes Prinzip der Amtsleitung aufzuweichen. Zweifellos spielte hier auch die „Fürsorgekatastrophe"[60] jener Jahre hinein, die als fundamentale Legitimationskrise gesehen werde muss. Aber auch dieser besondere Umstand schmälert nicht die Tatsache, dass die mittlere Beamtenschaft über beachtlichen Einfluss verfügte.

Ungeachtet der Bemühungen der Amtsleitung, die Kommunikation in ihrem Sinne zu kanalisieren, bildeten sich auch informelle Kommunikationsstrukturen zwischen den Kreisstellen. Hier fand ein reger Erfahrungsaustausch statt, von dem die Spitze nur selten Notiz nahm. Dieser Kommunikationsfluss

---

57 Vgl. Statistisches Amt der Stadt Dresden (Hrsg.): Dresden in Zahlen. Statistisches Jahrbuch der Stadt Dresden 1934 und 1935, Dresden 1936, S. 51.

58 Vgl. Beschluss des Fürsorgeamtes vom 11.1.1930, StAD, 2.3.25, Fürsorgeamt, Nr. 466, Bl. 1.

59 Zur Entlastung der Kreisstellenleiter wurden sogenannte Abteilungsleiter eingestellt, die ausschließlich die Wohlfahrtserwerbslosenangelegenheiten selbständig zu erledigen hatten. Vgl. Rundschreiben Nr. 168 des Fürsorgeamtes vom 3.12.1931, StAD, 2.3.25, Fürsorgeamt, Nr. 466, Bl. 69-70.

60 Wilfried Rudloff: Die Wohlfahrtsstadt. Kommunale Ernährungs-, Fürsorge- und Wohnungspolitik am Beispiel Münchens 1910–1933, Göttingen 1998, S. 885.

ist indes nicht mit oppositionellem Verhalten zu verwechseln. Indem die Kreisstellen Erfahrungen und Wissen austauschten und nach „oben“ gebündelt weiterleiteten, halfen sie, die Funktionsfähigkeit der Organisation aufrechtzuerhalten. So konnte es auch passieren, dass die Beamtenschaft der Kreisstellen gegen Anordnungen der Amtsleitung Bedenken erhob, und nicht etwa

> „deshalb, weil sie am Alten hängt und grundsätzlich gegen Neuerungen ist, auch wenn sie Vorteile bringen. Auch nicht aus Lust an Opposition, sondern weil ihr der Gedanke Sorge bereitet, daß die Arbeit statt erleichtert nur noch mehr erschwert wird [...].“[61]

Dienstanweisungen konnten auf diese Weise zugunsten der sie ausführenden Beamten modifiziert werden. Die Fachexpertise auf der dezentralen Ebene sorgte dafür, die realen Geschäftsabläufe mit der Formalstruktur in Einklang zu bringen – eine für öffentliche Verwaltungen nicht unerhebliche Motivation. Diese und ähnliche Beispiele dürfen allerdings nicht zu der Annahme verleiten, dass zwischen Amtsleitung und Kreisstellenleiter, also zwischen Vorgesetzten und Untergebenen, eine Machtsymmetrie bestand. Vorstand und Direktion verfügten stets über die entscheidenden Machtmittel, um Anordnungen auch gegen den Willen der Untergebenen durchzusetzen.[62] Die genannten Beispiele sollen vielmehr auf Einflussmöglichkeiten aufmerksam machen, die abseits eines simplifizierenden Organigramms anzutreffen sind. Es ist für die Organisation funktional, Entscheidungen dezentral vorbereiten zu lassen und Wünsche und Anregungen von „unten“ entgegenzunehmen. Trotzdem kann sich die Organisationsspitze darauf verlassen, dass gefällte Entscheidungen unabhängig von Ansehen oder persönlicher Achtung auf Basis der ihr verliehenen Autorität umgesetzt werden. Dieser hier nur angedeutete Machtprozess – also von oben nach unten sowie umgekehrt – wird als Grundlage für die enorme Leistungsfähigkeit von Organisationen angesehen.[63]

Wenngleich sich die informalen Strukturen im Fürsorgeamt nur selten in den Akten spiegeln, so liegt in vielen Fällen die Vermutung nahe, dass zahlreiche Anweisungen nachträgliche Formalisierungen von zuvor sich eingeschlichenen informalen Strukturen sind; einer zu weitgehenden Verselb-

61 Beamtenausschuss an das Fürsorgeamt, Betr. Einführung des Bezirkssystems in den Kreisstellen vom 21.10.1932, StAD, 2.3.25 Fürsorgeamt, Nr. 445, Blatt 36.

62 Vgl. Kühl, Organisationen, S. 87.

63 Vgl. ebd., S. 88.

ständigung der Kreisstellen sollte damit entgegengewirkt und ein möglicher Kontrollverlust vermieden werden.[64]

Fazit

Im Vorliegenden wurde der Versuch unternommen, unter Zuhilfenahme soziologischer Theorieansätze neue Erkenntnisse zu einem der historischen Forschung wohl vertrauten Gegenstand zu generieren. Obgleich eingangs auf das der deutschen Historiographie mutmaßlich anhaftende Theoriedefizit hingewiesen worden ist, ging es mir keineswegs darum, eine Theorie um der Theorie willen anzuwenden. Die Entscheidung für die Anwendung einer Organisationstheorie resultiert aus der begründeten Annahme, dass diese einen heuristischen Mehrwert birgt. Die Herausforderung lag vor allem in der konstruktiven Zusammenführung der historisch-empirischen und theoriegeleiteten Herangehensweise. Die Einführung in die theoretische Grundlage ist spürbar allgemein gehalten worden; nicht zuletzt deshalb, weil es quellenbedingt unmöglich ist, die gesamte Theorie überzeugend „durchzudeklinieren“. Die forschungspraktische Umsetzbarkeit musste an dieser Stelle mitreflektiert werden. Die kurze Vorstellung diente als Impuls, welcher an der Stelle weiterentwickelt wurde, wo, etwas salopp formuliert, Theorie und Empirie aufeinandertrafen. Die Ergebnisse dieses Verfahrens lassen sich den verschiedenen Phasen des Forschungsprozesses wie folgt zuordnen und zusammenfassen.

In der Phase der Quellenrecherche unterstützt die Anwendung der Theorie die Auswahl und Systematisierung der empirischen Grundlage. Je nach Fragestellung und Forschungssujet gilt es zunächst, die oben beschriebene Strukturmatrix anzupassen und Schlussfolgerungen für die Quellenauswahl zu ziehen. Will man etwa verstehen, ob und wie rigide Konditionalprogramme auf der formalen Seite durch Zweckprogramme auf der informalen Seite ausgeglichen werden, reicht es nicht aus, lediglich offizielle Anordnungen, Geschäftsordnungen oder Ähnliches zu recherchieren. Dafür braucht es ebenso Quellen zur informalen Seite. Briefe, Tagebücher, also Ego-Dokumente, sind gleichermaßen hilfreich wie rar an dieser Stelle.

In der darauffolgenden Phase des Auswertens und Interpretierens hilft die Theorie, empirische Befunde zu deuten, einzuordnen und schließlich zu verstehen. Der Blick richtete sich auf innerhalb der Organisation existierende Interessengegensätze, Aushandlungsprozesse und sonstige unterhalb der

64 Vgl. Kühl, Organisationskulturen, S. 49.

Organisationsoberfläche liegende Machtstrukturen. Diese Einsichten konterkarieren, wie mehrfach betont, das Bild von der Organisation als „gut geölte Maschine". Augenscheinlich trifft das auch auf öffentliche Verwaltungen zu.

Wie dargestellt, sind die heterogene personelle Zusammensetzung und die daraus folgenden Spannungen innerhalb des Amts nichts grundlegend Neues. Jedoch konnte die Perspektive durch den Fokus auf die zwischen den Verwaltungsbeamten – zwischen Amtsleitung und Kreisstellen – angedeuteten Machtprozesse erweitert, das auf das historisch bekannte Spannungsverhältnis zwischen Beamten des höheren und Beamten des mittleren Dienstes aufmerksam gemacht werden.[65] Der zunehmend differenzierte Blick auf die Verwaltung und deren Mitglieder verringert die Gefahr pauschaler Bewertungen des Verwaltungshandelns und widerlegt grundsätzlich die Vorstellung von der Behörde als monolithischer Block.

Neben dem unmittelbar eintretenden Effekt, das Verhalten der Verwaltungsbeamten auf Basis der theoretischen Grundlage besser zu verstehen, treten Schlussfolgerungen für die weitere Forschungsarbeit.

Die durch die organisationssoziologische Perspektive dargestellte Komplexität des Amtes zeigt nämlich auch, dass die Organisation nicht einfach und gleichsam automatisch durch Installation eines NS-Protagonisten an der Spitze zu einem funktionalen Instrument der NS-Sozialpolitik mutieren konnte. Auch der neue Amtsvorstand nach 1933 war auf Informationen von unten angewiesen und musste sich den strukturellen Besonderheiten und Herausforderungen der Behörde stellen. Wie aber fügte er sich in die Organisation ein? Welchen Weg der inneradministrativen Mikropolitik verfolgte er? Vor allem in der politischen Umbruchszeit von 1933 gilt es, den Blick auf die zentralen Strukturen des Fürsorgeamtes zu lenken und das konkrete Ausmaß von Kontinuität und Diskontinuität zu ergründen. Gab es an dieser Stelle möglicherweise doch Brüche zugunsten der unteren Verwaltungsstellen, um deren Loyalität zu gewinnen? Hier gibt es stichhaltige Anhaltspunkte, dass es nach 1933 zu zahlreichen Zugeständnissen an die Kreisstellenleiter kam, was als eine Beschwichtigungs- und Instrumentalisierungsstrategie gedeutet werden kann, um die Kooperationsbereitschaft des traditionellen Verwaltungspersonals sicherzustellen. Darüber hinaus ist hinsichtlich der Durchsetzung von NS-Interessen zu prüfen, inwieweit diese eventuell durch eine weitere Verdichtung des Entscheidungsprogramms vorgegeben wurden oder aufgrund der dargestellten Ermessensspielräume eigenverantwortlich Ein-

65 Vgl. Lisa-Maria Röhling: Ausbildung, Karrieren und Laufbahnstruktur der mittleren Beamtenschaft, in: Alexander Nützenadel (Hrsg.): Das Reichsarbeitsministerium im Nationalsozialismus. Verwaltung – Politik – Verbrechen, Göttingen 2017, S. 103–136.

gang in die Praxis fanden. Die organisationale Rahmung – der Handlungskontext – verspricht hier mehr Präzision. Überhaupt geraten die unteren Verwaltungsebenen durch die gewonnenen Erkenntnisse verstärkt ins Blickfeld der Untersuchung.

Die Theorie selbst hat in meinem Fall nur ergänzende Funktion, was zwei Ursachen hat. Zum einen ist ersichtlich geworden, dass das „Ausbuchstabieren" der Theorie schlichtweg an dem Umstand der eingeschränkten Quellenüberlieferung scheitert. Für die Analyse von Einzelaspekten kann sie aber durchaus hilfreich sein. Zum anderen ist eine Theorie niemals in der Lage, die komplexe Lebenswirklichkeit einzufangen; sie wird historisch-empirisch nie in Reinform anzutreffen sein, das anzunehmen wäre naiv.[66] Die Theorie macht daher konventionelle Herangehensweisen nicht obsolet.

Literaturverzeichnis

Literatur

Monografien und Sammelbände

Brachmann, Richard: Die wichtigsten Bestimmungen des sächsischen Fürsorgerechts, Dresden ³1928.

Böhme, Doris/Derlien, Hans-Ulrich /Heindl, Markus: Bürokratietheorie. Einführung in eine Theorie der Verwaltung, Wiesbaden 2011.

Brünneck, Alexander von (Hrsg.): Ernst Fraenkel. Der Doppelstaat, Hamburg ²2001.

Der Rat zu Dresden (Hrsg.): Führer durch das Arbeitsgebiet des Armenamtes, Dresden 1903.

Engehausen, Frank/Paletschek, Sylvia/Pyta, Wolfram: Die badischen und württembergischen Landesministerien in der Zeit des Nationalsozialismus, Stuttgart 2019.

Gruner, Wolf: Öffentliche Wohlfahrt und Judenverfolgung. Wechselwirkung lokaler und zentraler Politik im NS-Staat (1933–1942), München 2002.

Kühl, Stefan: Ganz normale Organisationen. Zur Soziologie des Holocaust, Berlin 2014.

Kühl, Stefan: Organisationen. Eine sehr kurze Einführung, Wiesbaden 2011.

66 Vgl. Herbst: Komplexität und Chaos, S. 105.

Kühl, Stefan: Organisationskulturen beeinflussen. Eine sehr kurze Einführung, Wiesbaden 2018.

Matzerath, Horst: Nationalsozialismus und kommunale Selbstverwaltung, Stuttgart u. a. 1970.

Mecking, Sabine/Wirsching, Andreas: Stadtverwaltung im Nationalsozialismus. Systemstabilisierende Dimensionen kommunaler Herrschaft, Paderborn 2005.

Mentel, Christian/Weise, Niels: Die zentralen deutschen Behörden und der Nationalsozialismus. Stand und Perspektiven der Forschung, München/ Potsdam 2016.

Rebentisch, Dieter: Führerstaat und Verwaltung im Zweiten Weltkrieg. Verfassungsentwicklung und Verwaltungspolitik 1939–1945, Stuttgart 1989.

Rudloff, Wilfried: Die Wohlfahrtsstadt. Kommunale Ernährungs-, Fürsorge- und Wohnungspolitik am Beispiel Münchens 1910–1933, Göttingen 1998.

Sachße, Christoph/Tennstedt, Florian: Geschichte der Armenfürsorge in Deutschland. Fürsorge und Wohlfahrtspflege 1871–1929, Band 2, Stuttgart u. a. 1988.

Seibel, Wolfgang: Verwaltung verstehen. Eine theoriegeschichtliche Einführung, Berlin ^{3}2017.

Stadtarchiv Dresden (Hrsg.): Das Stadtarchiv Dresden und seine Bestände, Dresden 1994.

Statistisches Amt der Stadt Dresden (Hrsg.): Dresden in Zahlen. Statistisches Jahrbuch der Stadt Dresden 1934 und 1935, Dresden 1936.

Wohlfahrtsamt (Hrsg.): Handbuch der öffentlichen und privaten Fürsorge in Dresden, Dresden 1930.

Wouters, Nico: Mayoral Collaboration under Nazi Occupation in Belgium, the Netherlands and France, 1938–46, Basingstoke 2016.

Aufsätze

Bösch, Frank/Wirsching, Andreas: Einleitung, in: Dies. (Hrsg.): Hüter der Ordnung. Die Innenministerien in Bonn und Ost-Berlin nach dem Nationalsozialismus (Band I), Göttingen 2018, S. 13–26.

Brachmann, Richard: Armenpflege und soziale Fürsorge, in: Das Buch der Stadt Dresden 1 (1924), S. 123–126.

Brachmann, Richard: Das Zusammenarbeiten von Verwaltungsbeamten und Sozialbeamtinnen, in: Frankfurter Wohlfahrtsblätter 28 (1925), S. 100–102.

Eden, Sören/Marx, Henry/Schulz, Ulrike: Ganz normale Verwaltungen? Methodische Überlegungen zum Verhältnis von Individuum und Organisation am Beispiel des Reichsarbeitsministeriums 1919 bis 1945, in: Vierteljahrshefte für Zeitgeschichte 66 (2018), S. 487–520.

Haas, Stefan: Theoriemodelle der Zeitgeschichte, in: Docupedia-Zeitgeschichte (22.10.2012), online unter: http://docupedia.de/zg/Theoriemodelle_Version_2.0_Stefan_Haas (5.9.2019).

Herbst, Ludolf: Komplexität und Chaos. Grundzüge einer Theorie der Geschichte, München 2004.

Hoppe, Gisela: Die Dresdner Stadtverwaltung von 1873 bis 1918, in: Stadtmuseum Dresden (Hrsg.): Dresdner Geschichtsbuch 7 (2001), S. 135–156.

Kühl, Stefan/Schütz, Marcel: Organisationskultur – Verwaltungskultur: eine neue Perspektive auf ein altes Thema, in: Die Personalvertretung. Fachzeitschrift des gesamten Personalwesens für Personalvertretungen und Dienststellen 61 (2018), S. 297–311.

Kühl, Stefan: Ganz normale Organisationen? Zur Kritik eines systemtheoretischen Zugangs in der Holocaustforschung, in: Mittelweg 36. Zeitschrift des Hamburger Instituts für Sozialforschung 27 (2018), S. 104–127.

Kuller, Christiane: „Kämpfende Verwaltung". Bürokratie im NS-Staat, in: Dietmar Süß/Winfried Süß (Hrsg.): Das „Dritte Reich". Eine Einführung, München [2]2008.

Nathaus, Klaus: Sozialgeschichte und Historische Sozialwissenschaft, in: Docupedia-Zeitgeschichte (24.9.2012), online unter: http://docupedia.de/zg/Sozialgeschichte_und_Historische_Sozialwissenschaft (5.9.2019).

Preiser, Kurt: Neue Organisationsformen in der öffentlichen Wohlfahrtspflege, in: Deutsche Zeitschrift für Wohlfahrtspflege 6 (1931), S. 717–726.

Reichhardt, Sven/Seibel, Wolfgang: Radikalität und Stabilität: Herrschen und Verwalten im Nationalsozialismus, in: Dies. (Hrsg.): Der prekäre Staat. Herrschen und Verwalten im Nationalsozialismus, Frankfurt am Main 2011, S. 7–27.

Röhling, Lisa-Maria: Ausbildung, Karrieren und Laufbahnstruktur der mittleren Beamtenschaft, in: Alexander Nützenadel (Hrsg.): Das Reichsarbeitsministerium im Nationalsozialismus. Verwaltung – Politik – Verbrechen, Göttingen 2017, S. 103–136.

Roth, Günter: Die Entwicklung der kommunalen Sozialverwaltung von der Weimarer Republik bis Mitte der 1990er Jahre, in: Julia Hagn/Peter Hammerschmidt/Juliane Sagebiel (Hrsg.): Modernisierung der kommunalen Sozialverwaltung. Soziale Arbeit unter Reformdruck?, Band 3, Neu-Ulm 2012, S. 49–72.

Rudloff, Wilfried: Das Wissen der kommunalen Sozialverwaltung in Deutschland: Diffusion, Formen und Konflikte 1900–1933, in: Nico Randeraad (Hrsg.): Formation und Transfer städtischen Verwaltungswissens, Baden-Baden 2003, S. 59–88.

Rudloff, Wilfried: Ebenen der Handlungsorientierung in der kommunalen Sozialverwaltung in Deutschland im frühen 20. Jh., in: Peter Collin/ Klaus-Gert Lutterbeck (Hrsg.): Eine intelligente Maschine? Handlungsorientierung moderner Verwaltung (19./20. Jh.), Baden-Baden 2009, S. 105–135.

Rudloff, Wilfried: Öffentliche Fürsorge, in: Hans Günter Hockerts (Hrsg.): Drei Wege deutscher Sozialstaatlichkeit: NS-Diktatur, Bundesrepublik und DDR im Vergleich, München 1998, S. 191–229.

Scheven, Paul: Ein halbes Jahrtausend städtischer Armenpflege in Dresden, in: Deutscher Verein für Armenpflege und Wohltätigkeit (Hrsg.): Festgabe des Vereins gegen Armennot und Bettelei zu Dresden. Zur 31. Jahresversammlung des Deutschen Vereins für Armenpflege und Wohltätigkeit, Dresden 1912, S. 14–37.

Quellen

Bundesarchiv Berlin

R36 Deutscher Gemeindetag

Stadtarchiv Dresden

2.3.25 Fürsorgeamt
2.3.20 Schulamt

Essentialism and Constructivism in Romani Studies: Symptoms of Conflicting Time Regimes

Vita Zalar

Abstract

The paper offers a new reading of a recurring and much-discussed dilemma of defining the object of study in the multidisciplinary space of Romani Studies, which has come to be described as a binary opposition of essentialism versus social construction. Drawing insights from Time Studies, in particular Reinhart Koselleck's, François Hartog's, Hans Ulrich Gumbrecht's, Aleida Assmann's and Zoltán Boldizsár Simon's theories of historical time, I propose that these scholarly disagreements are in fact a symptom of an impasse which occurs in the context of two coexistent time regimes. Following Z. B. Simon's argumentation, the impasse is reconceptualized as an ontological tension between historicism and constructionism as two incommensurable rival ideas of historical change. This tension is the outcome of a discrepancy between coexistent processual and evental historical sensibilities, which are in turn signs and symptoms of two coexistent time regimes.

KEY WORDS

Romani Studies, historicism, essentialism, constructionism, constructivism, historical time, regime of historicity, historical sensibility, presentism, chronotope, Time Studies

Research Centre of the Slovenian Academy of Sciences and Arts, Institute of Cultural History

For feedback on earlier versions of this text, I am grateful to Ari Joskowicz, Oto Luthar, Zoltán Boldizsár Simon, Cody J. Inglis, and the anonymous reviewer. This work was supported by the Slovenian Research Agency's research programme "Historical Interpretations of the 20th Century" (P6-0347), and the research project "Schools and Imperial, National, and Transnational Identifications: Habsburg Empire, Yugoslavia, and Slovenia" (J6-2573).

Introduction

In 2018, Andrzej Mirga, an influential Polish Romani advocate and scholar, voiced a strong critique of a book by Mihai Surdu, a Romanian sociologist.[1] In Mirga's opinion, Surdu had chosen "nominalist and constructivist approaches against realist and essentialist ones, making it clear that Roma are, in fact, 'a fiction' brought into existence merely by 'concepts', 'classifications' or 'categories' by those who researched or counted them."[2] Surdu on the other hand stressed that he did not claim that Roma people do not exist, but rather that he aimed to demonstrate "how the Roma group is made through the visible and invisible work of various experts."[3] He explored the history of the classification of Roma in scientific and political expert discourses and criticized what he described as an essentialist sociological practice in quantitative research on Roma, which in his opinion erroneously treated ethnicity as an objectively measurable fact.[4] Mirga, however, felt that Surdu denied the very existence of Roma as distinct social and ethnic groups. "Who am I, therefore?" wrote Mirga, and "what should I think about myself, my siblings and parents, all of us born in a small community, different and separated from the surrounding majority and speaking our mother tongue – Romani, the same way the parents of my parents did in the past?"[5]

Mirga's exasperation is not an uncommon reaction to the claims of social construction, which has been a contested keyword in scholarly discussions ever since the theoretically turbulent era of poststructuralism and postmodernism. In the heyday of the social construction debates in the 1990s, as described first-hand by Ian Hacking, exasperation was in abundance. Many historians and philosophers wouldn't engage in dialogue at all, or rather "[talked] past each other, because one side [was] so contentiously 'constructionist' while the other [was] so dismissive of the ideas. In larger arenas, public scientists shout[ed] at sociologists, who shout[ed] back."[6] Although the era of conference shouting has passed with the quick-paced domestication of constructionist vocabulary, claims of social construction still evoke strong emotions, as Mirga's review shows. If the humanities and social sciences have allegedly

1 Mihai Surdu: Those Who Count. Expert Practices of Roma Classifications, Budapest 2016.

2 Andrzej Mirga: Book Review of Mihai Surdu, Those Who Count. Expert Practices of Roma Classification, Central European University Press, 2016, in: Critical Romani Studies 1/1 (2018), p. 115.

3 Mihai Surdu: Assembled Objectivity. Categorizing Roma in Censuses, Surveys and Expert Estimates, in: Jenny Bangham/Judith Kaplan (eds.): Invisibility and Labour in the Human Sciences, Berlin 2016, p. 75.

4 Surdu: Those Who Count, p. 8f, 44f.

5 Mirga: Book Review, p. 124.

6 Ian Hacking: The Social Construction of What? Cambridge/London 1999, p. vii.

already domesticated social construction, wherein lies the reason for this exasperation in Romani Studies? This is the central question I wish to explore in this essay.

Perceived threats and benefits of essentialism and social construction in Romani Studies

Romani Studies is a field of incessant negotiations and renegotiations of Roma as a collective historical subject – so much so that most publications in the field include a terminological justification and an explanation of what exactly the authors mean by the terms Roma, Sinti, Gypsies, Travellers, and others, as well as their synonyms and proxinyms in different languages.[7] These explanations act as a nod to, and an acknowledgment of, the history of nuanced discussions on identity, groupness, and the politicization of terminology. From the 1990s onwards, the difficulty to define Romaniness as a simultaneously academic and political, ascribed and self-ascribed category, was combined with the sensibilities of the linguistic and cultural turns and their uneasiness with positing group definitions. In addition to that, a heightened awareness of the historical role played by academic knowledge production in co-creating, facilitating, and perpetuating scientific racism and securitization of Roma, facilitated in-depth terminological discussions.[8]

Many – though certainly not all – of the debates about terminological decisions and their political implications have followed the seemingly self-evident binary of essentialism and constructivism[9] as counterconcepts. In these discussions, opinions on constructivism and essentialism have been ascribed the role of either supporting, obstructing, disrespecting, or endangering Romani political projects. Some actors in Romani Studies have denounced an explic-

7 See, for example, how the following authors explained their terminological decisions: Martin Olivera/Jean-Luc Poueyto: Gypsies and Anthropology. Legacies, Challenges, and Perspectives, in: Ethnologie française 4/172 (2018), p. iv; Brigid O'Keeffe: 'Backward Gypsies,' Soviet Citizens. The All-Russian Gypsy Union, 1925–28, in: Kritika: Explorations in Russian and Eurasian History 11/2 (2010), p. 283f; Viorel Achim: The Gypsies in the Romanian Principalities. The Emancipation Laws, 1831–1856, in: Historical Yearbook 1 (2004), p. 93; Victoria Shmidt: Race Science in Czechoslovakia. Serving Segregation in the Name of the Nation, in: Studies in History and Philosophy of Biological and Biomedical Sciences 83 (2020), p. 1.

8 On racist implications of the scholarly search for "the true Gypsy" and its consequences for the stigmatization of 'Gypsies', see: Wim Willems: In Search of the True Gypsy. From Enlightenment to Final Solution, London/New York 1997; and Thomas Acton: Gypsy Politics and Social Change. The Development of Ethnic Ideology and Pressure Politics among British Gypsies from Victorian Reformism to Romany Nationalism, London 1974.

9 I use the term constructivism throughout this text to signify social construction as a theoretical approach from the 1960s onward. I do not establish an analytical distinction between constructionism and constructivism. While the two terms do signify different theoretical approaches in some disciplines, for example in psychology, historiography does not distinguish between the two in a routinized manner. I use the term constructionism when referring to Zoltán Boldizsár Simon's publications, in accordance with his terminology.

itly constructivist approach as counterproductive to the needs and interests of Romani activism, policy-shaping, and policymaking. Others have warned that essentializing Romani identity perpetuates scientific racism.[10] The discussion has been largely determined by the multidisciplinary character of Romani Studies, where diverse epistemic communities coexist and coalesce around a shared, yet differently defined subject.

Constructivism gained ground in Romani Studies especially in anthropological and sociological literature as an analytical tool for explaining a plethora of Romani and Gypsy identities. According to Carol Silverman, Fredrik Barth's seminal 1969 collective volume *Ethnic Groups and Boundaries*,[11] which established a viewpoint on ethnicity as an ascription that changes depending on context and history, resonated with Romani Studies scholars because it "enabled scholars to concentrate upon the situational nature of ethnicity."[12] Will Guy likewise pointed to the importance of Barth's book for those researching Roma. At the time of Barth's publication, Guy explained, "much of the literature – and policymakers too – viewed these complex and varied communities in an essentialist way," whereas it was often assumed that "all 'genuine' Roma shared a common culture in which nomadism was a defining feature."[13] In Guy's opinion, Barth's *Ethnic Groups and Boundaries* offered a potential solution to the dilemma that many researchers of Roma, Gypsies, Travellers etc. faced at the time: "what, if anything, they had in common."[14]

At the fourth annual meeting of the Gypsy Lore Society in 1982, the British sociologist Thomas Acton, a staunch critic of what he saw as racist imaginaries of the Gypsylorists and their search for the 'true Gypsy', presented one of the early – if not the earliest – texts which explicitly used the concept of social construction in relation to Gypsies.[15] He focused on the conditions of "ethnicization of the Gypsies in England, and the de-ethnicization of the Seui-Seung-Yahn in Hong Kong,"[16] and argued convincingly that these two

10 For examples of the influence of scholars and their social theories on the Romani/Gypsy group(s) in question, see Judith Okely: Some Political Consequences of Theories of Gypsy Ethnicity, in: Allison James/Jenny Hockey/Andrew Dawson (eds.): After Writing Culture. Epistemology and Praxis in Contemporary Anthropology (ASA Monographs, 34), London/New York 2004, pp. 224–243.

11 Fredrik Barth (ed.): Ethnic Groups and Boundaries. The Social Organization of Culture Difference, Oslo/Boston/London 1969.

12 Carol Silverman: Ethnicity Unbound. Conundrums of Culture in Representations of Roma, in: Huub van Baar/Angéla Kóczé (eds.): The Roma and Their Struggle for Identity in Contemporary Europe, New York/Oxford 2020, p. 262.

13 Will Guy: Roma as Ethnic Group, Nation, or Others' Construct: The Relevance of Fredrik Barth, in Anthropological Notebooks 25/1 (2019), p. 115.

14 Ibid., p. 116.

15 Thomas Acton: The Social Construction of the Ethnic Identity of Commercial Nomadic Groups, in: Joanne Grumet (ed.): Papers from the Fourth and Fifth Annual Meetings. Gypsy Lore Society, North American Chapter, New York 1985, pp. 4–23.

16 Ibid., p. 16.

minorities could not be neatly designated as "one an ethnic group and one an occupational group."[17] Referencing Fredrik Barth's work, Acton pointed to "the profound ambiguities which characterize all ethnic labelling,"[18] and argued that even the category of ethnicity itself can "fluctuate uncertainly."[19] He argued that "[o]ur insistence on seeing groups as either ethnic or not, and if ethnic, of some particular ethnicity opposed to all other ethnicities, are simply a hangover from the intellectual habits of scientific racism."[20]

In this 1982 conference talk, Acton also outlined the main dilemma that has haunted Romani Studies and Romani activism and still resonates in heated discussions on essentialism and social construction: the dilemma of scholarly definitions of Romani/Gypsy groupness, and these definitions' immediate political implications. Namely, Acton pointed out that different governments prioritize different policies for resource allocation and that group strategies of self-identification necessarily follow these priorities to negotiate a better position for the group in question. Thus, claimed Acton, it was politically beneficial for contemporary European Gypsies to claim an ethnic status, because ever since the defeat of Nazism in 1945, "'race relations', appealing to the guilty conscience of the Western liberal-bourgeois ruling class, became as effective a mode of group self-promotion politics. [...] Not only in England, but also in Europe, even in the more liberal of the socialist countries, such as [Y]ugoslavia and Hungary, Gypsy leaders, appealing to their Indian origins, have tried to catch the race relations bandwagon."[21]

Nicolae Gheorghe, a Romanian Romani sociologist and political actor of extreme importance, made a very similar claim in his 1997 text on the social construction of Romani identity.[22] In Gheorghe's own words, he had since the early 1990s together with Jean-Pierre Liégeois "lobbied intensively, almost aggressively, at [...] OSCE and have achieved a sort of political recognition for our people [...] from almost forty Governments covering territory from London to Vladivostok."[23] In these lobbying activities, he pointed out, they were 'playing with identities' and thus contributing consciously to the social construction of the image of Roma communities. To Gheorghe, it was clear that "we are in a process of ethnicity building similar to that termed in political

17 Ibid., p. 18.

18 Ibid., p. 7.

19 Ibid.

20 Ibid., p. 20.

21 Ibid., p. 16.

22 Nicolae Gheorghe: The Social Construction of Romani Identity, in: Thomas Acton (ed.): Gypsy Politics and Traveller Identity, Hatfield 1997, pp. 153–171.

23 Ibid., p. 153.

science 'nation building'."[24] However, as Gheorghe asked himself: "When we play with these identities, institutions, resources and so on, what is happening? What might be the consequence of this?"[25] His answer was direct: "This constructed identity is a crutch, a political crutch. We are trying to build now a political identity of being Roma, being Gypsies, working with political institutions."[26] And, as Gheorghe admitted, at that particular moment, the leading alternative to a stigmatised identity was to "promote ourselves as a national minority," because to be a national minority meant to be "part of the policies with which states address their minority problems." Policies such as resources for publications, broadcasting rights, associations, and cultural centres.[27] Even though Gheorghe himself wished to promote a transnational identity somewhere in the future, he was also very aware that the choice for promoting an identity of a national minority was at the time more beneficial.

As (early) Acton's and Gheorghe's text show, anthropologists, ethnologists, and sociologists welcomed constructivism as an insightful addition to thinking about group boundaries, the constitution of social difference and group representation, and extended their analyses with new conceptions of ethnicity, identity, and groupness. At the same time, some scholars, most visibly linguists, reacted strongly against this new vernacular. In the late 1990s and early 2000s, an international transdisciplinary debate on social construction took off. According to Huub van Baar and Angéla Kóczé, the main figures of the discussion were Thomas Acton, Annemarie Cottaar, Will Guy, Ian Hancock, Leo Lucassen, David Mayall, Yaron Matras, Judith Okely, Michael Stewart, and Wim Willems.[28] The discussion began largely as a reaction to Judith Okely's anthropological studies on Gypsy communities in Britain, especially her 1983 book *The Traveller-Gypsies*,[29] and escalated after the socio-historical publications by Leo Lucassen, Wim Willems, and Annemarie Cottaar in the 1990s. Their co-authored monograph *Gypsies and Other Itinerant Groups* from 1998 assertively posited that "it is time to break loose from the Gypsylorist paradigm and to use more modern theoretical concepts which focus on the social construction of groups."[30]

24 Ibid., 157.

25 Ibid.

26 Ibid.

27 Ibid., 160.

28 Huub van Baar/Angéla Kóczé: Introduction. The Roma in Contemporary Europe. Struggling for Identity at a Time of Proliferating Identity Politics, in: ibid. (eds.): Roma, p. 25.

29 Judith Okely: The Traveller-Gypsies, Cambridge 1983.

30 Leo Lucassen/Wim Willems/Annemarie Cottaar: Gypsies and Other Itinerant Groups. A Socio-Historical Approach, London/New York 1998, p. 8.

The term 'Gypsy-lorists', used by both the Dutch historians and Okely alike to describe what they saw as an insufficient and problematic research tradition,[31] had for more than a century been a self-designation of the members of the Gypsy Lore Society, founded in England in 1888, who considered themselves to be the pioneers of a new subfield of ethnology.[32] A century after the founding of the Society, scholars in the field of Gypsy Studies increasingly felt that their field was entering a new era – an era in which the previously positive self-appellations such as 'Gypsiologist' and 'Gypsy-lorist' carried a patina of outdated and even harmful scholarship. Ain the 1990s, as David Mayall reported, there was a general feeling of Gypsy Studies entering a new era with an expansion into varied disciplinary backgrounds alongside "the more traditional activists for Gypsy rights, lorists, antiquarians, linguists and philanthropists."[33] Gypsylorism was, by the end of the 1990s, relegated to the past, and describing someone as a 'Gypsylorist' became an euphemism for problematic, outdated, essentializing, and even racist scholarship. In Ken Lee's conceptualization, Gypsylorism was "a parallel and similar system of discourse to Orientalism,"[34] which "created and still creates a web of racism, cultural stereotypes, political imperialism and dehumanizing ideology for the Romanies."[35]

While it was clear that at least from the 1980s and 1990s onward, being described as a 'Gypsylorist' was a serious insult and discredited one's work, this new era was not envisioned uniformly despite the shared consensus on 'Gypsylorism' as a scholarly slur. At the moment of the optimistic transition into a new era, claims of social construction came to be perceived by some scholars as a form of deconstruction, even destruction, of the field's shared collective historical subject, and as a potential threat to Romani communities. Thus, for example, Thomas Acton in his inaugural lecture as Professor of Romani Studies at the University of Greenwich in 1998, admitted that he played his own part "in setting up social constructionist paradigms," but distanced himself forcefully from alleged 'radical social constructionists', such as Wim Willems and David Mayall. At other points in his inaugural lecture, Acton also described these scholars as 'post-modernist social-constructionist or deconstructionists'. In his rebuttal of their claims, Acton said that he

31 Okely: Traveller-Gypsies, pp. 7–13; Lucassen/Willems/Cottaar: Gypsies, pp. 5–10.

32 The Gypsy Lore Society's founding president, Charles G. Leland, described Gypsy-lore as a sister of Folklore and both as daughters of Ethnology. Charles G. Leland: Reviews, in: Journal of the Gypsy Lore Society 1/2 (1888), p. 105.

33 David Mayall: Gypsy Studies. A New Era?, in: Immigrants & Minorities: Historical Studies in Ethnicity, Migration and Diaspora 17/2 (1998), p. 58.

34 Ken Lee: Orientalism and Gypsylorism, in: Social Analysis: The International Journal of Anthropology 44/2 (2000), p. 132.

35 Ibid., p. 149.

did not wish to "retreat to unargued positivism," but "merely to assert that even socially constructed knowledge is not about empty air."[36] When Acton reviewed David Mayall's book,[37] he complained that the "scholarly consensus about Gypsy history [...] had been blown apart by a radical social-constructionist critique" by Wim Willems and Leo Lucassen, and that David Mayall was "a convert to this social-constructionist position."[38] In 2004, Acton doubled-down on this argument and asserted that "a number of writers, especially, it seems, those of Dutch origin, have argued that 'Gypsies' are no more than a series of representations, with only a shifting and tenuous relation to underlying reality, if indeed such a thing may be said to exist."[39] He also sarcastically wondered "why the application of postmodernist deconstructionism to Romani Studies seems to be such a specialism of the Dutch."[40]

When linguist Yaron Matras criticized both the work of Judith Okely and what he called the "deconstructionist school" of Leo Lucassen and Wim Willems, he claimed that they recognized only "peripatetics as a social phenomenon," and denied "Rom of Indian origin, claiming that it is no more than a social construction by outsiders."[41] In a response to her critics, Judith Okely explained that her questioning of the single Indian origin theory was "mistakenly interpreted as an ideological de(con)struction of an ethnic group."[42] Matras also reported unfavourably about a group of Leipzig-based researchers, who were in his words reluctant to engage in what they regarded "as 'essentialist' or even 'positivist' approaches to Gypsy identity, such as those that are based on language or origin."[43]

Other scholars who were alarmed by the spread of the vocabulary of social construction in Romani Studies explicitly pointed out its potential dangers in the late 1990s and early 2000s. Angus Bancroft, for example, warned in

36 Thomas Acton: Authenticity, Expertise, Scholarship and Politics. Conflicting Goals in Romani Studies. Inaugural Lecture at the University of Greenwich (1998), online: http://www.gypsy-traveller.org/pdfs/acton_article.pdf (21.10.2021).

37 David Mayall: Gypsy Identities 1500–2000. From Egipcyans and Moon-men to the Ethnic Romany, London/New York 2004.

38 Thomas Acton: Book Reviews. David Mayall, Gypsy Identity 1500–2000, in: Ethnic and Racial Studies 27/4 (2004), p. 666.

39 Thomas Acton: Modernity, Culture and 'Gypsies'. Is there a Meta-Scientific Method for Understanding the Representation of 'Gypsies'? And do the Dutch really Exist?, in: Nicholas Saul/Susan Tebbutt (eds.): The Role of the Romanies. Images and Counter-Images of 'Gypsies'/Romanies in European Cultures, Liverpool 2004, p. 99.

40 Ibid., p. 113.

41 Yaron Matras: The Role of Language in Mystifying and Demystifying Gypsy Identity, in: Nicholas Saul/Susan Tebbutt (eds.): The Role of the Romanies. Images and Counter-Images of 'Gypsies'/Romanies in European Cultures, Liverpool 2004, p. 55.

42 Okely: Consequences, p. 227f.

43 Yaron Matras: Reviews. Roma-Zigeunerkulturen in neuen Perspektiven. Romani/Gypsy Cultures in New Perspectives, in: Romani Studies 5 19/1 (2010), p. 91.

1999 that "no matter how well meant, deconstructing 'ethnicity' can be politically damaging to the ethnic group on the receiving end, especially when their deconstruction is followed by a reconstruction as a socially delinquent subculture."[44] Colin Clark was even more specific in his warning: "At a time in Europe when groups of people known as Romanies and Gypsies are being shunted from one country to the next under the label of 'bogus' refugees and asylum seekers, the Willems book my seem an affront to those Romani families at the sharp end."[45]

As these representative quotes show, discussions on social construction in the 1990s and early 2000s mostly revolved around the Indian origin-story of contemporary Roma/Gypsies. To simplify a bit, affirming an Indian origin was considered as reductive and outdated Gypsylorism by its opponents, rejecting it as deconstructionism or radical social constructivism. This first wave of reactions spurred by the spread of constructivist vocabulary very much coincided with similar clashes in other fields in the humanities and social sciences, for example in nationalism studies and gender studies. Despite the quick domestication of social construction in the humanities and social sciences during the late 1990s and early 2000s, its contentiousness repeatedly brought forth further disagreement. In Romani Studies, as Huub van Baar and Angéla Kóczé pointed out, a surprisingly similar debate developed in the 2010s, for example in publications by Martin Kovats, Ian Law, Mihai Surdu, and Andrzej Mirga,[46] who mostly moved away from the Indian origin narrative and focused mostly on categories of Romaniness in contemporary Europe. The previously frequently used term Gypsylorism has been replaced by essentialism and thus the discussion solidified the binary of essentialism versus constructivism.

Ian Law and Martin Kovats used constructivist vocabulary to define "Roma identity not as the marker of a distinct people, that is, the Roma, but as a politicised label broadly and variously applied."[47] Yaron Matras, on the other hand, believed that scholarship had an important role to play in the ongoing political processes of Romani emancipation in Europe. He found the lack of a new shared conceptualization of Romaniness – one that would replace the "fictional 'Gypsy'" – a failure of scholarship, and warned against "repeated

44 Angus Bancroft: personal communication with Colin Clark by e-mail (1999). Cited in: Colin Clark: Book Reviews. In Search of the True Gypsy. From Enlightenment to Final Solution. Wim Willems, in: Romani Studies 5 10/1 (2000), p. 83.

45 Clark: Book Reviews, p. 83.

46 van Baar/Kóczé: Introduction, p. 26.

47 Ian Law/Martin Kovats: Rethinking Roma. Identities, Politicisation and New Agendas (Mapping Global Racisms), London 2018, p. xii.

reflections on the concept of Roma ethnicity as if it were a mere 'construction' lacking a basis in objective features."[48]

Law and Kovats concisely summed up the epistemological choice that opened up with the emergence of a constructivist sensibility in Romani Studies: "The idea of a Roma past (Gypsy history) raises the question of which people's past constitutes the Roma past? There are at least three different histories that can be used to try and reconstruct this past: the history of those people who are *Roma* today, the history of the Romani language and the history of *Roma* in the historical record."[49]

While historians have stayed surprisingly uninvolved in the explicit debate on constructivism in Romani Studies, they have frequently hinted at the conceptual ruptures of Gypsiness and Romaniness by laying out complex narratives of concepts which were simultaneously administrative, legislative, ethnographic, and self-descriptive. To name just a few representative examples, Celia Donert noted that definitions of 'Gypsy' in the first Czechoslovak Republic "remained suspended between ethnic and sociological criteria."[50] Jennifer Illuzzi remarked that she dealt with "a politically and socially constructed category of Gypsy."[51] Tara Zahra pointed out the instability of the label 'Gypsy' and the need to historicize how the category was defined and transformed.[52] And Vera Sokolova attempted to define 'Gypsiness' in explicitly constructivist terms, because "writing a linear history of the Roma or mapping out Czechoslovak ethnic discrimination by assuming a stable Romani subject is a theoretically futile and analytically unproductive effort."[53] Historiographic research in the 2010s therefore frequently noticed and historicized nonlinear, evental changes of Romaniness and Gypsiness, whilst mostly refraining from taking an explicit position in the coeval discussions on essentialism and social construction.

As is clear from the examples discussed above, essentialism and constructivism in Romani Studies function beyond scholarly discussions, and the scholars are well aware of the fact. Both approaches are attributed with a po-

48 Yaron Matras: Scholarship and the Politics of Romani Identity. Strategic and Conceptual Issues, in: European Yearbook of Minority Issues 10 (2011), p. 246.

49 Law/Kovats: Rethinking Roma, p. 66.

50 Celia Donert: 'The Struggle for the Soul of the Gypsy'. Marginality and Mass Mobilization in Stalinist Czechoslovakia, in: Social History 33/2 (2008), p. 126.

51 Jennifer Illuzzi: Negotiating the 'State of Exception': Gypsies' Encounter with the Judiciary in Germany and Italy, 1860–1914, in: Social History 35/4 (2010), p. 418.

52 Tara Zahra: "Condemned to Rootlessness and Unable to Budge". Roma, Migration Panics, and Internment in the Habsburg Empire, in: American Historical Review 122/3 (2017), p. 704.

53 Vera Sokolova: Cultural Politics of Ethnicity. Discourses on Roma in Communist Czechoslovakia, Stuttgart 2008, p. 17, 24.

tential for political agency as well as political regression or harm to contemporary Romani communities. The perceived threats and benefits vary from author to author. Acknowledging the potential benefits of essentialism, cultural anthropologist and folklorist Carol Silverman recommended employing Gayatri Chakravorty Spivak's concept of *strategic essentialism*, since "for identity politics, funding, music marketing and legal battles, Roma sometimes need to be perceived as a bounded, distinct group," while "advocates, researchers and Roma themselves may essentialize for various reasons."[54] Thus, according to Silverman, essentializing can be used strategically, even though it has been "so demonized in social theory that we may be afraid to fruitfully employ it."[55] Social anthropologist Michael Stewart, on the other hand, pointed out that a constructivist perspective carries "from the point of view of young Romany activists, a potentially liberating insight: the history of the Gypsies is as much a history of those who classified people as 'Gypsy' as it is of those thus labelled."[56]

Some Romani Studies scholars have openly called for moving beyond the repeated debate on essentialism versus constructivism. Van Baar and Kóczé have pointed out that while "poststructuralist approaches [...] have seriously challenged the 'either-orism' central to this debate, [...] in Roma-related scholarship, the deconstruction of this binary seems curiously difficult to achieve – despite several serious attempts to do so." They believe that this is due to "the delayed influence of [...] pioneering scholars in postcolonial, decolonial and cultural studies."[57] To van Baar and Kóczé, the impasse of essentialism and constructivism is therefore a consequence of a belated and insufficient reception of poststructuralist theories.

In the remainder of this essay, I propose an additional explanation of the impasse of essentialism and constructivism in Romani Studies, one rooted in conflicting historical sensibilities of competing time regimes.

Historical sensibilities of essentialism and constructivism

As I have shown, the terms essentialism and social construction function in Romani Studies as mutually-constituted asymmetric counterconcepts: *asym-*

54 Silverman: Ethnicity Unbound, p. 258.

55 Ibid., p. 267f.

56 Michael Stewart: Roma and Gypsy "Ethnicity" as a Subject of Anthropological Inquiry, in: Annual Review of Anthropology 42 (2013), p. 423.

57 van Baar/Kóczé: Introduction, p. 28.

metrische Gegenbegriffe in Reinhart Koselleck's terminology. Koselleck's notion of asymmetric counterconcepts covers the types of linguistic situations in which "one's name for oneself and names others call one" diverge, whereby a term is "employed only in one direction and in an unequal fashion," and therefore the subjects in question, "while feeling themselves addressed, do not feel properly recognized."[58] His examples of historically present asymmetrical counterconcepts included Hellene and Barbarian, Christian and Heathen, human and nonhuman, superhuman and subhuman. In their time, Koselleck pointed out, all these pairs implied a claim to *universality*.[59] That is, a discursive situation in which the conceptual pair Hellene/Barbarian was employed, implied that one could only be either a Hellene or a Barbarian, because these two options encompassed all possible ways of being a subject in that time and place. Similarly, essentialism and constructivism in Romani Studies' debates function as if they had a claim to theoretical universality. As a conceptual pair, they function as if they formed a totality of all possible ways of historicising Roma. But wherein lies the crucial difference between the two? Can they be lifted from this binary framing and analysed in such a way that they reveal more than just a scholarly disagreement?

Practices that have been labelled as essentialist (occasionally also primordialist and positivist) differ from practices that are understood as constructivist in the way they conceive of Romaniness as a historical category. What is important to note is that the so-called essentialist practices actually do not understand Roma to be an *unhistorical* subject. In historiographic parlance, an essentialist approach is understood as ahistorical and therefore outside of the realm of historical change. The anti-constructivist and non-constructivist publications in Romani Studies instead exhibit a *developmental* understanding of Roma as a historical subject. In historiographic terms, such developmental historicizing practices are understood as *historicist*. What is continuously referred to as 'essentialism' in Romani Studies, therefore actually translates as 'historicism' in historiographic parlance. Publications that have been accused of essentialism are thus not essentialist in the historiographic sense of the term. In discussions within Romani Studies, the term historicism doesn't play a visible role, mostly because this multidisciplinary field created its own terminological microcosm, in which historiographic terms carry less transdisciplinary potential as terms from sociology, anthropology, and cultural studies.

58 Reinhart Koselleck: Futures Past. On the Semantics of Historical Time, New York 2004, p. 155.

59 Ibid., p. 157.

Just as essentialism and constructivism, historicism is also by no means a precise and fixed analytical term, and has been used as a scholarly slur in various contexts. At its conception in mid-nineteenth-century Germany, *Historismus* was used as a derogatory term, and referred to "modes of historical thinking that were found wanting – though on different grounds."[60] As explained by Herman Paul and Adriaan van Veldhuizen, historicism is "not only a technical term for nineteenth-century modes of thinking; it is also a term of abuse, a word of warning and a derogatory concept invoked by humanities and social science scholars throughout the twentieth century."[61] In Frederick C. Beiser's prescriptive definition of historicism, historicism denotes the "classical historicist tradition that began in Germany with Chladenius in the middle of the eighteenth century and that ended with Max Weber at the beginning of the twentieth century."[62] At its core, argued Beiser, lies the conviction that "the essence, identity or nature of everything in the human world is made by history, so that it is entirely the product of the particular historical processes that brought it into being."[63] This (German) historicist tradition, claimed Beiser, "shaped our intellectual universe to an extraordinary degree, so that today we are all historicist in our ways of thinking."[64]

But what does this mean, to be historicist and non-historicist in our ways of thinking? As shown by Zoltán Boldizsár Simon, heated scholarly debates that took place between the 1960s and 1990s under the banners of postmodernism, the cultural turn, and the linguistic turn, which were perceived by some historians as a threat to the survival of history as a discipline, were in fact a clash of two ideas of historical change: *historicism* and *constructionism*.[65] Historicism had been the dominant mode of historical thinking up until the second half of the twentieth century, explained Simon, and was challenged by the emergence of constructionism as its alternative. The two represent two different ways of conceptualizing change in time and temporal change in the condition of subjects. As "ideas of historical change and as conceptual tools of academic practices, [they] offer alternative ways of comparing temporally

60 Herman Paul/Adriaan van Veldhuizen: Introduction. Historicism as a Travelling Concept, in: ibid. (eds.): Historicism. A Travelling Concept, London/New York 2021, p. 3.

61 Ibid., p. 1.

62 Frederick C. Beiser: The German Historicist Tradition, Oxford 2011, p. vii.

63 Ibid., p. 2.

64 Ibid., p. vii.

65 Simon uses the term *constructionism* to differentiate between the novelty of social constructionism from the second half of the twentieth century and the older intellectual traditions that can be described as *constructivist*, e.g. Kantian constructivism. Zoltán Boldizsár Simon, personal communication with the author, June 7, 2020.

separated states of affairs and conditions of subjects,"[66] and are therefore *rival ideas of historical change.*[67] A historicist approach understands change in time as "a change *in* the condition of a subject." A constructionist approach, on the other hand, understands change in time as "the displacement of the subject itself and its replacement with a newly constituted subject, completely other than the one displaced."[68] In other words, "[w]hereas historicism established the very comparability of changing states of affairs and changing conditions over time in the condition of a self-identical subject, constructionism held up the incommensurability of different states of affairs and conditions in different times, thereby questioning the temporal survival of the self-identical subject as the common ground of temporal comparison."[69]

As Simon explains, the modern historical sensibility, one that informs historicism, is *developmental* or *processual.* It was inscribed into humanities during their professionalization and institutionalisation in the nineteenth century and still conditions how we think and write historically. Social constructionism, on the other hand, is a symptom of an *evental* historical sensibility which rose prominently in the second half of the twentieth century,[70] when Western society witnessed an increasing "invocation of an evental temporality of change against the backdrop of a decreasing belief in a processual one."[71] In his explanation of the rise of social construction as a novel form of historicizing, overdetermined by an evental historical sensibility, Simon leans on the claim that a tectonic shift happened in the way that (Western) society at large perceives time, temporality and historicity.

Competing time regimes

Preceding Simon's work, other authors have pointed to this tectonic shift in the dominant societal *experiences* of temporality and the relations between past,

66 Simon: Historicism and Constructionism. Rival Ideas of Historical Change, in: History of European Ideas 45/8 (2019), p. 1182.

67 Ibid., p. 1171.

68 Ibid., p. 1179.

69 Ibid., p. 1182.

70 Simon: The Transformation of Historical Time. Processual and Evental Temporalities, in: Laurent Olivier/Marek Tamm (eds.): Rethinking Historical Time. New Approaches to Presentism, London 2019, p. 80.

71 Ibid., p. 74f.

present, and future in postwar 'Western societies'.[72] This phenomenological focus on the notion of *experience* as an entry point to grasp changes of societal historical sensibilities stems largely from Reinhart Koselleck's work. His method of grasping historical time has been a direct source of inspiration for most contemporary thinkers of time and temporality. As Marcus Colla remarked in his review essay on six recently published books on historical time, Koselleckian categories "are rarely far away from any of our featured authors' lips."[73]

Since the 1970s, Reinhart Koselleck developed a historiographic method to observe dominant societal perceptions of time and historicity. He drew on Hans-Georg Gadamer's notions of experience, expectation, and horizon and used these notions to forge two temporal categories: space of experience *(Erfahrungsraum)* and horizon of expectation *(Erwartungshorizont)*.[74] Koselleck believed that these two categories form an anthropological constant in human history, because every historical act is based "on the experiences and expectations of those involved."[75] With his methodological model of these two metahistorical categories, Koselleck detected a tectonic change in Western conceptions of past, present, and future. Between 1750 and 1850, argued Koselleck, historical subjects in Western Europe experienced a surge in the discrepancy between their space of experience and horizon of expectation due to a combination of tectonic societal, political, technological, and economic changes. These subjects' past experiences no longer sufficed for a stable and reliable prognosis of the future, because the sheer volume and extent of change in their lifetimes exceeded their space of experience. This was, for Koselleck, the birth of modernity: "Modern time has only been conceived as such since expectations have moved away from all previous experiences."[76] In sum, Koselleck established a far-reaching claim that the past-oriented temporality of the European *ancien régime* transformed into a future-oriented time regime of European modernity in the period between 1750 and 1850.

The future-oriented time regime of European modernity overdetermined, among other things, the dominant historical sensibility of nineteenth- and

72 These authors mainly use the notion of 'Western societies' in a very broad sense and do not try to establish or observe potential differences between, say, South America and North America, the Americas and Europe, the socialist and non-socialist Europe, Europe and Middle East, etc. It does not follow from their work, therefore, that these shifts in experiences of temporality took place *only* in Western Europe and the U.S., nor that the so-called 'Western societies' experienced a homogenous and simultaneous change in time regimes. Rather, I believe, their claims are a fruitful starting point, but not a definitive account of time regimes.

73 Marcus Colla: The Spectre of the Present. Time, Presentism and the Writing of Contemporary History, in: Contemporary European History 30 (2021), p. 128.

74 Niklas Olsen: History in the Plural. An Introduction to the Work of Reinhart Koselleck, New York/Oxford 2012, p. 223.

75 Reinhart Koselleck: Concepts of Historical Time and Social History, in: ibid.: The Practice of Conceptual History. Timing History, Spacing Concepts, Stanford 2002, p. 126f.

76 Ibid., p. 127f.

twentieth-century humanities and social sciences. The very founding period of modern academic disciplines was enveloped by a future-oriented sensibility, which is therefore inscribed into their dominant strategy of thinking historically, that is, *historicism*. The future-oriented time regime was and still is firmly nested in disciplinary practices of thinking historically. However, since the last decade of the twentieth century, scholars started to observe a crisis of this modern time regime and claimed that a new time regime, a *present*-oriented one, emerged alongside it. The emergence of a *present*-oriented time regime, one fundamentally different from the *future*-oriented time regime that informs historicism, has been detected by a few scholars, for example François Hartog, Hans-Ulrich Gumbrecht, and Aleida Assmann.[77] They have developed different entry points for grasping and explaining the tectonic shift of dominant time regimes.

François Hartog believes that, since 1989, we have entered a new experience of time and a new regime of historicity, which he names *presentism (le présentisme)*.[78] Presentism is Hartog's name for "today's experience of time," and the moment of an apparent crisis of the modern regime of historicity, whereas "the distance between the space of experience and the horizon of expectation has been stretched to its limit, to breaking point."[79] Hans Ulrich Gumbrecht arrived at a conclusion very similar to Hartog's by approaching the topic from a literary theory background and repurposing Mikhail Bakhtin's concept of *chronotope*[80] to describe "the institutional ways in which we relate to past, future, and present."[81] According to Gumbrecht, a *historicist chronotope* was dominant from roughly the late eighteenth century until the late twentieth century. It was energized by a historical consciousness and "held such enormous consequences that it was simply confused with 'time' and 'history' until philosophically ambitious historians – especially Michel Foucault and

77 The list is by no means exhaustive. It should at the very least include also Andreas Huyssen and Paul Ricoeur.

78 To avoid any conceptual confusion, one should note that Hartog's concept of *présentisme* differs fundamentally from the notion of presentism as "the application of concepts of the present to the study of the past." See Carlos Spoerhase: Presentism and Precursorship in Intellectual History, in: Culture, Theory & Critique 49/1 (2008), p. 49.

79 François Hartog: Regimes of Historicity. Presentism and Experiences of Time, New York 2015, p. 17f.

80 In an essay written in the 1930s, published in Russian in 1975, and in English in 1981, Mikhail Bakhtin introduced the term *chronotope* (literally, "time-space") into literary theory, borrowing it from Einstein's Theory of Relativity, where it expresses the inseparability of space and time. To Bakhtin, the concept of chronotope signified "the intrinsic connectedness of temporal and spatial relationships that are artistically expressed in literature." Mikhail Bakhtin: Forms of Time and of the Chronotope in the Novel. Notes toward a Historical Poetics, in: ibid. (auth.), Michael Holquist (ed.): The Dialogic Imagination. Four Essays by M. M. Bakhtin, Austin 2008, p. 84.

81 Hans Ulrich Gumbrecht: The Future of Reading? Memories and Thoughts toward a Genealogical Approach, in: boundary 2 41/2 (2014), p. 106f.

Reinhart Koselleck – began to historicize it too."[82] This historicist chronotope synthesized "multiple representations as identical objects by arranging them in sequence and making them appear, as moments of transformation, to be the inevitable effects of time." Thus, for example, to "answer the question 'What is Prussia?' it became necessary to tell the history of Prussia."[83] The historicist chronotope began to stagnate in the 1980s and was gradually overshadowed by the emergence of a new yet *unnamed chronotope*.[84] Even though the historicist chronotope in Gumbrecht's view imploded decades ago, he believes that our discourses, for purposes of communication and self-understanding, still perpetuate it.[85]

Similar to Gumbrecht's claim of an imploded historicist chronotope, Aleida Assmann came to the conclusion that the modern time regime is experiencing a crisis. The crisis point was reached in the 1980s, and the outlines of a new temporal regime appeared two decades later, around 2000.[86] Assmann placed the emergence of a new temporal orientation in a similar chronology as Hartog and Gumbrecht, yet differs from them in one important aspect. While Hartog and Gumbrecht believe we have already entered a new time regime (albeit the modern time regime lingers on and influences our practices of historicizing), Assmann believes that "we stand not at the terminal end of the modern time regime but merely at the beginning of its renewal."[87] Evoking Koselleck's terminology, she claims that the future can nowadays still be seen as an open horizon of expectation.[88] This is in sharp contrast with Gumbrecht's claim that in the new chronotope, the future no longer has the status of a horizon of open possibilities of action, but assumes a threatening shape with scenarios which cannot be predicted in advance, for example climate change and nuclear war.[89] Despite considerable differences in their conclusions, Hartog, Gumbrecht, and Assmann have all come to be seen as representatives of *theories of presentism*.[90]

82 Ibid.: Our Broad Present. Time and Contemporary Culture (Insurrections: Critical Studies in Religion, Politics, and Culture), New York 2014, p. 29.

83 Ibid., p. 30f.

84 Ibid., p. 29.

85 Ibid., p. 30f.

86 Aleida Assmann: Is Time out of Joint? On the Rise and Fall of the Modern Time Regime (Signale transfer: German thought in translation), Ithaca 2020, p. 176.

87 Ibid.

88 Ibid., p. 230.

89 Gumbrecht: Our Broad Present, p. 31.

90 Laurent Olivier/Marek Tamm: Introduction. Rethinking Historical Time, in: ibid. (eds.): Rethinking Historical Time. New Approaches to Presentism, London 2019, p. 1.

Zoltán Boldizsár Simon distanced himself from presentist theories of time regimes[91] and claimed that albeit a new historical sensibility, one fundamentally different from the modern time regime, has in fact appeared, the current regime of historicity is anything but presentist. It is not presentist because it is determined by a strong experience of *unprecedented change* in technology and climate. Simon believes that the presentist theories have overlooked the fact that "first, the loss of Western ideological-utopian future-orientation was self-imposed and, second, that it did not result in overall presentism but in exchanging an ideological future-orientation for a technological-scientific one that emerged simultaneously with the abandonment of the former."[92] Although unprecedented changes do not take place in the political sphere, claims Simon, they increasingly occur in the field of technology, ecology, and warfare as perceived existential threats.[93]

Despite the differences in the above-cited authors' analyses of temporal change, it is clear that there is now "an increasing consensus among many scholars in different fields of humanities and social sciences that something has changed in our vision of temporality which we now perceive as more variable, less monolithic – something that affects our way of thinking about the transformation of past phenomena over time."[94] According to Laurent Olivier and Marek Tamm, a profound change in our perception of time gradually emerged since the second half of the twentieth century, became "increasingly obvious over the final decades of the century" and is by now "so well established as to affect all disciplines in humanities and social sciences."[95] As they aptly pointed out, monumental changes in how we perceive historical time on the level of society have already had major influence on the very methodologies of disciplines in humanities and social sciences.[96]

Historicizing Romaniness within conflicting time regimes

As I have shown, following Simon's thought, a historicist explanation of Romani identity and groupness is the kind of explanation which holds that

91 Zoltán Boldizsár Simon: History in Times of Unprecedented Change. A Theory for the 21st Century, London 2019, p. 2.

92 Ibid.: We Have Never Been Presentist. On Regimes of Historicity, in: Journal of the History of Ideas Blog (2.5.2016), online: https://jhiblog.org/2016/05/02/we-have-never-been-presentist-on-regimes-of-historicity/ (24.5.2020).

93 Ibid.: History in Times of Unprecedented Change, p. 7.

94 Olivier/Tamm: Introduction, p. 1.

95 Ibid., p. 7.

96 Ibid., p. 3f.

Roma underwent historical development as a self-identical subject – a subject which ontologically retained its core substance as time passed. In other words, a historicist explanation presupposes that there is such a thing as the essence of Romaniness which one can observe through time and trace its processual changes. A constructionist explanation of historical change, on the other hand, is attuned to find a break with the past, an event, the creation of a new historical subject. These two competing explanations of historical change lead to inevitable disagreements in the contemporary historicizing of Roma.

What is more, the change of dominant time regimes – from a predominant developmental historical sensibility to its crisis and emergence of an evental historical sensibility – are obviously reflected in the field of politics as well. This mixture of coexistent time regimes can be observed as a specific *chronocenosis*, in which (political) power and temporal regimes interact, compete, and co-constitute each other. The neologism 'chronocenosis' was coined by Dan Edelstein, Stefanos Geroulanos, and Natasha Wheatley, who found inspiration for it in the term 'biocenosis' from ecology.[97] "Just as *biocenosis* frequently serves as an ecological term for understanding cooperation, adaptation, and conflict within and between the populations of a particular biosphere, *chronocenosis* offers a sense that multiple temporal regimes are not merely concurrent, but at once competitive, conflictual, cooperative, unstable."[98] Chronocenosis it therefore a model for theorizing the multiplicity and conflict of temporal regimes, whereas "power operates by arranging, managing, and scaling temporal regimes and conflicts."[99]

Scholars' doubts over essentialism and social construction and their potential political harm – described in the first part of this essay – point to, I claim, a chronocenosis, i.e., a temporal community which is experiencing a politicized temporal conflict between processual and evental historical sensibilities. It is a conflict that extends beyond the scholarly community of Romani Studies and involves state power and its competing temporal sensibilities. As a general observation that needs to be further examined through individual case studies – and which I offer here as a potential starting point for further research on competing temporalities in Romani Studies – I claim that contemporary states mostly ground their definitions of ethnicity, groupness, and consequently the

97 Biocenosis is a term that denotes "all the interacting organisms that live together in a specific habitat or biotope, forming an ecological community." Its synonyms are biotic community, biological community, ecological community, and life assemblage. See: Anon.: Biocoenosis, in: Biology Online (28.6.2021), online: https://www.biologyonline.com/dictionary/biocoenosis (22.10.2021).

98 Dan Edelstein/Stefanos Geroulanos/Natasha Wheatley: Chronocenosis. An Introduction to Power and Time, in: ibid. (eds.): Power and Time. Temporalities in Conflict and the Making of History, Chicago/London 2020, p. 27.

99 Ibid., p. 4.

legal status of minorities in a historicist and *not* a constructivist historical sensibility. According to this state logic, the longer the perceived history of a certain historical subject, the more justified their claim to a separate status of collective identity. A collectivity aspiring to be politically recognized as a minority almost inevitably has to use historicist arguments when negotiating their status with state authorities. A constructivist approach to Romani history therefore cuts both ways. It can be liberating from a stigmatized past by drawing a distinction between different administrative and legislative historical subjects, which were at one point or another covered by the umbrella term 'Gypsy' or its proxinyms. But it can also dissolve the legitimacy of contemporary Roma as a historical and thus political subject in its own right, at least in the eyes of the state, and thus hinders Romani access to institutionalized positions of self-representation. This dilemma applies not only to Romani advocacy. Already in 1999, Edward F. Fischer found it ironic that "as many Western scholars have turned to constructivist theories to explain new ethnic movements and forms of identity politics, the subjects of their studies have begun to embrace a form of essentialism to justify their political legitimacy."[100]

Here I name just one example of a historicist governing strategy as a starting point to a future empirically-grounded exploration of competing temporalities. In the Republic of Slovenia, the self-representation of Roma in governing bodies is grounded on a distinction between purported 'autochthonous' *(avtohtoni)* and 'non-autochthonous' *(neavtohtoni)* Roma. Nineteen out of 212 municipalities are officially proclaimed to have 'traditional' *(tradicionalni)* Romani settlements. Only those municipalities allow for a Romani representative in their municipal council. Other Romani communities in Slovenia, if they live outside of those nineteen municipalities, even if they are relatives of the very same people from the chosen nineteen municipalities, are considered as 'non-autochthonous' and 'non-traditional' and consequently have no formalized access to co-shaping politics and policies on a local level.[101] Thus, the legitimacy of the claim to representation on the municipal council is based on purported uninterrupted 'traditional' settlement. It is therefore not strictly and not only *Romaniness* that legitimizes their participation in local power structures in the eyes of state authorities. Other Romani communities – for example immigrants from the time of the Yugoslav wars in the 1990s – are not

100 Edward F. Fischer: Cultural Logic and Maya Identity. Rethinking Constructivism and Essentialism, in: Current Anthropology 40/4 (1999), p. 473.

101 For an explanation on how the categories of autochthonous and non-autochthonous Roma function in the Republic of Slovenia, see Alenka Janko Spreizer: Cultural and Political Construction of Romani Ethnic Differences in Romological Discourse on Roma in Slovenia, in: Anthropology of East Europe Review 22/2 (2004), pp. 54–64.

given the same representation in municipal councils where they live. A deeply territorial, processual temporal sensibility therefore underlies the status of purported 'traditional' Romani settlements.

At its core, the persistence of the essentialism versus constructivism dilemma in scholarly circles is the outcome of a clash of rival historical sensibilities – a clash which extends far beyond scholarly debates and comes into contact with historicist sensibilities of state power in relation to minorities. Political practices, I claim, appeal to their own historicist temporality, and scholarly discourses are knowingly or unknowingly conditioned by this temporal incongruity. I believe that many scholars working within or adjacent to Romani Studies are at least implicitly aware of the tension between these conflicting temporalities, even if they would not intuitively describe it as a tension of coexistent and conflicting time regimes.

Bibliography

Monographs

Acton, Thomas: Gypsy Politics and Social Change. The Development of Ethnic Ideology and Pressure Politics among British Gypsies from Victorian Reformism to Romany Nationalism, London 1974.

Assmann, Aleida: Is Time out of Joint? On the Rise and Fall of the Modern Time Regime (Signale transfer: German thought in translation), Ithaca 2020.

Beiser, Frederick C.: The German Historicist Tradition, Oxford 2011.

Gumbrecht, Hans Ulrich: Our Broad Present. Time and Contemporary Culture (Insurrections: Critical Studies in Religion, Politics, and Culture), New York 2014.

Hacking, Ian: The Social Construction of What? Cambridge, MA 1999.

Hartog, François: Regimes of Historicity. Presentism and Experiences of Time (European Perspectives: A Series in Social Thought and Cultural Criticism), New York 2015.

Koselleck, Reinhart: The Practice of Conceptual History. Timing History, Spacing Concepts (Cultural Memory in the Present), Stanford 2002.

Koselleck, Reinhart: Futures Past. On the Semantics of Historical Time, New York 2004.

Law, Ian/Kovats, Martin: Rethinking Roma. Identities, Politicisation and New Agendas (Mapping Global Racisms), London 2018.

Lucassen, Leo/Willems, Wim/Cottaar, Annemarie: Gypsies and Other Itinerant Groups. A Socio-Historical Approach, London/New York 1998.

Mayall, David: Gypsy Identities 1500–2000. From Egipcyans and Moon-men to the Ethnic Romany, London/New York 2004.

Okely, Judith: The Traveller-Gypsies, Cambridge 1983.

Olsen, Niklas: History in the Plural. An Introduction to the Work of Reinhart Koselleck, New York/Oxford 2012.

Simon, Zoltán Boldizsár: History in Times of Unprecedented Change. A Theory for the 21st Century, London 2019.

Sokolova, Vera: Cultural Politics of Ethnicity. Discourses on Roma in Communist Czechoslovakia, Stuttgart 2008.

Surdu, Mihai: Those Who Count. Expert Practices of Roma Classification, Budapest 2016.

Willems, Wim: In Search of the True Gypsy. From Enlightenment to Final Solution, London/New York, 1997.

Edited volumes

Barth, Fredrik (ed.): Ethnic Groups and Boundaries. The Social Organization of Culture Difference, Oslo/Boston/London 1969.

Contributions in edited volumes

Acton, Thomas: The Social Construction of Ethnic Identity of Commercial Nomadic Groups, in: Joanne Grumet (ed.): Papers from the Fourth and Fifth Annual Meetings. Gypsy Lore Society, North American Chapters, New York 1985, pp. 4–23.

Acton, Thomas: Modernity, Culture and 'Gypsies'. Is there a Meta-Scientific Method for Understanding the Representation of 'Gypsies'? And do the Dutch really Exist? In: Nicholas Saul/Susan Tebbutt (eds.): The Role of the Romanies. Images and Counter-Images of 'Gypsies'/Romanies in European Cultures, Liverpool 2004, pp. 98–116.

van Baar, Huub/Kóczé, Angéla: Introduction. The Roma in Contemporary Europe. Struggling for Identity at a Time of Proliferating Identity Politics, in: ibid. (eds.): The Roma and Their Struggle for Identity in Contemporary Europe, New York/Oxford 2020, pp. 3–45.

Bakhtin, Mikhail: Forms of Time and of the Chronotope in the Novel. Notes toward a Historical Poetics, in: ibid. (auth.)/Michael Holquist (ed.): The Dialogic Imagination. Four Essays by M. M. Bakhtin, Austin 2008, pp. 84–258.

Edelstein, Dan/Geroulanos, Stefanos/Wheatley, Natasha: Chronocenosis. An Introduction to Power and Time, in: ibid. (eds.): Power and Time. Temporalities in Conflict and the Making of History, Chicago/London 2020, pp. 1–49.

Gheorghe, Nicolae: The Social Construction of Romani Identity, in: Thomas Acton (ed.): Gypsy Politics and Traveller Identity, Hatfield 1997, pp. 153–171.

Matras, Yaron: The Role of Language in Mystifying and Demystifying Gypsy Identity, in: Nicholas Saul/Susan Tebbutt (eds.): The Role of the Romanies. Images and Counter-Images of 'Gypsies'/Romanies in European Cultures, Liverpool 2004, pp. 53–78.

Okely, Judith: Some Political Consequences of Theories of Gypsy Ethnicity, in: Allison James/Jenny Hockey/Andrew Dawson (eds.): After Writing Culture. Epistemology and Praxis in Contemporary Anthropology (ASA Monographs, 34), London/New York 2004, pp. 224–243.

Olivier, Laurent/Tamm, Marek: Introduction. Rethinking Historical Time, in: ibid. (eds.): Rethinking Historical Time. New Approaches to Presentism, London 2019, pp. 1–20.

Paul, Herman/van Veldhuizen, Adriaan: Introduction: Historicism as a Travelling Concept, in: ibid. (eds.): Historicism. A Travelling Concept, London 2021, pp. 1–12.

Silverman, Carol: Ethnicity Unbound. Conundrums of Culture in Representations of Roma, in: Huub van Baar/Angéla Kóczé (eds.): The Roma and Their Struggle for Identity in Contemporary Europe, New York/Oxford 2020, pp. 257–280.

Simon, Zoltán Boldizsár: The Transformation of Historical Time. Processual and Evental Temporalities, in: Laurent Olivier/Marek Tamm (eds.): Rethinking Historical Time. New Approaches to Presentism, London 2019, pp. 71–84.

Surdu, Mihai: Assembled Objectivity. Categorizing Roma in Censuses, Surveys and Expert Estimates, in: Jenny Bangham/Judith Kaplan (eds.): Invisibility and Labour in the Human Sciences, Berlin 2016, pp. 75–83.

Journal articles

Achim, Viorel: The Gypsies in the Romanian Principalities. The Emancipation Laws, 1831–1856, in: Historical Yearbook 1 (2004), pp. 93–120.

Acton, Thomas: Book Reviews. David Mayall, Gypsy Identity 1500–2000, in: Ethnic and Racial Studies 27/4 (2004), pp. 666–667.

Clark, Colin: Book Reviews. In Search of the True Gypsy. From Enlightenment to Final Solution. Wim Willems, in: Romani Studies 5 10/1 (2000), pp. 81–84.

Colla, Marcus: The Spectre of the Present: Time, Presentism and the Writing of Contemporary History, in: Contemporary European History 30 (2021), pp. 124–135.

Donert, Celia: 'The Struggle for the Soul of the Gypsy'. Marginality and Mass Mobilization in Stalinist Czechoslovakia, in: Social History 33/2 (2008), pp. 123–144.

Fischer, Edward F.: Cultural Logic and Maya Identity. Rethinking Constructivism and Essentialism, in: Current Anthropology 40/4 (1999), pp. 473–499.

Gumbrecht, Hans Ulrich: The Future of Reading? Memories and Thoughts toward a Genealogical Approach, in: boundary 2 41/2 (2014), pp. 99–111.

Guy, Will: Roma as Ethnic Group, Nation, or Others' Construct: The Relevance of Fredrik Barth, in: Anthropological Notebooks 25/1 (2019), pp. 115–130.

Illuzzi, Jennifer: Negotiating the 'State of Exception'. Gypsies' Encounter with the Judiciary in Germany and Italy, 1860–1914, in: Social History 35/4 (2010), pp. 418–438.

Janko Spreizer, Alenka: Cultural and Political Construction of Romani Ethnic Differences in Romological Discourse on Roma in Slovenia, in: Anthropology of East Europe Review 22/2 (2004), pp. 54–64.

Lee, Ken: Orientalism and Gypsylorism, in: Social Analysis: The International Journal of Anthropology 44/2 (2000), pp. 129–156.

Leland, Charles G.: Reviews, in: Journal of the Gypsy Lore Society 1/2 (1888), pp. 105–107.

Mayall, David: Gypsy Studies. A New Era, in: Immigrants & Minorities: Historical Studies in Ethnicity, Migration and Diaspora 17/2 (1998), pp. 57–67.

Matras, Yaron: Reviews. Roma-Zigeunerkulturen in neuen Perspektiven. Romani/Gypsy Cultures in New Perspectives, in: Romani Studies 5 19/1 (2010), pp. 90–93.

Matras, Yaron: Scholarship and the Politics of Romani Identity. Strategic and Conceptual Issues, in: European Yearbook of Minority Issues 10 (2011), pp. 211–247.

Mirga, Andrzej: Book Review. Mihai Surdu, Those Who Count. Expert Practices of Roma Classification, Central European University Press, 2016, in: Critical Romani Studies 1/1 (2018), pp. 114–126.

O'Keeffe, Brigid: 'Backward Gypsies,' Soviet Citizens. The All-Russian Gypsy Union, 1925–28, in: Kritika: Explorations in Russian and Eurasian History 11/2 (2010), pp. 283–312.

Olivera, Martin/Poueyto, Jean-Luc: Gypsies and Anthropology. Legacies, Challenges, Perspectives, in: Ethnologie française 4/172 (2018), pp. 581–600.

Shmidt, Victoria: Race Science in Czechoslovakia. Serving Segregation in the Name of the Nation, in: Studies in History and Philosophy of Biological and Biomedical Sciences 83 (2020), pp. 1–13.

Simon, Zoltán Boldizsár: Historicism and Constructionism. Rival Ideas of Historical Change, in: History of European Ideas 45/8 (2019), pp. 1171–1190.

Spoerhase, Carlos: Presentism and Precursorship in Intellectual History, in: Culture, Theory & Critique 49/1 (2008), pp. 49–72.

Stewart, Michael: Roma and Gypsy "Ethnicity" as a Subject of Anthropological Inquiry, in: Annual Review of Anthropology 42 (2013), pp. 415–432.

Zahra, Tara: "Condemned to Rootlessness and Unable to Budge". Roma, Migration Panics, and Internment in the Habsburg Empire, in: American Historical Review 122/3 (2017), pp. 702–726.

Online documents

Acton, Thomas: Authenticity, Expertise, Scholarship and Politics. Conflicting Goals in Romani Studies. Inaugural Lecture at the University of Greenwich (1998), online: http://www.gypsy-traveller.org/pdfs/acton_article.pdf (21.10.2021).

Anon.: Biocoenosis, in: Biology Online (28.6.2021), online: https://www.biologyonline.com/dictionary/biocoenosis (22.10.2021).

Simon, Zoltán Boldizsár: We Have Never Been Presentist. On Regimes of Historicity, in: Journal of the History of Ideas Blog (2.5.2016), online: https://jhiblog.org/2016/05/02/we-have-never-been-presentist-on-regimes-of-historicity/ (24.5.2020).

Kurzbiographien

Christopher Banditt absolvierte im Jahr 2012 sein Magisterstudium der Politikwissenschaft, Neueren Geschichte und Volkswirtschaftslehre an der Universität Potsdam. Nach dem Studium war er von 2012 bis 2018 als akademischer Mitarbeiter im Hochschulmanagement der Universität Potsdam tätig. Von 2018 bis 2020 wurde er mit einem Promotionsstipendium von der Bundesstiftung zur Aufarbeitung der SED-Diktatur gefördert. Christopher Banditt ist aktuell an der Universität Potsdam beschäftigt und zugleich assoziierter Doktorand am Leibniz-Zentrum für Zeithistorische Forschung in Potsdam, wo er von Prof. Dr. André Steiner betreut wird.

Marion Dotter wurde 1991 in Wien geboren und sie studierte Geschichte und Germanistik an der Universität Wien. Ihre Forschungsschwerpunkte betreffen die Religions-, Adels-, Verwaltungs- und Wirtschaftsgeschichte, die Geschichte der Habsburgermonarchie sowie jene der österreichisch-italienischen Beziehungen vom 18. bis zum 20. Jahrhundert. In ihrer Dissertation an der LMU München beschäftigte sie sich mit den Kulturen des Entscheidens im Habsburgischen Nobilitierungswesen während der Regierungszeit Kaiser Franz Josephs I. Sie war bereits in mehreren Forschungsprojekten tätig, zuletzt zu den politischen Prozessen auf dem Schreibtisch Kaiser Franz Josephs I. (Collegium Carolinum München/Universität Wien) und den Handelsbeziehungen zwischen Spanien und der Habsburgermonarchie im 18. Jahrhundert (JKU Linz). 2018 erschien ihre – zusammen mit Stefan Wedrac verfasste – Monografie „Der hohe Preis des Friedens. Die Teilung Tirols 1918–1922“. Im Moment arbeitet sie im Rahmen des internationalen Forschungsprojekts „The Global Pontificate of Pius XII“ an dem Post-Doc-Projekt „Pope Pius XII and the Cold War. The Church and its Struggle against the Communist Ideology in East Central and Southeastern Europe“ am Collegium Carolinum in München.

Katalin Földvári ist wissenschaftliche Mitarbeiterin in der Forschungsgruppe „Lendület" der ungarischen Akademie der Wissenschaften an der Szent Atanáz Görögkatolikus Hittudományi Főiskola. Sie studierte an der Universität Debrecen Geschichte und Volkskunde und wurde danach in die Doktorandenschule des Instituts für Volkskunde und Geschichte der Universität Debrecen aufgenommen. In ihrem Dissertationsprojekt erforscht sie die Wiener Verehrung des Originalbildes „Mária Pocs“ im 17.–18. Jahrhundert. Seit 2014 arbeitet sie als wissenschaftliche Mitarbeiterin an der einzigen griechisch-katholischen theologischen Hochschule Ungarns, der Szent Atanáz Görögkatolikus Hittudományi Főiskola.

Tomaž Mesarič studierte von 2011 bis 2017 Geschichte an der Philosophischen Fakultät der Universität von Ljubljana und schloss sein Bachelor- und Masterstudium in Zeitgeschichte ab. Im Staatsarchiv Sloweniens vertiefte er als Praktikant den Umgang mit Geschichtsquellen (2014) und fungierte danach als externer Mitarbeiter am Institut für Zeitgeschichte bei der Quantifizierung der Stadtbevölkerung von Ljubljana (Laibach) 1890–1900–1910 (2017/2018). Durch die Lukas Knaffelsche Privatstiftung konnte er seine ersten Forschungen zum Disserationsprojekt in Wien beginnen (2017/2018). Seit Oktober 2018 ist er durch das Andrassy-Stipendium des österreichischen Bundesministeriums für Bildung und Wissenschaft (BMBWF) Mitglied im Doktoratskolleg für Mitteleuropäische Geschichte und Doktorand an der Interdisziplinären Doktorschule der Andrássy Universität Budapest. Als Wirtschaftshistoriker forscht er zur Finanzgeschichte Mitteleuropas, insbesondere über die Kapitalmärkte Österreich-Ungarns und seiner Nachfolgestaaten.

Martina Mirković studierte Geschichte (Bachelor of Arts) sowie Wirtschafts- und Sozialgeschichte (Master of Arts) an der Universität Wien. Von 2017 bis 2021 war sie Doktorandin im Doktoratskolleg für Mitteleuropäische Geschichte an der Andrássy Universität Budapest und forschte dort zur sozialen Ungleichheit im sozialistischen Jugoslawien.

Fanny Orbán war von Herbst 2017 bis Herbst 2021 Ph.D.-Studentin an der Andrássy Universität Budapest – dort als Teil des Doktoratskollegs für Mitteleuropäische Geschichte, finanziert vom österreichischen Bundesministerium für Bildung, Wissenschaft und Forschung. Im Oktober 2021 hat sie ihre Dissertation mit dem Titel *Verbindendes nach der Trennung. Die Operette als Brückenelement zwischen Wien und Budapest in der Zwischenkriegszeit* erfolgreich verteidigen können. Zuvor absolvierte sie ihren Bachelor in *Hungarologie* an der Universität Wien und der ELTE Budapest. Ihren Master in *Mitteleuropäischen Studien – Diplomatie („Kulturdiplomatie")* an der Andrássy Universität schloss sie im Juni 2017 ab. Ihr Forschungsfeld sind die kulturellen Beziehungen der Nachfolgestaaten der Donaumonarchie – im speziellen Österreichs und Ungarns. Hier soll anhand des Beispiels Operette in der Zwischenkriegszeit dargestellt werden, dass der - für Mitteleuropa so wichtige – Kulturraum Österreich-Ungarn auch nach Zerfall der Monarchie weiterhin aufrechterhalten werden konnte.

Arlene Peukert ist seit 2017 Teil des Doktoratskollegs für Mitteleuropäische Geschichte an der Andrássy Universität Budapest. Ihr Dissertationsprojekt zu Raum und Raumbildern in österreichisch-ungarischen (bzw. nach 1867 österreichischen und ungarischen) Eisenbahnkarten wird durch das österreichische Bundesministerium für Bildung, Wissenschaft und Forschung gefördert. Neben ihrem Forschungsschwerpunkt Karten und Kartographie interessiert sich die studierte Kunsthistorikerin auch für ungarische Architektur und Kunstgewerbe aus dem 19. und frühen 20. Jahrhundert.

Patrick Reitinger M.A. beschäftigte sich in seinem Dissertationsprojekt mit der Verräumlichung von Relevanz am Beispiel der Ostgrenze Bayerns in der Weimarer Republik vor dem Hintergrund der Staatsgründung der Tschechoslowakei nach dem Ersten Weltkrieg. Als Staatswissenschaftler und historisch arbeitender Geograph untersucht er in seinen Forschungsprojekten schwerpunktmäßig politische Prozesse in ländlich-peripheren Regionen sowie Grenzen, Grenzräume und grenzüberschreitende Beziehungen. Seine Forschungsthemen umfassen die historische und politische Geographie Ostmitteleuropas und ihre transnationalen Vernetzungen. Dabei analysiert er räumliche Prozesse im ehemaligen Habsburgerreich ab der zweiten Hälfte des 19. Jahrhunderts, in der Tschechoslowakei und in Deutschland im kurzen 20. Jahrhundert sowie postsozialistische Transformationsprozesse im wiedervereinigten Europa seit 1990. Er lehrt und forscht an der Professur für Historische Geographie der Otto-Friedrich-Universität Bamberg und ist assoziiertes Mitglied am Herder-Institut für historische Ostmitteleuropaforschung – Institut der Leibniz-Gemeinschaft in Marburg.

Răzvan Roşu ist seit 2017 Mitglied des Doktoraskollegs für Mitteleuropäische Geschichte an der Andrássy Universität in Budapest. Er studierte von 2010 bis 2013 Ethnologie und Geschichte an der Babeş Bolyai Universität Klausenburg (Rumänien) und absolvierte seinen Master in Südosteuropastudien an der Friedrich Schiller Universität in Jena. Seine wissenschaftlichen Schwerpunkte liegen auf der Erforschung ethnischer Gruppen in Siebenbürgen und anderen südosteuropäischen Regionen.

Wekler András studierte Neuere und Neueste und Vergleichende Geschichte der Neuzeit an der Albert-Ludwigs-Universität in Freiburg i. Br. und schloss 2018 sein Masterstudium mit dem Schwerpunkt Mittel- und Osteuropa ab. Im Zuge eines einjährigen Auslandsstudiums besuchte er darüber hinaus die Eötvös Loránd Univer¬sität in Budapest und forschte im Weiteren zu den politischen Identitäten des demokratischen Ungarn im Rahmen der Sommeruniversität der AUB. Dem folgte 2018 die Zulassung zur Pro¬motion an der AUB unter dem von Assoz. Prof. Dr. Habil Georg Kastner geleiteten Projekt „Reformkonzepte für die Donaumonarchie am Vorabend des ersten Weltkriegs“ mit dem Thema „Mitteleuropakonzeptionen im magya¬rischen Teil des Habsburgerreiches von 1848 bis zum Ende der Monarchie“. Er ist Vollstipendiat im Doktoratskolleg für mitteleuropäische Geschichte, welches vom österreichischen Bundesministerium für Bildung, Wissenschaft und Forschung finanziert wird.

Benjamin Werner, geboren am 9.5.1988 in Dresden, studierte von 2007 bis 2014 an der TU Dresden Geschichte, Politikwissenschaft und Soziologie. Nach zahlreichen Auslandsaufenthalten arbeitete er ab 2015 im Rahmen des Datenbankprojekts „Der Freiheitskampf“ als wissenschaftliche Hilfskraft am Hannah-Arendt-Institut für Totalitarismusforschung e.V. 2017 begann er dort seine Promotion zum Thema „Sozialverwaltung zwischen Demokratie und Diktatur. Strukturen und Politik von 1918 bis 1939 am Beispiel Dresdens“. Seine Forschungsschwerpunkte sind die Verwaltungs- und Organisationsgeschichte im 20. Jahrhundert sowie die Geschichte zum Nationalsozialismus.

Vita Zalar ist Assistentin im Research Centre of the Slovenian Academy of Sciences and Arts (ZRC SAZU), am Institute of Cultural History. Ihre Forschung ist konzentriert auf die Geschichte der Roma im habsburgischen, posthabsburgischen und jugoslawischen Kontext. Sie ist Mitarbeiterin im Forschungsprogramm *Historical Interpretations of the* 20th *Century* (ARRS P6-0347), am Forschungsprojekt *Dislocations and resistances: Persecutions and genocidal violences of Roma, Sinti and Travellers in Western Europe, 1939–1946* (ANR-19-FGEN-0003) und am Forschungsprojekt *Schools and Imperial, National and Transnational Identifications: Habsburg Empire, Yugoslavia, and Slovenia* (ARRS J6-2573). Sie ist Doktorandin an der Graduiertenschule Postgraduate School ZRC SAZU in Ljubljana. Ihre Betreuer sind Oto Luthar (ZRC SAZU) und Ari Joskowicz (Vanderbilt University).